2025

Abitur

Original-Prüfungsaufgaben
mit Lösungen

Hessen

Politik & Wirtschaft

STARK

© 2024 STARK Verlag GmbH, St.-Martin-Straße 82, 81541 München
19. ergänzte Auflage
www.stark-verlag.de

Inhaltsverzeichnis

Vorwort

Stichwortverzeichnis

Hinweise und Tipps zur schriftlichen Abiturprüfung

Hinweise und Tipps zu den mündlichen Abiturprüfungen

Übungsaufgaben (Mündliche Prüfung, Präsentationsprüfung)

Original-Abiturprüfungen

Landesabitur 2021 (Grundkurs)

Abiturprüfungsaufgaben 2024
Sobald die Original-Prüfungsaufgaben 2024 freigegeben sind, können Sie sie als
PDF auf der Plattform MySTARK herunterladen (Zugangscode vgl. Umschlag-
innenseite).

Autorinnen und Autoren
Andreas Brückmann   Übungsaufgaben; 2021/GK C; 2022/GK C;
                           2023/GK C
Florina Christian   2021/GK A; 2022/GK A; 2032/GK A
Thomas von Machui   Hinweise; 2021/LK A, LK C; 2022/LK A, LK C;
                           2023/LK A, LK C
Sabine Steinbeck   2021/GK B, LK B; 2022/GK B, LK B; 2023/GK D,
                           LK B

Vorwort

Liebe Schülerin, lieber Schüler,

Sie haben vor, Ihr Abitur im **Fach Politik und Wirtschaft** abzulegen – im Grund-oder Leistungskurs. Ein spannendes Fach, aber seine Bezüge zu vielfältigen Themenbereichen können durchaus eine Herausforderung sein.

Der vorliegende Band enthält **alle erforderlichen Hilfen bei der Vorbereitung** auf das zentral gestellte hessische Abitur. Die umfassenden juristischen Vorschriften werden in verständlicher Form erläutert. Auch für das mündliche 5. Prüfungsfach finden Sie hilfreiche Tipps.

Das hessische **Landesabitur** kombiniert **zentrale schriftliche**, also vom Kultusministerium erstellte **Prüfungsaufgaben** und nach wie vor von den Lehrkräften vor Ort erarbeitete **mündliche Prüfungen**. Zentral geprüft werden die Leistungskurse sowie die Grundkurse im 3. Prüfungsfach. Alle mündlichen Prüfungen im 4. und 5. Prüfungsfach liegen in der Hand der Lehrer*innen. Hier bietet die Präsentationsprüfung im 5. Prüfungsfach besonders interessante Chancen für selbstständiges Arbeiten.

In diesem Band finden Sie:
- einen Überblick über die wichtigsten Bestimmungen,
- die offiziellen Abitur-Prüfungsaufgaben der Jahre 2021 bis 2024 mit von erfahrenen Lehrern ausformulierten Lösungen, jeweils mit Tipps zur Vorgehensweise,
- Informationen und Tipps zur Vorbereitung auf die mündlichen Prüfungen im 4. und 5. Prüfungsfach sowie zwei Übungsaufgaben zu diesen Prüfungsformen.

Lassen Sie sich nicht vom Umfang der vorgeschlagenen Lösungen einschüchtern. Erfahrene Lehrkräfte haben sie verfasst und dabei die offiziellen Lösungshinweise des Ministeriums berücksichtigt, die für einige Arbeitsaufträge neben zwingend notwendigen Kenntnissen auch optionale Lösungswege enthalten.

Sollten nach Erscheinen dieses Bandes noch wichtige Änderungen in der Abitur-Prüfung 2025 vom Kultusministerium Hessen bekannt gegeben werden, finden Sie aktuelle Informationen dazu im Internet unter: www.stark-verlag.de/mystark.

Viel Erfolg!

Stichwortverzeichnis 2021 – 2023

Hinweise zu den digitalen Zusätzen

Auf alle digitalen Zusätze können Sie online über die Plattform **MySTARK** zugreifen. Ihren persönlichen Zugangscode finden Sie auf der Umschlaginnenseite.

PDF der Original-Prüfungsaufgaben 2024

Sobald die Original-Prüfungsaufgaben 2024 freigegeben sind, können Sie sie als PDF auf der Plattform MySTARK herunterladen.

Lernvideos

Methodenkompetenz:
Die **Auswertung von Infografiken und Karikaturen** ist häufig Bestandteil von Klausuren. Anhand von **Lernvideos mit einer Schritt-für-Schritt-Anleitung** zur Material-Analyse können Sie sich optimal auf das Lösen derartiger Aufgaben vorbereiten.

Sachkompetenz:
Weitere Lernvideos informieren zu den folgenden Themengebieten:

- Europäische Integration
- Wirtschaftspolitische Konzeptionen
- UNO
- Verfassungsorgane der BRD
- Globalisierung der Wirtschaft

Interaktives Grundlagentraining

Das Online-Training ermöglicht die **Wiederholung wichtiger Inhalte**. Alle Aufgaben können direkt am PC oder Tablet bearbeitet werden, Sie erhalten dann sofort eine Rückmeldung zu Ihren Antworten.

Folgende Themengebiete sind enthalten:

- EU/Eurosystem
- Wirtschaftspolitik
- Internationale Konflikte und Organisationen
- Politisches System der BRD
- Globalisierung

Hinweise und Tipps zur schriftlichen Abiturprüfung

1 Wie sieht die schriftliche Abiturprüfung im Landesabitur aus?

Die Abiturklausur unterscheidet sich von den gewohnten Klausuren in zweifacher Hinsicht: durch die Möglichkeit, **aus mehreren Aufgaben auswählen** zu können, und durch die **längere Bearbeitungszeit.**

Ihnen werden **drei Vorschläge** mit unterschiedlichen Themen vorgelegt, aus denen Sie einen auswählen. Für das Einlesen und Ihre Entscheidung für ein Thema haben Sie maximal 60 Minuten Zeit. Nach Ihrer Entscheidung gibt es kein Zurück mehr, denn die anderen Vorschläge werden wieder eingesammelt.

Im **Leistungskurs** haben Sie insgesamt 300 Minuten, im **Grundkurs** 255 Minuten Zeit (inklusive Einarbeitung). Als **Hilfsmittel** stehen Ihnen ein Wörterbuch der deutschen Rechtschreibung, eine aktuelle Ausgabe des Grundgesetzes für die Bundesrepublik Deutschland, eine aktuelle Ausgabe der Charta der Vereinten Nationen (beides unkommentiert) und eine Liste der fachspezifischen Operatoren zur Verfügung.[1]
Die von Ihnen ausgewählte Aufgabe kann **alternative Arbeitsanweisungen** enthalten. Zum Beispiel: Statt einer sachlichen Erörterung können Sie sich dafür entscheiden, eine Rede vor dem Europäischen Parlament oder die Stellungnahme des Wirtschaftsministers zu entwerfen.
Dass Sie **unter verschiedenen Themen eine Auswahl treffen,** macht auch deshalb Sinn, weil Ihre PoWi-Lehrkraft (oder Sie selbst!) vermutlich nicht alle vom Kerncurriculum vorgeschriebenen Themen in gleicher Intensität vorbereiten konnte.
Für jedes Abiturjahr werden in einem Erlass die Prüfungsschwerpunkte für alle Fächer im schriftlichen Abitur festgelegt. Diese können Sie jederzeit nachlesen (siehe auch S. VI ff.).[2]

---

[1] In den bilingualen Prüfungen stehen Ihnen zusätzlich ein einsprachiges sowie ein zweisprachiges Wörterbuch zur Verfügung.
[2] „Hinweise zur Vorbereitung auf die schriftlichen Abiturprüfungen im Landesabitur 2025 (Abiturerlass)". Der Erlass kann unter www.kultusministerium.hessen.de (Durchklicken: Schulsystem > Schulrecht > Abitur) heruntergeladen werden.

I

Im Landesabitur haben Sie mit **einer Textaufgabe** zu rechnen. Sie beginnt mit Analyse- und Darstellungsaufträgen und verlangt danach in der Regel eine Erörterung, sehr selten auch eine produktorientiere Ausarbeitung (Entwerfen von Reden, Briefen, Strategien usw.).

Das bedeutet im Einzelnen:

1. Vorgegebene **Materialien**, seien es Falldarstellungen, theoretische Texte, Zeitungsartikel, Reden, Statistiken, Karikaturen oder Diagramme, sollen zunächst **analysiert** werden. D. h., aus den Materialien sind Informationen zu erschließen, die für das übergreifende Thema der Prüfungsaufgabe wichtig sind.

2. Im Anschluss daran sollen Sie bezogen auf das im ersten Teil dargestellte Problem **fachliche Kenntnisse** zu politischen, gesellschaftlichen und wirtschaftlichen Zusammenhängen **darstellen**.

3. Abschließend folgt in der Regel, oft durch Vorgabe einer These, eine **Erörterung der Problemstellung**, die in ein eigenes Urteil mündet.

   Wird **statt der Erörterung eine produktorientierte Ausarbeitung** verlangt, z. B. die Abfassung einer Rede oder eines Briefes bzw. der Entwurf einer Strategie, so sollen Sie die Rolle und Sichtweise von konkreten politischen Akteuren einnehmen und dadurch Handlungskompetenz in einer simulierten Situation beweisen. Im Anschluss an die Analyse eines Konflikts (Aufgabenteile 1 und 2) versetzen Sie sich also in die Situation einer daran beteiligten Partei.

   Beispiel für produktorientierte Ausarbeitungen:

   „Die zukünftige Rolle der EU in der Welt wird im Europäischen Parlament diskutiert. Entwerfen Sie zwei Reden: eine, mit der Sie als Befürworter einer neuen Geostrategie das Plenum von Ihrer Position überzeugen wollen, und eine, die die Gegenposition bezieht."

   Hier sollen Sie die **Rolle und die Sichtweise von konkreten politischen Akteuren** einnehmen. Eine reizvolle, aber keineswegs einfache Aufgabe! Ihre erfolgreiche Bewältigung setzt – zusätzlich zum Sachwissen – Grundkenntnisse zum Rollenverständnis und zum institutionellen Kontext der Akteure voraus. Ein Abgeordneter des Europäischen Parlaments wird abhängig von seiner Parteizugehörigkeit und (hier) in Auseinandersetzung mit der bisherigen Außen- und Sicherheitspolitik der EU argumentieren. Entsprechende Kenntnisse zur Politik des Ministerrats oder der Kommission sollten also in die Rede einfließen. Eine Gefahr liegt in Lösungen, die nur die geforderte Pro- oder Kontra-Position mit Argumenten untermauern. Jede überzeugende Rede bemüht sich zumindest ansatzweise auch um die Entkräftung der Gegenposition.

Kursübergreifender Bezug

Die Aufgabe, die Sie ausgewählt haben, bezieht sich hauptsächlich auf ein Halbjahr, sie enthält aber entsprechend der „Einheitlichen Prüfungsanforderungen" auch **Verbindungen zu Inhalten von einem oder mehreren anderen Kursen zwischen Q1 und Q3.** Es kann demnach sein, dass Sie z. B. Probleme der Einkommens- und Vermögensverteilung zunächst anhand von diversen Materialien klären sollen. Insofern geht es also vorrangig um Sozialpolitik, d. h. Schwerpunkte des Kurshalbjahres Q2. Anschließend sollen Sie begründet beurteilen, ob soziale Ungleichheit die Demokratie gefährdet. Dafür sind Kenntnisse aus dem Demokratiekurs (Q1) wichtig.

Operatoren

Am meisten hilft ein aufmerksames Lesen der **Arbeitsanweisungen.** Bei genauem Hinsehen lassen sich ihrer Formulierung wichtige Informationen entnehmen. Alle Autorinnen und Autoren der zentralen Prüfungsaufgaben orientieren sich an einer gemeinsamen „**Operatorenliste**", die Sie in der Prüfung einsehen können. Damit sind die Verben gemeint, die für möglichst prägnante, unmissverständliche Aufgaben sorgen sollen. Die folgende Liste umfasst alle offiziell zugelassenen Operatoren mit den verbindlichen Definitionen und verweist auf Beispielaufgaben. Dabei steht z. B. GK21/C/2 für die Grundkursaufgabe 2021, Vorschlag C, Teilaufgabe 2.

Anforderungsbereich I

Operator(en)	Definition	Beispiele
berechnen	anhand vorgegebener Daten durch Rechenoperationen zu einem Ergebnis gelangen und die Rechenschritte dokumentieren (z. T. auch AFB II)	
beschreiben	Aussagen, Sachverhalte, Strukturen o. Ä. in eigenen Worten strukturiert und fachsprachlich verdeutlichen (z. T. auch AFB II)	
nennen	zielgerichtet Informationen zusammentragen, ohne diese zu kommentieren	
skizzieren	einen Sachverhalt oder Gedankengang in seinen Grundzügen angeben (z. T. auch AFB II) Beispiel: *Skizzieren Sie den Einfluss der Medien auf die politische Willensbildung.*	
wiedergeben	ausgehend von einem Einleitungssatz Informationen aus dem vorliegenden Material unter Verwendung der Fachsprache in eigenen Worten ausdrücken	GK21/A/1 LK23/A/1 GK23/D/1
zusammenfassen	ausgehend von einem Einleitungssatz die wesentlichen Aussagen eines Textes in strukturierter und komprimierter Form unter Verwendung der Fachsprache in eigenen Worten herausstellen (z. T. auch AFB II)	GK21/C/1 LK23/B/1 GK23/A/1

III

Anforderungsbereich II

Operator(en)	Definition	Beispiele
analysieren	Merkmale eines Textes, Sachverhaltes oder Zusammenhanges kriterienorientiert bzw. aspektgeleitet erschließen und zusammenhängend verdeutlichen	GK21/B/3 LK23/C/3 GK23/A/3
anwenden	einen bekannten Sachverhalt oder eine bekannte Methode auf eine neue Problemstellung beziehen Beispiel: *Wenden Sie die Merkmale von Unterentwicklung auf ein Land Ihrer Wahl an.*	
auswerten	Daten, Einzelergebnisse oder Sachverhalte zu einer abschließenden Gesamtaussage zusammenführen Beispiel: *Werten Sie die vorliegenden Materialien im Hinblick auf die wirtschaftliche Entwicklung des Landes aus.*	
charakterisieren	Vorgänge, Sachverhalte, Personen/Figuren in ihrer jeweiligen Eigenart treffend und anschaulich kennzeichnen und ggf. unter einem bestimmten Gesichtspunkt zusammenführen	
darstellen	Sachverhalte o. Ä. und deren Bezüge sowie Zusammenhänge aufzeigen (z. T. auch AFB I)	LK21/B/3 LK23/A/2 GK23/C/3
einordnen/ zuordnen	Texte oder Sachverhalte unter Verwendung von Vorwissen begründet in einen genannten Zusammenhang stellen (z. T. auch AFB I)	GK23/D/2
erklären	Materialien, Sachverhalte o. Ä. in einen Begründungszusammenhang stellen, z. B. durch Rückführung auf fachliche Grundprinzipien, Gesetzmäßigkeiten, Funktionszusammenhänge, Modelle oder Regeln	GK21/B/2 LK23/B/2
erläutern	Materialien, Sachverhalte o. Ä. mit zusätzlichen Informationen und Beispielen verdeutlichen	LK21/B/2 LK23/A/3 GK23/A/2
herausarbeiten	aus Materialien nicht explizit genannte Sachverhalte erschließen	
in Beziehung setzen	Zusammenhänge unter vorgegebenen oder selbst gewählten Gesichtspunkten begründet herstellen Beispiel: *Setzen Sie die Aussagen des US-Politikers in Beziehung zu den Aufgaben und Zielsetzungen der UNO.*	
untersuchen	Sachverhalte unter bestimmten Aspekten betrachten und belegen	GK21/A/3 LK22/C/3
vergleichen/ gegenüberstellen	nach vorgegebenen oder selbst gewählten Gesichtspunkten Gemeinsamkeiten, Ähnlichkeiten und Unterschiede begründet darlegen (z. T. auch AFB III)	GK21/A/2 LK23/B/3

IV

Anforderungsbereich III

Operator(en)	Definition	Beispiele
begründen (z. T. auch AFB II)	einen Sachverhalt bzw. eine Aussage durch Argumente stützen Beispiel: *Begründen Sie, wie es zu dem Handelskonflikt/ der Veränderung des Parteiensystems gekommen ist.*	
beurteilen	zu einem Sachverhalt oder einer Aussage unter Verwendung von Fachwissen und -methoden eine begründete Einschätzung geben	
bewerten/ Stellung nehmen	wie Operator „beurteilen", aber zusätzlich die eigenen Maßstäbe begründet darlegen	LK22/A/4
diskutieren/ sich auseinandersetzen mit	zu einer Aussage, Problemstellung oder These eine Argumentation entwickeln, die zu einer begründeten Bewertung führt	GK21/C/4 GK22/B/4 LK23/A/4
entwickeln	einen eigenen Gedankengang bzw. ein Konzept zu einem Thema entfalten und Schlussfolgerungen ziehen	
erörtern	eine These/Problemstellung unter Abwägen von Pro- und Kontraargumenten hinterfragen und zu einem eigenen Urteil gelangen (z. T. auch AFB I und II)	LK21/B/4
gestalten/ entwerfen	Aufgabenstellungen kreativ und produktorientiert bearbeiten, z. B. auf der Grundlage eines Materials und seiner inhaltlichen oder stilistischen Gegebenheiten eine kreative Idee in ein selbstständiges Produkt umsetzen Beispiel: *Gestalten Sie auf der Grundlage der vorgegebenen Informationen eine Petition der Gewerkschaftsmitglieder an den Innenminister.*	
interpretieren	auf der Grundlage einer Analyse Sinnzusammenhänge aus Materialien methodisch reflektiert erschließen, um zu einer schlüssigen Gesamtauslegung zu gelangen Beispiel: *Interpretieren Sie die Karikatur im Zusammenhang der Hauptthese des Textes.*	LK21/C/4 GK21/B/4
überprüfen	Aussagen auf der Grundlage von Fachkenntnissen kritisch hinterfragen und auf ihre Angemessenheit hin begründet einschätzen	GK21/A/4 LK22/C/4 LK23/C/4
verfassen	Auf Grundlage einer Auswertung von Materialien wesentliche Aspekte eines Sachverhaltes in argumentierender Form darlegen	

Eine häufige Fehlerquelle liegt z. B. im Missverständnis, dass mit dem Operator „erläutern" das breitere Ausführen von bereits Gesagtem gemeint ist. Vielmehr handelt es sich um eine Erweiterungsaufgabe, die über die Materialvorgabe hinausreicht.

Das Operatorenverzeichnis müsste Ihnen bekannt sein. Wenn nicht, bitten Sie im Kurs darum, dass das Verständnis dieser Verben an Beispielen geübt wird. Sie erhalten damit einen wichtigen Schlüssel zur richtigen Anlage der eigenen Lösung. Während der Prüfung können Sie die Liste der Operatoren einsehen.

Verständnisfragen

Nicht immer sind alle Aufgabenstellungen eindeutig und für jeden sofort verständlich. In diesem Fall haben Sie das Recht, Ihrer Arbeit eine Erläuterung beizufügen. Darin können Sie Ihre Deutung der Aufgabe und den eigenen Lösungsweg erklären. In § 32 (6) der Oberstufen- und Abiturverordnung heißt es sogar: „Sie können in diesen Erläuterungen auch Zweifel an der Richtigkeit der vorgelegten Lösung äußern und begründen, warum Ihnen eine Lösung nicht möglich ist."

3   Welche Themen sind prüfungsrelevant?

Alle prüfungsrelevanten Inhalte der Lehrpläne sollten während der ersten drei Halbjahre der Qualifikationsphase behandelt worden sein. Für welche Inhalte dieser drei Kurse das gilt, wird – wie auf S. I erläutert – regelmäßig per Erlass fixiert. So hat das Kultusministerium die unten aufgeführten **thematischen Schwerpunkte für das Landesabitur 2025** als Basis für die Auswahl von Texten und Aufgaben bestimmt.[3] Dabei handelt es sich um eine verkürzte Fassung der im Kerncurriculum Politik und Wirtschaft genannten obligatorischen Inhalte.[4] Die folgende Zusammenstellung können Sie sehr gut als **Checkliste** benutzen. Die mit „LK" markierten Stichworte können Sie übergehen, wenn Sie sich auf die schriftliche Prüfung im Grundkurs vorbereiten.

Q 1 Demokratie im politischen Mehrebenensystem	gut	nicht so gut	gar nicht
Q 1.1 Verfassung und Verfassungswirklichkeit: Rechtsstaatlichkeit und Verfassungskonflikte • Grundrechte und Rechtsstaatlichkeit (insb. Art. 1, 20, 79 GG) • Parlament, Länderkammer, Bundesregierung und Europäische Institutionen im Gesetzgebungsprozess (insb. Spannungsfeld Exekutive – Legislative) • Rolle des Bundesverfassungsgerichts (insb. Spannungsfeld Legislative – Judikative) **Nur LK** • Veränderungen des Grundgesetzes aufgrund gesellschaftlicher Wandlungsprozesse anhand eines Beispiels • das politische Mehrebenensystem vor dem Hintergrund politischer Theorien zur Gewaltenteilung und Gewaltenverschränkung (Montesquieu, Locke)			

---

3   Die zusätzlichen Schwerpunkte für die bilingualen Prüfungen finden Sie im Abiturerlass.
4   Das Kerncurriculum Politik und Wirtschaft finden Sie auf den Seiten des Hessischen Kultusministeriums unter www.kultusministerium.hessen.de (Durchklicken: Unterricht > Kerncurricula und Lehrpläne > Kerncurricula > Gymnasiale Oberstufe > Politik und Wirtschaft).

Q 1.2 Herausforderungen der Parteiendemokratie

* politische Parteien als klassische Möglichkeiten der Partizipation (insb. Aufgaben und Funktionen von Parteien und Populismus)
* alternative Formen politischer Beteiligung und Entscheidungsformen (Volksentscheid)
* Nationale Wahlen und Wahl des Europaparlaments im Zusammenhang mit entsprechenden Parteiensystemen, Bildung der jeweiligen Exekutive

Nur LK

* Modelle des Wählerverhaltens, Wahlforschung
* Veränderungen von Parteiensystem und Parteientypen, innerparteiliche Demokratie
* Identitäre versus Repräsentative Demokratie
* Demokratietheorien der Gegenwart (Pluralismustheorie, deliberative Demokratietheorie)

Q 1.4 Öffentlichkeit im Wandel – Zivilgesellschaft und Medien im politischen Prozess

* Aufgaben, Funktionen und Probleme klassischer politischer Massenmedien
* Chancen und Risiken neuer politischer Kommunikationsformen im Internet, insb. Filterblasen, Fake News und Sicherheitsrisiko digitale Infrastruktur
* Veränderungen im Verhältnis von Massenmedien und politischen Akteuren (Personalisierung, Medienethik)

Nur LK

* Medien als Wirtschaftsunternehmen
* Pluralisierung, Internationalisierung und Fragmentierung politischer Öffentlichkeit

Q 2 Wirtschaft und Wirtschaftspolitik in der sozialen Marktwirtschaft

Q 2.1 Konjunkturanalyse und Konjunkturpolitik – Herausforderungen prozessorientierter Wirtschaftspolitik

* Beobachtung, Analyse und Prognose wirtschaftlicher Konjunktur in offenen Volkswirtschaften durch Wirtschaftsforschungsinstitute
* Grundlagen der keynesianischen stabilisierungspolitischen Konzeption (insb. Krisenanalyse, Bedeutung der effektiven Gesamtnachfrage, Rolle des Staates, Multiplikatoreffekt)
* Möglichkeiten und Varianten nachfrageorientierter Politik (insb. Fiskalpolitik, Geldpolitik)
* Probleme sowie politische und ökonomische Kontroversität nachfrageorientierter Fiskalpolitik, insb. Inflation sowie Staatsverschuldung

Nur LK

* Erklärungsmodelle konjunktureller Schwankungen (güterwirtschaftliche und monetäre)
* Erfahrungen mit fiskalpolitischen Interventionen im historischen Vergleich

Q 2.2 Nachhaltiges Wachstum und fairer Wettbewerb – Herausforderungen wirtschaftlicher Ordnungspolitik

- Bedeutung und Bestimmungsfaktoren mittel- und langfristigen Wirtschaftswachstums
- Grundlagen der neoklassischen Konzeption (Einflussfaktoren auf das Wirtschaftswachstum), wirtschaftspolitische Gestaltung von Angebotsbedingungen
- Ziele und Prinzipien angebotsorientierter Wirtschaftspolitik
- Wettbewerbsfähigkeit von Staaten und Regionen im europäischen Binnenmarkt (Lohnstückkosten, politische und soziale Rahmenbedingungen)
- Probleme sowie politische und ökonomische Kontroversität angebotsorientierter Wirtschaftspolitik

Nur LK

- Wettbewerb in unterschiedlichen Marktformen, wirtschaftliche Konzentrationsprozesse
- Wettbewerbspolitik der Europäischen Union
- wettbewerbspolitische Aspekte der Konzeption der Sozialen Marktwirtschaft

Q 2.4 Arbeitsmarkt und Tarifpolitik

- Entwicklung von Beschäftigung, insb. Fachkräftemangel, und Beschäftigungsstrukturen
- vergleichende Analyse arbeitsmarktpolitischer Instrumente (mindestens zwei)
- Tarifvertragsparteien, Tarifpolitik und Tarifautonomie
- Entwicklung der Einkommens- und Vermögensverteilung
- konkurrierende Gerechtigkeitsbegriffe (insb. Bedarfs- und Leistungsgerechtigkeit, Chancengleichheit, Diskriminierungsprobleme)

Nur LK

- Bestimmungsgründe für das Angebot und die Nachfrage von Arbeitskräften und deren wirtschaftspolitische Steuerung
- Auswirkungen des Strukturwandels auf Arbeitsmärkte und Strukturpolitik

Q 3 Internationale Beziehungen im Zeitalter der Globalisierung

Q 3.1 Internationale Konflikte und Konfliktbearbeitung in einer differenzierten Staatenwelt

- Analyse eines aktuellen, exemplarischen Konfliktes, insb. der Krieg Russlands gegen die Ukraine, vor dem Hintergrund einer differenzierten Staatenwelt (klassische Nationalstaaten/failed states/transnational eingebundene Staaten) und unterschiedlicher Konfliktarten (innerstaatliche Bürgerkriege/internationalisierte Bürgerkriege/zwischenstaatliche Konflikte/Terrorismus) sowie deren Folgen (z. B. Flucht und Vertreibung)
- Ziele, Strategien und möglicher Beitrag deutscher Außen- und Sicherheitspolitik zur Konfliktbearbeitung und -prävention

- Möglichkeiten, Verfahren und Akteure kollektiver Konfliktbearbeitung und Friedenssicherung im Rahmen internationaler Institutionen und Bündnisse (insb. Vereinte Nationen inkl. UN-Charta, NATO)

Nur LK

- ausgewählte Theorien der internationalen Politik hinsichtlich der Aspekte Frieden/Sicherheit und Kriegsursachen (Realismus, Idealismus/Liberalismus, Institutionalismus)
- Wandel staatlicher Souveränität durch Verrechtlichung (Internationales Strafrecht)

Q 3.2 Strukturwandel der Weltwirtschaft als Herausforderung ökonomischer Globalisierung

- Überblick über Entgrenzung und Verflechtung von Nationalökonomien hinsichtlich Außenhandel, Freihandelszonen und Binnenmärkten, Währungsräumen und Währungssystemen, Kapitalmärkten, Arbeit und damit verbundene Chancen und Risiken
- Globalisierung von Unternehmen und Produktionsprozessen (Veränderungen internationaler Arbeitsteilung, Standortfaktoren und Standortwettbewerb)
- Staaten zwischen Wohlfahrtsstaat und Wettbewerbsstaat (Rückwirkungen ökonomischer Globalisierungsprozesse auf unterschiedliche Politikfelder wie z. B. Fiskalpolitik, Sozialpolitik)
- exemplarische Auseinandersetzung mit einer der Kontroversen um die politische Gestaltung der Weltwirtschaftsordnung (Handelspolitik der WTO zwischen Liberalisierung und Regulierung)

Nur LK

- ausgewählte Außenwirtschaftstheorien und deren wirtschaftspolitische Implikationen (absolute und komparative Kostenvorteile, Faktor-Proportionen-Theorem)

Q 3.5 Weltumweltpolitik

- Wechselwirkungen globaler ökologischer und ökonomischer Herausforderungen angesichts einer stark wachsenden Weltbevölkerung (Weltklimawandel)
- Ziele, Interessen und Strategien staatlicher und privater Akteure der internationalen Umweltpolitik
- internationale Umweltpolitik im Spannungsfeld von Kooperation und Verteilungskonflikten

Nur LK

- Zielkonflikte und institutionelle Schwierigkeiten globaler Umweltpolitik

IX

Die Erstkorrektur der Arbeiten liegt in den Händen Ihrer PoWi-Lehrkraft. Dazu erhält sie Lösungs- und Bewertungshinweise des Ministeriums, anhand derer die Beurteilung vorzunehmen ist. Die Bewertungshinweise erlauben es ihr jedoch, davon abweichende, sinnvolle Lösungswege als gleichwertig zu akzeptieren. Die Zweitkorrektur erfolgt in der Regel ebenfalls durch Lehrkräfte der eigenen Schule. In drei Fächern, die vom Kultusministerium jährlich neu bestimmt werden, übernehmen Fachlehrkräfte einer benachbarten Schule die Zweitkorrektur („Ringtausch"). Weichen die beiden Beurteilungen voneinander ab, so kann ein neues, übereinstimmendes Gutachten gemeinsam erstellt werden. Gelingt dies nicht, entscheidet die oder der Vorsitzende des Prüfungsausschusses im Rahmen der vorgeschlagenen Beurteilungen. Eine Drittkorrektur kann angeordnet werden.

Hierbei gilt: Maximal erreichbar sind **100 Prozent**. Der Schwellenwert für eine ausreichende Leistung (5 Punkte) liegt bei 46 Prozent, für eine gute Leistung (11 Punkte) müssen mindestens 76 Prozent erzielt werden.

Da sich Ihre Strategie in der Abiturklausur auf eine maximale Punktzahl richtet, werden Sie diejenigen Aufgaben besonders gründlich bearbeiten, für die es die meisten Prozentpunkte gibt. Die Anteile werden bei jeder Aufgabenstellung angegeben und zeigen eine Steigerung von relativ einfachen zu komplexeren und anspruchsvolleren Leistungen. Denken Sie bei Ihrer Zeiteinteilung daran.

Die **Wiedergabe von Gelerntem** erbringt in der Regel ein Viertel oder ein Fünftel der Gesamtleistung. Erlernbar sind Kenntnisse und Arbeitstechniken (Anforderungsreich I), wie sie v. a., aber nicht nur, in der Textzusammenfassung gefragt sind.

Beispiel: *„Geben Sie einen Überblick über die in den Materialien zum Ausdruck kommende Kontroverse."*
(Hier überwiegt die gelernte Technik des geschickt strukturierten, unkommentierten Zusammenfassens mehrerer Texte, möglichst in eigenen Worten.)

Die **Anwendung von Gelerntem** (Transfer, Reorganisation) bildet den Schwerpunkt jeder Arbeit und ermöglicht etwa 50 Prozent der Punkte. Solche Leistungen erbringen Sie durch selbstständiges Auswählen, Erklären, Ordnen, Verarbeiten, Bearbeiten und Darstellen bekannter Sachverhalte unter vorgegebenen Fragestellungen und indem Sie das Gelernte auf vergleichbare neue Sachverhalte und Situationen übertragen (Anforderungsbereich II).

Beispiel: *„Erläutern Sie, nach welchen Verfahrensweisen und Wertorientierungen im Text dargestellte internationale Konflikte in einem demokratischen Verfassungsstaat wie der Bundesrepublik Deutschland geregelt werden."*
(Hier steht die Fähigkeit im Vordergrund, Gelerntes zum politischen System Deutschlands auf neue Sachverhalte – wie sie im Prüfungstext dargelegt sind – zu übertragen.)

Jetzt bleiben noch ca. 25 Prozentpunkte, die Sie durch Ihre **Fähigkeit zu selbstständiger Argumentation** erreichen können, also durch „selbstständige Begründungen, Folgerungen, Deutungen, Wertungen, Lösungen und Gestaltungen" (Anforderungsbereich III). Aus Ihren bisherigen Klausuren wissen Sie, dass die zuletzt genannten Anforderungen in der Regel am Schluss einer Arbeit erbracht werden.

Beispiel 1: „*Überprüfen Sie die Aussagen des Textes an Beispielen von aktuellen internationalen Konflikten.*"
(Sie sollen allgemeine Textaussagen daraufhin untersuchen, inwieweit sie mit konkreten Sachverhalten zu vereinbaren sind. Daraus folgern Sie eine Wertung/ein Urteil.)

Beispiel 2: „*Formulieren Sie realistische Vorschläge, um die vom Text angesprochenen Tendenzen zu einer ‚Privatisierung des Krieges' einzudämmen.*"
(Ihr eigenes, möglichst gut begründetes, also abwägendes Urteil gefragt.)

5 Der verflixte Fehlerindex

Unbedingt qualitätssteigernd wirkt sich aus, wenn Sie Ihre Lösung sprachlich angemessen und gut lesbar, auch: gut leserlich!, darstellen können. Dazu gehört eine **übersichtliche Gliederung** Ihrer Arbeit, z. B. durch Absätze und Überleitungen. Indem Sie formale Schnitzer in Rechtschreibung, Grammatik und Zeichensetzung vermeiden und sich auch um **angemessene Fachbegriffe** bemühen, gewinnen Sie ein bis zwei Notenpunkte. Dies ist im **Fehlerindex** für PoWi geregelt, der für alle Oberstufenklausuren gilt. Wie er funktioniert, zeigt das folgende Beispiel:
Angenommen, Ihre Arbeit umfasst 850 Wörter, und auf jeder der fünf Seiten unterlaufen Ihnen zehn Fehler in Rechtschreibung, Grammatik, Zeichensetzung und fachsprachlicher Begrifflichkeit. Nach der Formel des Fehlerindex ergibt sich:
$50 \times 100 = 5\,000 : 850 = 5,9$ (Fehlerindex = Fehlerzahl $\times$ 100 : Zahl der Wörter)
Ab Fehlerindex 3 verlieren Sie einen, ab Fehlerindex 6 zwei Notenpunkte. Somit wird Ihnen im Beispiel ein Notenpunkt abgezogen. Ab 51 Fehlern (Fehlerindex 6) verlieren Sie schon zwei Notenpunkte. Einen großen Teil der Fehler vermeiden Sie durch abschließendes **Korrekturlesen**. Reservieren Sie dafür unbedingt **10 Minuten** am Ende der Arbeitszeit. Bei allen Klausuren liegt ein Rechtschreibduden bereit.

6 Tipps zur strukturierten Aufarbeitung und Wiederholung des Stoffs

Nachdem Sie die Checkliste (S. VI ff.) ausgefüllt haben, geht es an die Arbeit! Sie werden sehen, dass sich die Anstrengung auszahlt. Zu allen Themen, bei denen Sie „nicht so gut" oder „gar nicht" angekreuzt haben, legen Sie sich ein Info-Blatt an, das in vier Abschnitte gegliedert ist:

A Thema
B Ausführliche Notizen zum Thema
C Reduziert auf Stichworte
D Noch Unverstandenes (Begriffe, Fragen ...)

Je früher Sie damit beginnen, umso besser. Vor allem die eigene Umformulierung des jeweiligen Stoffs auf knappe Stichworte hilft, das Gelernte zu verarbeiten. Greifen Sie dabei auf Aufzeichnungen und Arbeitsblätter aus dem Unterricht sowie auf Lehrwerke zurück, die in Ihrem Grund- oder Leistungskurs benutzt wurden. Schlagen Sie alle wichtigen Begriffe im Lexikon nach. Suchen Sie in Tages- oder Wochenzeitungen nach themenrelevanten Artikeln – eine gute Übung, da die meisten Abiturtexte den überregionalen Tageszeitungen entstammen. Arbeiten Sie mit Mitschülern zusammen. Bitten Sie – am besten mit Angabe von Wunschthemen – Ihren Kurslehrer um Wiederholungsstunden, falls er diese nicht ohnehin bereits geplant hat.

7 Die 10 häufigsten Fehler und wie Sie diese vermeiden

Ihre Abiturklausur soll nicht nur Kenntnisse und Problembewusstsein zeigen, sondern auch **methodische Fähigkeiten beweisen** – in der Textanalyse, der Auswertung einer Statistik/Karikatur oder in der schlüssigen Formulierung eines differenzierten eigenen Urteils. Aus den im nächsten Abschnitt dargestellten Fehlern erfahren Sie „ex negativo", worauf Sie ganz besonders achten sollten.

1. In der **strukturierten Textwiedergabe** – meist die erste Aufgabe – wird auf die zeitliche Einordnung oder die Nennung des Autors im Einleitungssatz verzichtet; der Text wird nur „chronologisch" und zu nah am Wortlaut zusammengefasst. Die strukturierte Wiedergabe sollte **alle wesentlichen Aspekte enthalten**, jedoch so knapp wie möglich sein. Beginnen Sie mit dem Ziel (Resultat) der Argumentation eines Textes. Häufig empfiehlt es sich, von der Reihenfolge der Aspekte im Text abzuweichen, damit die **innere Logik der Gedanken des Autors** deutlich wird. Um zu kennzeichnen, dass es sich nicht um Ihre Gedanken handelt, wählen Sie entweder den **Konjunktiv I** (z. B. „er habe ...", „es sei falsch ...") oder distanzierende Formulierungen (z. B. „Der Autor grenzt sich ab ...", „resümierend stellt er fest, ..."). Wörtliche Zitate sind nur bei Schlüsselbegriffen des Textes sinnvoll.

2. Eigene **Aussagen** werden gar nicht, falsch oder einfallslos **miteinander verknüpft**. Zum Beispiel wird eine nichtssagende Verknüpfung wie „weiterhin" oder

„außerdem" gewählt, obwohl z. B. „aber", „denn", „während" oder „wenn" erforderlich wären. Häufig kommt es zu „Brüchen" in der Gedankenführung und die innere Logik der eigenen Darlegung bleibt unverständlich.

Unbedingt sollten Sie ein gesundes Maß an „Wegweisern" verwenden, also Formulierungen, die Ihre Vorgehensweise erläutern: „Zunächst kläre ich die Grundlagen ...", „Dagegen gibt es eine Reihe von Einwänden: ...". Besonders geschickt können Querverweise zu anderen Abschnitten Ihrer Arbeit sein.

3. **Eigene Thesen** werden nicht begründet, **Argumente** nicht mit Beispielen belegt, wichtige Gedanken nicht vertieft.

   Die Breite Ihrer Argumentationsbasis, der Aspektreichtum und der Grad der Differenzierung Ihrer Ausführungen sind wichtige Qualitätsmerkmale.

4. Das eigene Urteil geht nicht aus einer Auseinandersetzung mit Gegenargumenten hervor.

   Ihre Stellungnahmen, Wertungen und Urteile gewinnen erst dadurch Überzeugungskraft, dass Sie **Einwände entkräften**.

5. **Wichtige Begriffe** werden nicht definiert oder falsch verwendet. Zum Beispiel wird der Begriff „Grundgesetze" gebraucht, wenn „Grundrechte" gemeint sind.

   Verwenden Sie an zentralen Stellen kurze Definitionen: „Unter Globalisierung versteht man ..."

6. Sie lassen sich zu **unangemessenen Übertreibungen** wie „Die Situation auf dem Agrarmarkt ist katastrophal" hinreißen. Bemühen Sie sich um sachliche Formulierungen ohne Wertungen.

7. **Wiederholungen:** Bereits Gesagtes taucht, leicht verändert, noch einmal auf.

   Sammeln Sie vor der Ausformulierung jedes Abschnitts Ihrer Arbeit zunächst unsystematisch Stichworte und erstellen Sie daraus eine relativ detaillierte Gliederung.

8. Falsches **Zitieren**, sei es wörtlich oder sinngemäß. So geht's richtig: www.teachsam.de/arb/zit_formen.htm

9. **Spiegelstrich-Aufzählungen** oder Pfeile im Text ersetzen eine zusammenhängende Darstellung. Lieber ein markantes Beispiel etwas gründlicher darstellen als alle Einzelfakten aufzählen!

10. Eine sinnvolle **äußere Strukturierung der eigenen Darlegungen** fehlt: Entweder werden zu viele oder gar keine Absätze gemacht.

    Beginnen Sie jede Teilaufgabe auf einem eigenen Blatt, um später Ergänzungen anfügen zu können. Erst am Ende sollten Sie die Seiten vollständig nummerieren.

XIII

Hinweise und Tipps zu den mündlichen Abiturprüfungen

Etwa acht Wochen nach den schriftlichen Prüfungen in beiden Leistungskursen und einem Grundkurs legen Sie zwei mündliche Prüfungen ab (4. und 5. Prüfungsfach). Damit nicht beide Prüfungen in einer Woche liegen, ziehen die meisten Schulen die Präsentationsprüfungen und das Kolloquium zur besonderen Lernleistung vor. Die zuletzt genannten Prüfungsformen sind eingeführt worden, weil sich der Unterricht in der Oberstufe zum einen stärker in Richtung eigenverantwortliches Arbeiten entwickelt. Zum anderen zielen diese Prüfungsformate darauf ab, Sie auf veränderte Anforderungen in Studium und Beruf vorzubereiten. Im Folgenden werden die komplizierten rechtlichen Bestimmungen möglichst klar erläutert.

1 Die mündliche Prüfung im 4. Prüfungsfach

Diese traditionelle Prüfungsform können Sie in Politik und Wirtschaft wählen, wenn das Fach nicht Gegenstand Ihrer schriftlichen Prüfungen ist. Bei der Wahl der Prüfungsfächer ist darauf zu achten, dass **alle drei Aufgabenfelder abgedeckt** sind und dass es **verpflichtende Abiturprüfungsfächer** gibt, die, wenn sie nicht schriftlich geprüft werden, bei der Wahl der mündlichen Prüfungen einzubeziehen sind.

Zeitplan

Meldung zur Prüfung	Zu Beginn des Prüfungshalbjahres.
Aufgabenstellung	Die Aufgabe wird vom Prüfer gestellt und Ihnen direkt vor der mündlichen Prüfung zu Beginn der Vorbereitungszeit mitgeteilt.
Vorbereitung	Ihre Vorbereitungszeit beträgt mindestens 20 Minuten.
Prüfungsplan	Spätestens am dritten Unterrichtstag vor der mündlichen Prüfung wird der Prüfungsplan in der Schule ausgehängt.
Prüfung	Mindestens 20 Minuten. Ihnen steht in der Regel die Hälfte der Prüfungszeit für einen kurzen, möglichst frei gehaltenen Vortrag (auf der Grundlage von Aufzeichnungen) zur Verfügung. Den zweiten Teil bildet ein Prüfungsgespräch.
Notenbekanntgabe	Das Ergebnis der Prüfung wird i. d. R. am Prüfungstag bekannt gegeben.

Rahmenbestimmungen für die mündliche Prüfung

Generell sollen Sie nachweisen, dass Sie fähig sind,

- einen kurzen Vortrag zusammenhängend und in sprachlich korrekter und angemessener Weise zu halten,
- ein themengebundenes Gespräch zu führen, dabei
- auf Fragen und Anregungen der Prüfenden einzugehen,
- eigene sach- und problemgerechte Beiträge zu weiteren Aspekten einzubringen sowie
- den eigenen Standpunkt deutlich darzustellen und zu begründen.

Thema und Aufgabenstellung

Das **Thema** der mündlichen Prüfung wird von Ihrer PoWi-Lehrkraft gestellt. Es resultiert aus dem Unterricht aller vier Kurshalbjahre in der Qualifikationsphase, aus denen Schwerpunkte genannt werden können. Die Aufgaben dürfen aber keine Wiederholung des schriftlichen Abiturthemas darstellen oder schon einmal in einer Klausur gestellt worden sein. Genau wie für die schriftlichen Prüfungen gilt:

- Aufgabenart ist die Problemerörterung auf der Grundlage unbekannten Materials, das allerdings wegen der kürzeren Bearbeitungszeit einen geringeren Umfang als in einer schriftlichen Prüfung aufweist.
- Das Thema hat seinen Schwerpunkt zwar in einem der Kurshalbjahre, muss aber Sachgebiete mindestens eines weiteren Kurshalbjahres miteinbeziehen.
- Die Aufgaben gehen in der Regel von einem neuen Anwendungsfall oder von Fragestellungen aus, die eine Reorganisation des Wissens erfordern. Die Anwendung von Gelerntem bildet also den Schwerpunkt.

Sie erhalten ein der knappen Prüfungszeit entsprechendes Material mit **zwei oder drei Arbeitsaufträgen** (vgl. Operatoren S. III ff.), zu denen Sie sich stichwortartige Notizen machen. Diese bilden die Grundlage für Ihren **Vortrag**. In diesem ersten Prüfungsteil von etwa **zehn Minuten** tragen Sie Ihre Ergebnisse zusammenhängend vor. Dabei werden Sie von der prüfenden Lehrkraft in der Regel nicht unterbrochen.

Im zweiten Prüfungsteil, dem **Prüfungsgespräch**, wird diese an Ihre Ausführungen anknüpfen und an der einen oder anderen Stelle „nachfassen", d. h. um Richtigstellung, Präzisierung oder Erläuterung bitten. In dieser Gesprächsphase bleiben Zusammenhänge gewahrt: Sie werden also nicht mit einer großen Anzahl punktueller, unzusammenhängender Fragen konfrontiert. Daraus ergibt sich für die Vorbereitung: Erwerben Sie nicht Detailwissen, mit dem Sie ein Fernsehquiz gewinnen könnten, sondern bemühen Sie sich um ein **Verständnis der wesentlichen Zusammenhänge**.

Die mündlichen Prüfungen werden in der Regel einzeln durchgeführt. Auf Vorschlag des Prüfers und mit Zustimmung der Prüfungsteilnehmer sowie des Vorsitzenden des Prüfungsausschusses können aber auch **Gruppenprüfungen** stattfinden. Dann stehen für jeden Teilnehmer 20 Minuten der Prüfungszeit zur Verfügung, sodass die Leistung jedes einzelnen Schülers angemessen bewertet werden kann. Bei zwei Prüflingen dauert die mündliche Prüfung also 40 Minuten.

Bewertung

Für die Bewertung gelten grundsätzlich die gleichen Kriterien wie bei schriftlichen Abiturarbeiten. Zusätzlich kommt die Bewertung der Fähigkeit hinzu, auf Fragen und Einwände sachgerecht einzugehen, Hilfen zu verwenden sowie dabei den eigenen Standpunkt deutlich darzustellen und zu begründen. Im Protokoll werden die gestellten Prüfungsfragen und Ihre Antworten stichwortartig festgehalten, z. B. auch, ob eine Frage mit Nachhilfe durch die prüfende Lehrkraft beantwortet wurde.

Bei einer mündlichen **Prüfung mit null Punkten** (bei Zusatzprüfungen nach Verrechnung mit der schriftlichen Prüfung) ist das Abitur nicht bestanden. Dies gilt auch für die Präsentationsprüfung und die besondere Lernleistung.

Tipps zur Vorbereitung auf die mündliche Prüfung

Im Fach PoWi haben Sie die Methode der Textanalyse bzw. der Interpretation von Karikaturen, Statistiken und Diagrammen bereits erlernt und häufig geübt. Deshalb sollten Sie sich nicht primär durch Lektüre einzelner Materialien dieser Art vorbereiten, sondern diese höchstens zur Übung noch einmal anschauen. Da Sie in kurzer Zeit relativ viel Stoff wiederholen müssen, empfiehlt sich die Lektüre von Überblicksdarstellungen. Hierbei werden Sie zunächst auf Ihre Lehrbücher zurückgreifen. Weitere Literatur kann Ihnen Ihr Prüfer nennen. Zusätzlich zu den auf S. VI ff. dieses Bandes dargestellten Inhalten geht es bei der mündlichen Prüfung **auch um den Stoff des Prüfungshalbjahrs Q 4** (vgl. S. XVII; soweit im Unterricht behandelt) sowie evtl. im Unterricht behandelte Themen aus Q 1 – Q 3, die nicht zu den ausgewiesenen Schwerpunkten gehören. Diese umfassen folgende Themenbereiche:

Q 1.3 Demokratie jenseits der Nationalstaaten – Europa entscheidet mit

Q 1.5 Gemeinwohl und organisierte Interessen

Q 2.3 Sicherung der Preisniveaustabilität in der Europäischen Währungsunion

Q 2.5 Kontroversen um gerechte Sozialpolitik und Probleme der Staatsfinanzierung

Q 3.3 Integration von Schwellen- und Entwicklungsländern in Weltwirtschaft und Weltgesellschaft

Q 3.4 Herausforderung: transnationale Demokratie

Q 4 Gegenwart und Zukunft Europas in einer globalisierten Welt	gut	nicht so gut	gar nicht
Q 4.1 Chancen und Risiken der wirtschaftlichen Integration Europas • Freiheiten und Schranken des europäischen Binnenmarktes • Grenzen staatlicher Souveränität in zentralen sozioökonomischen Politikfeldern (beispielsweise Fiskalpolitik, Sozialpolitik, Arbeitsmarktpolitik) • Varianten europäischer Sozialstaatlichkeit im Überblick • wirtschaftliche Desintegrationserscheinungen und Krisen als Herausforderungen europäischer Prozess- und Ordnungspolitik			
Q 4.2 Entwicklung des politischen Systems Europas im Kontext von Vertiefung und Erweiterung • Funktion und Bedeutung der europäischen Institutionen im Wandel • Zielvorstellungen der Integration zwischen Staatenbund und Bundesstaat • Chancen und Grenzen des europäischen Parlamentarismus und zivilgesellschaftlicher Demokratie • politische Macht- und Hegemonialbeziehungen innerhalb der EU			
Q 4.3 Identitätsbildung und gesellschaftlicher Pluralismus in Europa • Bedeutung und Grenzen regionaler, nationaler und europäischer Identitätskonstruktionen • Elemente europäischer Verfassung: europäische Staatsbürgerschaft und Charta der Grundrechte der Europäischen Union als möglicher Verfassungskern • Anerkennung von Menschenrechten und Minderheitenschutz angesichts der Pluralität und Diversität von Lebensweisen in europäischen Gesellschaften • Gemeinwohl und Solidarität in einer sich herausbildenden transnationalen Gesellschaft			
Q 4.4 Die Europäische Union als globaler Akteur • Die Gemeinsame Europäische Außen- und Sicherheitspolitik (GASP) in einer multipolaren Weltordnung zwischen Werteorientierung und Machtpolitik oder • Migrations- und Flüchtlingspolitik der Europäischen Union oder • Europas Beitrag zu einer globalen Klimapolitik			
Q 4.5 Europäische Kultur als Partizipationsform und als Politikum • Herausforderungen des europäischen Integrationsprozesses und entsprechender Globalisierungsphänomene in darstellenden Künsten (beispielsweise Spielfilm, Musik, Theater) oder • Fallstudien zur Bildungs- und Forschungspolitik, Kultur- und Sprachenpolitik			

Sie sollten sich unbedingt **Exzerpte** anlegen (ideal: auf Karteikarten), denn beim bloßen Lesen bleibt nicht viel hängen.
Vermeiden sollten Sie übertriebenes Datenlernen. Wenn Sie nicht gerade grobe Zuordnungsfehler begehen, wird man Ihnen eine Datierungsunsicherheit nachsehen.
Bereiten Sie sich möglichst nicht allein vor, sondern treffen Sie sich regelmäßig mit Mitschülern zur Prüfungsvorbereitung. Das macht mehr Spaß, ist effektiver und verhindert, dass Sie mangels Feedback Vorbereitungsfehler machen. Interpretieren Sie gemeinsam ausgewählte Materialien und tragen Sie sich gegenseitig in Form von Kurzreferaten größere Zusammenhänge vor.

2 Die mündliche Prüfung im 5. Prüfungsfach

Die „Oberstufen- und Abiturverordnung" (OAVO) regelt, welche Bedingungen Sie bei der Wahl des 5. Prüfungsfaches zu beachten haben.[5] Außerdem können Sie sich zwischen drei Formaten entscheiden:
- eine weitere mündliche Prüfung,
- eine Präsentationsprüfung oder
- eine besondere Lernleistung.
Nur bei einer besonderen Lernleistung, für die Sie das Thema vorschlagen, müssen die prüfende Lehrkraft und die bzw. der Prüfungsvorsitzende an Ihrer Schule zustimmen.

2.1 Die Präsentationsprüfung

Während es in der herkömmlichen mündlichen Prüfung um die Abarbeitung von Teilaufgaben nach kleinschrittigen Anweisungen geht, haben Sie in der Präsentationsprüfung größere Freiheiten und können sich mind. vier Wochen lang mit dem Thema beschäftigen. Diese Phase der selbstständigen Erarbeitung fließt auch über die geforderte Reflexion im Kolloquium in die Bewertung ein.
Die Art dieses Prüfungsformats erspart Ihnen den Überraschungseffekt einer normalen mündlichen Prüfung. Ihre Chancen, Inhalt und Ablauf der Prüfung zu beeinflussen, sind erheblich größer. Es ist daher wohl auch kein Zufall, dass die Ergebnisse in Präsentationsprüfungen im Durchschnitt besser ausfallen als in regulären mündlichen Prüfungen. Der größere Aufwand zahlt sich aus!

Rahmenbestimmungen

Sie sollen eine eher **offene Problemstellung** aus dem PoWi-Unterricht von Q 1 bis Q 4 selbstständig klären und darüber einen **mediengestützten Vortrag** halten. Durch die größere Offenheit der Aufgabe, die mehrere Lösungswege und Präsentationsweisen erlaubt, stellen Sie Ihre Kompetenz zur selbstständigen Problemlösung unter Be-

---

[5] Die hierfür wichtigen Art. 24 und 37 der OAVO finden Sie auf den Seiten des Hessischen Kultusministeriums: www.kultusministerium.hessen.de (Durchklicken: Schulsystem > Schulrecht > Abitur > Oberstufen- und Abiturverordnung)

weis. In der Regel werden Sie mit einer Wertungsfrage oder der Frage nach einer Problemlösung konfrontiert. Möglich sind auch gliedernde Fragen entsprechend den drei Anforderungsbereichen oder die Vorgabe von einer oder mehreren Schlüsselquellen (oder anderen Materialien, z. B. Filmen). Im Unterschied zur besonderen Lernleistung werden Sie bei der Vorbereitung auf die Prüfung nicht betreut. Allerdings haben Sie bei der Ausgabe des Themas die Möglichkeit, neben den Formalia des Prüfungsablaufs auch Fragen zum genauen Verständnis der Aufgabe zu besprechen, was besonders bei einer sehr offenen, nicht gegliederten Problemstellung unbedingt ratsam ist. Ihre Fachlehrkraft kennt Sie aus dem Unterricht und kann so bei der Wahl des Themas Ihre Interessenschwerpunkte berücksichtigen, sie legt es jedoch allein fest.

Ein an vielen Schulen eingeführtes „**Übergabeprotokoll**", das die Gesprächsinhalte bei der Themenausgabe zusammenfasst, kann Informationen zu folgenden Aspekten enthalten:

*   rechtliche Vorgaben (Abgabetermin, Selbstständigkeit)
*   technische Voraussetzungen (z. B. Bereithaltung eines Foliensatzes bei Powerpoint-Präsentationen; Abgabe der Präsentationsunterlagen als Datei im Anschluss an die Prüfung, räumliche Bedingungen der Prüfung, Angabe eines Testzeitraums)
*   die Art der Quellen, die herangezogen werden können
*   Anforderungen an die Dokumentation des geplanten Prüfungsablaufs (z. B. Darstellung des Gangs der Untersuchung, Thesen, verwendete Literatur, Vertiefungsmöglichkeiten im Kolloquium; Angabe der technischen Anforderungen für die Präsentation)
*   Gewichtung einzelner Kompetenzen bei der Bewertung (z. B. Vorrang der inhaltlichen Durchdringung eines Themas vor medialer Darstellung, Bedeutung der methodischen Reflexion)

Fachübergreifende Prüfungen sind möglich, z. B. auf der Basis des bilingualen Unterrichts oder bei einer geschichtlich untermauerten Frage. Die Problemstellung verknüpft also Inhalte zweier Kurse oder Fächer. Die meisten Schulen handhaben die **Auflage eines kursübergreifenden Bezugs** übrigens so, dass sie durch einen Fachübergriff ersetzbar ist. Wichtig: Präsentationsprüfungen können nicht in einem der ersten vier Prüfungsfächer abgelegt werden.
Erwartet wird, dass Sie
*   die Fragestellung des relativ offenen Themas operationalisieren, d. h. „handhabbar" machen, in Teilaspekte zerlegen, einen Schwerpunkt festlegen,
*   Materialien selbstständig recherchieren oder andere fachspezifische Methoden zur Problemlösung einsetzen,
*   gefundenes Material hinsichtlich seiner Zuverlässigkeit und Brauchbarkeit einschätzen,
*   eine geeignete mediale Unterstützung auswählen, die Erkenntniswert hat und nicht lediglich illustrativen Zwecken dient,
*   einen Vortragstext erstellen und auf den Zeitrahmen von 15 Minuten zuschneiden,
*   während des Vortrags oder im Kolloquium die Methoden Ihres Vorgehens bzw. der Visualisierung reflektieren (z. B. durch Überlegung von Alternativen).

Eine Woche vor der Präsentation übergeben Sie Ihrer prüfenden Lehrkraft eine **„schriftliche Dokumentation des geplanten Ablaufs"**. Dieser etwa zwei- bis dreiseitige Ablaufplan sollte im Kern die Darstellung des Untersuchungsgangs und der Ergebnisse in (ausformulierten) Thesen enthalten. Außerdem geben Sie alle verwendeten Materialien und Quellen an. Schließlich können Sie hier auch **Vertiefungsmöglichkeiten** für das Kolloquium nennen, die Sie sehen. Nicht alles von dem, was Sie in vier bis sechs Wochen erarbeitet haben, lässt sich ja in den 15 Minuten gründlich darstellen. Diese Dokumentation wird nicht zur Beurteilung herangezogen, sondern dient nur der Vorbereitung Ihrer Prüferin bzw. Ihres Prüfers aufs Kolloquium. Dennoch ist eine Prüfung mit „nicht bestanden" zu bewerten, wenn bei der schriftlichen Dokumentation ein Betrugsversuch nachgewiesen wird oder wenn Sie sie nicht oder nicht fristgemäß abgeben.

Die Gedanken sind so zu strukturieren, dass sich ein „**roter Faden**" erkennen lässt. Ziel ist also ein **rhetorisch geschickter und medial unterstützter Vortrag** vor dem Fachausschuss der Prüfung, einem Expertengremium – anders als bei Referaten im Unterricht, die sich hauptsächlich an ein „Laienpublikum" richten. Dies ist die Regel, einzelne Schulen können jedoch andere Vorgaben machen. Zum Beispiel: „Als Zielgruppe einer solchen Präsentation ist grundsätzlich ‚der Oberstufenschüler' zu sehen. Abweichungen davon sind in der Aufgabenstellung deutlich zu vermerken." Prüfen Sie, ob es besondere Auflagen Ihrer Schule gibt. Anders als in der alternativen mündlichen Prüfung wird Ihr Vortrag nicht von der Prüferin bzw. vom Prüfer unterbrochen.

Zwischen Vortrag und Kolloquium gibt Ihnen der Fachausschuss in der Regel eine kleine Umbau- und Verschnaufpause. Im **15-minütigen Kolloquium** geht es danach darum, die gefundene Lösung zu erläutern und gegebenenfalls zu verteidigen. Dazu gehört auch, die Methode der Untersuchung und der Präsentation darzulegen und die eigenen Argumente zu reflektieren. Erwartet wird im Kolloquium außerdem, dass Ihnen auf Nachfrage die **Vernetzung des Präsentationsthemas mit Unterrichtsinhalten** der Qualifikationsphase gelingt. Möglich sind also Fragen zur Themenstellung, nach Querverbindungen, Anwendungen, verwendeten Quellen, nach dem methodischen Vorgehen, nach der Funktionalität der gewählten Präsentationsformen, nach der beabsichtigten und der erzielten Wirkung etc.

Nach Abschluss der Prüfung übergeben Sie Ihre Unterlagen (Folien, Flipchart-Bögen, Powerpoint-Präsentation) dem Vorsitzenden, der diese dem Protokoll hinzufügt.

Bewertung

Bei der Bewertung Ihrer Präsentation können die im Erlass genannten Kriterien unterschiedlich gewichtet werden. Eine prozentuale Aufteilung in die beiden Prüfungsteile Präsentation und Kolloquium oder eine präzise Gewichtung inhaltlicher und medialer Kompetenzen ist jedoch nicht festgelegt. Viele Schulen verwenden stattdessen **Ausschlussklauseln** folgender Art: „Eine unzureichende fachliche Leistung, die mit 0–3 Punkten zu beurteilen wäre, kann in der Präsentationsprüfung nicht zu einer Gesamtbeurteilung von 5 und mehr Punkten führen. Andererseits kann eine mit befriedigend oder besser zu beurteilende fachliche Leistung nicht durch misslungenes Präsentieren zu einer Gesamtbeurteilung von weniger als 5 Punkten führen." Damit wird betont, dass der Inhalt (die Fachkompetenz) im Vordergrund steht. Die Bewertung orientiert sich insgesamt an den folgenden Kriterien:

- Qualität und Umfang der vermittelten fachlichen Informationen, auch Vollständigkeit, exemplarisches Vorgehen, Aktualität, Kreativität,
- Strukturierung der Präsentation (z. B. Problembeschreibung – gegliederte Darstellung – Lösungen – Bewertungen – zusammenfassender Schluss),
- sachgerechter Einsatz der Medien, Qualität der audiovisuellen Unterstützung,
- Präzision und logische Nachvollziehbarkeit der Darstellung,
- kommunikative (einschließlich rhetorischer) Fähigkeiten,
- Reflexion über die gewählte Präsentationsmethode und über die vorgetragenen Lösungen und Argumente.

Zeitplan für die Präsentationsprüfung

Meldung zur Prüfung	Zu Beginn des Prüfungshalbjahres geben Sie an, in welchem Fach Sie eine Präsentationsprüfung ablegen wollen.
Aufgabenstellung	Die allein von Ihrer prüfenden Lehrkraft formulierte Aufgabenstellung wird Ihnen in der Regel am Unterrichtstag nach der letzten schriftlichen Prüfung, also meist am letzten Schultag vor den Osterferien, ausgehändigt. Dabei können Sie Fragen zum Verständnis des Themas stellen.
Vorbereitung	Als Bearbeitungszeit – ohne Betreuung – sind mindestens vier Schulwochen anzusetzen – nach den Osterferien.
Abgabe der schriftlichen Dokumentation	Spätestens eine Woche vor der Präsentation ist der Prüferin bzw. dem Prüfer eine schriftliche Dokumentation über den geplanten Ablauf der Präsentation abzuliefern („Ablaufplan").
Prüfungsplan	Die Präsentationsprüfungen können vor den mündlichen Prüfungen stattfinden. Spätestens am dritten Unterrichtstag vor der Prüfung wird der Prüfungsplan in der Schule ausgehängt.
Prüfung	In der Regel 30 Minuten, wobei Ihnen für die Präsentation zunächst etwa 15 Minuten zur Verfügung stehen. In der zweiten Hälfte, dem Kolloquium, beantworten Sie Fragen zu Ihrem Vortrag.
Notenbekanntgabe	Das Ergebnis der Prüfung wird Ihnen in der Regel am Prüfungstag bekannt gegeben.

Wenn Sie sich für diese Form des 5. Prüfungsfachs entscheiden, sollten Sie vorher selbstständiges Arbeiten an einem Problem geübt und die eine oder andere Präsentation gehalten sowie mit Ihrer PoWi-Lehrkraft ausgewertet haben. So lernen Sie am besten die konkreten inhaltlichen und formalen Erwartungen Ihrer Prüferin bzw. Ihres Prüfers kennen. Festlegen müssen Sie sich aber erst mit der Meldung zum Abitur, also zu Beginn des Abiturhalbjahres. Die folgenden Tipps beruhen z. T. auf einer sehr hilfreichen Zusammenstellung des Liebig-Gymnasiums in Gießen, die häufig erprobt wurde.

Checkliste zur Vorbereitung

1. Die Erarbeitungsphase: Problemlösung und Visualisierung Ihres Vortrags

Der zeitliche Aufwand für die Vorbereitung ist hoch. Eine gelungene mediale Aufbereitung des Inhalts für die Präsentation setzt eine gründliche inhaltliche Recherche voraus. Die prüfende Lehrkraft gibt Ihnen u. U. Quellenmaterial zu einem Thema vor, das im Zusammenhang mit dem Unterricht steht. Literatursuche und Exzerpte beim Lesen sind danach selbstständig vorzunehmen. Damit sollten Sie sofort nach der Themenvergabe anfangen und folgende Punkte bedenken:

- Reflektieren Sie das gestellte **Thema** gründlich. Überlegen Sie, welche Vorkenntnisse Sie mobilisieren können (fachlich: Unterricht der Qualifikationsphase, überfachlich: z. B. rhetorische Übungen im Deutschunterricht). Ist das Thema zu allgemein und zu weit gefasst? Dann müssen Sie es „handhabbar" machen! Die leitende Fragestellung muss so „klein" sein, dass sie bearbeitbar ist, sie sollte in eine oder mehrere Thesen umformulierbar sein.
- Was ist das **Ziel** der Präsentation? Klären Sie, worin der Transfer-Auftrag steckt. An wen richtet sich Ihr Vortrag?
- Versuchen Sie, alle **Nebenfragen** zu formulieren, die das Thema aufwirft (vor allem: Warum-Fragen!).
- Wie lautet die **zentrale Leitfrage**, der rote Faden, die Problemstellung? Welche inhaltlichen Informationen gibt es dazu?
- Wie beschaffe ich die erforderlichen **Informationen**, z. B. Internet, Schulbibliothek, evtl. Universitätsbibliothek, Buch- und Zeitschriftenhandel? Möchten Sie eine Befragung von Experten/eine Meinungsumfrage durchführen?
- In welcher logischen **Reihenfolge** lässt sich der Inhalt darstellen? Sie haben mehrere Möglichkeiten: Vom Allgemeinen zum Besonderen (oder umgekehrt); als historischer Zugriff; von einer Problemfrage über mögliche Lösungswege zu einer abschließenden Wertung; über Vergleiche verschiedener Standpunkte (Perspektivenwechsel). Sie können auch zustimmende und widersprechende Aspekte zu einem Problem sammeln. Wichtig ist, dass Sie zu einer Lösung finden sowie mögliche Einwände und offene Fragen formulieren. Diese Gliederung können Sie z. B. in das Argumentationsschema des Fünfsatzes bringen (Alternative: Einleitung – Hauptteil – Schluss).
- Was sind die nächsten **Arbeitsschritte**? Machen Sie sich einen Arbeitsplan!
- Wählen Sie die Ihrem Thema angemessenen **Fachmethoden**: Empirische Methoden: Statistik, Erhebung (Übertragung in andere Darstellungsformen), Quellenanalyse und -kritik, Fallanalyse, Zukunftsszenario, Urteilsbildung, Ideologiekritik.
- Auswahl der **Medien**: Welches Medium passt zum Thema, welches liegt mir? Möglich sind: Flipchart, Wandzeitung (Mindmap, Skizze etc.), Multimedia: Powerpoint o. Ä., Videosequenzen; Folien: z. B. Entwicklung eines Strukturbildes. Überprüfen Sie unterschiedliche Darstellungsformen auf ihre Aussagekraft/als Mittel der Fokussierung.
- Wie lässt sich der Inhalt mit Bildern, Farben, Überschriften veranschaulichen, ohne dabei überladen zu wirken? Welches Medium möchten Sie einsetzen, z. B. Beamer, Plakat?
- Halten Sie Ihren **Vortrag zur Probe** vor Eltern oder Mitschülern. Wenn möglich, kontrollieren Sie den Vortrag durch Ton- oder Videoaufnahme. Sie erfahren dann eher, wo Sie noch etwas umstellen, ergänzen oder verkürzen sollten, und können Ihren Zeitverbrauch besser einschätzen.
- Klären Sie rechtzeitig die **Anforderungen an die „schriftliche Dokumentation des geplanten Ablaufs"** Ihrer Präsentation mit der prüfenden Lehrkraft. Erstellen Sie einen Ablaufplan, in dem Sie Ihre Hauptaussagen ausformulieren, auf mögliche Schwerpunkte für das Kolloquium hinweisen, ein Verzeichnis der benutzten Literatur geben. Möglich ist auch, ein Thesenpapier als Handout für den Vortrag zu konzipieren.

2. Der Vortrag (15 Minuten)

- **Einführung**

  Benennen Sie Ihr Thema und geben Sie das Material an, auf das Sie sich stützen.
  Geben Sie unbedingt Ihre Problemstellung bzw. Schwerpunktsetzung an.
  Zeigen Sie Ihre Gliederung bzw. Ihre Leitfragen auf und sagen Sie, welches Ziel Sie erreichen möchten.

- **Hauptteil**

  a) Gliederung

  Geben Sie Ihrem Vortrag eine für das Thema geeignete, für die Zuhörerschaft nachvollziehbare Struktur.
  Setzen Sie klare Schwerpunkte.
  Orientieren Sie sich an Wichtigem statt an Details. Exkurse sprengen den Zeitrahmen, gut gewählte Beispiele dagegen nicht.

  b) Spannung

  Halten Sie Blickkontakt zum Publikum, sprechen Sie möglichst frei. Bleiben Sie natürlich, so wie Sie sonst auch sind.
  Achten Sie auf angemessene Betonung, Mimik, Gestik, Lebendigkeit, Artikulation, Lautstärke.
  Wählen Sie ein Sprechtempo, das Mitdenken erlaubt, aber nicht langweilt.
  Regen Sie das Verstehen beim Zuhörer sprachlich, visuell oder auditiv an.

  c) Prägnanz

  Argumentieren Sie kausal: Begründen, vergleichen, belegen, veranschaulichen Sie.
  Halten Sie die Zeitvorgabe von 15 Minuten präzise ein.
  Zu vermeiden sind verschachtelte Sätze, unübliche Fremdwörter, missverständliche Sprechweisen.
  Erklären Sie je nach Adressatenkreis Fachbegriffe, Abkürzungen und nötige Fremdwörter.
  Sprechen Sie auf Ihr Ziel hin, verlieren Sie sich nicht in Details.

- **Zusammenfassung**

  Geben Sie einen Rückbezug zum Einstiegsproblem.
  Fassen Sie kurz zusammen.
  Geben Sie einen Ausblick/einen einprägsamen Schlusspunkt, der zu Fragen anregt.

3. Fragen zur Reflexion Ihres Vortrags im Kolloquium (15 Minuten)

Bereiten Sie sich auf folgende Nachfragen Ihrer Prüferin bzw. Ihres Prüfers vor:

- Welche Schwierigkeiten hatten Sie mit dem Thema, mit der Materialsuche, der inhaltlichen und methodischen Aufbereitung der Präsentation, und wie sind Sie diese angegangen? Gefragt ist hier die methodische Selbstreflexion des eigenen Weges der Problemlösung (Intentionen, Alternativen, Probleme, Umwege); bedenken Sie Mittel-Zweck-Zusammenhänge/die Leistungsfähigkeit von Methoden zur Erschließung von Sachverhalten.
- Halten Sie die wichtigsten Gründe für die von Ihnen gewählte visuelle Gestaltung fest.
- Welche Aspekte haben Sie am Thema interessiert, welche weniger? Warum?
- Welche Aspekte hätten Sie gerne noch vorgestellt?
- Wo lassen sich Bezüge zu Unterrichtsinhalten in zwei Halbjahren herstellen (alternativ: Bezüge zu einem anderen Fach)?
- Bei Partnerarbeit (Gruppenprüfung): Wie entwickelte sich die Zusammenarbeit, worin bestand Ihr eigener Anteil an der Arbeit? Wie haben Sie Probleme geklärt?
- Welche Stärken, welche Schwächen sehen Sie in Ihrem Vortrag, nachdem Sie ihn gehalten haben?

Themenbeispiele

Wie breit das Spektrum möglicher Themen ist, können Sie den folgenden Beispielen aus Prüfungen der letzten Jahre entnehmen:

- „Ein Schengen-Aus käme Europa teuer zu stehen!" Erörtern Sie dieses Statement unter Berücksichtigung möglicher aktueller Motive für die Wiedereinführung von Grenzkontrollen.
- Konzentration und Wettbewerb unter Berücksichtigung nationaler und internationaler politischer und wirtschaftlicher Entwicklungen – ein lösbarer Gegensatz?
- Entwickelt sich die BRD von der parlamentarisch-repräsentativen zur medialpräsentativen Demokratie?
- Islamismus und Terrorismus in Afrika – Gefahr für Deutschland?
- Verändert die „Alternative für Deutschland" das Parteiensystem?
- Untersuchen Sie an Beispielen die Funktionen der Massenmedien in der Demokratie, speziell im Hinblick auf internationale Konflikte.
- Die Vereinten Nationen als Mittler zwischen den Sicherheitsinteressen der Weltgemeinschaft und dem Kernenergieprogramm des Iran.
- Frieden durch Zivilisierung der internationalen Politik? Untersuchen Sie die Rolle des Internationalen Strafgerichtshofs.
- Sollte sich Europa von China unabhängiger machen?
- Angesichts des Klimawandel: Wie weit darf ziviler Ungehorsam gehen?
- Ist die Ungleichheit zwischen Mann und Frau ein Merkmal von Entwicklungsländern?
- Untersuchen Sie ökonomische Ursachen des Sextourismus in der Dritten Welt. Zeigen Sie darüber hinaus auf, welche Gegenmaßnahmen und Initiativen es gibt. Beziehen Sie lokale Einrichtungen in Ihre Untersuchung mit ein.
- Untersuchen Sie die Entwicklung des Fairen Handels am Beispiel Bananen in unserer Region.
- Untersuchen Sie die Darstellung der Dritten Welt in den lokalen Medien.

2.2 Die besondere Lernleistung

Eine besondere Lernleistung (BL) stellt eine „kleine Forschungsarbeit" dar, die von einer Lehrkraft ihrer Wahl über **mehrere Monate kontinuierlich betreut** und von Ihnen schließlich in einem Kolloquium vorgestellt wird. Anders als bei der Präsentation handelt es sich im Kern um eine schriftliche Arbeit „im Rahmen oder Umfang eines Kurses von mindestens zwei Halbjahren". Da es keine eigenen Kurse für die BL gibt, sollten Sie für die Vorbereitung mit einem **Aufwand von etwa 100 Stunden** rechnen. Die BL kann z. B. eine Fallstudie, ein umfassender Beitrag aus einem Wettbewerb, eine Jahresarbeit oder das Ergebnis eines fachübergreifenden Projektes sein.

Rahmenbestimmungen

Die Problemstellung der BL muss eigenes Nachforschen, Nachdenken und kritisches Untersuchen im wissenschaftspropädeutischen Sinne ermöglichen. Andererseits muss sie mit einem begrenzten Umfang von Sekundärliteratur und ohne großen finanziellen

Aufwand zu bewältigen sein. Das genaue **Thema** der BL wird in Absprache mit der von Ihnen gewählten Lehrkraft oder – bei einem fachübergreifenden Thema – den beiden Lehrkräften vereinbart. Den Themenvorschlag machen Sie! Am besten formulieren Sie zunächst einen Arbeitstitel; nach einer Einarbeitungsphase (etwa ein bis zwei Monate) legen Sie gemeinsam mit der betreuenden Lehrkraft das endgültige Thema fest. Falls das Thema fachübergreifend ist, übernimmt eine Lehrkraft die Koordination der Betreuung und Bewertung.

Soll die besondere Lernleistung ins Abitur eingebracht werden, darf sie nicht bereits ganz oder teilweise als Leistungsnachweis in einem Ihrer Kurse angerechnet worden sein.

Oberste Priorität für eine gute oder sehr gute BL hat der **Eigenanteil**, d. h. die selbstständige Wahl einer Fragestellung und die **von der Prüfungslehrkraft betreute Untersuchung**. Wichtig sind ein gewisses Maß an Kreativität und die Fähigkeit, mittels selbstständig angewandter Methoden zu problemlösenden Erkenntnissen zu gelangen. Hüten Sie sich vor dem bloßen Zusammenschreiben fremder Quellen. Eine BL kann auch als **Gruppenprüfung** gewählt werden. Dann muss der Eigenanteil jedes Mitglieds der Gruppe deutlich sein.

Wenn Sie PoWi als Leistungskurs haben, kann die BL ebenfalls in diesem Fach erfolgen. Die Schulleitung entscheidet aufgrund der Themenstellung, ob die besondere Lernleistung einem Aufgabenfeld zuzuordnen ist und dadurch die Auflagen zur Abdeckung der drei Aufgabenfelder erfüllt. Die BL kann dabei aber nicht die Prüfverpflichtung in den Fächern Deutsch, Mathematik und Fremdsprache oder Naturwissenschaft oder Informatik „aushebeln".

Die schriftliche Ausarbeitung wird von der betreuenden und einer weiteren Lehrkraft beurteilt. Das **Kolloquium** wird von diesen beiden Lehrkräften sowie der oder dem Vorsitzenden des Fachausschusses durchgeführt. In diesem Prüfungsgespräch von ca. 20 Minuten stellen Sie die Ergebnisse der BL dar, erläutern und verteidigen sie und antworten auf Fragen. Das Kolloquium wird ähnlich wie eine mündliche Abiturprüfung durchgeführt. Es dient auch dazu, die Selbstständigkeit der Leistung festzustellen.

Bewertung

Bei der Bewertung gibt es keine feste Quote für den Anteil der Ausarbeitung und des Kolloquiums an der Gesamtnote der BL. Eine Addition des Ergebnisses beider Teile, der schriftlichen Ausarbeitung und des Kolloquiums, ist im Gegensatz zur mündlichen Zusatzprüfung nicht möglich. Ebenso wenig kann eine formale Gewichtung der beiden Prüfungsteile vorgenommen werden.

Sie sollen nachweisen, dass Sie die Aufgabenstellung selbstständig konzipiert, bearbeitet und reflektiert haben, fachliches Wissen angemessen schriftlich und mündlich darstellen und den Arbeitsprozess exakt und kritisch dokumentieren können. Im Übrigen gelten die Bestimmungen hinsichtlich der **drei Anforderungsbereiche** (Schwerpunkt im Anforderungsbereich II: selbstständiges Auswählen, Erklären, Anordnen, Ordnen; Verarbeiten, Bearbeiten und Darstellen bekannter Sachverhalte unter vorgegebenen Gesichtspunkten und Fragestellungen; selbstständiges Anwenden und Übertragen des Gelernten auf vergleichbare neue Sachverhalte und Situationen).

Die Note der BL wird **im Abitur vierfach gewertet**. Bei null Punkten ist das gesamte Abitur nicht bestanden.

Bei der **Bewertung der schriftlichen Ausarbeitung** gelten folgende Kriterien:
- Konzentration auf die Themenstellung,
- sinnvolle Gliederung,
- Nachvollziehbarkeit der Darstellung,
- sprachliche Korrektheit,
- normgerechte Literatur- und Quellenangaben,
- Qualität von Zeichnungen, Abbildungen oder Experimenten,
- äußere Form und Layout,
- angemessener Ausdruck,
- korrekte Verwendung von Fachbegriffen,
- Benennung der Gültigkeitsbedingungen des Ergebnisses,
- fachspezifische Methodenanwendung und -bewertung,
- Selbstständigkeit/Originalität,
- Qualität und Umfang der Recherchen,
- Nachweis der Arbeitskontakte und Kooperationspartner.

Zeitplan für die besondere Lernleistung

Meldung zur Prüfung	Sie beantragen die Genehmigung einer besonderen Lernleistung spätestens zu Beginn des Prüfungsjahres bei der Schulleitung mit Angabe einer betreuenden Lehrkraft. Die Zustimmung der betreuenden Lehrkraft und das Konzept werden dem Antrag beigefügt. Erst mit der Zustimmung der Schulleiterin bzw. des Schulleiters ist Ihre Meldung perfekt.
Aufgabenstellung	In der Regel schlagen Sie der betreuenden Lehrkraft das Thema vor.
Vorbereitung	Zur Erstellung der Arbeit haben Sie mehrere Monate Zeit: vom Schuljahresbeginn bis zu den Osterferien. Sie werden dabei von einer Lehrkraft Ihrer Wahl betreut.
Abgabe der schriftlichen Ausarbeitung	Die schriftliche Ausarbeitung der besonderen Lernleistung ist spätestens am letzten Tag der schriftlichen Abiturprüfung bei der Schulleitung bzw. dem betreuenden Lehrer abzugeben, d. h. zwei Tage vor den Osterferien.
Prüfungsplan	Die Kolloquien für die besonderen Lernleistungen können vor den mündlichen Prüfungen stattfinden. Spätestens am dritten Unterrichtstag vor der Prüfung wird der Prüfungsplan in der Schule ausgehängt.
Prüfung	Das Kolloquium dauert mindestens 20 Minuten und besteht aus Vortrag und Prüfungsgespräch.
Notenbekanntgabe	Das Gesamtergebnis aus schriftlicher Ausarbeitung und Kolloquium wird Ihnen in der Regel am Prüfungstag bekannt gegeben.

Gründe für die Wahl einer besonderen Lernleistung

- Die Beschäftigung mit aktuellen Themen aus dem Bereich Politik und Wirtschaft ist sehr motivierend. Verschiedenartige Quellen, unterschiedliche Perspektiven und sehr oft ein persönlicher Bezug zum Thema machen die BL in PoWi zu einer äußerst interessanten Unternehmung.
- Sie können sie als Chance für die eigene Entwicklung wahrnehmen: Sie entwerfen Ihre Fragestellung selbst, stellen sich (eventuell gemeinsam mit anderen) eine Aufgabe, ein Ziel, und bearbeiten dieses planvoll und eigenverantwortlich über längere Zeit.
- Sie können einen eigenen Wettbewerbsbeitrag einbringen (siehe Themenbeispiele) oder reflektieren ein Praktikum, einen Auslandsaufenthalt.
- Sie wissen bereits besonders viel zu einem Thema, sei es, weil Sie dazu sehr viel Literatur gelesen haben, sei es, weil das Thema für Sie auch von persönlicher Bedeutung ist.
- Im Gegensatz zum Lehrer-Schüler-Verhältnis im regulären Unterricht stellt sich während der Betreuungsphase der BL ein eher kollegiales Verhältnis zwischen Lehrkraft und Schüler*in ein.
- Die besondere Lernleistung wird im Abitur gesondert ausgewiesen und kann daher in Bewerbungsverfahren eine besondere Rolle spielen.
- Eine BL geht mit vierfacher Wertung in die Gesamtqualifikation ein.

Themenbeispiele

- Eine Fallstudie, z. B. „McDonald's als Global Player – Vorbild wirtschaftlicher und kultureller Globalisierung?"; „Parteienfinanzierung in Deutschland und in anderen Demokratien – Welche Rolle soll der Staat spielen?"
- Ergebnisse aus einer Wettbewerbsbeteiligung, z. B. „Jugend gründet", „Schule macht Zukunft", „Alle für EINE WELT – EINE WELT für alle". Dazu gehört z. B. die Erstellung von Filmen, Theaterstücken, Musicals, Büchern, Internet-Auftritten, Dokumentationen.
- Dokumentation und Bericht zu einem Auslandspraktikum, z. B. „Entwicklungshilfe in Peru" oder zu einem EU-Projekt an Ihrer Schule.
- Ergebnisse eines fachübergreifenden Projekts, z. B. „Investigativer Journalismus am Beispiel von ..." (PoWi, Deutsch); „Die ‚Nationale Identität' von Nachfahren italienischer Immigranten in Deutschland" (PoWi, Geschichte); „Körpersprache im Unterricht" (PoWi, Biologie, Deutsch); „Wie wird das Zusammentreffen unterschiedlicher Kulturen in der Jugendliteratur dargestellt?" (PoWi, Englisch, Deutsch); „Jurisdiction in Germany and the US" (PoWi, Englisch).

Wie gewinnen Sie eine Betreuungslehrkraft?

Zunächst die schlechte Nachricht: Es gibt keinen Anspruch auf Betreuung durch eine bestimmte Lehrkraft. Nur ganz wenige Schulen entlasten ihre Lehrkräfte nämlich für diese zusätzliche Arbeit – und Engagement ist notwendige Voraussetzung für Qualität. Die gute Nachricht: Die allermeisten Lehrkräfte freuen sich, wenn ihre Schüler aktiv werden und sich dieser Herausforderung stellen. Einer dieser Lehrkräfte an Ihrer Schule legen Sie Ihre Idee oder Ihren Themenvorschlag vor, am besten gleich mit einem Rohkonzept, das folgende Fragen berücksichtigt:

- Welches Thema soll mit welchen Methoden und in welchem Zeitrahmen erarbeitet werden?
- Liegt der Schwerpunkt der Arbeit in einem bestimmten Fach, oder ist sie fächerübergreifend? Als Referenzfächer gelten alle in der Schule angebotenen Fächer.
- Geht die Arbeit aus einem Wettbewerb hervor, oder ist eine Wettbewerbsteilnahme geplant?
- Unterstützen schulische oder außerschulische Institutionen (Förderverein, Institute, Firmen …) die Arbeit?
- Wurden die geplante Arbeit oder wesentliche Bestandteile bereits anderweitig im Rahmen der Schule angerechnet?

Die gewünschte Betreuungslehrkraft kann Ihrem Vorhaben zustimmen, dabei aber Änderungen verlangen (z. B. Einbeziehung bestimmter Quellen). Sie kann die Betreuung aber auch ablehnen oder Ihnen eine andere Lehrkraft empfehlen. Die Betreuung sollte neben der Korrektur und Bewertung der schriftlichen Arbeit sowie der Durchführung des Kolloquiums folgende Elemente umfassen:

- Hilfe bei der Themenfindung und -formulierung: Die Betreuungslehrkraft weiß, was „machbar" ist und kennt die zu berücksichtigenden drei Anforderungsbereiche,
- drei bis fünf Begleitgespräche, die stichwortartig zu protokollieren sind,
- Unterstützung beim Zeitplan und bei der praktischen Durchführung (z. B. Bereitstellen von Hilfsmitteln, Literaturhinweise usw.).

Umfang und Gliederung der schriftlichen Arbeit

Erfahrungsgemäß umfassen die meisten Arbeiten 25 bis 50 maschinenschriftliche Seiten (ohne Anhang). Zur schriftlichen Ausarbeitung gehören:

- Titelblatt (enthält Thema, Referenzfach/-fächer, Name der Schule, Name der betreuenden Lehrkraft, Schuljahr, Abgabezeitpunkt),
- Inhaltsverzeichnis (alle Gliederungspunkte des gesamten Textes vollständig mit genauer Seitenangabe),
- Einleitung: Begründung für die Themenwahl, Erläuterung und Abgrenzung des Themas, Begründung seiner Relevanz,
- Hauptteil: Darstellung des Problems, von Lösungswegen, Methoden, Ergebnissen,
- Schlussteil: Zusammenfassung der Ergebnisse bzw. ein Ausblick, am besten in einer Kurzfassung von einer Seite, evtl. Darstellung möglicher Konsequenzen, Querverbindungen, Auswirkungen,
- Anhang: wichtige Materialien und Präsentationselemente, eventuell Abbildungsverzeichnis, Abkürzungsverzeichnis,
- eine kritisch-reflektierende Darstellung des Arbeitsprozesses in Form eines Arbeitsberichtes (in der Einleitung oder im Schlussteil),
- die Angaben der verwendeten Literatur und weiterer Hilfsmittel und
- eine Erklärung über die selbstständige Anfertigung der Arbeit.

Wie geht die besondere Lernleistung in den Abiturschnitt ein?

Die besondere Lernleistung wird als 5. Prüfungsfach eingebracht und geht dabei vierfach gewertet in den Abiturprüfungsbereich ein. 16 bis 17 Punkte mehr in der Gesamtqualifikation verbessern die Note um ein Zehntel. Allerdings sollte man die Einbringung einer besonderen Lernleistung nicht nur unter dem Gesichtspunkt der möglicherweise verbesserten Gesamtqualifikation sehen. Wichtig ist vielmehr, dass man in einem Spezialgebiet zeigen kann, dass man zu langfristigem und zielgerichtetem quasi-wissenschaftlichen Arbeiten fähig ist.

3 Tipps zum Verhalten in der Prüfung

1. **Ihr Auftreten in der Prüfung überlegen!** Wenn Sie die besondere Bedeutung dieses Tages in Ihrer Kleidung ausdrücken möchten, tun Sie das, ohne zu übertreiben. Wenn Sie mit Krawatte Atemnot bekommen oder in einer Bluse verkleidet aussehen, lassen Sie diese Sachen im Schrank. Keine Kaugummis oder Mützen! Wichtiger als der äußere Eindruck ist, dass Sie sich wohlfühlen. Ihre Nervosität wird jeder verstehen, doch meist verfliegt sie rasch. Bemühen Sie sich um ein selbstbewusstes Auftreten, aber verstellen Sie sich nicht, spielen Sie keine Rolle.

2. **Nicht verunsichern lassen!** Lassen Sie sich nicht von der Anwesenheit der Prüfungskommission irritieren (Prüfer*in, Protokollant*in, Vorsitzende*r des Fachausschusses, evtl. außerdem Schulleiter*in mit Vorsitz der Prüfungskommission, Zuhörer*innen). Zunächst haben Sie das Wort, und das Prüfungsgespräch wird allein die prüfende Lehrkraft führen. Die bzw. der Prüfungsvorsitzende und Protokollant*in haben ein Fragerecht, von dem sie aber in der Regel keinen Gebrauch machen. Allenfalls erwartet Sie von dieser Seite eine „Schlussfrage", die aber relativ allgemein gehalten sein wird oder sich konkret auf Ihre Ausführungen bezieht. Gehen Sie immer davon aus, dass Ihre Prüferin bzw. Ihr Prüfer Sie nicht bloßstellen, sondern Ihnen Gelegenheit geben will, Ihre Kompetenzen zu zeigen. Bei einer kritischen Nachfrage sollten Sie nicht voraussetzen, dass man Sie verunsichern will, sondern überlegen, ob man Sie vielleicht behutsam von einem Irrweg zurückholt.

3. **Initiative zeigen!** Im Verlauf Ihrer Darlegung können eine eigene Gliederung des Themas, markante Beispiele, die Darstellung von Gegenpositionen, der Entwurf einer Tafelskizze und sporadisch eingestreute kritische Anmerkungen sowie ein Sprachstil, der sich von der Schriftsprache unterscheidet, das Interesse des Prüfenden aktivieren, der vielleicht zehn Prüfungen hintereinander abzunehmen hat.

4. **Anforderungsbereiche beachten!** Die reine Reproduktion von Gelerntem erfüllt nur den Anforderungsbereich I. Wesentlicher für die Bewertung ist der Anforderungsbereich II, der sich über die Anwendung von Kenntnissen auf neue Zusammenhänge definiert. Dieser Anforderungsbereich stellt den Prüfungsschwerpunkt dar. Im höchsten Anforderungsbereich III geht es um die begründete Darlegung eigenständiger Deutungen und um kompetente Beurteilungsleistungen. Deshalb

sollten Sie auf keinen Fall vergessen, dass Sie früher oder später dazu aufgefordert werden, einen eigenen Deutungsansatz darzustellen oder einen Sachverhalt zu beurteilen. Die schriftliche Aufgabenstellung enthält diesen Anforderungsbereich zumeist in der dritten Aufgabe. Machen Sie auch sprachlich deutlich, wenn Sie sich in Anforderungsbereich III bewegen („Mich überzeugt die vorliegende Argumentation nicht", „Die Kritik des Autors greift an einer entscheidenden Stelle zu kurz"). Die Nichterfüllung dieses Anforderungsbereiches kann ein Argument gegen eine zweistellige Punktzahl sein.

5. **Fragen vom Allgemeinen zum Besonderen beantworten!** Die meisten Fragen sind nicht nur mit einem Wort zu beantworten, sondern berühren ein breiteres Feld. Dann empfiehlt es sich, die Antwort „von oben nach unten", also vom Allgemeinen zum Besonderen anzugehen. Erläutern Sie zunächst die groben Kategorien und gehen Sie sukzessive ins Detail. Die Prüferin bzw. der Prüfer erfährt dadurch, dass Sie „den Überblick haben" und nicht nur den Lernstoff „auswendig herunterbeten".

6. **Demonstrativ angemessene Fachbegriffe verwenden!** Damit stellen Sie nicht nur Ihre Kompetenz unter Beweis, sondern Sie sparen auch Zeit.

7. **Aktuelle Beispiele einbauen!** Lesen Sie in den Wochen vor der Prüfung regelmäßig Zeitung. So können Sie den Aktualitätsbezug in Ihren Ausführungen herstellen und zeigen zugleich, dass Sie Anwendungszusammenhänge im Blick haben.

8. **Die Reaktion der prüfenden Lehrkraft beobachten!** Natürlich ist es etwas schwierig, in einer ohnehin angespannten Situation, wie sie eine Prüfung darstellt, einen Stoff gegliedert vorzutragen und gleichzeitig noch Mimik und Körperhaltung anderer zu beobachten. Trotzdem sollte man dies zumindest versuchen. Dafür ist es wichtig, dass Sie Blickkontakt zur prüfenden Lehrkraft halten. Durch nonverbale Indizien kann man beispielsweise bei der Darstellung einer Grobgliederung abschätzen, welche Unterpunkte willkommen oder unwillkommen sind.

9. **Strategisch mit Wissenslücken umgehen!** Untersuchungen zum Verhalten in mündlichen Prüfungen deuten an, dass immer das Bemühen des Prüflings durchscheinen sollte, die Prüfung erfolgreich absolvieren zu wollen. Unter diesem Gesichtspunkt können Sie durchaus eventuell auftretende Wissenslücken explizit zugeben. Sie sollten aber zugleich versuchen, ein eigenes Lösungskonzept zu entwickeln. „Ich könnte mir eine Lösung dieser Frage etwa so vorstellen ...", wäre beispielsweise ein Einleitungssatz dazu.

10. **Zeitplan der Prüfung beachten!** Nach etwa zehn Minuten werden Sie in der Regel unterbrochen, bis dahin haben Sie im Idealfall Ihre Ausführungen zu den Arbeitsaufträgen beendet. Gegebenenfalls empfiehlt es sich, die eigene Darstellung so zu raffen, dass dieser Zeitplan eingehalten wird. Zeitknappheit kommt häufiger vor als ein vorzeitig beendeter Vortrag.

DIE ZUKUNFT DER EUROPÄISCHEN UNION

Aufgabenstellung

1 Geben Sie M 1 in eigenen Worten wieder. Ordnen Sie dabei die Veränderungen der EU, die Cohn-Bendit voraussagt, in sinnvolle Kategorien ein. (30 BE)

2 Beurteilen Sie anhand von Beispielen aus dem Text die Chancen dafür, dass die von Cohn-Bendit geschilderte Zukunft eintritt. (40 BE)

3 Cohn-Bendit geht davon aus, dass die Europäische Union 2057 einen Sitz im UN-Sicherheitsrat innehat (vgl. Z. 13 ff.).
Stellen Sie die Strukturen der UN kurz dar und diskutieren Sie anschließend die Chancen auf Erfolg für einen Sitz der EU im UN-Sicherheitsrat. (30 BE)

M   Odyssee Europa – Europa 2057

Heute feiert Brüssel und zeigt sich in seiner schönsten Pracht. Die Stadt, die [...] einziger Sitz des Europäischen Parlaments ist, bereitet sich auf den hundertsten Geburtstag der Europäischen Union vor. Tausend junge Zivildienstleistende wurden für die „European Tour" engagiert, eine Tournee von 500 Künstlern, die nach dem EU-Beitritt
5 der westlichen Balkanländer ins Leben gerufen wurde. Die Musiker, Literaten und Artisten bereisen auf dem transeuropäischen Schiffs- und Eisenbahnnetz den Kontinent. [...] Vergangene Woche wurde die Einweihung der ICE-Strecke von München über Zagreb, Sarajevo, Skopje und Tirana nach Athen gefeiert. Inzwischen gibt es auch den „IGC" (Intercity-Güter-Express), der den Lkw-Verkehr um 40 Prozent reduziert
10 hat. [...]
Die Europäische Union hat Zeit gebraucht, um stark zu werden. Die schwindende Macht der Staaten hat schließlich zu einer gemeinsamen Außen- und Sicherheitspolitik geführt, die auch die Sicherung der Energieversorgung einschließt. Das emanzipierte die EU nicht nur von den USA, sondern bescherte ihr auch einen Sitz im Sicherheitsrat
15 der Vereinten Nationen.
Wir müssen verstehen, dass gemeinsame europäische Politik nicht immer so selbstverständlich war wie heute. Bei jedem Schritt der Integration wehrten sich die Staatschefs mit Händen und Füßen. Besonders schlimm war es vor dem „Wunder vom Bosporus". Die Türkei, ein wichtiges Transitland für die Gas- und Ölversorgung Euro-
20 pas, hatte für die Verkrampfung des ganzen Kontinents gesorgt. Die Annahme eines Vertrags, der den Türkei-Beitritt erlauben sollte, war schwierig. Aufklärungsfeindliche Gedanken bedrückten das Europa des beginnenden 21. Jahrhunderts. Es zerstritt sich über einen Gottesbezug in seiner Verfassung und über den Vorstoß des verstorbenen

Papstes Benedikt XVI., das göttliche Recht über die irdischen Gesetze zu stellen. Län-
25 der wie Polen wollten die Theorien Darwins durch den Schöpfungsglauben ersetzen,
andere blockierten den biotechnologischen Fortschritt. Nicht minder schädlich war der
damalige französische Präsident, der ein Ministerium für Einwanderung und nationale
Identität gründete. Eine zeitlang igelte sich Europa ein.
  Aber an diesem 25. März 2057 können wir festhalten, dass diese schwierige Ära
30 lange überwunden ist. Die europäischen privaten und öffentlich-rechtlichen Funk- und
Fernsehanstalten haben gerade das Kommissionsgebäude gestürmt, um die Rede des
Kommissionspräsidenten zu übertragen. Eines Präsidenten übrigens, dessen Beliebt-
heit die seiner Vorgänger bei weitem übertrifft – mit Ausnahme der des ersten Präsi-
denten, der [...] direkt vom europäischen Volk gewählt wurde.
35   Durch ihr weitsichtiges Klima-Engagement ist die EU das weltweit führende
Exportland für Spitzentechnologie geworden. Die durch die Wettbewerbsfähigkeit ge-
schaffenen Arbeitsplätze und Maßnahmen gegen das Altern der Bevölkerung (freie
Wahl des Rentenalters, bessere Beschäftigungsmöglichkeiten für Frauen und ältere
Arbeitnehmer, eine nachhaltige Erweiterungspolitik und legale Einwanderung) haben
40 für Wiederbelebung und Aufschwung der europäischen Gesellschaften gesorgt. 2022
wurde die Türkei und 2027 die Ukraine aufgenommen.
  Der Präsident tritt an das Rednerpult und für den Bruchteil einer Sekunde hält die
ganze Welt den Atem an.

Daniel Cohn-Bendit, Frankfurter Rundschau vom 24.03.2007

Lösungsvorschlag

Unterrichtsinhalte:
- Bundesrepublik Deutschland und europäische Integration: Prozess der europä-
  ischen Integration; institutionelle Strukturen und Entscheidungsprozesse in der EU
  (Europäisierung von Entscheidungsprozessen); Frage nach dem Demokratiedefizit
  in der EU
- Wirtschaftliche Integration Europas: wirtschaftliche Integration und nationalstaat-
  liche Interessen
- Aktuelle internationale Konfliktregionen und die Möglichkeiten kollektiver Frie-
  denssicherung: Entscheidungsprozesse in internationalen Organisationen (UNO,
  NATO)

1 | **TIPP** *Anforderungsbereich: I*

Bei dem Text handelt es sich um eine Utopie im Sinne einer positiven Zukunftsvorstellung. Der Autor Daniel Cohn-Bendit beschreibt in seinem Beitrag „Odyssee Europa – Europa 2057" für die Frankfurter Rundschau aus dem Jahr 2007 die EU in fünfzig Jahren. Die dargestellten Veränderungen können in folgende Kategorien eingeteilt werden:

Außenpolitische Veränderungen
– Ständiger Sitz der EU im UN-Sicherheitsrat
– Balkanländer als Mitglieder der EU
– Türkei und Ukraine als EU-Mitglieder
– Gemeinsame europäische Außenpolitik, gemeinschaftliche Sicherung der Energieversorgung im Rahmen der GASP

Institutionelle und innenpolitische Veränderungen
– Brüssel als alleiniger Sitz des EU Parlaments
– Direktwahl des Kommissionspräsidenten
– Europäische Verkehrspolitik mit europaweiten Netzen
– Europäische Rundfunkanstalten (privat und öffentlich-rechtlich)

Gesellschaftliche Veränderungen
– Überwindung „aufklärungsfeindlicher" Gedanken (z. B. erfolgloser Versuch Papst Benedikts, göttliches Recht über das irdische Recht zu stellen, u. a.)
– Nachhaltigkeit beschert der EU einen Aufschwung und mildert die Folgen des demografischen Wandels (Klimaengagement sichert Spitzenreiterposition in Zukunftstechnologien, nachhaltige Erweiterungs- und Einwanderungspolitik)

3

2

Hier sollen Sie Beispiele aus dem Text aufgreifen und beurteilen, ob Sie deren Eintreten für wahrscheinlich halten. Natürlich können Sie (ebenso wie Ihre Prüfer) nicht in die Zukunft sehen. Aber Sie kennen Gegenwart und Geschichte der EU und können (und sollen) aus dieser Position heraus eine Prognose abgeben. Der Vorteil dieser Aufgabenstellung besteht darin, dass Sie die Möglichkeit haben, diejenigen Punkte aufzugreifen, bei denen Sie sich gut auskennen. Nutzen Sie diesen Vorteil. Niemand erwartet von Ihnen, dass Sie sämtliche Aspekte ansprechen. Greifen Sie die Beispiele auf, die Sie im Unterricht behandelt haben. Den von Cohn-Bendit angesprochenen Sitz im UN-Sicherheitsrat sollten Sie an dieser Stelle aber nur erwähnen, zu einer ausführlichen Erörterung haben Sie in Aufgabe 3 Gelegenheit.

– Ständiger **Sitz im UN-Sicherheitsrat**
Unwahrscheinlich, siehe Aufgabe 3
– **Balkanländer (z. B. Kroatien, Serbien) als Mitglieder der EU**
Kroatien wurde am 1. Juli 2013 der 28. Mitgliedstaat der EU, allerdings trat Großbritannien im Jahr 2020 offiziell aus der EU aus, sodass die EU aktuell aus 27 Staaten besteht. Mehrere Staaten haben derzeit den Status eines Beitrittskandidaten erhalten, darunter 2022 die Ukraine. Zumindest eine Mitgliedschaft der Balkanstaaten (aktueller Status „Beitrittskandidat": Montenegro, Serbien, Albanien, Nordmazedonien, Bosnien und Herzegowina; aktueller Status „potenzieller Beitrittskandidat": Kosovo) in der EU ist bis 2057 durchaus wahrscheinlich.
– **Türkei und Ukraine als EU-Mitglieder**
Die Beziehungen der EU zur Ukraine waren in den letzten Jahren wechselhaft, russlandfreundliche Regierungen wechselten mit pro-westlichen Regierungen. Seit dem russischen Überfall auf die Ukraine 2022 hat sich die Ukraine klar zur Partnerschaft mit dem Westen bekannt. Die EU verlieh der Ukraine im selben Jahr den Status eines Beitrittskandidaten. Es bleibt abzuwarten, ob eine Mitgliedschaft der Ukraine in der EU in den nächsten 30 Jahren möglich sein wird und ob der russische Angriffskrieg für eine EU-Mitgliedschaft der Ukraine eher hemmend oder ggf. sogar fördernd wirkt. Die Türkei hat seit 1999 den Status eines Beitrittskandidaten. In den letzten Jahren hat sich die Türkei jedoch zunehmend von einem demokratisch-freiheitlichen System hin zu einem autoritären System gewandelt, sodass ein EU-Beitritt der Türkei heute unrealistisch ist.
– **Europäische Energiepolitik im Rahmen einer funktionierenden GASP**
Der Vertrag über die europäische Energiecharta ist 1994 bereits unterzeichnet worden, jedoch fehlen bisher sowohl die Ratifikation Russlands als auch eine gemeinsame europäische Energiepolitik. Die Weiterentwicklung der GASP ist seit 1992 Anliegen der EU. Die Erfolge sind bisher jedoch bescheiden, denn die Bereitschaft der Mitgliedstaaten, auf ihre außenpolitische Souveränität zu verzichten, ist gering. Der Vertrag von Lissabon entwickelt die GASP in geringem Maße weiter, etwa

durch den „Hohen Vertreter der EU für Außen- und Sicherheitspolitik" – den Titel eines EU-Außenministers hat man jedoch bewusst vermieden.

– **Brüssel als alleiniger Sitz** des EU-Parlaments
Derzeit hat das EU-Parlament in Brüssel und Straßburg (und Luxemburg) einen Sitz; ein alleiniger Standort in Brüssel erfordert einen Verzicht Frankreichs. Zwar wird ein Umzug sowohl vom Europäischen Parlament als auch von den europäischen Bürgern befürwortet, es ist jedoch mit Widerstand aus Frankreich zu rechnen.

– **Direktwahl** des Kommissionspräsidenten
Durchaus denkbar, eine solche Reform würde allerdings bedeuten, dass der Europäische Rat sein Vorschlagsrecht für den Kommissionspräsidenten einbüßt und das Europäische Parlament sein Recht verwirkt, den Kommissionspräsidenten zu wählen.

– **Europäische Verkehrspolitik** mit europaweiten Netzen
Seit 1987 gibt es ein Eurocity-Netz im Personenverkehr, dessen Ausbau möglich erscheint. Die Annahme hingegen, der Güterverkehr ließe sich weitgehend auf die Schiene verlagern, erscheint angesichts der zunehmenden Verlagerung des Verkehrs auf die Straße mittelfristig aber kaum realistisch.

– **Europäische Rundfunkanstalten** (privat und öffentlich-rechtlich)
Trotz Kooperationen im Medienbereich (z. B. deutsch-französischer TV-Sender Arte) erscheinen europäische Rundfunkanstalten ob des Sprachproblems eher unwahrscheinlich. Auch eine Etablierung öffentlich-rechtlicher Rundfunkanstalten entspricht nicht der Tradition aller Mitgliedstaaten.

– **Überwindung „aufklärungsfeindlicher" Gedanken**
Einerseits betont die EU ihre „aufklärerischen" Wurzeln, andererseits stehen der Überwindung „aufklärungsfeindlicher" Gedanken stark verfestigte religiöse Traditionen entgegen. Auch religiöser Fundamentalismus (vgl. internationaler Terrorismus), der zwar nicht von Europa ausgeht, aber durchaus Auswirkungen auf Europa haben könnte (vgl. Debatte über innere Sicherheit, Türkei als „Risikofaktor"), behindert eine derartige Entwicklung.

– **Nachhaltigkeit** sichert der EU-Gesellschaft einen Aufschwung
Im Rahmen einer nachhaltigen Klimapolitik bemüht sich die EU, den Anstieg der globalen Durchschnittstemperatur zu begrenzen. Die EU ist schon heute Vorreiter in Sachen Klimaschutz, möglicherweise wird sich ein Vorsprung in klimafreundlichen Technologien und Produktionsverfahren zum Standortvorteil entwickeln, von dem die EU 2057 profitiert.
Was die Einwanderungspolitik betrifft, so geriet die EU bisher vor allem durch ihre eher restriktive Einwanderungspolitik in die Schlagzeilen (afrikanische Flüchtlinge auf der italienischen Insel Lampedusa).

5

3

Diese Aufgabe verbindet die EU-Thematik mit der internationalen Politik. Zunächst sollen Sie die Struktur der UN kurz darstellen, beschränken Sie sich hierbei auf die zentralen Organe wie Generalversammlung, Generalsekretär und Sicherheitsrat. Verzetteln Sie sich nicht in Details, die eigentliche Aufgabe kommt erst noch: Die Frage nach einem Sitz der EU im Sicherheitsrat. Kernpunkt ist hier eine Erörterung der Reformfähigkeit der UN. Aber selbst wenn sich eine solche Reform realisieren ließe – ist die EU für einen solchen Sitz bereit? Damit sind Sie wieder bei der Beurteilung der Prognose Cohn-Bendits. Verknüpfen Sie daher Aufgabe 2 und 3. Ist eine solche Reform des Sicherheitsrats möglich und sind die Europäer überhaupt für einen gemeinsamen Sitz bereit (Zukunft der EU und der GASP)?

Eine tief greifende Reform der UN erscheint unwahrscheinlich.

Zwar besteht **dringender Reformbedarf,**
– da viele Artikel der UN-Charta – z. b. einzelne Abschnitte des Kapitels VII (Maßnahmen bei Bedrohung oder Bruch des Friedens und bei Angriffshandlungen) – sich als **nicht praktikabel** erwiesen haben oder – wie die sogenannten Feindstaatenklauseln – an Bedeutung verloren haben,
– da sich den UN nun **neue Aufgaben** stellen, wie z. B. Krisenprävention und Umweltschutz,
– da die **Zusammensetzung des Sicherheitsrats** nicht mehr zeitgerecht ist: die fünf ständigen Mitglieder spiegeln die Machtverhältnisse nach Ende des Zweiten Weltkriegs wider und die Zahl der nichtständigen Mitglieder entspricht der Struktur der UN zu Beginn der 60er-Jahre,
– da das zunehmend als ungerecht empfundene Vetorecht der fünf ständigen Mitglieder den Sicherheitsrat **handlungsunfähig** machen kann,
– da die Arbeit der Generalversammlung **wenig effizient** ist.

Allerdings
– sieht die UN-Charta für institutionelle Reformen eine **2/3-Mehrheit** in der Generalversammlung vor (denkbar) und eine Zustimmung **aller** ständigen Mitglieder (unwahrscheinlich),
– würde ein Sitz der EU im Sicherheitsrat dazu führen, dass die Franzosen ihren ständigen Sitz aufgeben müssten → **Widerstand** der Franzosen, weil sie zentrale außenpolitische Vorrechte aufgeben müssten,
– gibt es grundsätzliche **Widerstände** der übrigen ständigen Mitglieder (z. B. USA) gegen tief greifende Reformen der UN.

Auch ist ungewiss, ob die EU für einen gemeinsamen Sitz im UN-Sicherheitsrat überhaupt bereit wäre: Wenn sich die EU heute nicht einmal einen Außenminister „leistet", wie wahrscheinlich ist es, dass sie 2057 eine **kollektive Außenpolitik** praktikziert, die geschlossen im Sicherheitsrat vorgebracht wird? Andererseits: Vor 30 Jahren gab es

noch nicht einmal auf dem Papier die GASP. Bis 2057 wäre eine europäische Außenpolitik also durchaus nicht unmöglich.

Mögliche Nachfragen

TIPP Der Prüfer bereitet für den zweiten Teil der mündlichen Prüfung Fragen
vor. Während Sie im ersten Teil (ca. 10 Minuten) i. d. R. kaum unterbrochen
werden, wird der zweite Teil eher als Gespräch gestaltet. Dabei kann der Prüfer
Unklarheiten oder Lücken aus dem Vortrag ansprechen. Oft gehen die Prüfungsfragen über Ihren Vortrag hinaus und bieten Ihnen die Gelegenheit, zu zeigen,
dass Sie in den letzten zwei Jahren nicht nur Wissen erworben haben, sondern
dieses auch flexibel anzuwenden wissen. Bei manchen Fragen sollten Sie ruhig
ein paar Sekunden nachdenken, ehe Sie antworten. Wenn Sie eine Frage nicht
verstehen, so zögern Sie nicht, nachzufragen, i. d. R. wird der Prüfer die Fragestellung etwas umformulieren, um Ihnen die Beantwortung zu erleichtern.

Mögliche Nachfragen:
– Um welche Textgattung handelt es sich bei dem Artikel von Cohn-Bendit?
– Wie heißt der aktuelle Kommissionspräsident?
– Wie wird gemäß dem Vertrag von Lissabon der Kommissionspräsident ge-
  wählt?
– Welche Folgen hätte es für das europäische Institutionengefüge, wenn die EU-
  Bürger den Kommissionspräsidenten direkt wählen würden?
– Wie könnte eine weniger idealistische Zukunftsperspektive für die EU 2057
  aussehen? Welche gegenwärtigen Tendenzen sprächen für eine solche
  Zukunft?
– Eines der zentralen Probleme der EU ist das sogenannte Demokratiedefizit.
  Erläutern Sie diesen Begriff.
– Cohn-Bendit geht davon aus, dass im Jahr 2057 die Türkei Mitglied der EU ist.
  Welche Vor- und Nachteile sehen Sie in einem EU-Beitritt der Türkei?
– Würden Sie gerne in dieser EU 2057 leben? Warum?
– Welche Ziele verfolgen die UN gemäß ihrer Charta?
– Welche Reformmodelle für die UN kennen Sie?
– Wäre ein gemeinsamer Sitz der EU im Sicherheitsrat ein Gewinn für Europa?

KRIEG DEM VÖLKERMORD? –
WIE WEIT DARF MAN ZUR VERTEIDIGUNG DER MENSCHENRECHTE GEHEN?

Aufgabenstellung

1 Fassen Sie die wichtigsten Gedanken von Helmut Schmidt aus M 1 in eigenen Worten zusammen und verdeutlichen Sie das Dilemma zwischen den beiden angesprochenen Prinzipien anhand von Beispielen.

2 Erläutern Sie, warum die UN offenbar kein geeigneter Akteur sind, um „Kriege im Namen der Menschenrechte" zu führen und Menschenrechtsverletzungen zu unterbinden.

3 Der amerikanische Soziologe und Politikwissenschaftler Daniel Goldhagen fordert in seinem Buch „Schlimmer als Krieg. Wie Völkermord entsteht und wie er zu verhindern ist" unter anderem, ein Kopfgeld auf die Verantwortlichen von Völkermord auszusetzen: *„Stellen wir uns vor, dass ein Kopfgeld ausgesetzt würde. Wir in den USA haben ja bereits so etwas für die Bekämpfung der Terroristen. Jeder, der Völkermord beginge, müsste ab sofort dann sich darauf einstellen, dass er verfolgt und gejagt wird. Er könnte nicht mehr sicher sein, dass selbst die Mitglieder der eigenen Leibwache ihn nicht ergriffen, um zum Beispiel eine Million Kopfgeld einzustreichen."*
Nehmen Sie zu Goldhagens Vorschlag wertend Stellung.

M   Über Kriege im Namen der Menschenrechte

Lieber Herr Schmidt, über kein Thema haben wir uns so oft gestritten wie über Menschenrechte. Ich gehöre zu jenen, die sagen: Da, wo Unrecht sichtbar wird, gibt es eine Pflicht, den Opfern zu helfen. Ihrer Ansicht nach ist das eine unzulässige Einmischung in die inneren Angelegenheiten eines anderen Staates. Ist das nicht ein Frei-
5 *brief für jede Form von Unrecht?*
Nein. Richtig ist, dass beide Prinzipien Gültigkeit haben, sowohl das völkerrechtliche Kernprinzip der Nichteinmischung in die inneren Angelegenheiten eines anderen Staates als auch das Prinzip der Mitmenschlichkeit. Beide Prinzipien können in Konflikt miteinander geraten.
10 *Ein Beispiel?*
Nehmen Sie die gegenwärtige Lage im Osten des Kongos.
Ja, fünf Millionen Tote in den letzten zehn Jahren!
Wenn der Westen sich hier aus Motiven der Mitmenschlichkeit ernsthaft einmischen will, dann müsste er es in ganz großem Maßstab tun, mit Zehntausenden von Soldaten

₁₅ und mit sehr vielen zivilen Helfern. Dann würde sich aber, leider Gottes, sehr schnell herausstellen, dass die entsendenden Staaten mit dieser Mission zugleich auch imperiale und ökonomische Motive verknüpfen. Sie sehen das auch in Afghanistan. *Dort ging es aber vor allem darum, den Terrorismus zu bekämpfen.* Die Intervention in Afghanistan begann nach dem Attentat auf die Zwillingstürme in ₂₀ Manhattan. Die Nato hat sie aus Mitmenschlichkeit gemeinsam mit den Amerikanern unternommen, um der terroristischen al-Qaida den Boden zu entziehen. Das liegt jetzt sieben Jahre zurück. Tatsächlich ist al-Qaida infolge der Intervention nach Pakistan ausgewandert. Jetzt kämpft man gegen die Taliban, vor Jahren haben aber die Amerikaner die Taliban mit Sprengstoff und Waffen ausgestattet.

₂₅ *Die Intervention im Kosovo gegen ethnische Säuberung – war es da nicht gerade für Deutsche ein moralisches Gebot einzuschreiten?*
Das habe ich damals nicht für richtig gehalten, ich glaube es auch heute nicht. Jetzt wird das Kosovo zu einem Staat erklärt, und trotzdem kommen wir da nicht weg. Es ist relativ einfach, den Entschluss zu fassen, in ein fremdes Land einzumarschieren. ₃₀ Aber es ist beinahe unmöglich, wieder abzuziehen, wenn man nicht Mord und Totschlag und Katastrophe hinterlassen will.

Die Alternative zur Einmischung beschreibt das widerliche Wort vom „Ausblutenlassen".
Nein, das ist falsch. Es gibt immer mehrere Möglichkeiten, dazu gehört auch die mili- ₃₅ tärische Intervention. Aber kaum eine besitzt wirklich positive Erfolgsaussichten. Es ist unausweichlich ein Element der conditio humana, dass es Grausamkeit, Verfolgung und Unterdrückung immer wieder gibt.

Sie sind da so pessimistisch?
Die Menschen werden vielleicht eines Tages einsehen, dass man Gewalt nicht mit Ge- ₄₀ walt ausrotten kann.

Hat denn der Druck der Weltöffentlichkeit gegen den Vietnamkrieg der Amerikaner nichts bewirkt?
Weniger der Druck der Weltöffentlichkeit als vielmehr die späte Einsicht in die eigenen Interessen Amerikas – unter Hinterlassung von ungezählten zivilen Toten.

₄₅ *Halten Sie internationale Strafgerichtshöfe für eine sinnvolle Einrichtung?*
Die theoretische Antwort lautet: Ja. In der Praxis läuft es leider darauf hinaus, dass nur diejenigen angeklagt werden, die verloren haben.

Immerhin. Einen Karadzic in Fesseln zu sehen ist doch eine Genugtuung!
Ich empfinde keine Genugtuung, wenn jemand in Fesseln vorgeführt oder gar exeku- ₅₀ tiert wird. Es gibt eine Reihe von Staaten, wo man aus Gründen der Mitmenschlichkeit eigentlich eingreifen müsste, nicht nur große Staaten wie den Kongo, auch kleine wie Simbabwe oder Somalia. Aber wenn wir uns überall einmischen wollten, wo himmelschreiendes Unrecht geschieht, dann riskierten wir den Dritten Weltkrieg.

Auf eine Zigarette mit Helmut Schmidt – Zeitmagazin Nr. 4 (15.01.2009) „Über Kriege im Namen der Menschenrechte". Das Gespräch führte Giovanni di Lorenzo.

Anmerkung

weitere nützliche Quelle:
Goldhagen, Daniel Jonah: Schlimmer als Krieg – Völkermord verstehen und verhindern, TV-Dokumentation 2009
(Der Trailer zum Film https://www.youtube.com/watch?v=h24tZIT3cQ8)

Lösungsvorschlag

Unterrichtsinhalte:

- Verfassungsnorm und Verfassungsrealität: Grundprinzipien der Verfassungsordnung der Bundesrepublik Deutschland; Art. 1 und Art. 20 GG; Grundrechte und Grundrechtsabwägung (GG, BVerfG)
- Aktuelle internationale Konfliktregionen und die Möglichkeiten kollektiver Friedenssicherung: Interessen, Entstehungsgründe, Konfliktpunkte (Sicherung von Menschenrechten, Terrorismus, Friedenssicherung durch Vereinbarungen und Verträge, Einflusssphären); Entscheidungsprozesse in internationalen Organisationen (UNO, NATO); Die deutsche Außenpolitik: Aufgaben, Erwartungen, Probleme: Bundeswehreinsätze in Konfliktregionen

1 **TIPP** *Anforderungsbereich: I und II*

Hier geht es darum, die Thesen von Helmut Schmidt knapp zusammenzufassen. Es ist sinnvoll, diese Aufgabe gleich mit dem in der Aufgabenstellung angesprochenen Dilemma zu verbinden: Was geht vor – Schutz der Menschenrechte oder das Prinzip der Nichteinmischung in die inneren Angelegenheiten eines Staates? Nachdem Sie das Dilemma dargestellt haben, sollen Sie Beispiele für eine militärische Intervention im Namen der Menschenrechte anführen und auch Konflikte nennen, in denen trotz Menschenrechtsverletzungen nicht militärisch eingegriffen wurde. Ein Blick in die Tagespresse oder in die Online-Archive diverser Zeitungen bietet ausreichend Auswahlmöglichkeiten. Vielleicht haben Sie auch im Unterricht bereits einen konkreten Konflikt behandelt. Sie müssen die Auseinandersetzungen nicht im Detail darstellen, es geht nur darum, die noch sehr abstrakten Prinzipien mit konkreten Inhalten zu füllen.

Altkanzler Schmidt bekräftigt im Interview zwar die Gültigkeit beider Prinzipien – das **Prinzip der Nichteinmischung** in die inneren Angelegenheiten eines Staates und das **Prinzip der Mitmenschlichkeit** –, er betont allerdings, dass, falls beide Prinzipien in Konflikt geraten, das Prinzip der Nichteinmischung aufgrund **mangelnder Erfolgsaussichten** eines militärischen Einsatzes Vorrang hätte (vgl. Z. 6 ff., Z. 28 ff., Z. 35). Gewalt könne nicht mit Gegengewalt bekämpft werden, andernfalls riskiere man aufgrund der Vielzahl an Staaten, in deren innerstaatliche Konflikte aus Gründen der Mitmenschlichkeit eingegriffen werden müsste, einen **Dritten Weltkrieg** (vgl. Z. 52 f.).

10

Außerdem stelle sich das Problem, dass hinter den Einsätzen häufig auch imperiale und ökonomische **Eigeninteressen** der intervenierenden Staaten stünden (vgl. Z. 15 ff.). Auch der Internationale Strafgerichtshof ist für Schmidt keine praktikable Lösung für das Problem des Völkermords, da nur die Verlierer eines Krieges angeklagt würden (vgl. Z. 46 f.). Beispiele, die man für eine Intervention im Namen der Menschenrechte anführen kann, sind der Einsatz im **Kosovo** (1999) oder auch die Einsätze in **Afghanistan** (2001), im **Irak** (2003), in **Libyen** (2011) oder in **Mali** (2012/13), bei denen zumindest eine Verbesserung der Menschenrechtslage als Legitimation immer mit angeführt wurde. Hierbei sind sowohl **Erfolge** (Ende des organisierten Völkermords auf dem Balkan) als auch **Misserfolge** (keine stabilen Staaten nach dem Eingreifen, Menschenrechtslage weiterhin angespannt) zu verzeichnen. Beispiele für Konflikte, die sich ohne ein entschlossenes militärisches Eingreifen bis zum Völkermord hin entwickelten, sind die Bürgerkriege in **Darfur** (2003) und im **Kongo** (2006–2009).

---

2 TIPP ▸ *Anforderungsbereich: II und III*

Der Operator „erläutern" erfordert, einen Sachverhalt mit Informationen und Beispielen zu verdeutlichen. Bei dieser Aufgabe ist eine konkrete These vorgegeben und Sie sollen diese mit Argumenten untermauern. Sicher haben Sie die UN bereits als Akteur der internationalen Politik kennengelernt und sich mit deren strukturellen Problemen befasst. Sie müssen also die bereits bekannten Argumente für die beschränkte Handlungsfähigkeit der UN vor allem neu strukturieren und anschaulich präsentieren.

Die UN scheinen aufgrund ihrer **eingeschränkten Handlungsfähigkeit** kaum geeignet, Völkermorde wirksam zu verhindern. Über militärische Interventionen entscheidet der **UN-Sicherheitsrat**. Da alle Entscheidungen einstimmig getroffen werden, kann ein Einsatz durch den Einspruch eines der fünf ständigen Mitglieder jederzeit **blockiert** werden (z. B. Veto von China und Russland gegen eine militärische Intervention in Darfur 2003). Ein **Veto** ist nicht nur dann wahrscheinlich, wenn sich der Einsatz gegen eine der fünf Großmächte selbst richtet, sondern auch, wenn deren nationale Interessen mit im Spiel sind – ein Problem, das auch Schmidt im Interview anführt (vgl. Z. 15 ff.). Hinzu kommt, dass die UN nicht über **eigene Einsatztruppen** verfügen. Sie sind auf die Bereitschaft der Mitgliedstaaten angewiesen, militärische Kontingente zur Verfügung zu stellen. Dabei ist zu beachten, dass gerade in den westlichen Demokratien die Solidarität mit den Opfern von Völkermorden an Grenzen stößt, wenn „eigene" Soldaten bei einem Einsatz ums Leben kommen. Darüber hinaus verbietet die UN-Charta die Einmischung in die inneren Angelegenheiten eines Staates (vgl. UN-Charta Art. 2 Abs. 7). Bei Verbrechen gegen die Menschlichkeit steht dieses Prinzip allerdings im Widerstreit zu Art. 1 Abs. 3, der die UN dazu verpflichtet, „die Achtung vor den Menschenrechten und Grundfreiheiten für alle [...] zu fördern und zu festigen". Dieses **Dilemma** erfordert eine Entscheidung über die **Rolle der UN** in der internationalen Politik: Will man eine **Weltpolizei**, die

Menschenrechtsverletzungen und Völkermorde unter Missachtung der Souveränität der Staaten bekämpft? Militärische Interventionen können mit folgenschweren Akzeptanzproblemen verbunden sein: Kaum ein Staat wird bereit sein, die Einmischung in innere Angelegenheiten zu tolerieren, da es gerade das Wesen staatlicher Souveränität ist, in innerstaatlichen Fragen keiner anderen Instanz gegenüber rechenschaftspflichtig zu sein. Eine militärische Intervention könnte daher einen Krieg und weitere Gewalt heraufbeschwören.

Eine Möglichkeit des Eingreifens der UN liegt im Bereich der **Prävention**, etwa durch Blauhelmeinsätze oder durch Dialogforen, Entwicklungshilfe u. Ä.

3 **TIPP** *Anforderungsbereich: III*

Diese Aufgabe hängt eng mit Teilaufgabe zwei zusammen: Wenn die UN kein geeigneter Akteur sind – wer dann? Goldhagens These ist sehr provokativ. Sie müssen nicht zwangsläufig das „Für und Wider" abwägen. Allerdings können Sie Ihre Stellungnahme differenzieren. Wenn Sie so vorgehen, sollten Sie zunächst die Position vorstellen, der Sie nicht zustimmen, und mit Ihrer eigenen Ansicht enden. Beachten Sie, dass der Operator „Stellung nehmen" verlangt, dass Sie über Ihre eigenen Maßstäbe Auskunft geben. Kategorien wie Effizienz, Moral, Legitimität sowie Umsetzbarkeit können dabei helfen, Ihre Argumente zu gewichten. Machen Sie nicht den Fehler, mit einer demütigen Aussage wie „Aber ich weiß es auch nicht" zu enden – Sie haben sich mit dem Thema mehrere Wochen beschäftigt; keiner erwartet ein Fazit, das den UN zur Umsetzung vorgelegt werden kann, aber eine eigene Meinung zu Goldhagens These, die Sie begründet vortragen, sollten Sie sich aneignen.

Die Überlegung, Kopfgelder auf Völkermörder und damit auf die jeweiligen Politiker und Militärs auszusetzen, die eine eliminatorische Politik betreiben, ist als bewusste **Provokation** zu verstehen. Goldhagen argumentiert betont rational, indem er auf die Kosten-Nutzen-Rechnung eines jeden Völkermörders verweist, die durch eine Aussetzung von Kopfgeldern durchkreuzt werde.

Der Vorschlag wirft aber einige Fragen auf: Wie kann man einem Missbrauch vorbeugen? Wie verhindert man, dass z. B. unliebsame Politiker als Völkermörder deklariert werden, damit man sie aus dem Weg schaffen kann? Hiermit verbindet sich auch die Frage nach dem **Gremium**, das über die Aussetzung eines Kopfgelds entscheidet. Am Beispiel des UN-Menschenrechtsrats, der 2006 die UN-Menschenrechtskommission ablöste, lässt sich das Problem der Legitimation und der Zusammensetzung eines derartigen Gremiums veranschaulichen. Die Menschenrechtskommission war in die Kritik geraten, weil auch Staaten, die offen gegen Menschenrechte verstießen, Mitglied werden konnten. Auch nach der Reform ist die **Integrität der Mitgliedstaaten** fraglich. Besteht das gleiche Problem nicht auch bei einem Gremium, das Kopfgelder auf Völkermörder aussetzen kann? Außerdem: Auf welcher Basis könnte mit Anführern, die Völkermorde verantworten, noch ein friedlicher Dialog entstehen?

Neben diesen eher „technischen" Problemen stellt sich die Frage nach dem Geltungsanspruch **universeller Menschenrechte**. Auch wenn argumentiert werden kann, es gehe um den Schutz der Opfer, so werden hier fundamentale Menschenrechte aufgewogen. Der Völkermörder verliert **das Recht auf körperliche Unversehrtheit** und **das Recht auf Leben**. Die Verhängung von Todesurteilen, ohne dem Angeklagten die Möglichkeit der Verteidigung zu geben, kollidiert darüber hinaus mit dem Prinzip der Rechtsstaatlichkeit. Goldhagens Vorschlag ist m. E. keine realistische und ethisch-moralisch tragbare Lösung – genauso wenig wie das „Zusehen" der Staatengemeinschaft, wenn Völkermorde stattfinden. Daniel Goldhagen gelingt es aber, durch seine provokante These eine **gesellschaftliche Diskussion** in Gang zu setzen, die möglicherweise zu einer politisch tragfähigen Lösung führt.

Mögliche Nachfragen

TIPP Die Präsentation sollte i. d. R. 15 Minuten nicht überschreiten, sie stellt nur einen Teil der Prüfung dar. Anschließend werden Sie zu Ihrem Vortrag befragt. Sie sollten in der Lage sein, Fragen sowohl zur medialen Gestaltung als auch zum methodischen Vorgehen zu beantworten. Hierauf können Sie sich gut vorbereiten, denn es werden meist ähnliche Fragen gestellt. Überlegen Sie sich vorab, warum Sie z. B. als Mittel der Darstellung eine PowerPoint-Präsentation gewählt haben (die Antwort „Ich wollte die Effekte nutzen" wirkt bei einer effektlosen Präsentation nicht sehr glaubwürdig). Der Prüfer wird sich im Kolloquium auch auf die Inhalte beziehen und vertiefende Nachfragen stellen. Denkbar sind zudem Verknüpfungen zu nahe liegenden Themen. Grundsätzlich muss sich das Prüfungsgespräch aber auf Ihr Thema beziehen, eine Frage zur angebotsorientierten Wirtschaftspolitik wäre z. B. nicht zulässig.

Mögliche Nachfragen:

Zur Präsentation:
– Warum haben Sie diese Art der Präsentation und Gestaltung gewählt?
– Wie sind Sie vorgegangen, wie haben Sie sich dem Thema genähert?
– Welche Entscheidungen mussten Sie treffen, welche Probleme sind aufgetreten?

Zu den Quellen:
– Die einfache Eingabe der Begriffe UN und Menschenrechte ergibt bei Google über zwei Millionen Treffer. Warum haben Sie genau diese Quellen verwendet?
– Wie haben Sie geprüft, ob es sich hierbei um seriöse Quellen handelt?

Zum Inhalt:
– Sind Menschenrechte universell, unteilbar und miteinander verbunden?
– Ist eine militärische Intervention nur dort gerechtfertigt, wo politische Rechte und Bürgerrechte missachtet werden? Wäre z. B. auch ein Eingreifen in Italien zulässig, wenn dort die Pressefreiheit bedroht ist?

- Sie haben Samuel P. Huntingtons Thesen („clash of cultures") kennengelernt: Was würde Huntington zu Goldhagens Vorschlag sagen?
- Die UN-Charta verbietet jegliche Form der Gewaltanwendung – gibt es Ausnahmen? Könnten diese Sonderfälle nicht als Instrument für militärische Interventionen zur Verhinderung von Völkermord eingesetzt werden?
- Woran scheitert es, eine handlungsfähige UN zu erschaffen, die die Macht hat, schwere Menschenrechtsverletzungen wirksam entgegenzutreten?
- Kennen Sie Beispiele, bei denen über den Kopf des Sicherheitsrats hinweg interveniert wurde?
- Welches Risiko liegt in der Missachtung der Autorität des Sicherheitsrats?
- Welche (negativen) Konsequenzen könnte ein aktives Eintreten der Staatengemeinschaft (oder nur eines Teils, z. B. der NATO) für die Menschenrechte haben?
- Können es sich die NATO/die UN/„der Westen" überhaupt leisten, bei Menschenrechtsverletzungen nicht einzugreifen? Was sind mögliche Folgen?
- Gibt es für das Problem des Widerspruchs der beiden Prinzipien „Souveränität der Staaten" und „Durchsetzung der Menschenrechte" überhaupt eine Lösung?

POLITISCHE PROZESSE IN EUROPA UND DEUTSCHLAND

Aufgabenstellung

1 Geben Sie die zentralen Aussagen des Autors wieder. (Material 1) (20 BE)

2 Vergleichen Sie Wahl und Bildung von Legislative (Bundestag und EU-Parlament) und Exekutive (Bundesregierung und EU-Kommission) in der Bundesrepublik Deutschland mit der auf EU-Ebene sowie die jeweiligen Kompetenzen der beiden Parlamente. (25 BE)

3 Untersuchen Sie, inwiefern ökonomische Globalisierungsprozesse gesellschaftliche und ökonomische Entwicklungen in Deutschland beeinflussen. (25 BE)

4 „Die Zeiten der großen, stabilen Mehrheiten sind auf europäischer Ebene vorbei. Die Parteien haben noch nicht gelernt, damit umzugehen. Das gilt für die Mitgliedstaaten der EU, und das gilt auch für die EU als Ganzes." (Material 1) Überprüfen Sie unter Berücksichtigung von Material 2 und 3, inwiefern sich diese Aussagen des Autors auf das deutsche Parteiensystem übertragen lassen, und erörtern Sie mögliche Folgen. (30 BE)

M 1   Ulrich Ladurner: Madame Europa (2019)

Sie hat es geschafft. Ursula von der Leyen wird die erste Frau an der Spitze der EU-Kommission sein, die erste Deutsche in diesem Amt seit 52 Jahren. Sie hat die Unterstützung des französischen Staatspräsidenten und der deutschen Bundeskanzlerin. Und nun auch das positive Votum des Parlaments.

5   Madame Europa darf sich als stark fühlen.

Doch von der Leyens Stärke ist paradoxerweise das Resultat einer eklatanten europäischen Schwäche – der wachsenden Unfähigkeit, Kompromisse zu schließen. Deutlich wurde dies gleich nach der Europawahl Ende Mai [2019]. Die europäischen Parteienfamilien sind mit Spitzenkandidaten in den Wahlkampf gezogen. Der Sieger sollte
10 Kommissionspräsident werden. Die Wahlbeteiligung stieg kräftig, 201 Millionen Europäer gaben ihre Stimme ab. Das war ein gewaltiger Vertrauensvorschuss der Bürger – doch die Parlamentarier gingen fahrlässig damit um. Nach der Wahl waren sie nicht in der Lage, sich auf einen Kandidaten zu einigen, den sie dem Rat[1] hätten präsentieren können.
15 Die EU-Abgeordneten nennen ihr Parlament gern stolz „Haus der europäischen Demokratie" – bloß haben sie vor lauter Stolz das Kerngeschäft des Parlaments verlernt: sich zu einigen, auch unter schwierigen Umständen, über tiefe Gräben hinweg.

Das ist keine lässliche Sünde, das ist eine beschämende Pflichtvergessenheit. Nach dem Versagen taten die Staats- und Regierungschefs das, was ihre Aufgabe ist: Sie schlugen ihrerseits einen Kandidaten vor. Sie zauberten Ursula von der Leyen aus dem Hut.

Als diese im Parlament auftrat, erschien sie den Parlamentariern als Symbol ihrer selbstverschuldeten Niederlage. Von der Leyen tat nun das, was kluge Menschen mit Unterlegenen tun: Sie schmeichelte ihnen. Ihre in alle Richtungen gestreuten süßen Worte waren allerdings mehr als ein Werben um Stimmen. Von der Leyen will das Parlament an ihrer Seite.

Sie weiß sehr wohl, dass sie die Unterstützung der Parlamentarier braucht, um die Reformen durchzusetzen, die sie angekündigt hat. Das Parlament hat bei allen wesentlichen Themen ein gewichtiges Wort mitzureden. Das reicht vom Kampf gegen die Klimakrise über die Digitalisierung bis hin zur Migration. Um handlungsfähig zu sein, muss von der Leyen allerdings den Verdacht loswerden, als Kandidatin des Rates werde sie Erfüllungsgehilfin der Staats- und Regierungschef sein.

Schon in ihrer Bewerbungsrede hat von der Leyen einige Dinge gesagt, die verschiedenen Staats- und Regierungschefs nicht besonders gefallen dürften. Ein gemeinsames europäisches Asylsystem wird Viktor Orban nicht schmecken und ihr Bekenntnis zum Modell des Spitzenkandidaten dürfte in Paris nicht gut ankommen. Offenbar ist sie um Eigenständigkeit bemüht. Je mehr sie sich aber von ihren Förderern emanzipieren will, desto mehr braucht sie das Parlament an ihrer Seite.

Die Erwartungen an sie sind gewaltig, doch als Kommissionspräsidentin ist sie eingebunden in das europäische Institutionengefüge. Ohne den Rat kann sie so gut wie gar nichts erreichen, mit den Parlamentariern allerdings einiges. Sie hätte dann größere Chancen, zu gestalten. Und gestalten will sie. Damit ist von der Leyen wieder mit der Frage konfrontiert, die sie selbst erst ins Amt gebracht hat. Wie verlässlich sind die Europaparlamentarier? Kann man mit ihnen ins Geschäft kommen? Haben sie die Kraft und den Willen, Übereinkommen zu schließen und umzusetzen? Sind sie bereit über den eigenen Schatten zu springen?

Die vergangenen Wochen haben eines sichtbar gemacht: Die Zeiten der großen, stabilen Mehrheiten sind auf europäischer Ebene vorbei. Die Parteien haben noch nicht gelernt, damit umzugehen. Das gilt für die Mitgliedstaaten der EU, und das gilt auch für die EU als Ganzes. Der gesellschaftliche und ökonomische Umbruch hat die Parteien zu unsicheren, orientierungslosen und vor allem ängstlichen Akteuren gemacht. Je furchtsamer, desto weniger kompromissbereit sind sie. Das ist die Lage, die von der Leyen in Europa vorfindet. Sie wird damit umgehen müssen, wenn sie sich als Kommissionspräsidentin durchsetzen will. Gefragt ist die Fähigkeit, mit wechselnden Mehrheiten wirksame Ergebnisse schnell zu erzielen. Ob von der Leyen dies gelingt, entscheidet über Erfolg oder Misserfolg ihrer Amtszeit.

Ladurner, Ulrich: Madame Europa , DIE ZEIT 30 / 2019 (17.07.2019)

Anmerkung
1 Rat – *hier:* Europäischer Rat der Staats- und Regierungschefs

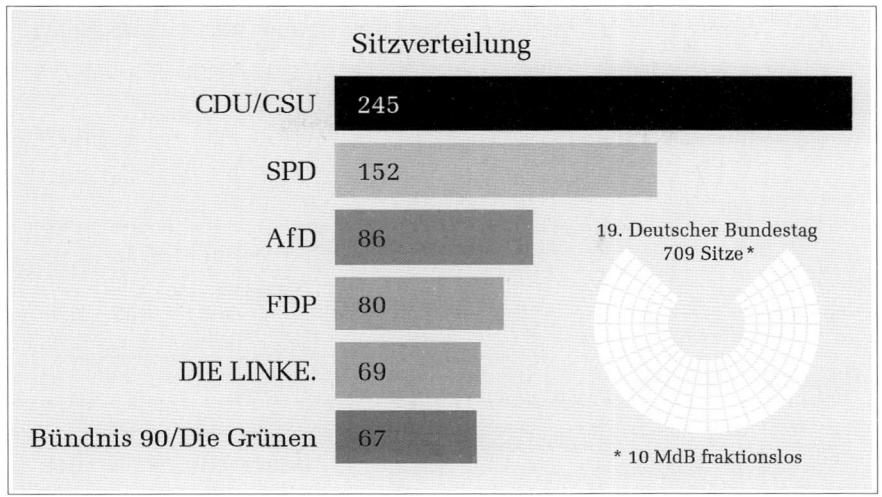

Deutscher Bundestag

Hinweis
MdB – Mitglieder des Bundestages

Land	Stimmen	Zusammensetzung der Landesregierung
Baden-Württemberg	6	Grüne / CDU
Bayern	6	CSU / Freie Wähler
Berlin	4	SPD / Linke / Grüne
Brandenburg	4	SPD / CDU / Grüne
Bremen	3	SPD / Grüne / Linke
Hamburg	3	SPD / Grüne
Hessen	5	CDU / Grüne
Mecklenburg-Vorpommern	3	SPD / CDU
Niedersachsen	6	SPD / CDU
Nordrhein-Westfalen	6	CDU / FDP
Rheinland-Pfalz	4	SPD / FDP / Grüne
Saarland	3	CDU / SPD
Sachsen	4	CDU / Grüne / SPD
Sachsen-Anhalt	4	CDU / SPD / Grüne
Schleswig-Holstein	4	CDU / Grüne / FDP
Thüringen	4	Linke / SPD / Grüne
Stimmen insgesamt: 69, absolute Mehrheit: 35 Stimmen		

eigene Darstellung nach Daten von Deutscher Bundestag

Lösungsvorschlag

Unterrichtsinhalte:
- Herausforderungen der Parteiendemokratie (Q 1.2), insbesondere:
  - Nationale Wahlen und Wahl des Europaparlaments im Zusammenhang mit entsprechenden Parteiensystemen, Bildung der jeweiligen Exekutive
  - Chancen und Risiken neuer politischer Kommunikationsformen im Internet
- Strukturwandel der Weltwirtschaft als Herausforderung ökonomischer Globalisierung (Q 3.2), insbesondere:
  - Staaten zwischen Wohlfahrtsstaat und Wettbewerbsstaat (Rückwirkungen ökonomischer Globalisierungsprozesse auf unterschiedliche Politikfelder wie z. B. Fiskalpolitik, Sozialpolitik)

1 **TIPP** *Anforderungsbereich I*

Geben Sie ausgehend von einem vollständigen Einleitungssatz (Autor, Titel, Textsorte, Erscheinungsort und -datum, Thema) den Inhalt des Textes strukturiert und in eigenen Worten wieder, indem Sie hierfür die Kernaussagen des Textes herausarbeiten.

Achten Sie auf die nötige Distanz zum vorliegenden Kommentar und verwenden Sie deshalb den Konjunktiv bei indirekter Rede und kennzeichnen Sie wörtliche Rede.

In dem vorliegenden Kommentar von Ulrich Ladurner „Madame Europa", erschienen in DIE ZEIT vom 17.07.2019, kritisiert der Autor, dass sich das EU-Parlament nach den Parlamentswahlen 2019 nicht auf einen Kandidaten für das Amt des Kommissionspräsidenten einigen konnte. Damit sei es seiner **Verantwortung nicht gerecht geworden** und habe Vertrauen verspielt. `Quelle` `Thema`

In den Wahlkampf zur Europawahl im Mai 2019 seien die Parteien mit Spitzenkandidaten gezogen. Der **Wahlsieger sollte Kommissionspräsident** werden. Dieses Vorgehen habe zu einer vergleichsweise guten Wahlbeteiligung geführt. Doch die Parteien seien im Anschluss nach der Wahl nicht imstande gewesen, sich auf einen Kandidaten für das Amt zu einigen. `Unfähigkeit zum Kompromiss`

Somit seien die Parlamentarier dem **Vertrauensvorsprung der Wähler nicht gerecht geworden**. Die Aufgabe des Parlaments sei es aber, **auch bei schwierigen Mehrheitsverhältnissen Differenzen zu überwinden und sich zu einigen**. Dabei zu scheitern, nennt der Autor eine „beschämende Pflichtvergessenheit" (Z. 18) der EU-Parlamentarier. Nach der offenbarten **Schwäche des Parlaments** sei der EU-Rat seiner Aufgabe nachgekommen und die Staats- und `Schwäche des Parlaments`

Regierungschefs hätten sich auf Ursula von der Leyen als Kandidatin verständigt. Das Parlament aber habe seine Chance vergeben, über dieses Amt selbst zu bestimmen, und somit eine **Niederlage** erlitten.

Um tatsächlich Kommissionspräsidentin werden zu können, habe Ursula von der Leyen um die **Zustimmung des geschwächten Parlaments werben** müssen. Die Kandidatin des Rates habe unbedingt auch die Zustimmung des Parlaments gebraucht, um im Amt handlungsfähig zu sein und von ihr angestrebte Reformen umsetzen zu können. Gerade wenn von der Leyen bei den wesentlichen Themen wie Klimakrise, Digitalisierung, Migration oder Asyl eigenständig sein wolle, müsse sie sich **von den Staats- und Regierungschefs emanzipieren** und das Parlament an ihrer Seite wissen. Gestalten könne sie im europäischen Institutionengefüge nur, wenn sie sowohl den Rat als auch die Parlamentarier für sich gewinnen könne.

Handlungsfähigkeit der Kommissionspräsidentin

Im EU-Parlament gebe es **kaum noch große und zugleich beständige Mehrheiten**, mit dieser Zersplitterung müssten die Parteien auf europäischer wie auch auf nationaler Ebene umgehen lernen. Die **Parteien seien durch die gesellschaftlichen und wirtschaftlichen Umbrüche verunsichert** und böten keine Orientierung. Parlamentarier müssten jedoch in der Lage sein, Kompromisse zu schließen. Je ängstlicher und unsicherer die Parteien allerdings seien, desto weniger würden sie den Kompromiss wagen.

Zersplitterung und Verunsicherung

Die Erwartungen an die neue EU-Präsidentin seien hoch. Für erfolgreiches Handeln brauche sie ein Parlament, das die **Kraft für Einigungen** habe und Verhandlungsgeschick. Von der Leyens Erfolg und Gestaltungsspielraum als Kommissionspräsidentin würde nun davon abhängen, ob sie es schaffe, auch **mit wechselnden Mehrheiten im Parlament wirksame Ergebnisse zu erzielen.**

Einigungen erzielen

---

2 **TIPP** *Anforderungsbereich I und II mit Schwerpunkt auf AFB II*

Beachten Sie, dass für den Aspekt der Legislative die Aufgabe umfangreicher ist und zusätzlich den Vergleich der Kompetenzen der beiden Parlamente beinhaltet.

Es ist hilfreich, eine kurze Gliederung in Stichworten vorab zu erstellen, damit für den Vergleich Ähnlichkeiten, Gemeinsamkeiten und Unterschiede strukturiert und differenziert verdeutlicht werden können.

Der **Vergleich von Bundestag und EU-Parlament** zeigt sowohl bei der Wahl und Bildung als auch bei den Kompetenzen der Parlamente durchaus Unterschiede, was vor allem auf die besondere Stellung des EU-Parlaments im Gefüge der EU-Institutionen zurückzuführen ist.

Einleitung

Bei der **Bundestagswahl** wählt das Volk Abgeordnete und Parteien. Diese Wahl findet alle vier Jahre statt und funktioniert nach dem Prinzip des **personalisierten Verhältniswahlrechts** mit einer Fünfprozenthürde. Dabei entfällt die Erststimme auf den Direktkandidaten oder die Direktkandidatin aus einem der 299 Wahlkreise, der bzw. die meist einer Partei angehört. Mit der Zweitstimme wird eine Partei gewählt und somit ihr Anteil der Sitze im Parlament festgelegt. Hier greift die **Fünfprozenthürde**, die den Einzug von Parteien unter fünf Prozent verwehrt, um eine **Zersplitterung des Parlaments zu verhindern**. Die Anzahl der Abgeordneten im Bundestag ist mindestens doppelt so hoch wie die Anzahl der Bundestagswahlkreise (mindestens 598 Abgeordnete), aber darüber hinaus variabel, da noch mögliche Überhangsmandate hinzukommen. Die **Mehrheit der Stimmen im Parlament** – meist gebildet durch eine Koalition – **stellt die Regierung**.

personalisierte Verhältniswahl

Bei der Wahl des Europa-Parlaments sind alle Bürger*innen der EU aufgerufen, zu entscheiden, wer im Europäischen Parlament vertreten sein soll. **Das europäische Parlament ist das einzige vom Volk direkt gewählte Verfassungsorgan auf EU-Ebene.** Die Wahl findet alle fünf Jahre und für die deutschen Abgeordneten nach dem Prinzip der **reinen Verhältniswahl ohne eine Sperrklausel** statt. Es stehen **keine speziellen europäischen Parteien zur Wahl**, sondern die nationalen Parteien mit ihren Kandidatinnen und Kandidaten für das EU-Parlament. Die meisten Parteien sind allerdings Mitglied einer europäischen Partei und die große Mehrheit der Abgeordneten schließt sich im EU-Parlament einem der parteipolitischen Zusammenschlüsse an. Derzeit gibt es zehn Europaparteien.

Regierungspartei(en)

Verhältniswahl

Anders als im Bundestag und den meisten anderen nationalen Parlamenten gibt es **keine klaren Regierungs- bzw. Oppositionsfraktionen**. Im Europäischen Parlament bilden sich je nach Abstimmungsthema **wechselnde Mehrheiten**. Dies hat zur Folge, dass die einzelnen Europa-Abgeordneten unabhängiger agieren und unter Umständen mehr Einfluss auf Gesetzesvorhaben nehmen können, als es Abgeordneten im Bundestag möglich ist. Im Bundestag unterstützen die Regierungsfraktionen meist die Gesetzesvorhaben ihrer Regierung.

keine Regierungs- und Oppositionsfraktionen

Das EU-Parlament nimmt **gemeinsam mit dem Rat der EU die Gesetzgebung** – also die Legislative – auf EU-Ebene wahr. Daneben hat das Parlament noch zwei weitere wesentliche Aufgaben. Es bildet ebenfalls gemeinsam mit dem EU-Rat auch die **Haushaltsbehörde der EU** und bestimmt somit den Haushaltsplan und die finanziellen Mittel. Außerdem kontrolliert das Parlament die EU-Kommission. Das EU-Parlament wählt auf Vorschlag des Europäischen Rates hin einen Kommissionspräsidenten oder eine Kommissionspräsidentin und muss seine Zustimmung zur Kommission als Ganzes

Aufgaben des EU-Parlaments

geben. Als **Kontrollorgan der Exekutive** kann es einen Misstrauensantrag stellen, der die ganze Kommission zum Rücktritt zwingt. Dies ist dem EU-Parlament mit dem Bundestag gemein, auch dieser kontrolliert die Exekutive. Der Bundestag kann **Untersuchungsausschüsse** einberufen und durch ein **konstruktives Misstrauensvotum** den Kanzler bzw. die Kanzlerin abwählen. Ebenfalls liegt beim Bundestag das **Budgetrecht.**

Zwar ähnelt das Gesetzgebungsverfahren der EU dem deutschen Verfahren zwischen Bundestag und Bundesrat, allerdings hat das Europäische Parlament anders als der Bundestag **kein Initiativrecht für die Gesetzgebung.** Es kann lediglich die Kommission zu Gesetzesinitiativen auffordern und stimmt über die Vorschläge der Kommission zu EU-Rechtsvorschriften ab.

kein Initiativrecht des EU-Parlaments

Dass das Parlament die Gesetzgebung – also die Legislative – zusammen mit dem EU-Rat wahrnimmt, führt auch zu Kritik, da die Staats- und Regierungschefs bzw. -chefinnen des EU-Rates in ihren Nationalstaaten der Exekutive angehören. Allerdings haben die beiden Institutionen andere Schwerpunkte. Während im EU-Rat durch die Staats- und Regierungschefs bzw. -chefinnen die **nationalen Interessen** verhandelt werden, stehen im europäischen Parlament die **politischen Interessen der gesamten EU** im Vordergrund.

Auf EU-Ebene können Parlamentsmitglieder nicht gleichzeitig Teil der EU-Kommission sein, die Mitglieder der Bundesregierung gehören dagegen meist auch dem Bundestag an.

Die **EU-Kommission** ist im politischen System der EU die politisch **unabhängige Exekutive** und als solche **setzt sie Beschlüsse des EU-Parlaments und des EU-Rates um.** Darüber hinaus erarbeitet sie Vorschläge für neue Rechtsvorschriften und politische Maßnahmen und ist das einzige Gremium auf EU-Ebene, bei dem für die Gesetzgebung das **Initiativrecht** liegt. Angenommen werden Gesetze in den meisten Politikfeldern nach dem Mitentscheidungsverfahren, bei dem Parlament und Rat gleichberechtigt sind und sich bei Uneinigkeit in dritter Lesung in einem **Vermittlungsausschuss** einigen müssen. Dies ähnelt dem Vermittlungsausschuss in der Bundesrepublik Deutschland, der versucht, einen Konsens zu finden, wenn vom Bundestag beschlossene Gesetze im Bundesrat keine Mehrheit finden.

Initiativrecht der EU-Kommission

Jedes EU-Land stellt einen EU-Kommissar bzw. eine EU-Kommissarin. Diese sollen in ihrer Funktion nicht die Interessen ihres Landes, sondern der gesamten EU vertreten. Der **EU-Rat**, bestehend aus den Staats- und Regierungschefs bzw. -chefinnen, **schlägt einen Kommissionspräsidenten oder eine Kommissionspräsidentin vor**, welche*r von der Mehrheit des Parlaments bestätigt werden muss. Dabei gehört der Kandidat bzw. die Kandidatin in der Regel der größten Partei im EU-Parlament an.

Bildung der EU-Kommission

Die 27 Kommissionsmitglieder werden **auf fünf Jahre** vom Kommissionspräsidenten bzw. von der Kommissionspräsidentin in Absprache mit den Mitgliedsstaaten **für einen politischen Zuständigkeitsbereich ernannt** und vom Parlament bestätigt. Das Parlament kann die Kommission ablehnen, allerdings nur als Ganzes.

Die Exekutive des Bundesrepublik Deutschland ist die **Bundesregierung**, bestehend aus dem Bundeskanzler bzw. der Bundeskanzlerin und den Bundesministern bzw. -ministerinnen. Sie bilden das Kabinett. Nach der Bundestagswahl konstituiert sich auf Grundlage der Wahlergebnisse **in der Regel nach Koalitionsverhandlungen** von zwei oder drei Parteien die **Regierungsmehrheit**. In den Wahlkampf sind die stärksten Parteien bereits mit einem Kanzlerkandidaten bzw. einer Kanzlerkandidatin gezogen. Der designierte **Kanzler** bzw. die designierte **Kanzlerin** handelt mit den Bündnispartnern das Regierungsprogramm sowie die Ausgestaltung der Bundesministerien aus. Der Kanzler bzw. die Kanzlerin wird somit nicht direkt vom Volk, sondern auf Vorschlag des Bundespräsidenten bzw. der Bundespräsidentin hin vom Bundestag gewählt. Die Bundesminister*innen entstammen den Koalitionsparteien, sie werden vom Bundeskanzler bzw. der Bundeskanzlerin vorgeschlagen und vom Bundespräsidenten bzw. der Bundespräsidentin ernannt.

Bildung der Bundesregierung

Die **Wahl und Bildung der Legislative** in der Bundesrepublik Deutschland ist mit der auf EU-Ebene durchaus **vergleichbar**, die **Kompetenzen** der beiden Parlamente zeigen allerdings **Unterschiede**. Der Hauptunterschied ist, dass zwar auch auf EU-Ebene ein Parlament gewählt wird, dieses allerdings keine europäische Regierung wählt, da es diese nicht gibt.

Fazit

---

3 | TIPP | *Anforderungsbereich I und II mit Schwerpunkt auf AFB II*

In dieser Aufgabe sollen Sie die komplexen allgemeinen Entwicklungen der Globalisierung auf Deutschland beziehen. Achten Sie darauf, allgemein Entwicklungen mit konkreten Sachverhalten zu verbinden, indem Sie diese konkret benennen und differenziert ausführen.

Ökonomische Globalisierungsprozesse haben vielfältige Auswirkungen auf gesellschaftliche und ökonomische Prozesse in Deutschland. Globalisierung geht einher mit der Öffnung von Grenzen und **internationalem Wettbewerb um die besten Standortbedingungen**. Nationalstaaten konkurrieren dabei um Arbeitsplätze und Investitionen transnationaler Unternehmen.

Einleitung

Diese Bedingungen von Globalisierung haben in Deutschland bereits in der Vergangenheit zu Anpassungsprozessen geführt, die auch

Folgen des Wettbewerbsdrucks

in Zukunft voranschreiten werden. Der Wettbewerbsdruck **schmälert den Gestaltungsspielraum von Nationalstaaten** für politische und regulative Lösungen. In vielen Fällen ist für transnationale Unternehmen ein niedriges Niveau an Regulierung für die Wahl der Standorte von Vorteil. Industrienationen wie Deutschland stellt dies vor die Herausforderung, z. B. beim Klimaschutz oder bei der Sozial- und Fiskalpolitik **Standards zu setzen** und zugleich die Wettbewerbsfähigkeit zu erhalten.

In der **Exportnation Deutschland** schafft und sichert der Globalisierungsprozess Arbeitsplätze und Wohlstand, führt zugleich aber auch zu Stellenabbau. Der gestiegene Wettbewerbsdruck ist für die **Ausweitung des Niedriglohnsektors** seit Ende der 1990er mitverantwortlich, während zugleich **spezialisierte Fachkräfte** gefragt sind. Dadurch ist eine größere Ungleichheit bei der Einkommens- und Vermögensverteilung entstanden, die zu einer **zunehmenden Spaltung der Gesellschaft** führt. Dies zeigt, dass die ökonomische Globalisierung und weltweite Vernetzung untrennbar mit gesellschaftlichen Entwicklungen auf nationaler Ebene einhergehen.

Fachkräftemangel vs. Stellenabbau

Insbesondere Deutschlands Wirtschaft ist **in hohem Maße exportabhängig**, sowohl der Warenexport als auch der -import steigen kontinuierlich (mit Ausnahme zur Finanz- und Coronakrise). Etwa jeder vierte Arbeitsplatz in Deutschland hängt vom Export ab. Deutschland ist somit auch von der Globalisierung in hohem Maße abhängig, was sowohl mit Chancen als auch Risiken verbunden ist.

Exportabhängigkeit

Globalisierung ist allgemein gekennzeichnet von der Erschließung neuer Märkte, der Optimierung von Produktionsprozessen und dem Auflösen nationaler Strukturen. Als Hochkostenland steht Deutschland zudem vor der Herausforderung, auch **Wertschöpfung im Land** zu halten. Die Ansprüche an **globale und exportbezogene Arbeitsplätze** steigen hierzulande. Die ebenfalls fortschreitende Digitalisierung und der technologische Fortschritt verstärken die Unabhängigkeit von Standorten weiter. Neben dem Wettbewerbsdruck erhöht auch dies den **Qualifizierungsdruck** der Arbeitnehmer*innen, die potenziell immer weniger an Standorte gebunden sind, und geht einher mit **neuen Herausforderungen bei der Berufs- und Weiterbildung**.

Herausforderungen für Arbeitsplätze

Gesellschaftlich ist zudem in Deutschland durch die demografische Entwicklung dennoch ein **Fachkräftemangel** entstanden. Dem gegenüber steht ein **globaler Migrationsdruck**, der durch Krieg, Naturkatastrophen oder Hunger ausgelöst wird. Dieses Phänomen ist nicht von Globalisierungsprozessen zu trennen, da **Migration und Mobilität** nicht nur nationale, sondern auch globale Phänomene sind. Für Deutschland bietet dies zum einen die Chance, den Fachkräftemangel durch die **Integration und Qualifikation** von Migrantinnen

Migrationsdruck

und Migranten zu beheben, während zum anderen mangelnde Integration und die Einwanderung nicht-qualifizierter Migrantinnen und Migranten große gesellschaftliche Herausforderungen darstellen. Dies führt ebenfalls zu **gesellschaftlicher Verunsicherung**, oft gerade dort, wo Einkommen, Arbeitsplätze, aber auch kulturelle Strukturen als gefährdet angesehen werden.

Durch die beschriebenen vielfältigen Globalisierungsprozesse gibt es gesellschaftliche Gruppen, die sich diesen Entwicklungen ausgeliefert oder sozial-ökonomisch abgehängt fühlen. Parteien, aber auch andere Großverbände wie Gewerkschaften oder Kirchen, erleben einen zunehmenden Bedeutungsverlust. Dies kommt daher, dass es ihnen offenbar nicht überzeugend genug gelingt, die **gesellschaftlichen Folgen und Anpassungsprozesse**, die auch auf die Globalisierung zurückzuführen sind, zu gestalten und so alle Bürger*innen zu erreichen. Solche Prozesse bilden den Nährboden für eine zunehmende **Spaltung der Gesellschaft, politische Polarisierung und Radikalisierung** sowohl von Parteien als auch von Bürgerinnen und Bürgern. Risiken für die Gesellschaft

Insgesamt profitiert Deutschland von der Globalisierung wirtschaftlich. Für eine Exportnation bietet die Verflechtung von Güter- und Dienstleistungsmärkten neben der Vielzahl von Chancen auch starke Abhängigkeiten und auf vielen Ebenen gesellschaftliche und wirtschaftliche Herausforderungen. Die beschriebenen vielfältigen ökonomischen Globalisierungsprozesse werden die **Arbeits- und Lebenswelt in Deutschland auch weiterhin verändern**. Dabei ist es die Herausforderung, die gesellschaftlichen und sozialen Folgen und Risiken auf nationaler Ebene zu begleiten und zu gestalten. Da viele Folgen sich aber auch global entfalten, sind **internationale gesellschaftliche Bewegungen** (z. B. Fridays for Future oder Attac) entstanden, die der Globalisierung kritisch gegenüberstehen und von der Politik Antworten auf die globalen gesellschaftlichen Herausforderungen fordern. Fazit

---

4 **TIPP** *Anforderungsbereich II und III mit Schwerpunkt auf AFB III*

Achten Sie auf die zwei Teilaspekte der Aufgabe. Überprüfen Sie unter Bezug auf das Material 2 und 3 die Aussage des Autors.

Erörtern Sie, welche Folgen sich daraus für das deutsche Parteiensystem ergeben können, indem Sie Chancen und Risiken dieser Entwicklung differenziert darlegen und zu einem eigenen Fazit gelangen.

Der Aussage, dass die Zeiten großer, stabiler Mehrheiten der Parteien vorbei seien und diese mit dieser Entwicklung nicht umgehen Einleitung könnten, lässt sich für Deutschland zumindest bisher nur bedingt zustimmen.

Die Äußerung trifft dahingehend zu, dass die beiden **Volksparteien schon länger schwächeln**. Beide großen Parteien, CDU/CSU und SPD, haben an Zustimmung verloren und die SPD ist zwischenzeitlich nicht nur unter die 30-Prozent-, sondern auch unter die 20-Prozent-Marke gerutscht.

Schwäche der Volksparteien

Das macht bei Regierungskoalitionen eine **Zwei-Parteien-Koalition schwerer** und ein **Dreier-Bündnis wahrscheinlicher**. Dass die Parteien mit dieser Herausforderung noch umgehen lernen müssen, zeigt das Scheitern der Koalitionsverhandlungen von Union, Grünen und FDP nach der Bundestagswahl 2017. Die Parteien konnten sich nicht auf gemeinsame Kompromisse einigen, die Drei-Parteien-Koalition kam nicht zustande. Neuwahlen oder eine Minderheitsregierung konnten nur durch eine Weiterführung der **Großen Koalition** vermieden werden. Insgesamt waren die letzten 16 Jahre in Deutschland durch die Kanzlerschaft von Angela Merkel, der CDU/CSU als stärkster Kraft und drei Große Koalitionen in vier Legislaturperioden aber durch **Stabilität** geprägt, weshalb sich die im Text beschriebenen Entwicklungen bisher nur teilweise offenbarten.

Stabilität

Allerdings haben sich **Große Koalitionen auch als problematisch erwiesen**, da diese den Abwärtstrend der Volksparteien mutmaßlich beschleunigt und das **Erstarken der kleineren Parteien** begünstig haben. Die Folge der Schwäche der Volksparteien als integrative Kraft ist eine **Zersplitterung des Parteiensystems**. Rechts von der CDU ist die AfD als eine neue Partei entstanden, offenbar auch weil die CDU das rechtskonservative Milieu nicht mehr an sich binden kann. Mit den Wahlerfolgen der AfD verbunden ist die **Sorge vor einer Verschärfung des Populismus und einer Polarisierung der Wählerschaft**. Hass und Hasskampagnen finden nicht nur in sozialen Netzwerken statt, sondern führen bis hin zu Anschlägen und politisch motivierten Morden wie etwa im Fall des hessischen Politikers Walter Lübcke.

Zersplitterung des Parteiensystems

Das im Bundestag und Bundesrat vertretene **Parteienspektrum wird durch das Erstarken der kleinen Parteien auch bunter** und die in den Parlamenten vertretenen Positionen vielfältiger. Die Bürgerinnen und Bürger können in einem Sechs-Parteien-System aus einem größeren und spezifischeren Angebot an Parteien wählen. Während die Volksparteien Stimmen verlieren, **stabilisieren und vermehren sich die kleineren Parteien** daneben. Dies kann als Ausdruck der **Pluralisierung der Gesellschaft** verstanden werden, in der sich die Formen der politischen Partizipation und Loyalität verändern. Darüber hinaus lässt sich zumindest bei manchen Parteien beobachten, dass sie sehr schwankender Zustimmung unterliegen. Dies zeigt, dass die Zahl der Wechselwähler*innen zunimmt.

vielfältigeres Parteienangebot

Das entstandene größere Parteienangebot bietet den Bürgerinnen und Bürgern also ein **spezifischeres Wahlangebot** als das Gesamtpaket Volkspartei, was als Belebung der Demokratie verstanden wird. Offenbar fühlen sich die Bürger*innen **von kleinen Parteien besser repräsentiert**, deren **Schwerpunktthemen** wie Klimaschutz oder Migration aber auch Impulse zurück in die Parteiprogramme der Volksparteien geben können.

Regierungsbildung und -stabilität erschwert

Auch **Koalitionen werden dadurch heterogener und vielschichtiger**, zugleich aber eben auch schwerer zu erreichen und **instabiler**. Der Wandel der Parteienlandschaft hat hinsichtlich der Regierungsbildung und -stabilität insgesamt eher negative Folgen. Wie im Text veranschaulicht wird die Kompromissbildung bei mehreren Partnern komplizierter und somit die **Handlungsfähigkeit vermindert**. Es wird dabei oft um Sichtbarkeit gerungen und gerade kleinere Koalitionspartner haben Sorge, als „Junior-Partner" ihren Markenkern und somit Wähler*innen zu verlieren.

Verunsicherung der Wähler*innen

Wenn offen ist, welche Regierungskonstellation und Verhandlungsergebnisse nach Wahlen zustande kommen, kann dies das **Wahlverhalten der Bürger*innen beeinflussen**. Möglicherweise kann dies eine Verunsicherung der Wähler*innen zur Folge haben, der Wandel der Parteienlandschaft kann somit trotz eines spezifischeren Angebots dennoch auch zur Abkehr und Verdrossenheit der Bürger*innen führen.

Auch wenn die gesellschaftliche Verwurzelung einzelner Parteien abnimmt und sie Mitglieder verlieren, bleibt die staatliche Macht der regierenden Parteien aufgrund der im **Grundgesetz festgeschriebenen Stellung der Parteien** dennoch verankert und somit konstant. Somit bedarf es eines starken Parteiensystems, das seiner demokratischen Legitimation gerecht wird.

Fazit und Ausblick

Die Zusammensetzung des **Bundesrates** zeigt, dass die Parteien in Deutschland zumindest auf **Landesebene mit dem Wandel des Parteiensystems bereits umgehen** müssen. Aufgrund der Schwäche der Volksparteien gibt es auf Landesebene mehr Drei- als Zwei-Parteien-Koalitionen. So sind vielfältige, bisher eher ungewohnte Konstellationen wie „Jamaica" oder „Kenia" zustande gekommen und fast alle der kleineren Parteien sind in einer der Landesregierungen vertreten. Offenbar konnten die notwendigen Kompromisse gefunden und die **Parteien als Fundament einer repräsentativen Demokratie ihrer Verantwortung gerecht werden**. Der Wandel hin zu Dreier-Bündnissen oder einer Minderheitsregierung kann somit auch als Chance gesehen werden, dass Parteien sich auf **Inhalte konzentrieren** und eine **buntere Parteienlandschaft zur Belebung der Demokratie beiträgt**.

KONJUNKTURPAKET UND WELTWIRTSCHAFT

Aufgabenstellung

1 Geben Sie den Text wieder. (Material 1) (20 BE)

2 Erklären Sie die möglichen Folgen unterschiedlicher Konjunkturphasen für die Unternehmen, den Staat und die privaten Haushalte. (25 BE)

3 Mark Schieritz stellt fest, dass die Krise gewaltig sei. (Material 1) Analysieren Sie mögliche Folgen der Corona-Pandemie für die Weltwirtschaft. (25 BE)

4 Interpretieren Sie die Karikatur und setzen Sie sich mit der Aussage der Karikatur auseinander. (Material 2) (30 BE)

| **M 1** | **Mark Schieritz: Corona-Konjunkturpaket: Milliarden, die Hoffnung machen (2020)** |

Das vorab: Ob mit dem gestern Nacht beschlossenen Konjunkturprogramm nun die Wende im Kampf gegen die ökonomischen Folgen der Corona-Krise erzwungen werden kann, das kann im Moment niemand seriös vorhersagen. Dazu ist diese Krise zu gewaltig – und in ihren Wirkungen bislang auch noch zu wenig verstanden. Was man
5 sagen kann: Die Spitzen der Koalition haben nach langen Verhandlungen ein Maßnahmenpaket vorgelegt, das aus ökonomischer und aus politischer Sicht Hoffnung macht.

Was das Ökonomische angeht, so verknüpft das Programm das kurzfristige Ziel einer Stabilisierung der gesamtwirtschaftlichen Nachfrage mit dem langfristigen Ziel
10 einer sozial-ökologischen Transformation. Es ist ja zunächst einmal so: Aus konjunktureller Sicht spielt es keine Rolle, wofür der Staat Geld ausgibt – solange es nur ausgegeben wird und dadurch Beschäftigung und Einkommen geschaffen werden. Die Regierung könnte, wie es der britische Ökonom John Maynard Keynes einmal vorgeschlagen hat, die Leute auch dafür bezahlen, dass sie Löcher in die Erde graben und
15 danach wieder zuschütten. Oder um eine Formulierung des bayerischen Ministerpräsidenten Markus Söder aus der gestrigen Nacht aufzugreifen: „Auch ein Strohfeuer gibt Hitze."

Die 130 Milliarden an zusätzlichen Ausgaben dürften die ökonomische Betriebstemperatur des Landes durchaus steigen lassen. Hilfen für die finanzschwachen Kom-
20 munen, Sonderzahlungen für Familien, niedrigere Stromkosten, Entlastungen für die Unternehmen, Überbrückungshilfen für besonders betroffene Branchen wie Kneipen,

Hotels und Veranstaltungsbetriebe – und vor allem eine vorübergehende deutliche Senkung der Mehrwertsteuer von 19 Prozent auf 16 Prozent. Der niedrigere Steuersatz dürfte dazu führen, dass die Verkaufspreise sinken, was den privaten Konsum stützt.
25 Und: Die Maßnahme hilft damit vor allem Menschen mit kleinen Einkommen, die einen hohen Teil ihrer monatlichen Bezüge für den Lebensunterhalt ausgeben. Die Staatsschulden werden durch die zusätzlichen Ausgaben noch einmal steigen, aber sie bleiben in einem Rahmen, der die finanzielle Stabilität des Landes nicht beeinträchtigt. Damit ist das Geld gut angelegt.
30 Die Mehrwertsteuersenkung schlägt auch die Brücke von der kurzen Frist zur langen Frist. Sie ist natürlich eine verkappte Autoprämie, weil bei hochpreisigen Gütern wie Fahrzeugen besonders hohe Mehrwertsteuerbeträge anfallen. Unter der Annahme einer vollständigen Weitergabe an die Kunden beliefe sich die Ersparnis bei einem Kaufpreis von 30 000 Euro auf immerhin 900 Euro. Aber anders als bei einer echten
35 Autoprämie, wie sie im Vorfeld diskutiert wurde, gibt es das Geld auch beim Kauf von Fahrrädern, Rollern oder Laufschuhen. Das ist im Sinne einer Wende hin zu einer nachhaltigeren Mobilität ein geschickter Schachzug, zumal es für E-Autos zusätzlich höhere Prämien gibt. In Kombination mit zusätzlichen Geldern für Investitionen im Bereich der Forschung und der Digitalisierung ist dieses Konjunkturpaket damit durch-
40 aus auch ein Zukunftspaket.
Nun hätte man sich an diesem Punkt durchaus ambitioniertere Ansätze vorstellen können – einen mehrjährigen Investitionsplan beispielsweise, wie ihn der Gewerkschaftsbund und der Bundesverband der deutschen Industrie in einem gemeinsamen Papier ausgearbeitet haben. Aber wie immer ist das Bessere der Feind des Guten: Die
45 Regierung legt ideologische Grundsatzdebatten beiseite und stemmt sich mit einem durchdachten und pragmatischen Konzept gegen den Abschwung. Das ist in diesen Zeiten keine Selbstverständlichkeit, zumal die zusätzliche Schuldenaufnahme vor allem der Union nicht leichtfallen dürfte und die SPD auf weitreichende Finanzhilfen für die Kommunen verzichten musste.
50 Womit wir bei der politischen Dimension dieses Pakets wären, das ja nicht isoliert betrachtet werden darf. Es wird ergänzt durch ein milliardenschweres europäisches Wiederaufbauprogramm, das auf deutsch-französische Vorarbeiten zurückgeht – und das in dieser Form vor ein paar Wochen noch kaum jemand für möglich gehalten hatte. In beiden Fällen sind Angela Merkel und Olaf Scholz nach anfänglichem Zögern am
55 Ende nicht populistischen Instinkten gefolgt, sondern haben im Interesse der Sache die Initiative ergriffen. Es ist viel über die mangelnde politische Phantasie der großen Koalition geschrieben worden. In dieser Krise erweist sie sich als Glücksfall für das Land.

Mark Schieritz: Corona-Konjunkturpaket Milliarden, die Hoffnung machen, ZEIT Online vom 04.06.2020, https://www.zeit.de/politik/ausland/2020-06/konjunkturpaket-grosse-koalition-kommentar-mark-schieritz

Jürgen Janson

Hinweise
„Olaf" – Olaf Scholz, Bundesfinanzminister
„Altmaier" – Peter Altmaier, Bundeswirtschaftsminister

Unterrichtsinhalte:
Themenfeld: Konjunkturanalyse und Konjunkturpolitik – Herausforderungen prozessorientierter Wirtschaftspolitik (Q 2.1), insbesondere:
- Beobachtung, Analyse und Prognose wirtschaftlicher Konjunktur in offenen Volkswirtschaften durch Wirtschaftsforschungsinstitute
- Grundlagen der keynesianischen stabilisierungspolitischen Konzeption
- Nachhaltiges Wachstum und fairer Wettbewerb – Herausforderungen staatlicher Ordnungspolitik (Q 2.2)
- Ziele und Prinzipien angebotsorientierter Wirtschaftspolitik

Kursübergreifende Bezüge:
- Strukturwandel der Weltwirtschaft als Herausforderung ökonomischer Globalisierung (Q 3.2)
- Chancen und Risiken der Entgrenzung und Verflechtung von Nationalökonomien

1 **TIPP** *Anforderungsbereich: I*

Ausgehend von einem Einleitungssatz, in dem Sie die Textart, den Titel, Autor*in, die Textquelle und das Jahr der Veröffentlichung benennen, fassen Sie den Text möglichst in eigenen Worten unter Verwendung passender fachsprachlicher Begriffe zusammen. Schlüsselbegriffe können Sie in Anführungszeichen verwenden, aber verzichten Sie auf Zitate. Nehmen Sie die Struktur des Textes in den Blick und achten Sie darauf, Ihre Distanz zum Text deutlich zu machen, indem Sie den Konjunktiv oder entsprechende sprachliche Signale verwenden.

Der Kommentar von Mark Schieritz, der am 04.06.2020 mit dem Titel „Corona-Konjunkturpaket: Milliarden, die Hoffnung machen" bei ZEIT Online erschienen ist, befasst sich mit dem am Vortag beschlossenen Corona-**Konjunkturprogramm** der Bundesregierung. Der Autor untersucht die möglichen Effekte des Konjunkturpakets und kommt insgesamt zu einem recht positiven Urteil. `Quelle, Textart` `Anlass und zentrales Thema`

Schieritz ordnet das Maßnahmenpaket der Bundesregierung grundsätzlich als hilfreichen **Impuls für die Konjunktur** ein, die durch die Coronapandemie geschwächt sei, auch wenn man noch nicht sagen könne, wie weitreichend seine Wirkung sei. `positive Einschätzung des Autors`

Zunächst betrachtet der Autor die ökonomischen Aspekte des Konjunkturpakets: Mit dem Programm solle die **Nachfrage** stabilisiert und gleichzeitig eine **Umgestaltung der Wirtschaft** hin zu sozialökologischen Schwerpunkten angestoßen werden. Dabei komme es zunächst darauf an, dass überhaupt Geld ausgegeben werde. Die ge- `ökonomische Aspekte` planten 130 Milliarden, die an viele verschiedene Bereiche der Wirtschaft adressiert seien, würden die Konjunktur auf jeden Fall ankurbeln. Die Senkung der Mehrwertsteuer bewirke eine **Senkung der Preise** und komme auch den unteren Einkommensgruppen zugute. Gleichzeitig sei sie eine „verkappte Autoprämie" (Z. 31) und somit eine **Subvention der Automobilindustrie**. Sie würde auch das **ökologische Umdenken** fördern, da es sie auch für E-Fahrzeuge gebe. Zusätzlich zu den **Impulsen auf der Nachfrageseite** seien **Investitionen** in Forschung und Digitalisierung geplant. Diese würden aus dem Konjunkturpaket auch ein „Zukunftspaket" (Z. 40) machen. Der mit den hohen Ausgaben verbundene **Anstieg der Staatsverschuldung** sei nach Schieritz' Meinung **zu verkraften**.

Betrachte man das Maßnahmenpaket aus **politischer Sicht**, falle auf, so Schieritz, dass die **Regierung gemeinsam gegen die Rezession** ankämpfe, ohne „ideologische Grundsatzdebatten" (Z. 45) zu führen. Eine ähnliche Tendenz sei auf **europäischer Ebene** festzustellen. Auch hier habe man sich überraschend schnell auf ein umfangreiches Finanzierungspaket geeinigt und das **gemeinsame Ziel über nationale Präferenzen** gestellt.

<aside>
Stärkung der Nachfrageseite durch Steuersenkung

zusätzliche ökologische Aspekte

Investitionen in die Zukunft

politische Aspekte

Zielorientierung der Politik auf deutscher und europäischer Ebene
</aside>

---

2 **TIPP** *Anforderungsbereich: I und II mit deutlichem Schwerpunkt auf II*

In dieser Aufgabe ist von Ihnen gefordert, die verschiedenen Konjunkturphasen zu benennen und deren Folgen für verschiedene Akteure des Wirtschaftskreislaufs zu erklären. Sinnvoll erscheint hier folgende Systematik: Nehmen Sie jeweils eine Konjunkturphase in den Blick und arbeiten Sie deren Folgen für die drei genannten Akteure aus. So haben Sie die Möglichkeit, ergänzende oder konträre Wirkungsbeziehungen deutlich zu machen.

Die Entwicklung der Konjunktur kann mit dem Modell des **Konjunkturzyklus** beschrieben werden, der in vier Phasen eingeteilt ist. Wurde eine Konjunkturkrise erfolgreich überwunden, folgt eine Phase des **Aufschwungs**. Die privaten Haushalte haben (zum Beispiel durch ein wie in M 1 beschriebenes Konjunkturprogramm) eine erhöhte **Nachfrage** nach Gütern und Dienstleistungen. Die Unternehmen können ihr **Produktionspotenzial** besser auslasten, die **Produktivität** wird erhöht und die Gewinne gesteigert. Die damit verbundene **höhere Beschäftigung** unterstützt die Nachfrage zusätzlich. Das Vertrauen in die Wirtschaft wächst und die privaten Haushalte geben wieder mehr Geld aus, anstatt zu sparen. Für den Staat bedeutet ein Aufschwung ein höheres **Steuereinkommen**, die Transferzahlungen – zum Beispiel in Form von Sozialhilfe oder Kurzarbeitergeld – sinken. Staat und Unternehmen können mehr **investieren**, was für **Fortschritt** und mehr **Beschäftigung** sorgt.

<aside>
Konjunkturzyklus

auf Konjunkturkrise folgt Aufschwung/Expansion
</aside>

Wenn die Produktion immer mehr wächst, kommt es irgendwann zu einem **Boom**. Die Produktionskapazitäten sind ausgelastet, es kann zu Produktionsengpässen kommen. Die **Gewinne** der Unternehmen sind auf einem **Höchststand**, das gilt auch für die **Steuereinnahmen** des Staates. Der Staat ist nun sogar in der Lage, **Schulden zurückzuzahlen**. Im weiteren Verlauf steigen tendenziell die Preise und damit auch die Kosten der Unternehmen für die Produktion. Die privaten Haushalte leiden unter **hohen Preisen**, was zu Zurückhaltung beim Kauf von Gütern führt. Es kommt zu einem Wendepunkt, die Zuwachsraten bei der Produktivität stagnieren oder gehen durch die gesunkene Nachfrage zurück: Die Phase des **Abschwungs (Rezession)** beginnt. Ähnlich wie die privaten Haushalte reagieren auch die Unternehmen mit Zurückhaltung. Sie tätigen weniger Investitionen, es kommt zu Entlassungen. Der Beschäftigungsrückgang schwächt die Nachfrage der privaten Haushalte. Sie haben weniger Geld zum Ausgeben, was den Abschwung zusätzlich verstärkt und – wenn dieser länger anhält – in eine Konjunkturkrise führt.

In der **Krise** ist die **Arbeitslosigkeit** auf einem Höchststand. Der Kostendruck für die Unternehmen durch die fehlende Auslastung ihrer **Produktionskapazität** ist sehr hoch. Es fehlt das Geld für Investitionen. Für den Staat bedeutet die Krise, dass die **Steuereinnahmen** immer mehr zurückgehen und die Ausgaben steigen. Möglicherweise werden weltweit – wie während der Coronakrise mittlerweile geschehen – ganze Branchen mit Finanzhilfen unterstützt (vgl. M 1, Z. 18 ff.), um Arbeitsplätze zu retten. Es kommt zu einer **Erhöhung der Staatsverschuldung** (vgl. M 1, Z. 27).

Randnotizen:
Boom
Abschwung / Rezession
Konjunkturkrise / Tiefphase / Depression

3 **TIPP** *Anforderungsbereich I und II mit deutlichem Schwerpunkt auf AFB II*

Im Zentrum dieser Aufgabe steht eine Analyse. Sie sollen untersuchen, welche Folgen die Coronapandemie für die Weltwirtschaft hat. Um dies zu leisten, müssen Sie die ökonomische Dimension der Globalisierung betrachten. In M 1 finden Sie nur wenige konkrete Beispiele, da sich der Text schwerpunktmäßig auf das deutsche Konjunkturprogramm bezieht. Sie müssen also auf jeden Fall auf eigene, zusätzliche Kenntnisse zurückgreifen.

Ein Kennzeichen der Weltwirtschaft ist die **ökonomische Globalisierung**. Die Wirtschaftsbeziehungen sind über **internationale Arbeitsteilung und Lieferketten** weltweit verflochten.
Die Coronapandemie führte innerhalb relativ kurzer Zeit dazu, dass die Weltwirtschaft in eine **Rezession** geriet. Überall auf der Welt stand das wirtschaftliche Leben still. Produktionsbetriebe wurden geschlossen, Regierungen verhängten langfristige Lockdown-Rege-

Randnotizen:
Globalisierung: Verflechtung und Lieferketten

Rezession durch Pandemie

lungen. Um die Übertragung des Virus einzudämmen, wurden soziale Kontakte eingeschränkt und auch die Möglichkeiten, am wirtschaftlichen Leben teilzunehmen, wurden heruntergefahren. Davon waren zunächst auf nationaler Ebene **Branchen wie der Einzelhandel und das Gastronomie-Gewerbe** betroffen. International betrachtet haben viele Länder durch den völligen **Zusammenbruch** des **Tourismus aufgrund von Grenzschließungen** erhebliche Einbußen hinnehmen müssen. Auch in Produktionsbereichen, die nicht von Schließungen betroffen waren, kam es zu großen Problemen. Die internationalen **Lieferketten, über die Rohstoffe und Vorprodukte bereitgestellt werden, wurden unterbrochen.** So kam es zu Engpässen und die Verfügbarkeit vieler Produkte war stark eingeschränkt, zum Beispiel waren im Elektronikbereich Leiterplatten oder Chips vorübergehend gar nicht mehr lieferbar, auch bei Medikamenten kam es zu Lieferschwierigkeiten. Auf der ganzen Welt wurde in vielen Branchen mit Massenentlassungen reagiert. Die Staaten versuchten, durch Konjunkturprogramme die Folgen der Krise etwas abzumildern. Dies zeigte sich auch in der EU: Hier wurde ein „milliardenschweres europäisches Wiederaufbauprogramm" (M 1, Z. 51 f.) auf den Weg gebracht.

Wenn die weltweite Nachfrage zurückgeht, kommt es in exportorientierten Ökonomien zu **Einbrüchen in der Produktion.** Dies konnte man 2020 zum Beispiel in der **Autoindustrie** beobachten. Die weltweit **rückläufigen öffentlichen Investitionen** resultieren in einem Rückgang der Aufträge aus dem Ausland nicht nur bei Gütern, sondern auch bei Dienstleistungen.

Ein **Rückgang des Welthandels**, der insgesamt als Garant für wachsenden Wohlstand betrachtet werden kann, führt vor allem in den ärmeren Ländern zu **Arbeitslosigkeit** und **Armut.** Eine Weltwirtschaftskrise bremst zwangsläufig in diesen Ländern den Fortschritt.

Neben den negativen Auswirkungen der Coronapandemie lassen sich auch Bereiche feststellen, die von der Krise zumindest vorübergehend profitiert haben. So hat weltweit der Online-Versandhandel stark zugenommen und auch Baumärkte haben profitiert.

Denkbar ist auch, dass infolge der Krise die **Abhängigkeit von globalen Lieferketten** infrage gestellt wird. Vielleicht denken Verbraucher*innen und Unternehmen um und versuchen, ihre Produkte eher regional zu erwerben bzw. zu produzieren.

Einbruch weltweit in fast allen Branchen

Schließung von Produktionsstätten

Unterbrechung der Lieferketten

weltweite Arbeitsplatzverluste

Rückgang des Exports

Rückgang von Investitionen

Probleme in ärmeren Ländern

Profiteure der Pandemie

Umdenken durch die Krise

4

TIPP *Anforderungsbereich: II und III mit Schwerpunkt auf AFB III*

Als Ausgangspunkt für diese Aufgabe finden Sie eine Karikatur vor. Diese sollen Sie zunächst interpretieren und sich in einem zweiten Schritt mit der Aussage der Zeichnung kritisch auseinandersetzen. Gehen Sie im **ersten Schritt** möglichst strukturiert vor: Beschreiben Sie, ausgehend von einem einleitenden Satz, was Sie sehen, und arbeiten Sie dann die Aussageabsicht des Zeichners heraus. Für die Diskussion im **zweiten Schritt** können Sie durchaus auf Aussagen aus M 1 und Ihre in M 2 dargestellten Kenntnisse zurückgreifen, sollten jedoch eine eigene Beurteilung der möglichen Effekte des Konjunkturpakets vornehmen. Die hier vorgeschlagene Lösung ist nur eine denkbare Möglichkeit, sich mit der Thematik auseinanderzusetzen.

Die Karikatur mit dem Titel „Konjunkturpaket" und dem Untertitel „Konjunktur-Lokomotive: Altmaier macht Druck!" wurde von Jürgen Janson erstellt und veröffentlicht. Janson befasst sich in seiner Zeichnung kritisch mit dem von der Bundesregierung im Juni 2020 beschlossenen **Konjunkturpaket**. *(Einleitungssatz, Thema/Problematik)*

Zu sehen ist eine Dampflock, in deren Führerhäuschen sich Bundeswirtschaftsminister Altmaier als Lokomotivführer betätigt. Die Lok ist mit dem Schild „Deutsche Wirtschaft" beschriftet. Bundesfinanzminister Scholz ist offenbar als Heizer für das Anfeuern der Lokomotive verantwortlich, denn Altmaier ruft ihm zu: „Olaf, mehr Kohle!!" Hier wird deutlich, wie das Konjunkturpaket wirken soll. *(Beschreibung der Karikatur)*

Durch sprichwörtlich „mehr Kohle", also ein staatliches Finanzpaket, sollen die Nachfrage gestärkt, die deutsche Wirtschaft wieder in Schwung gebracht und die wirtschaftlichen Folgen der Coronakrise abgemildert werden. *(Wirkungsmechanismus des Konjunkturpakets)* Dass der Zeichner diesen Wirkungsmechanismus infrage stellt, sieht man daran, dass die Räder der Lokomotive quadratisch sind. Selbst durch mehr Druck im Dampfkessel dürfte diese nur schwer wieder zu bewegen sein. *(Kritik des Zeichners)*

Dass der Staat die Wirtschaft mit Ausgaben in Milliardenhöhe unterstützt, kann man auf der einen Seite durchaus als sinnvoll einordnen. Schließlich haben viele Menschen durch die Krise ihre Arbeitsplätze verloren oder sind unmittelbar davon bedroht. Unter ethischen Gesichtspunkten ist es richtig, dass der Staat die Bürger*innen zum Beispiel mit Kurzarbeitergeld unterstützt. *(ethische Aspekte)* Auf der anderen Seite ist es durchaus fragwürdig, ob Unternehmen aus der Luftfahrt-, Automobil- oder Reisebranche mit Steuergeldern gerettet werden müssen, wenn diese ihren Aktionärinnen und Aktionären trotz der Krise Dividenden oder ihren Managerinnen und Managern weiterhin hohe Boni zahlen.

Die mit dem Konjunkturpaket unterstellte keynesianische Wirkungskette, dass eine **Stärkung der Nachfrageseite die Wirtschaft** ankurbelt und aus der Krise führt, lässt sich ebenfalls kontrovers betrachten. Zum einen ist es – wie in M 1 angedeutet wird (vgl. Z. 25) – für Menschen mit kleinen Einkommen hilfreich, wenn sie einen Kinderbonus erhalten oder vorübergehend eine niedrigere **Mehrwertsteuer** zahlen müssen. Dass sich gerade Empfänger*innen kleiner oder mittlerer Einkommen in einer Krise ein teures Auto (vgl. M 1, Z. 30) kaufen, ist fraglich. Konsumentinnen und Konsumenten konnten feststellen, dass nur wenige Unternehmen die **Mehrwertsteuersenkung** tatsächlich an die Verbraucher*innen weitergegeben haben. Auch die in M 1 genannten geplanten **Investitionen** in die Digitalisierung und Forschung (vgl. Z. 39) tragen sicherlich zu einem kleinen „Schub" für die „Lokomotive" bei. Zum anderen muss man sich jedoch fragen, wer langfristig für die vielen **Schulden** aufkommt, die im Zusammenhang mit den staatlichen Konjunkturhilfen entstehen. Ob die staatliche Schuldenquote ohne Ausgabensenkungen, die wiederum die „Lokomotive" bremsen würden, oder schmerzhafte **Steuererhöhungen** gesenkt werden kann, ist im Moment kaum abzuschätzen.

Eine weitere Säule des Konjunkturpakets, die in M 1 nicht genannt wird, ist die **Sozialgarantie**. Der Staat bezuschusst die Sozialversicherungen, deren Ausgaben durch Kurzarbeit und Arbeitslosigkeit angestiegen sind. So soll ein Ansteigen der Sozialbeiträge verhindert werden. Diese Maßnahme kann zwar als vertrauensbildend bewertet werden, hat jedoch auf die Nachfrage eher eine indirekte und langfristige Auswirkung.

Die Maßnahmen der Bundesregierung erscheinen – trotz einiger Kritikpunkte hinsichtlich ihrer Effizienz – angesichts der heute sichtbaren Tragweite der Krise als geboten, da sie existenzsichernd für viele Bürger*innen waren und sind. Es erscheint als schlüssig, dass nur mit einer funktionierenden Wirtschaft die Folgen der Krise überwunden werden können. Insofern war die Entscheidung für „mehr Kohle" sicher angebracht.

Randnotizen:
- kontroverse Sichtweise möglich
- Kinderbonus
- Senkung der Mehrwertsteuer
- Investitionen
- Staatsschulden sind unvermeidlich
- Sozialgarantie
- Sind die Maßnahmen effizient?
- Fazit

DEUTSCHE SICHERHEITSPOLITIK

Aufgabenstellung

1 Fassen Sie die Aussagen Kramp-Karrenbauers zusammen. (Material 1) (20 BE)

2 Erläutern Sie ausgehend von Material 1 die Strategie und beabsichtigte Wirkungsweise des islamistischen Terrorismus. (25 BE)

3 Analysieren Sie am Beispiel der Haltung der SPD (Material 2) zu den Forderungen Kramp-Karrenbauers das Verhältnis von Bundesregierung und Bundestag im Hinblick auf Auslandseinsätze der Bundeswehr. (25 BE)

4 Kramp-Karrenbauer fordert, dass sich Deutschland in Konflikten wie in Mali nicht wegducken dürfe. (Material 1)
Diskutieren Sie diese Forderung Kramp-Karrenbauers anhand des Konflikts in Mali oder eines anderen selbstgewählten Beispiels. (30 BE)

> **M 1**   **Interview von Eckart Lohse und Konrad Schuller für die Frankfurter Allgemeine Sonntagszeitung (FAS) mit der CDU-Vorsitzenden[1] und Bundesverteidigungsministerin Annegret Kramp-Karrenbauer (AKK): Wir brauchen 2020 große Mehrheiten für große Projekte (2019)**

FAS: Der amerikanische Verteidigungsminister Mark Esper bat unlängst die europäischen Nato-Partner „Trittbrettfahrer" genannt. Muss Deutschland sich das bieten lassen, während deutsche Soldatinnen und Soldaten in Afghanistan für den Verbündeten Amerika kämpfen und sterben?

5 AKK: Diese Äußerung war an Nato-Mitglieder ganz allgemein gerichtet. Es war eine Wortwahl, die nicht zu dem passt, was ich von dem amerikanischen Kollegen in persönlichen Gesprächen gehört habe. Möglicherweise haben innenpolitische Gründe und der amerikanische Vorwahlkampf eine Rolle gespielt. Der Vorwurf entspricht im Übrigen nicht den Tatsachen. Deutschland ist in der Nato einer der

10 größten Truppensteller. Darauf sind wir stolz. Unsere Leistungen sind von allen Partnern hoch anerkannt. Wir arbeiten eng und gut mit unseren Verbündeten zusammen. Es ist aber auch wahr, dass Deutschland sich verpflichtet hat, zukünftig zehn Prozent aller Nato-Fähigkeiten zu stellen. Das entspricht rund zwei Prozent unseres Bruttoinlandsproduktes, und da müssen wir erst noch hin. Wir sind ein

15 großes, starkes Land und unsere Verbündeten erwarten zu Recht. dass wir uns stär-

ker engagieren. Aber wir sehen eben auch in besonders gefährlichen Krisenregionen, wie jetzt in der Sahelzone, dass dort die Franzosen mit einem viel robusteren Auftrag unterwegs sind. Sie leisten ihn, damit die Bundeswehr und unsere zivilen Organisationen dort in Sicherheit etwas aufbauen können.

20 Nicht nur die Amerikaner, sondern auch europäische Partner fragen uns immer eindringlicher, ob es bei dieser Arbeitsteilung bleiben kann.

FAS: Wird unser Blutzoll[2] höher, wenn wir mehr Verantwortung übernehmen?

AKK: Jeder Einsatz ist gefährlich. Frankreich zum Beispiel bekämpft in Mali den islamistischen Terrorismus. Die Sicherheitssituation dort hat sich massiv ver-
25 schlechtert. Die staatlichen Strukturen werden schwächer statt stärker. Das stellt uns alle in Europa vor die Frage, wie wir mit dieser Region umgehen, in unserem eigenen Interesse: In der Sahelzone entsteht zur Zeit eine große Drehscheibe für Terrorismus, für organisierte Kriminalität, für Migration und Menschenhandel. Wir werden überlegen und entscheiden müssen, ob wir in unserem eigenen Inte-
30 resse an Ort und Stelle für Stabilität sorgen wollen und ob die Bundeswehr hier nicht an der Seite unserer Verbündeten ein robusteres Ausbildungsmandat braucht.

FAS: Was soll dadurch anders werden?

AKK: Wenn wir als Europäer gemeinsam gegen den erstarkenden islamistischen Terrorismus vorgehen wollen, brauchen wir dafür eine klare völkerrechtliche Grund-
35 lage. Eine EU-Mission zur Ausbildung afrikanischer Kräfte mit einem robusten Mandat der Vereinten Nationen wäre ein möglicher Weg. Wenn wir das nicht tun, müssen wir uns ehrlich machen, was das möglicherweise an Migrationswellen für Europa bedeuten würde, und ob wir das wollen.

FAS: Was wäre, wenn nichts geschähe?

40 AKK: Dann müsste man letztlich um ganz Europa Mauern und Stacheldraht legen. Ich möchte mir das nicht vorstellen. Deshalb bin ich überzeugt, dass wir als Europäer in unserem Interesse helfen müssen, die Regionen in unserer Nachbarschaft zu stabilisieren. Nordafrika und die Sahelzone erscheinen manchen vielleicht sehr weit weg. Aber wenn man sich die Migrationsbewegungen anschaut, dann ist das eine
45 Region, die uns im Positiven oder im Negativen sehr beschäftigen kann. Wir müssen uns als Europäer gemeinsam entscheiden, wie wir mit dieser Region umgehen wollen.

Und Deutschland darf sich dabei nicht wegducken.

Anmerkungen

1 Im Januar 2021 wurde Armin Laschet vom Bundesparteitag der CDU zum neuen Parteivorsitzenden gewählt.

2 Blutzoll – *hier:* Anzahl von Menschen, die in Zusammenhang mit Bundeswehreinsätzen ihr Leben verlieren

Die SPD lehnt den Vorstoß von Verteidigungsministerin Annegret Kramp-Karren-bauer (CDU) ab, die Bundeswehr mit einem umfasssenderen, robusteren Mandat für die südliche Sahara auszustatten. Die neue SPD-Vorsitzende Saskia Esken sagte [...] „Wir akzeptieren keine undurchdachten Militäroffensiven und keine Redefinition[1] der
5 deutschen Außenpolitik aus dem Verteidigungsministerium."

Wie bei ihrem Vorstoß zu Syrien agiere die CDU-Vorsitzende und Verteidigungs-ministerin wieder ohne Absprache in der Regierung. „Zudem verliert Frau Kramp-Karrenbauer kein Wort darüber, wie gefährlich solch ein Einsatz wäre und wie groß das Risiko für unsere Soldatinnen und Soldaten", sagte die SPD-Vorsitzende weiter.
10 Wenn es Kramp-Karrenbauer ernst sei mit ihren außenpolitischen Vorschlägen, „dann haben wir die Erwartung, dass sie diese gemeinsam mit dem Außenminister Heiko Maas in verantwortungsvoller Zusammenarbeit in der Koalition entwickelt", so Esken. Für die SPD blieben Militäreinsätze „die ultima Ratio[2]. [...]

„Sehr skeptisch" betrachtet auch der SPD-Obmann im Verteidigungsausschuss,
15 Fritz Felgentreu, den Vorschlag der Ministerin. „Einfach mal Kampftruppen schicken – das kann es ja wohl nicht sein."

[...] Rechtsgrundlage für einen Auslandseinsatz der Bundeswehr könne laut Grund-gesetz keine Ad-hoc-Allianz mit Frankreich, sondern nur ein UN- oder ein EU-Mandat sein.
20 „Mir ist nichts darüber bekannt, dass es überhaupt Gespräche dazu gibt." Zudem müsse ein Einsatzkonzept vorliegen, „bevor ich bereit wäre, deutsche Soldatinnen und Soldaten dort tödlichen Gefahren auszusetzen". Auch müsse klar sein, welches Perso-nal und Material zum Einsatz kommen solle. „Wenn wir da etwas übers Knie brechen, wird das kein gutes Ende nehmen".

„SPD gegen robustes Mandat in Sahel-Zone" (Auszug; FAZ.NET, 29.12.2019, Mona Jäger und Markus Wehner) © *Alle Rechte vorbehalten. Frankfurter Allgemeine Zeitung GmbH, Frankfurt. Zur Verfügung gestellt vom Frankfurter Allgemeine Archiv*

Anmerkungen
1 Redefinition – Neudefinition
2 ultima Ratio – letztes Mittel, letzter Ausweg

Unterrichtsinhalte:
Themenfeld: Internationale Konflikte und Konfliktbearbeitung in einer differenzierten Staatenwelt (Q 3.1), insbesondere:

- Ziele, Strategien und möglicher Beitrag deutscher Außen- und Sicherheitspolitik zur Konfliktbearbeitung und -prävention
- Möglichkeiten, Verfahren und Akteure kollektiver Konfliktbearbeitung und Friedenssicherung im Rahmen internationaler Institutionen und Bündnisse (insbesondere Vereinte Nationen inkl. UN-Charta, NATO)

Kursübergreifende Bezüge:
Verfassung und Verfassungswirklichkeit: Rechtsstaatlichkeit und Verfassungskonflikte (Q 2.1), insbesondere:

- Parlament, Länderkammer, Bundesregierung und Europäische Institutionen im Gesetzgebungsprozess (insbesondere Spannungsfeld Exekutive – Legislative)

1 ▶TIPP◀ *Anforderungsbereich: I*

In dieser Aufgabe ist ganz klassische Textarbeit gefragt. Achten Sie auf den einleitenden Satz mit Autorin, Titel, Textsorte und Erscheinungsjahr. Die Form des Interviews mag etwas ungewöhnlich sein, hier empfiehlt es sich aber, die Aussagen von Annegret Kramp-Karrenbauer wie bei einem Kommentar oder einem Aufsatz wiederzugeben.

Die Bundesverteidigungsministerin und damalige CDU-Vorsitzende Annegret Kramp-Karrenbauer fordert in einem Interview in der Frankfurter Allgemeinen Sonntagszeitung vom 28. Dezember 2019 ein **robusteres Mandat** für den Bundeswehreinsatz in Mali als bisher, da sich Deutschland in der Südsahara militärisch nicht wegducken dürfe.   *Einleitung*

Den **Vorwurf** des amerikanischen Verteidigungsministers Esper, einige europäische Nato-Partner seien „Trittbrettfahrer" (M 1, Z. 2), **weist** Annegret Kramp-Karrenbauer **zurück** und verweist auf innenpolitische Gründe im amerikanischen Vorwahlkampf. Deutschland sei einer der **größten Truppensteller in der Nato** und arbeite eng und gut mit seinen Verbündeten zusammen. Die Verteidigungsministerin gesteht jedoch ein, dass Deutschland seiner **Selbstverpflichtung**, zwei Prozent des BIP für den Verteidigungshaushalt aufzuwenden, bisher nicht nachkomme, und dass Verbündete wie die USA, aber auch Frankreich ein **stärkeres** – auch militärisches – **Engagement Deutschlands** erwarteten. Als Beispiel nennt die Ministerin Mali, wo sich die Sicherheitssituation massiv verschlechtert   *Vorwurf der USA*   *Selbstverpflichtung Deutschlands* habe und Terrorismus, organisierte Kriminalität, Migration und Menschenhandel blühe. Deutschland müsse hier prüfen, ob man Frankreich, das bereits mit Truppen vor Ort sei, nicht mit einem **robusteren Mandat vor Ort unterstützen** könne, ja vielleicht sogar müsse. Eine EU-Mission mit einem **Mandat der Vereinten Nationen** sei ein möglicher Weg, um „Migrationswellen" (M 1, Z. 37) zu reduzieren. Die Alternative, ein abgeschottetes Europa hinter Mauern und Stacheldraht, ist für Kramp-Karrenbauer im Vergleich die schlechtere Alternative. Europa und Deutschland müssten entscheiden, wie man mit der Region umgehen wolle, und Deutschland müsse dabei seinen **Beitrag leisten.**

robusteres Mandat durch UN-Beschluss

---

2 **TIPP** *Anforderungsbereich: I und II mit Schwerpunkt auf AFB II*

Diese Aufgabe ist eine der klassischen Reproduktionsaufgaben. Sicher haben Sie sich mit dem Phänomen des Terrorismus im Unterricht beschäftigt – hier gilt es nun, die wesentlichen Elemente möglichst strukturiert wiederzugeben. Beachten Sie, dass Sie Ihre Wiedergabe „ausgehend von Material 1" beginnen sollen, Textbezüge sind daher sinnvoll.

Der **islamistische Terrorismus** ist ein relativ **modernes Phänomen**, das vor allem seit den Anschlägen am 11. September 2001 die internationale Politik beeinflusst. Zu den Spezifika des Terrorismus, der keine neue Erscheinung ist, kommt eine spezifisch **(pseudo-)religiöse Komponente**, durch die die Terroristinnen und Terroristen ihr Handeln zu legitimieren versuchen. Oft handelt es sich dabei aber eben gerade nicht um Menschen, die auf Grundlage eines religiös geprägten Wertesystems handeln, sondern um **entwurzelte** sowie **sozial und ökonomisch perspektivlose junge Männer**, die durch Terroristen ein einfaches Weltbild mit einer Dämonisierung westlicher Gesellschaften vermittelt bekommen und so **radikalisiert** werden.

modernes Phänomen

(pseudo-)religiöse Komponente

Die (pseudo-)religiöse Komponente macht es besonders schwer, gegen Terroristinnen und Terroristen vorzugehen, da im Unterschied zu „weltlichen" Terroristinnen und Terroristen die **Bereitschaft, das eigene Leben zu opfern**, relativ hoch ausgeprägt ist. Dadurch ist es für Sicherheitskräfte besonders schwer, terroristische Anschläge zu verhindern, da der Attentäter bzw. die Attentäterin bereit ist, nach bzw. bei dem Anschlag sein Leben zu opfern.

Bereitschaft zum Suizid

Im Gegensatz zur Wahrnehmung der Bevölkerung in westlichen Staaten ist der islamistische Terrorismus vor allem dort stark, wo **keine Stabilität** zu finden ist (M 1, Z. 25: „Die staatlichen Strukturen werden schwächer statt stärker."), und **nicht in westlichen Gesellschaften** selbst. Überall dort, wo der Staat sein Gewaltmonopol

Terrorismus und staatliche Stabilität

nicht durchsetzen kann – so z. B. in Mali – finden Terroristinnen und Terroristen **Rückzugsräume**. Hier kann die **Ausbildung und Rekrutierung von Terroristinnen und Terroristen** durchgeführt werden, vor allem aber sind schwache Staaten ideal für die **Finanzierung von Terrorismus** („In der Sahelzone entsteht zur Zeit eine große Drehscheibe für Terrorismus, für organisierte Kriminalität, für Migration und Menschenhandel", M 1, Z. 27 f.).

Rekrutierung und Finanzierung

Die **örtliche Bevölkerung** ist dabei oft das **erste Opfer der Terroristinnen und Terroristen**, die Perspektivlosigkeit der Bevölkerung kann zu **humanitären Katastrophen** führen, die dann durch „Migrationswellen für Europa" (M 1, Z. 37 f.) wiederum westliche Gesellschaften unter Druck setzen.

Leid der örtlichen Bevölkerung

Der Versuch, instabile Staaten, in denen Terroristen agieren, zu stabilisieren und der dortigen Bevölkerung wieder Frieden und Stabilität zu bringen (z. B. durch NATO-Truppen in Mali), führt oft auch zu zivilen Opfern. Dadurch können **die Terroristen** den **Westen als eigentlichen Aggressor darstellen**.

Terroristinnen und Terroristen befinden sich strategisch in einer Position der Schwäche gegenüber jedem halbwegs stabilen Staat, deswegen wird die **offene Konfrontation vermieden**. Stattdessen versuchen sie sogenannte „weiche Ziele" anzugreifen, also Ziele ohne militärische Relevanz, aber mit einer hohen Zahl an erwartbaren zivilen Opfern, z. B. Märkte, touristische Ziele usw. Dadurch haben die **Anschläge eine hohe Wirkung** – nicht militärisch, sondern psychologisch, da die Bevölkerung in **Angst** versetzt wird. Terroristen zielen also darauf ab, die Bevölkerung in Angst zu versetzen, um so wiederum die **Regierungen, die die Anschläge offenkundig nicht unterbinden können, zu delegitimieren**. Für viele Staaten mit einem starken Tourismus (z. B. Ägypten) können Anschläge und das damit einhergehende Ausbleiben von Touristinnen und Touristen wirtschaftlich signifikante Folgen haben.

Strategie des Terrorismus

Terroristen nutzen dabei **Medien**, um ihre Anschläge auf der ganzen Welt bekannt zu machen, somit ist Terrorismus mehr eine **Kommunikationsstrategie als eine militärische Strategie**. Durch die Berichterstattung der Medien können die Effekte des Terrorismus potenziert werden – man denke etwa an die Fernsehbilder des 11. Septembers 2001, die um die ganze Welt gingen. Für die Medien sind terroristische Anschläge natürlich berichtenswert, auch wenn man dabei letztendlich den Terroristinnen und Terroristen einen Gefallen tut. Eine **Zurückhaltung der (klassischen) Medien** hat oder hätte dabei aber **kaum einen großen Effekt**, da Terroristen die **modernen Medien** ebenfalls nutzen und somit in der Lage sind, auch ohne die klassischen Medien Videos über YouTube usw. zu verbreiten.

Terrorismus und Medien T

Das Interview von Kramp-Karrenbauer offenbart die **unterschiedlichen Lösungsansätze bei der Bekämpfung** von Terrorismus: Auf der einen Seite die **militärische Bekämpfung** von Terroristen, um so Stabilität und Sicherheit in Staaten wie Mali überhaupt wieder herzustellen, sodass es eine Chance für die Zivilbevölkerung gibt, in Frieden zu leben. Auf der anderen Seite ist es nötig, mit **zivilen Mitteln** wie Entwicklungszusammenarbeit und in der Zusammenarbeit mit „zivilen Organisationen" (M 1, Z. 18 f.) in den betroffenen Staaten Armut zu bekämpfen, Bildung zu ermöglichen und den Menschen wieder eine Perspektive zu bieten.

Bekämpfung des Terrorismus: verschiedene Ansätze

3 | **TIPP** | *Anforderungsbereich I und II mit Schwerpunkt auf AFB II*

In dieser Aufgabe sollten Sie zunächst knapp die Kritik der SPD umreißen, bevor Sie dann grundsätzlich auf die Ebene des Grundgesetzes wechseln, um die Grundlagen für Auslandseinsätze darzulegen. Hinzu kommt die politics-Ebene, in der bei den beiden Koalitionspartnern SPD und CDU aus einer Sachfrage auch ein politisches Kräftemessen wird.

Die **Kritik der SPD** an den Vorschlägen der Verteidigungsministerin geht zum einen gegen den Versuch einer einseitigen „**Redefinition**" (M 2, Z. 4) der **deutschen Außenpolitik**. Die Parteivorsitzende wirft der Verteidigungsministerin vor, eine „undurchdachte[…] Militäroffensive[…]" (M 2, Z. 4) zu planen und die **Gefahren** für die deutschen Soldatinnen und Soldaten **nicht transparent offenzulegen**. Ebenso wird die Frage nach der **völkerrechtlichen Legitimation** aufgeworfen, für einen Einsatz der Bundeswehr sei „ein UN- oder ein EU-Mandat" (M 2, Z. 18) nötig. Im letzten Absatz wird durch die persönliche Position des Bundestagsabgeordneten Felgentreu („bevor ich bereit wäre …", M 2, Z. 21) verdeutlicht, dass die **Entscheidung** über den Einsatz der Bundeswehr **beim Deutschen Bundestag** liegt.
Die Kritik der SPD offenbart grundsätzliche Einblicke in das Verhältnis von Bundesregierung und Bundestag in Hinblick auf Einsätze der Bundeswehr.
Zwar untersteht die Bundesehr in Friedenszeiten der Verteidigungsministerin, dennoch verweist die SPD darauf, dass in einer **Koalition grundlegende (außen-)politische Weichenstellungen gemeinsam** getroffen werden. Hierzu gehört sowohl die **Abstimmung innerhalb des Bundeskabinetts** mit dem Außenminister, aber auch mit der Bundeskanzlerin, die die **Richtlinienkompetenz** innehat und im Verteidigungsfall sogar automatisch die Kommandogewalt über die Bundeswehr übernehmen würde.

Kritik an Redefinition der Außenpolitik

völkerrechtliche Legitimation

Rolle des Bundestags

Abstimmung des Außenpolitik

Der **Richtlinienkompetenz** der Bundeskanzlerin steht jedoch das **Koalitionsprinzip** gegenüber, da die Bundesregierung auf die **Koalitions-)mehrheit im Bundestag angewiesen** ist. So werden schon vor dem Zustandekommen einer Regierung **Koalitionsverhandlungen** geführt, in denen auch **außenpolitische Grundsatzfragen** vereinbart werden. Zusätzlich werden die wichtigen Entscheidungen aber auch in dem informellen Gremium des **Koalitionsausschusses** abgesprochen. Hier wird ein typisches Element der deutschen **Konsensdemokratie** erkennbar, Entscheidungen müssen mit einer Vielzahl an Akteuren abgestimmt werden (Ministerien, Bundeskanzler*in, Parteichefinnen und Parteichefs).

Koalitionsprinzip

Konsensdemokratie

Die zweite Kritik der SPD ist inhaltlich so **nicht korrekt**: Für einen **Auslandseinsatz** der Bundeswehr bedarf es **nicht eines UN- oder eines EU-Mandats** – tatsächlich sind **völkerrechtlich nur die Vereinten Nationen berechtigt**, ein Mandat für einen Militäreinsatz außerhalb des eigenen Territoriums zu genehmigen – mit Ausnahme der individuellen oder kollektiven Verteidigung. Mit einem **UN-Mandat** ist aber ein Einsatz der Bundeswehr **lediglich völkerrechtlich genehmigt**, das bedeutet noch **nicht**, dass ein Einsatz **auch verfassungsgemäß** ist. Der Einsatz der Bundeswehr muss von der **Mehrheit des Bundestages beschlossen** werden. Es ist also rechtlich **nicht möglich, dass die Bundesregierung** (z. B. zur Wahrung von Bündnispflichten im Rahmen der NATO) einen **Einsatz der Bundeswehr beschließen** kann: Die Bundeswehr ist eine **Parlamentsarmee**, sodass der Deutsche Bundestag jedem (Auslands-) Einsatz zustimmen muss. Die Kontrolle der Armee durch das Parlament wird **ergänzt durch das Budgetrecht des Deutschen Bundestages**, das auch den Wehretat umfasst. Daher müssen Fragen wie etwa die von der Verteidigungsministerin angesprochene Erhöhung der Verteidigungsausgaben auf 2 % des BIP vom Bundestag beschlossen werden. Zusätzlich ist der **Verteidigungsauschuss** einer der ständigen Ausschüsse des Deutschen Bundestages, der somit die **Verteidigungspolitik der Bundesregierung parlamentarisch kontrolliert**. Hier kann das Parlament seine Kritik- und Kontrollfunktion wahrnehmen. Darüber hinaus kann der Bundestag sich durch eigene **Stellungnahmen positionieren** und die Regierung zwingen, ihre außenpolitischen Pläne offenzulegen und der öffentlichen Diskussion auszusetzen. Schließlich gibt es noch ein besonderes Kontrollrecht des Bundestages in Bezug auf die Bundeswehr: Der Bundestag wählt eine **Wehrbeauftragte** bzw. einen **Wehrbeauftragten** aus seinen Reihen, der im Auftrag des Bundestages an der parlamentarischen Kontrolle der Streitkräfte mitwirkt.

UN-Mandat vs. EU-Mandat

Beschluss des Bundestags

Kontrolle durch den Bundestag

Alles in allem erkennt man am Beispiel der Auslandseinsätze der Bundeswehr, wie **Bundesregierung und Bundestag in ihrer Machtausübung verschränkt** sind und einerseits das Parlament die

Fazit

Regierung kontrolliert, andererseits die Regierung aber auch durch informelle Schranken wie Koalitionsabsprachen an einer uneingeschränkten Machtausübung gehindert wird.

4 **TIPP** *Anforderungsbereich: II und III mit Schwerpunkt auf AFB III*

Bei dieser Aufgabe sollten Sie entweder gleich zu Beginn knapp auf ein geeignetes Beispiel verweisen oder im Lauf der Beantwortung der Aufgabe. Sicher haben Sie im Unterricht das Für und Wider einer größeren Beteiligung Deutschlands im Bereich der internationalen Sicherheit diskutiert. Sinnvoll ist es, mit der Position zu beginnen, die Sie nicht teilen, sodass Sie mit der Position, die Sie vertreten, enden können.

In der Folge der Anschläge vom 11. September besetzten Truppen unter Führung der USA Teile **Afghanistans**, um **terroristische Rückzugsräume in Zukunft zu verhindern** und um Afghanistan zu einem **demokratischeren und stabileren Staat zu** machen. Auch die **Bundeswehr** beteiligte sich an den militärischen Operationen, ebenso wie am zivilen Wiederaufbau Afghanistans. Ob Mali, Afghanistan oder andere Schauplätze: Die Frage nach der **Rolle der Bundesrepublik Deutschland** bei der Stabilisierung von Staaten stellt sich jedes Mal aufs Neue. *(Einleitung)*

Zum einen liegt dies an den durchaus **restriktiven Regeln des Grundgesetzes** beim Einsatz des Militärs: Angriffskriege sind per Verfassung verboten, lediglich die individuelle Verteidigung, die Verteidigung von Bündnispartnern oder ein völkerrechtlich durch die Vereinten Nationen legitimierter Einsatz sind **juristisch** möglich. **Politisch** hat sich das wiedervereinte Deutschland dazu verpflichtet, dass „von deutschem Boden nur Frieden ausgehen" solle – auch hier ist es also **schwer, Militäreinsätze zu legitimieren**. *(Regeln des Grundgesetz)*

Hinzu kommt, dass in der deutschen **Öffentlichkeit** ein Einsatz der Bundeswehr im Ausland traditionell **skeptisch** gesehen wird. Trotz der fast 30 000 Bundeswehrsoldatinnen und -soldaten im Ausland sieht sich Deutschland in seinem Selbstbild immer noch als **Zivilmacht**. Damit eng verbunden ist die **grundsätzliche Skepsis** gegenüber der Möglichkeit, **Sicherheit durch den Einsatz militärischer Mittel zu gewährleisten**. Die tieferliegenden Ursachen von Terrorismus, v. a. die Perspektivlosigkeit der Menschen (vgl. Aufgabe 2) müssten mit Mitteln der **Entwicklungszusammenarbeit**, hier insbesondere mit Mitteln der Bildung- und Sozialpolitik, bekämpft werden, sodass dem **Terrorismus die Basis entzogen** wird. *(Skepsis der deutschen Öffentlichkeit)* *(Entwicklungshilfe statt militärischer Mittel)*

Von einigen Seiten wird auch das **egoistische Argument** ins Feld geführt, dass ein Einsatz der Bundeswehr den **Fokus des islamisti-** *(militärisches Eingreifen erhöht Terrorgefahr)* schen **Terrorismus nur auf Deutschland lenken** würde – Deutschland könne also durch eine Politik des „**Heraushaltens**" verhindern, dass Terroranschläge wie in Frankreich (z. B. in Paris oder Nizza) auch in Deutschland passieren. Es ist folglich für die handelnden Akteurinnen und Akteure in der Bundesregierung nicht einfach, politische und gesellschaftliche Mehrheiten für Bundeswehreinsätze zu finden.

Zuletzt wird oft – als meines Erachtens nicht besonders überzeugendes Argument – angeführt, dass die **Partner** ein **stärkeres (militärisches) Engagement Deutschlands skeptisch beurteilen** würden. Dies mag eventuell bei einem deutschen „Führungsanspruch" so sein. Wenn es aber um die Beteiligung an den Lasten von Kampfeinsätzen geht, haben die Partner Deutschlands jedoch immer deutlich gemacht, dass sie sich ein **stärkeres Engagement Deutschlands wünschen**. Besonders medienwirksam vertreten hat dies der ehemalige US-Präsident Trump mit seiner Forderung nach einer Erhöhung der deutschen Militärausgaben. Dieses Argument scheint mir eher eine **deutsche Ausrede** denn Ausdruck echter internationaler Vorbehalte zu sein.

Skepsis der Partner vor starkem Deutschland

Im Gegenteil: **Deutschlands Selbstbild** ist nicht nur das einer Zivilmacht, sondern auch das eines **verlässlichen Partners**, der seine Verbündeten wie Frankreich (in Mali) oder die USA (in Afghanistan) nicht im Stich lässt.

Deutschland als verlässlicher Partner

So lässt sich auch das Argument der deutschen Öffentlichkeit drehen, denn trotz aller Vorbehalte gegen Militäreinsätze gibt es in Deutschland eine **breite Zustimmung zur Mitgliedschaft im transatlantischen Bündnis** und für eine **Vertiefung der Europäischen Union** auch im Bereich der Sicherheits- und Verteidigungspolitik.

Zustimmung der Öffentlichkeit zu internationaler Zusammenarbeit

Auch wenn die deutsche Öffentlichkeit sich mit Militärausgaben noch schwertut: Dass es **Deutschlands Rolle** 30 Jahre nach der Wiedervereinigung **nicht angemessen** ist, **lediglich zivile Aufbauhilfe zu leisten** und die gefährliche Arbeit der Gewährleistung von Sicherheit den Verbündeten aufzubürden, setzt sich immer mehr durch.

Aufbauhilfe reicht nicht

Dazu gehört auch die Erkenntnis, dass es für den **Einsatz ziviler Mittel eben eines Mindestmaßes an Sicherheit braucht**: Infrastruktur aufzubauen bringt nichts, wenn diese danach von Terroristinnen und Terroristen zerstört wird, Bildung bringt nichts, wenn die einheimische Bevölkerung von Warlords unterdrückt wird und rechtsstaatliche Reformen laufen bei den meisten Diktaturen ins Leere.

Sicherheit als Voraussetzung

Völkerrechtlich wird seit einigen Jahren verstärkt mit der „**Responsibility to Protect**" (R2P) argumentiert: Hier wird das **Prinzip der**

Menschenrechte vor Souveränität der Nationalstaaten

Souveränität der Nationalstaaten dem Schutz der Menschenrechte gegenübergestellt, sodass die internationale Gemeinschaft sich zunehmend das Recht herausnimmt, in failing states mit einer nur noch de facto Regierung (wie z. B. Mali oder Afghanistan) einzugreifen, um dort die **Wahrung der Menschenrechte** durchzusetzen.

Auch wenn ich die **Skepsis** gegenüber dem Einsatz von Militär als Mittel der Politik gut **nachvollziehen** kann, so scheint es mir doch Situationen zu geben, wo erst ein **Mindestmaß an Sicherheit gewährleistet werden muss**, um mit zivilen Mitteln arbeiten zu können – wie in Mali oder auch in Afghanistan. Deutschland als eine der **größten Volkswirtschaften der Welt** sollte dabei **nicht im Abseits stehen** und diese schwierige Aufgabe nicht anderen überlassen.

Fazit

SOZIALE MEDIEN UND GLOBALISIERUNG

Aufgabenstellung

1 Fassen Sie den vorliegenden Text zusammen. (Material) (25 BE)

2 „Die vierte Gewalt des klassischen Journalisten wird durch die fünfte Gewalt der vernetzten Vielen ergänzt." (Material)
Untersuchen Sie ausgehend vom Zitat, inwiefern Soziale Medien die Funktionen der klassischen Medien erfüllen. (25 BE)

3 Analysieren Sie vor dem Hintergrund der ökonomischen Globalisierung die möglichen Risiken von Konzentrationsprozessen transnationaler Unternehmen allgemein sowie speziell im Bereich der Medien. (20 BE)

4 Diskutieren Sie die Behauptung des Autors, dass sich die Mediendemokratie alten Typs „in Richtung auf eine Empörungsdemokratie des digitalen Zeitalters" bewege. (Material) (30 BE)

M   Bernhard Pörksen: Arroganz statt Inhalte (2019)

Jetzt, da die hektisch pulsierenden Tweets unter den Hashtags #AKKGate und #NieWiederCDU weniger werden, die Talkshows schon wieder neue Themen suchen und sich die Öffentlichkeit wie von einem Fieberschub erholt, ist der Moment gekommen, einmal genauer hinzuschauen. Was hat der Streit um das Inzwischen mehr als
5 14 Millionen Mal aufgerufene Rezo-Video („Die Zerstörung der CDU") gezeigt? Wie lassen sich die konfusen Reaktionen erklären, wenn man für einen Moment das Stakkato der Schlagzeilen ausblendet, dass das eigentliche Geschehen eher verdeckt?
  Hier offenbaren sich, so die These, Tiefeneffekte der vernetzten Welt und eine tektonische[1] Verschiebung unserer Informationsarchitektur, die nach anderen Formen der
10 Konfliktbeschreibung und Konfliktlösung verlangen. Man sieht, was passiert, wenn Politiker eine Medienrevolution nicht verstehen, Inszenierung mit Inhalt verwechseln und ihre Protagonisten pauschal diffamieren. Und man erlebt das Aufeinanderprallen unterschiedlicher Welten wie eine Drift in Richtung des Neuen.
  Es ist eine Art Zwischenreich, das hier erkennbar wird, ein Interregnum[2] der Kom-
15 munikation, geprägt von kollidierenden Nonnen, konträren Organisationsformen und einer untergründigen Neusortierung der Kommunikations- und Machtverhältnisse. Welche Lehren könnten Politik und Gesellschaft aus der Aufregung der vergangenen Tage ziehen? Hier seien […] Diagnosen im Verbund mit ein paar Vorschlägen angeboten. Es sind Notizen auf schwankendem Grund. Denn die Welt befindet sich im

20 Übergang. Sie driftet weg von der Mediendemokratie alten Typs, die sich orientierte an publizistischen Machtzentren in Gestalt von einzelnen Zeitungen, Radio- und Fernsehsendern. Und sie bewegt sich in Richtung auf eine Empörungsdemokratie des digitalen Zeitalters. Jeder kann sich jetzt zuschalten, jeder kann mitmachen. Eine Transparenz der Heuchelei scheint erkennbar. Es lohnt sich, Rezos Video immer wieder an-
25 zuschauen, langsam, wie in Zeitlupe, um dann, wenn die Augenblickseffekte ihren Reiz verlieren, das Muster zu erkennen, das diesen riesenhaften Leitartikel organisiert. Es ist ein einziger, laut in die Welt gebrüllter Vorwurf der Heuchelei und des Sich-in-die-Tasche-Lügens, der hier formuliert wird.

Wie könnt ihr, so fragt Rezo in Richtung der Regierenden, wissend, dass die
30 Klimaschäden längst fühlbar und fassbar sind und die Zeit knapp wird, einfach so weitermachen? Man kann diese Frage ignorieren und so tun, als ginge es hier um jugendliche Naivität, fehlende Sachkompetenz und postfaktische[3] Meinungsmache. Doch es gibt da ein Problem. Rezo greift in seinem Video auf die Statements von Wissenschaftlern zurück, er benützt Artikel aus klassischen Medien, Material aus Pressekonferen-
35 zen. Er führt vor, was er behauptet, nicht immer fehlerfrei, aber in der Summe korrekt.

Was also macht man nun da? Man kann, wie der Generalsekretär der CDU, Paul Ziemiak, erst Greta Thunberg als Ideologin attackieren, dann Rezo als Schwätzer abstempeln, ihn dann, wenn die Sache zu entgleiten droht, als sorgenvoll-empathischer Therapie-Onkel („dein Paul") zum Gespräch einladen. Geht alles. Aber wer glaubt,
40 dass sich die eigenen Ausweichmanöver nicht durch ein paar Twitter-Screenshots dokumentieren ließen, der versteht nicht, welche Entlarvungseffekte heute möglich sind. Allgemeiner formuliert: Unter digitalen Medienbedingungen sind die offensichtliche Widersprüchlichkeit und programmatische Hilflosigkeit bereits mit Hilfe von ein paar gut gesetzten Links dokumentierbar. Der Vorwurf der Heuchelei rückt damit ins
45 Zentrum politischer Debatten. Inhaltliche Konsistenz und das Denken in langen, ausbuchstabierten Linien wird unter solchen Bedingungen zum Erfolgsprinzip.

Man gibt sich einer Illusion der Ignoranz hin. In der Welt der klassischen Leitmedien und der mächtigen Gatekeeper[4] entschieden Journalistinnen und Journalisten darüber, was als interessant und relevant gelten konnte. Es war ohne allzu großen Auf-
50 wand möglich, die Grenzen des Sagbaren zu bestimmen und schon durch die Art und Weise der Äußerung eine paternalistische[5] Stilkunde zu praktizieren: „Nur so darf man reden! Und das sind die Themen, die man überhaupt be- und verhandeln sollte!" Diese Zeiten sind vorbei.

Die unumschränkte Deutungsautorität der Gatekeeper existiert nicht mehr. Die
55 vierte Gewalt des klassischen Journalisten wird durch die fünfte Gewalt der vernetzten Vielen ergänzt. Längst kann jeder, ein Smartphone in der Hand, Aufmerksamkeit für ein Thema organisieren. wenn es ihm gelingt, ein Publikum dafür zu finden. Die Taktiken im Umgang mit Rezo – sie reichen von draufhauen, Regeln fordern bis zur ungefragten Umarmung – stammen, aus der Vergangenheit des Gatekeeper-Zeitalters. Es
60 sind die Reaktionsformen einer Macht, die im Interregnum der digitalen Gegenwart so angreifbar geworden ist wie nie zuvor. Und heute lässt sich eine erlebte Repräsentationskrise, ganz gleich, ob es um das Klima- oder das Flüchtlingsthema geht, nicht mehr tabuisieren, weil unabweisbar geworden ist, was andere darüber glauben und denken.

Und wenn man eine Tabuisierung dennoch versucht, dann bilden sich sehr schnell über
65 Nacht mediale Gegenöffentlichkeiten. [...]
Die Sofort-Skandalisierung scheint übrigens die vorrangige Reaktion zu sein. Die
arrogante Abfuhr, die verklemmte Relativierung, die pauschale Abwertung, der Start
einer Gegenkampagne, der Versuch von Einschüchterung und Zensur – all das kann
das Entrüstungsfeuer noch einmal kräftig anheizen.
70 Und genau das ist in den letzten Tagen passiert. Was folgt daraus? Der Umgang mit
Fehlern verwandelt sich irgendwann in den einen großen, entscheidenden Fehler, der
neue Autoritäts- und Reputationskrisen produziert. [...] Dann lädt man [...] eben Rezo
ein. Das Problem: Eine derartige Form der Konfliktbesänftigung, die letztlich auf einer
irreführenden Personalisierung von Netzwerkeffekten basiert, klappt, wenn überhaupt,
75 nur in der Binnenlogik der eigenen Organisation. Ein Rezo kann nicht – nach erfolgtem
Appeasement[6] im Konrad-Adenauer-Haus[7] – eine versammelte Mannschaft wieder
auf Linie bringen.
Denn Digitalisierung heißt Dialogisierung. Wie lässt sich Kommunikation organisieren und befrieden, wenn zentralistische Strukturen vernetzten Individuen gegen-
80 überstehen, die alle ihre eigenen Auffassungen haben? Das ist tatsächlich eine noch
offene Frage. Wahrscheinlich hilft hier nur ein Maximum an Dialogbereitschaft in der
Breite der Gesellschaft. Es gilt, mit wirklicher Empathie (und nicht mit gespielter Sym-
pathie) zuzuhören und zu verstehen, was diese Fremdlinge, die jetzt mit ihren blauen
Haaren aus dem fremden YouTube-Universum in das Grillfest des Ortsvereins hinein-
85 geplatzt sind, eigentlich zu sagen haben. Man muss kein Prophet sein, um zu erkennen:
Die digitale Moderne wird entweder das Zeitalter des Dialogs sein oder in der Rück-
schau als eine Epoche des Aufeinandereinbrüllens erscheinen, die ganze Gesellschaften im Inneren zerrissen und die Rückkehr der Stammesfehden unter modernen
Medienbedingungen hervorgebracht hat.

„Arroganz statt Inhalte", Bernhard Pörksen, SZ.de vom 03.06.2019

Hinweis
Der Autor ist Professor für Medienwissenschaft an der Universität Tübingen.

Anmerkungen
1 tektonisch – *hier:* grundlegend, fundamental
2 Interregnum – bezeichnet eine Übergangsregierung oder den Zeitraum, in dem eine solche
  herrscht.
3 postfaktisch – Denken und Handeln, bei dem Fakten nicht im Mittelpunkt stehen. Die Wahrheit
  einer Aussage tritt dabei hinter den emotionalen Effekt der Aussage vor allem auf die eigene
  Interessensgruppe zurück.
4 Gatekeeper – Torwächter, Türsteher
5 paternalistisch – bevormundend
6 Appeasement – bezeichnet eine Politik, die auf Aggressionen mit Zugeständnissen, Zurückhaltung,
  Beschwichtigung und Entgegenkommen reagiert, um einen Krieg zu vermeiden.
7 Konrad-Adenauer-Haus – Dort ist u. a. die CDU-Bundesgeschäftsstelle untergebracht.

Unterrichtsinhalte:
- Q 1.4 Öffentlichkeit im Wandel – Zivilgesellschaft und Medien im politischen Prozess: Aufgaben, Funktionen und Probleme klassischer politischer Massenmedien; Medien als Wirtschaftsunternehmen; Veränderungen im Verhältnis von Massenmedien und politischen Akteuren: Politainment, Personalisierung, Boulevardisierung, Medienethik
- Q 3.2 Strukturwandel der Weltwirtschaft als Herausforderung ökonomischer Globalisierung: Globalisierung von Unternehmen und Produktionsprozessen: Veränderungen internationaler Arbeitsteilung, Standortfaktoren und Standortwettbewerb
- Q 2.2 Nachhaltiges Wachstum und fairer Wettbewerb – Herausforderungen wirtschaftlicher Ordnungspolitik: Wettbewerb in unterschiedlichen Marktformen, wirtschaftliche Konzentrationsprozesse

1   **TIPP** *Anforderungsbereich: I*

In der geforderten Zusammenfassung benennen Sie einleitend Autor*in, Titel, Textart sowie Thema und Datierung des Textes. Anschließend fassen Sie die Argumentation mit eigenen Worten und strukturiert zusammen. Konjunktiv und analytische Wendungen („Der Autor benennt ..., untermauert ..., endet mit ...") zeigen die erforderliche Distanz zum Text. Bei der unkommentierten Wiedergabe seiner Kernaussagen können Sie wichtige Begriffe und Wendungen wörtlich zitieren, um sie herauszuheben.

Der Medienwissenschaftler Bernhard Pörksen setzt sich in einem Artikel für die Süddeutsche Zeitung, der am 3. Juni 2019 unter der Überschrift „Arroganz statt Inhalte" erschienen ist, mit den Reaktionen auf einen CDU-kritischen Videokommentar des YouTubers Rezo auseinander und untersucht dabei die politische Bedeutung der Sozialen Medien.   Quelle

Der Autor beobachtet das Unverständnis einiger Politiker*innen gegenüber einer „**Medienrevolution**" (Z. 11), die eine **Neuordnung der „Kommunikations- und Machtverhältnisse**" (Z. 16) erkennen lasse. Hätten bisher Zeitungen, Radio und Fernsehsender die „Mediendemokratie" (Z. 20) bestimmt, so entwickle sich nun eine „Empörungsdemokratie des digitalen Zeitalters" (Z. 22 f.), an der sich jede Bürgerin und jeder Bürger beteiligen könne.   These

Diese These untermauert Pörksen mit einer Reihe von Beobachtungen. Das Rezo-Video, ein „riesenhafte[r] Leitartikel" (Z. 26) zur Klimapolitik, könne durch Verweise auf Quellen aus Wissenschaft und Medien den Vorwurf der Heuchelei der Politiker*innen glaubhaft   Begründung machen und dabei Widersprüche und hilflose Reaktionen mit digitalen Instrumenten entlarven. Zweitens zeige ein Vergleich mit der traditionellen Medienlandschaft: Heute bestimmen nicht mehr „mächtige[…] Gatekeeper" (Z. 48) der Leitmedien allein die Themen und den Stil von medialen Äußerungen, also die „Grenzen des Sagbaren" (Z. 50). Hinzu komme nämlich eine **„fünfte Gewalt der vernetzten Vielen"** (Z. 55 f.), die mit Twitter und Smartphone tabubrechende „mediale Gegenöffentlichkeiten" (Z. 65) bilden würden. Als Beispiele nennt Pörksen Klima- und Flüchtlingskrise.

Der Autor hebt eine dritte Lehre heraus. Im digitalen Zeitalter sei die Tabuisierung eines Themas unmöglich. Werde auf Enttabuisierung mit Überheblichkeit, Einschüchterung und Zensur geantwortet, verstärke dies nur die Autoritätskrise. Selbst eine Einladung Rezos, also die „Umarmung" (Z. 59) des Kritikers, könne den Konflikt nicht lösen.

Am Ende plädiert der Autor für einen **echten Dialog** zwischen etablierten Politikerinnen und Politikern und Vertreterinnen und Vertretern des „YouTube-Universum[s]" (Z. 84), um das Auseinanderfallen der Gesellschaft zu vermeiden.

Fazit

---

2 **TIPP** *Anforderungsbereich: I und II mit Schwerpunkt auf AFB II*

Diese Aufgabe knüpft am Unterrichtsthema „Öffentlichkeit im Wandel" (Q 1) an. Ausgehend von einer These des Textes sollen Sie die Medienlandschaft aus klassischen Massenmedien und neuen Sozialen Medien untersuchen. Ziel Ihrer Analyse ist es darzulegen, inwiefern die digitalen Medien Funktionen der klassischen erfüllen. Die Lösung dieser Aufgabe gelingt am besten, wenn Sie erkennbar Schwerpunkte auswählen, diese vertieft behandeln und mit Beispielen veranschaulichen.

In der Demokratie kommt den **klassischen Medien**, also den Printmedien, Rundfunk und Fernsehen, eine so grundlegende Bedeutung zu, dass von ihnen oft als „vierter Gewalt" gesprochen wird, vor allem wegen ihrer Macht. Diese deutet Pörksen mit dem Stichwort „Mediendemokratie" an. Während die Institutionen der Exekutive, der Legislative und der Judikative als Eckpfeiler der politischen Ordnung über eine demokratische Legitimation verfügen (vgl. GG Art. 20 Abs. 2), sind die Medien über das Grundrecht der Meinungs- und Pressefreiheit (Art. 5) garantiert und vor staatlichen Eingriffen geschützt. Sie sollen unabhängig vom Staat wirken und erfüllen dabei folgende Funktionen im Willensbildungs- und Entscheidungsprozess.

Medienfreiheit im GG

Die Massenmedien **informieren** die Bürgerinnen und Bürger sachlich, wahrheitsgetreu und auf der Basis kompetenter Recherche. Sie unterstützen die **Urteilsbildung** durch Analysen und Kommentare, die den gesellschaftlichen Pluralismus abbilden, dabei auch Minderheiten und gesellschaftliche Konflikte und Kontroversen so berücksichtigen, dass möglichst alle Beteiligten angemessen zu Wort kommen.

Funktionen der Medien

Auch **kontrollieren** Journalistinnen und Journalisten die Mandatsträger*innen in Parlamenten und Regierungen, äußern **Kritik** und legen Probleme im politischen Prozess sowie in Wirtschaft und Gesellschaft offen. In diesem Jahr wurde z. B. die Maskenaffäre vom Nachrichtenmagazin „Spiegel" aufgedeckt, woraufhin der Bundestag neue Transparenzregeln für Abgeordnete auf den Weg brachte.

Kontrolle und Kritik

Durch **Themensetzung** und **Filterung** der Informationsfülle können Medien außerdem eine orientierende und aktivierende Rolle spielen. Dies beginnt schon mit der Wahl des Bezugsrahmens, der Perspektive, aus der ein Problem betrachtet wird (Framing). Sie unterstützen die **Partizipation**, indem sie gesellschaftlichen Gruppen die Möglichkeit bieten, ihre Interessen und Forderungen in die Öffentlichkeit und damit auf die „Tagesordnung" zu bringen (Agenda-Setting).

Die digitalen **Sozialen Medien** erfüllen ebenfalls die dargestellten Funktionen, wenn auch in modifizierter Form. Wirken sie im demokratischen Prozess darüber hinaus als eine ergänzende „fünfte Gewalt der vernetzten Vielen" (Z. 55 f.)?

veränderte Rolle der Sozialen Medien

Neben Gemeinsamkeiten mit den „alten" Medien fallen deutliche **Unterschiede** ins Auge. Zunächst sind die Sozialen Medien als Internet-Anwendungen durch viel geringere Kosten für die Nutzerinnen und Nutzer, einen unkomplizierten Zugang, eine praktisch unbeschränkte Reichweite sowie die einfache Erstellung von Inhalten gekennzeichnet. Am deutlichsten aber verändert die Funktion ein weiteres Merkmal: Die Einbahnstraßen-Kommunikation von politischen Akteurinnen und Akteuren über Medien in die Öffentlichkeit ist nicht mehr der einzige Weg der Informationsverbreitung.

Unterschiede zwischen klassischen und Sozialen Medien

Stimmungen, Ängste und Anliegen zumindest der aktiven Nutzer*innen dieser Medien erreichen auf diesem Weg die Öffentlichkeit und fließen in die öffentliche Meinung ein, die dann politisches Handeln beeinflusst. Da insbesondere bei der jungen Generation traditionelle Kommunikationskanäle an Bedeutung verlieren, versuchen sich die Politiker*innen umzustellen und selbst die **neuen Werkzeuge des Netzes** zu nutzen, wenn sie Themen einbringen.

ungefilterte Kommunikationswege

Soziale Medien unterstützen die Bürger*innen in der **Kommunikation untereinander und mit Politikerinnen und Politikern**, z. B. mittels des sozialen Netzwerks Facebook und Messengerdiensten

multimedialer Austausch

wie WhatsApp. Bürger*innen können sich z. B. direkt und ohne weitere Hürden von Umweltorganisationen wie Greenpeace, aber auch aus Kanälen der „Querdenker" informieren lassen und selber diese Adressaten erreichen. Microblogs wie Twitter helfen ihnen bei der Verbreitung von Nachrichten. Solche Botschaften können multimedial sein und per Hyperlinks auf andere Inhalte verweisen. Follower dieser Profile verbreiten diese Botschaften weiter. Für den **multimedialen Austausch von Informationen** gibt es außerdem z. B. das Video-Portal YouTube, zahlreiche Podcasts mit Video- und Audiodateien, die Foto-Plattform Instagram oder die Internet-Enzyklopädie Wikipedia.

Das **Spektrum der Meinungen**, die heute an die Öffentlichkeit gelangen, ist deshalb um ein Vielfaches größer, als es auch die beste Zeitungsredaktion abbilden könnte. Soziale Bewegungen wie beispielsweise für Frauenrechte („Me too"), Fridays for Future bei Umweltthemen oder Gruppen am rechten Rand beim Migrationsthema können eigene Netzwerköffentlichkeiten aufbauen, um für ihre Ziele „Aufmerksamkeit […] [zu] organisieren" (Z. 56 f.). große Meinungsspektrum

Mit den digitalen Medien gehen **Risiken** einher. Wie zuletzt die Coronakrise zeigte, verlieren gesicherte Informationen und Fakten an Bedeutung. Information und Meinung erscheinen als gleichwertig. **Desinformationen**, Verschwörungserzählungen und Hassbotschaften können leichter verbreitet werden. Fakten und **Lügen** stehen gleichgewichtig nebeneinander. Eine wichtige Rolle für die Netzkommunikation spielt die **Anonymität**. Sie senkt die Hürden zur Teilnahme, aber auch die Hemmschwelle für Hetze und Hass. Selbst den Wahrheitsgehalt von Informationen zu überprüfen, ist für die Nutzer*innen oft nicht möglich. Nur selten werden unwahre Aussagen wieder gelöscht und die gesellschaftliche Polarisierung wächst. Risiken der Netzkommunikation

Es ist zu beobachten, dass sich „**Filterblasen**" und „**Echokammern**" bilden, in denen nur die eigene Meinung Gewicht hat, nicht aber der Austausch kontroverser Positionen. So wurden bei der hessischen Polizei rechtsextreme Chatgruppen aufgedeckt, die über WhatsApp rassistische Inhalte austauschten. Wer sich auf Organisationen wie Human Rights Watch oder Pro Asyl verlässt, verfügt über andere Wissensbestände als eine Nutzerin bzw. ein Nutzer, der sich aus migrationskritischen Quellen bedient. Filterblasen und Echokammern

Es fällt auf, dass etliche der Sozialen Medien von **transnationalen Unternehmen** wie Google oder Facebook getragen werden, die mit den gewonnenen Daten kommerzielle Ziele verfolgen. Sie können die vermeintlich selbstbestimmte Kommunikation auf schwer erkennbare Weise manipulieren. Was die Nutzer*innen gezeigt bekommen und wie sie mit anderen kommunizieren, ist zum Teil vor- Rolle von TNU gegeben. Zum Beispiel erschließen und filtern einige Internetanwendungen algorithmisch die Inhalte aus einer Vielzahl von Quellen, z. B. aus dem digitalen Freundeskreis einer Nutzerin bzw. eines Nutzers, und stellen sie schließlich als personalisierte Informationspakete zusammen. Auch können Programme, die menschliches Verhalten simulieren, sog. **Social Bots**, automatisiert Postings absetzen und auf Tweets reagieren. Ihr massenhafter Einsatz durch anonyme Urheber*innen hat bereits in den USA zu einer Verzerrung der Netzöffentlichkeit geführt und Wahlen beeinflusst.

Zusammengenommen lässt sich sagen: Mehr als die traditionellen Massenmedien geben Soziale Medien politischen Akteuren trotz einiger Risiken neue Möglichkeiten der Partizipation, der Beteiligung am **pluralistischen Willensbildungsprozess**. Damit kann man auch wie Pörksen von einer „Ergänzung" der vierten Gewalt durch die fünfte „der vernetzten Vielen" sprechen. *Fazit*

---

3 **TIPP** *Anforderungsbereich: II*

Diese Aufgabe bezieht Kenntnisse aus den Kurshalbjahren 3.2 (Globalisierung) und 2.2 (Wirtschaftliche Ordnungspolitik, Wettbewerb) ein. Nach knapper Charakterisierung der ökonomischen Globalisierung sollen Sie die Gefahren der Konzentration durch transnationale Unternehmen darstellen. In einem dritten Schritt analysieren Sie die Risiken von Konzentrationsprozessen im Bereich der Medien. Dabei sind Sie nicht auf die Sozialen Medien beschränkt.

Der Prozess der **ökonomischen Globalisierung** bedeutet die Verflechtung globaler Märkte für Güter, Dienstleistungen und Kapital, die Liberalisierung und Deregulierung der nationalen und regionalen Märkte und das Zusammenwachsen dieser Märkte. Dass fast die Hälfte des Bruttoinlandprodukts über den Export erwirtschaftet wird, zeigt Deutschlands Abhängigkeit vom Weltmarkt. Zunehmend wichtig sind inzwischen die digitalen Informationsströme, die den Handel, den Informationsaustausch allgemein und das Management der Konzerne fördern. Auch wenn die inländischen Unternehmen und Konsumentinnen und Konsumenten von der vertieften internationalen Arbeitsteilung profitieren, haben in den letzten Jahren protektionistische Tendenzen zugenommen. Gefahren sind auch durch die globale Coronakrise entstanden, die die internationalen Wertschöpfungs- und Lieferketten stört. *Definition von Globalisierung*

Mit der Globalisierung intensiviert sich auch der internationale **Wettbewerb**. Er fördert Innovationen, sorgt für offene Märkte und stellt sicher, dass die Marktteilnehmer*innen ihre Ressourcen effizient einsetzen. Kostenvorteile in anderen Ländern und die stetige *Wettbewerb*

Verbesserung internationaler Produkte erhöhen den Wettbewerbsdruck auf deutsche Unternehmen. Dadurch werden schwache Anbieter*innen aus dem Markt gedrängt; in der Regel sind dies mittelständische Unternehmen. Oder Unternehmen werden aufgekauft und schließen sich zusammen, fusionieren bzw. bilden – trotz Verbots – Kartelle.

Durch den Konzentrationsprozess und die Globalisierung entsteht die Marktmacht sogenannter Global Player, also international tätiger und politisch mächtiger Unternehmen. **Transnationale Unternehmen** (TNU) sind solche Unternehmen, die durch Tochtergesellschaften oder Niederlassungen in zahlreichen Staaten präsent sind. Auch ihre Absatzmärkte sind auf mehrere Länder verteilt. Aufgrund ihrer Größe können sie Konkurrentinnen und Konkurrenten den Marktzugang erschweren und Zulieferer wie Kunden bzw. Kundinnen in ihre Abhängigkeit bringen. Zur Kostenersparnis nutzen die „Multis" komparative Standortvorteile, was sich vor allem wegen der Lohnkosten nachteilig für Deutschland auswirken kann, wenn Unternehmen in Billiglohnländer abwandern. Die Ölindustrie schätzt niedrige Umweltstandards, die Textilindustrie profitiert von Sozialstandards, die die Kosten minimieren. TNU können außerdem ihre Gewinne international verlagern und damit Steuerzahlungen vermeiden. Die US-Digitalkonzerne Facebook, Amazon, Microsoft, Google und Apple haben sich für ihre europäischen Niederlassungen jeweils das Land mit der niedrigsten Körperschaftssteuer ausgesucht: Luxemburg, Irland oder die Niederlande.

Im Medienbereich hebeln Internetriesen wie Microsoft, Facebook, Google und Amazon durch ihre globale **Oligopolstellung** den Wettbewerb aus, der sie selbst groß und mächtig gemacht hat. Die Marktmacht dieser TNU reicht meist aus, um den Startvorteil innovativer Start-ups auszulöschen. So hat z. B. Facebook die Plattformen WhatsApp und Instagram gekauft. Durch diese Unternehmenskonzentration auf dem internalen Medienmarkt und die wirtschaftliche Übermacht weniger Anbieter*innen ist die Vielfalt der Informationsquellen bedroht.

Vor allem junge Mediennutzer*innen wandern heute von den traditionellen Medien zu den Onlinemedien ab, wodurch Auflage und Werbeeinnahmen von Zeitungen zurückgehen und damit dem Qualitätsjournalismus die Grundlage entzogen wird. Zeitungen sterben oder werden aufgekauft, Redaktionen werden verkleinert. Der Pluralismus, ohne den eine funktionierende Demokratie nicht leben kann, gerät in Gefahr.

Zwei Beispiele für die Einflusschancen transnationaler Medienkonzerne zeigen dies: Dem Bertelsmann-Konzern gehören nicht nur zahlreiche Printmedien, sondern auch mehrere wichtige TV-Sender in ganz Europa. Google, Facebook und Co. wurden während der

Marginalien:
- Konzentrationsprozess
- transnationale Unternehmen
- Beispiele
- Gefahren des Oligopols
- Beispiele

Coronapandemie von jedem Zweiten als Informationsquelle genutzt. Und die meisten Nutzer*innen Sozialer Medien nehmen politische Botschaften eher auf Facebook, Instagram oder Twitter als durch Zeitungen oder TV wahr.

Im Unterhaltungsbereich kommen inzwischen transnationale Anbieter wie Netflix, Amazon Prime, Disney und Apple auf, die den Filmverleih und das Programmschema des Fernsehens durch Online-Streaming im Internet ersetzen und zunehmend auch selber Filme produzieren. Ihre Machtposition gegenüber dem Medium Fernsehen stützt sich auf die Zahl der Abonnentinnen und Abonnenten, die flexible Sehgewohnheiten besitzen, und auf Einnahmen aus Werbung. Diese Entwicklung zeigt die hohe Geschwindigkeit des technischen Wandels, der auf internationaler Ebene politisch nur schwer durch eine nationale **Wettbewerbskontrolle** beeinflusst werden kann. *(schwierige staatliche Regulierung)*

---

4 **TIPP** *Anforderungsbereich: III*

Die letzte Aufgabe soll Sie anregen, sich argumentativ mit einer zentralen These des Textes auseinanderzusetzen. Ziel ist ein begründetes Urteil. Der Weg dorthin führt über Pro- und Kontra-Argumente, die Sie möglichst mit Beispielen verdeutlichen. Achten Sie auf eine stringente Gedankenführung.

Pörksen behauptet, dass sich die „Mediendemokratie" zu einer „Empörungsdemokratie" entwickle. Ich lege zunächst mein Verständnis beider Begriffe dar und prüfe dann, ob diese Behauptung stimmt. *(Einleitung)*

Von einer **Mediendemokratie** spricht man aufgrund der großen Bedeutung der Massenmedien für den politischen Prozess. Zeitungen, Fernsehen und Onlinemedien sind nicht mehr reine Kommunikationskanäle, die die Politiker*innen nutzen, sondern wirken selbst als Akteure, die die Meinungsbildung der Bürger*innen beeinflussen und politische Entscheidungen mitbestimmen. Politisches Handeln orientiert sich an den Regeln der Medien, was z. B. oft als „Infotainment" kritisiert wird. *(Begriffe)*

Als **Empörungsdemokratie** charakterisiert Pörksen eine Weiterentwicklung der Mediendemokratie, da die netzbasierte Kommunikation über die „publizistischen Machtzentren" (Z. 21 f.) hinaus jedem Bürger und jeder Bürgerin die Veröffentlichung seiner Meinung ohne Einschränkung ermöglicht.

Für die **Stimmigkeit von Pörksens These** lassen sich gute Gründe anführen. *(Pro-Argumente)*

Soziale Medien sind in den letzten Jahren zu festen Bestandteilen von Meinungsbildungsprozessen geworden. Für die jüngere Generation sind sie sogar die **Hauptnachrichtenquelle**. Zunehmend durchdringen diese Medien die Informations- und Kommunikationspraktiken fast aller Bürger*innen.

Sie verschaffen medial unterrepräsentierten Gruppen, z. B. Jugendlichen und Migrantinnen und Migranten, die **Chance mitzudiskutieren**. Die „vernetzten Vielen" gelangen zu Erfolgserlebnissen, da Politikerinnen und Politiker oft von Themen aktiviert werden, die das Netz hervorbringt. Der politische Prozess insgesamt kann davon profitieren, wenn z. B. Regierung und Verwaltung in „Echtzeit" über die Auswirkungen ihrer Entscheidungen informiert werden. Man denke nur an das kritische Echo auf Mängel staatlicher Hilfsmaßnahmen bei einer Naturkatastrophe.

Soziale Medien befriedigen die Bedürfnisse von Bürgerinnen und Bürgern besonders gut, die bevorzugt **gefühlsgelenkte, oberflächliche Nachrichten** wahrnehmen und versenden. Websites, Chat Rooms, Blogs etc. bilden Teilöffentlichkeiten, deren Inhalte durch die lauteste Stimme gesteuert werden können. Populistische Parteien, die ihre Positionen in den traditionellen Medien kaum wiederfinden, nutzen daher Soziale Medien besonders intensiv. In der Gruppe Gleichgesinnter kann man Bestärkung erleben.

Anonymität im Netz senkt einerseits die Hürden zur Teilnahme an der Kommunikation, andererseits aber auch die Hemmschwelle zum Beispiel für provokante Äußerungen und Tabubrüche oder für „Shitstorms" aus Ressentiments, Hass und Hetze. Für das, was man denkt und in die Welt hinaustönt, muss man nicht persönlich einstehen.

Gegen Pörksens Behauptung lassen sich folgende Argumente anführen, die Befürchtungen gegenüber einer zunehmenden Emotionalisierung von demokratischer Beteiligung widersprechen.

Kontra-Argumente

Soziale Medien bringen ans Licht, was bisher abseits der großen Öffentlichkeit existierte. Da sie besonders stark von Mitgliedern der jüngeren Generation genutzt werden, sollte man die in dieser Gruppe nicht ungewöhnlichen Kommunikationsformen realistisch beurteilen. So gehört es zur Phase der Sozialisation, dass auf **Herausforderungen in der Persönlichkeitsentwicklung** auch mit Aggressionen und Ausgrenzungen reagiert wird. Vorschnelle Sanktionen können dies nicht verhindern.

Empörung über soziale Ungerechtigkeit, Umweltzerstörung oder Kriege ist als politische Reaktion **legitim**. Im Idealfall führt sie zu langfristigem **politischem Engagement**. Sie kann sich lautstark in Sozialen Medien oder Demonstrationen äußern, die dann von den traditionellen Medien verwertet werden. Es erstaunt deshalb nicht, dass auch die traditionellen Parteien zunehmend die Instrumente des Netzes nutzen.

Die **Überzeugungskraft der Vernunft** ist ebenfalls erkennbar. In der aktuellen Coronapandemie oder in der Klimakrise zeigt sich, wie sehr wissenschaftlich geprüfte Information geschätzt wird, die in alten und neuen Medien zu finden ist. Diese Krisen, deren Parameter sich ständig verändern, führen dazu, dass die Öffentlichkeit anerkannten Expertinnen und Experten, etwa Virologinnen und Virologen oder Klimawissenschaftlerinnen und -wissenschaftlern, stärker vertraut als fragwürdigen Stimmen aus Sozialen Medien. Darüber hinaus haben Facebook und Twitter inzwischen eigene Standards zur **Missbrauchskontrolle** eingeführt und diese z. B. sogar gegenüber dem US-Präsidenten angewandt. Auf deutscher und europäischer Ebene gibt es erste Gesetze dafür.

Pörksen verteidigt zu Recht die Sozialen Medien trotz ihrer Ambivalenz. eigenes Urteil Insgesamt bieten digitale Medien **großartige Möglichkeiten** der demokratischen Selbstorganisation, des Mitredens, des politischen Abwägens und Argumentierens. So unterstützen Soziale Medien den demokratischen Willensbildungsprozess, wenn sie statt des Aufeinander-Einbrüllens den Dialog fördern. Eine derartige Nutzung setzt allerdings **Bildung und Unterscheidungsvermögen** voraus. Denn im weithin unstrukturierten Internet stehen bisher Fakten und Lügen, Wissen und Meinungen nebeneinander. Mündige Bürger*innen müssen lernen, kritisch zu hinterfragen, zu urteilen, zu gewichten und zu strukturieren.

WIRTSCHAFTS- UND WETTBEWERBSPOLITIK

Aufgabenstellung

1 Fassen Sie die Aussagen von Patrick Artus zur strukturellen Krise der deutschen Wirtschaft zusammen. (Material) (25 BE)

2 Erläutern Sie ausgehend von dem Interview mögliche Auswirkungen auf Deutschland, die sich aus dem Spannungsverhältnis zwischen Wohlfahrts- und Wettbewerbsstaat in einer globalisierten Welt ergeben. (Material) (25 BE)

3 Im Interview wird erwähnt, dass Deutschland und Frankreich die Batterieproduktion für Elektroautos fördern.
Stellen Sie ausgehend vom Interview mögliche Vor- und Nachteile staatlicher Eingriffe in die Wirtschaft dar. (Material) (20 BE)

4 Nach Meinung von Patrick Artus soll überdacht werden, ob nicht monopolähnliche Situationen in Europa akzeptiert werden sollten, damit europäische Unternehmen im weltweiten Wettbewerb mithalten können.
Erörtern Sie diese Position. (30 BE)

M **Interview von Christian Schubert für die Frankfurter Allgemeine Zeitung (FAZ) mit Patrick Artus: Deutschland setzt auf die Industrien von gestern (2019)**

FAZ: Herr Artus, Sie sind einer der Ökonomen, die Deutschlands wirtschaftliche Lage als besonders bedrohlich ansehen. Warum ist das so?

ARTUS: Deutschland befindet sich in einer strukturellen, nicht konjunkturellen Krise.
5 Denn die Spezialisierung seiner Industrie ist sehr ungünstig: Auto, Chemie und Maschinenbau stehen für 7,2 Prozent der Beschäftigung. In Frankreich sind es nur 1,8 Prozent. Diesen Industriebereichen geht es sehr schlecht, denn sie setzen auf die Produkte von gestern.

FAZ: Kann sich die Lage nicht bald schon wieder drehen?

ARTUS: Wir erleben einen strukturellen Umbruch weg von einer Welt der Industrie zu
10 einer Welt der Dienstleistungen. Hinzu kommen die neuen Anforderungen an Umwelt- und Klimaschutz. Dieselautos, von denen die deutschen Hersteller noch stark abhängen, will heute niemand mehr kaufen. Für Plastik, auf das die deutsche Chemieindustrie noch stark setzt, gilt jetzt das Ziel, 90 Prozent zu recyceln. Dann braucht man praktisch kein neues Plastik mehr. Auch die Landwirtschaft, die künf-
15 tig biologischer sein wird, braucht weniger Agrarchemie.

FAZ: Und der Maschinenbau? Man braucht doch weiter Maschinen, um Dinge herzustellen?

Artus: Deutlich weniger als bisher. Die Entwicklung in China ist symptomatisch, auch China wird zur Dienstleistungsgesellschaft. Die Menschen kaufen sich weniger Autos, denn bei der zunehmenden Urbanisierung sind sie in den Städten unpraktisch. Was machen die Leute mit ihrem Geld? Sie fahren am Wochenende weg, und wenn in einem Auto, dann mit einem Leihwagen. Man verreist häufiger, geht ins Restaurant, und währenddessen passt ein Babysitter auf die Kinder auf. Alle diese Entwicklungen, die wir überall verfolgen, kommen den Dienstleistungen zugute, nicht der Industrie. Daher erhöht die Industrie weltweit gesehen nicht mehr ihre Kapazitäten.

FAZ: Was ist etwa mit dem Wohnen oder dem Bausektor?

Artus: Auch da greift das „Teilen" um sich, schauen Sie sich Airbnb[1] an. Und die Alterung der Bevölkerung verhindert, dass der Bau ein Wachstumssektor ist. Durch das Internet verliert die Logik des Eigentums an Bedeutung. Es ist idiotisch, einen Rasenmäher in der Garage zu haben, den man höchstens eine Stunde in der Woche benutzt; also teilt man ihn sich. Es gibt auch keinen Stolz mehr, ein Auto zu besitzen; vom Statussymbol wird es zum reinen Transportmittel. Man leiht sich, was man vorher gekauft hat. Daher wird in der Welt künftig viel weniger Kapital gebraucht. Und die deutsche Wirtschaft hat da ein Problem, weil sie noch viele Kapitalgüter produziert.

[...]

FAZ: Wenn China kein Wachstumsmotor der Industrie ist, kann es künftig Indien sein?

Artus: Ja, es stimmt, in Indien steigt der Bedarf an Industriegütern noch, in Afrika auch. Doch das gleicht nicht den Rückgang in China aus. Die Industrie wächst heute noch in Ländern mit niedrigen Löhnen wie in Südasien, etwa Vietnam, Indonesien und den Philippinen oder in Zentraleuropa. Doch selbst in Ländern wie Polen greift man jetzt auf billige Arbeiter aus der Ukraine zurück. Südkorea ist in der gleichen Lage wie Deutschland; als Hochkostenland leidet es unter dem strukturellen Umbruch.

FAZ: Sie meinen, Deutschland ist heute nicht mehr wettbewerbsfähig?

Artus: Auf der Kostenseite hat sich die Wettbewerbsfähigkeit Deutschlands stark verschlechtert. Bei den Lohnstückkosten lagen Deutschland, Frankreich, Spanien und Italien 2007 ungefähr gleichauf. Heute ist Deutschland 16 Prozent teurer als Frankreich oder Italien und 30 Prozent teurer als Spanien.

Seit Jahren steigen die Löhne in Deutschland durchschnittlich ungefähr um 3 Prozent – gegenüber 1 Prozent in Spanien und 2 Prozent in Frankreich. Daher verliert die deutsche Wirtschaft im Export erstmals seit der Wiedervereinigung Marktanteile. Seit Anfang 2017 sind die deutschen Ausfuhren um zwei Prozentpunkte weniger gestiegen als der Welthandel. Die Löhne wachsen auch stärker als die Produktivität. Das führt dazu, dass von den Einkommen der Unternehmen jetzt wieder mehr auf die Beschäftigten abfällt als auf die Anteilseigner; das war das letzte Mal beim Amtsantritt von Bundeskanzler Schröder so, also vor der Agenda 2010[2].

Immerhin sind die Gewinne der Unternehmen noch hoch. Das verdanken sie weit-
60 gehend den niedrigen Zinsen. Es wird in Deutschland zu wenig hervorgehoben,
dass die Nullzinsen nicht nur die Sparer bestrafen, sondern auch ein enormer Vorteil für die Unternehmen sind.
FAZ: Was folgt aus den hohen Kosten?
ARTUS: Die deutsche Industrie wird noch stärker Standorte in die billigen Länder Ost-
65 europas verlegen. Die Arbeitslosigkeit wird steigen. Bisher behalten die meisten
Unternehmen noch ihre Beschäftigten, das ist wegen der Sicherung des Human-
kapitals der richtige Weg für einen vorübergehenden Konjunkturabschwung, nicht
aber für eine Strukturkrise. Die Kurzarbeit steigt wieder an. Daher geht auch die
Produktivität zurück. Ich schätze, die Arbeitslosigkeit wäre heute 4 Prozentpunkte
70 höher, wenn die Unternehmen ihre Belegschaften an die Nachfrage angepasst hätten.
FAZ: Also sollen wir künftig alle unser Heil in Dienstleistungen suchen?
ARTUS: Auch da hat Deutschland ein Problem. Die Deutschen sind keine großen Konsumenten von Dienstleistungen. In Frankreich, Spanien oder in den Vereinigten
75 Staaten wachsen sie schneller, etwa im Bereich der Freizeitgestaltung, der Gastronomie, des Einzelhandels, der Haushaltshilfen oder des Flugverkehrs. Die Schaffung neuer Stellen im Dienstleistungssektor hat sich in Deutschland verlangsamt,
anderswo wächst sie noch deutlich.
FAZ: Was also kann Deutschland tun?
80 ARTUS: Aus meiner Sicht sollten die Unternehmen die Produktion umstellen und auf
die Produkte von morgen konzentrieren, etwa wasserstoffgetriebene Autos.
FAZ: Deutschland und Frankreich ziehen, staatlich gefördert, aber gerade eine Batterieproduktion für Elektroautos auf.
ARTUS: Das ist eine Sackgasse. Da steckt man 1,7 Milliarden Euro in eine Technolo-
85 gie, die heute schon veraltet ist. Die Autohersteller brauchen billige Batterien, die
kann man nicht in Deutschland oder Frankreich bauen. Der französische Batterie-
hersteller Saft, der auch bei dem deutsch-französischen Projekt mitmacht, zieht
derzeit eine große Produktion in China auf. Dort werden die Hersteller die Batterien kaufen. Man sollte den deutsch-französischen Batterieplan sofort einstellen.
90 Wasserstoff und die Brennstoffzellen haben dagegen Zukunft. Das französische
Kommissariat für Atomenergie (CAE) ist auf diesem Gebiet beispielsweise ein
führender Akteur.
FAZ: Wie sollen und können Regierungen Technologie fördern?
ARTUS: Das ist eine schwierige Frage. Auf jeden Fall können Regierungen nicht die
95 Technologien von morgen vorschreiben, weil sie diese nicht kennen. Der amerikanische Ansatz, über die staatliche Förderagentur Darpa den Unternehmen ohne
Einmischung Geld zur Verfügung zu stellen, scheint mir sinnvoll. Wir brauchen
ein europäisches Darpa. In Europa sollten wir auch das Wettbewerbsrecht überdenken. In Branchen mit zunehmenden Skalen-[3] und Netzwerkerträgen[4] bei wach-
100 sender Unternehmensgröße ist die Frage zu stellen, ob wir nicht monopolähnliche
Situationen in Europa akzeptieren sollen, damit europäische Unternehmen im weltweiten Wettbewerb mithalten können. Und der europäische Markt darf kein
Flickenteppich mehr sein, etwa bei öffentlichen Ausschreibungen. Deutschland ist

bei öffentlichen Ausschreibungen ein geschlossener Markt. Haben Sie schon mal einen Zug in Deutschland gesehen, der nicht in Deutschland gebaut wurde?

„Deutschland setzt auf die Industrien von gestern" (Volltext, gekürzt; FAZ.NET, 29.10.2019, Christian Schubert) © Alle Rechte vorbehalten. Frankfurter Allgemeine Zeitung GmbH, Frankfurt. Zur Verfügung gestellt vom Frankfurter Allgemeine Archiv

Hinweis

Patrick Artus ist Chefvolkswirt der französischen Investmentbank Natixis und hat unter anderem einen Lehrauftrag an der Universität Paris Panthéon-Sorbonne.

Anmerkung

1 Airbnb – Eine Online-Plattform für Buchung und Vermietung von Unterkünften
2 Agenda 2010 – wirtschafts- und arbeitsmarktpolitisches Reformpaket der rot-grünen Regierung aus dem Jahr 2003
3 Skalenertrag – Ertrag, der sich aus der Erhöhung der Produktionsfaktoren ergibt
4 Netzwerkertrag– Ertrag, der sich aus der Kooperation verschiedener Unternehmensteile ergibt

Unterrichtsinhalte:
Themenfeld: Nachhaltiges Wachstum und fairer Wettbewerb – Herausforderungen wirtschaftlicher Ordnungspolitik (Q 2.2.), insbesondere:
- Wettbewerbsfähigkeit von Staaten und Regionen im europäischen Binnenmarkt
- Wettbewerb in unterschiedlichen Marktformen
- wirtschaftliche Konzentrationsprozesse

Kursübergreifende Bezüge:
- Strukturwandel der Weltwirtschaft als Herausforderung ökonomischer Globalisierung (Q 3.2)
- Staaten zwischen Wohlfahrtsstaat und Wettbewerbsstaat

1

TIPP *Anforderungsbereich: I*

Die Aufgabe verlangt von Ihnen eine ausschließlich reproduktive Leistung. Formulieren Sie einen Einleitungssatz, in dem Sie die Textart sowie Autor*in, Textquelle und das Jahr der Veröffentlichung nennen und das Thema der Quelle überblicksartig anführen. Dann sollen Sie den Text möglichst in eigenen Worten zusammenfassen. Ergänzen Sie Ihre Ausführungen möglichst durch passende – eventuell im Text nicht genannte – Fachbegriffe. Ausgewählte Schlüsselbegriffe aus dem Text können Sie ohne Zeilenangabe in Anführungszeichen setzen, aber verzichten Sie auf Zitate. Sorgen Sie für angemessene Distanz zur Textquelle, indem Sie den Konjunktiv oder entsprechende sprachliche Signale verwenden.

Unter dem Titel „Deutschland setzt auf die Industrien von gestern" *Quelle* äußert sich der Chef-Ökonom der französischen Investmentbank Natixis, Patrick Artus, am 29.10.2019 in einem von der FAZ durchgeführten und veröffentlichten Interview zur **wirtschaftlichen Lage Deutschlands**. Er begründet anhand verschiedener Aspekte, weshalb er die Situation der deutschen Wirtschaft, die seiner Ansicht nach einen notwendigen **Strukturwandel** verpasst habe, als äußerst bedrohlich einschätzt.

Artus´ Urteil über den Zustand der deutschen Wirtschaft ist vernichtend: diese befinde sich in einer **gravierenden, strukturellen Krise**. Anstatt sich hin zum Dienstleistungssektor zu orientieren, würden in Deutschland immer noch **7,2 Prozent der Beschäftigung von der Auto-, Chemie- oder Maschinenbaubranche** abhängen. Die dort produzierten Güter seien nicht zukunftsfähig. So wolle auf längere Sicht niemand mehr Dieselautos kaufen und die Fokussierung der Chemieindustrie auf die Plastikproduktion sei angesichts des Trends zum Recycling überholt. Ähnlich verhalte es sich mit dem Maschinenbau. Sogar China, ein Hauptabnehmer deutscher Maschinenbau-

pessimistisches Urteil des Autors

Industrie statt Dienstleistungen

Produkte, entwickle sich hin zu einer Dienstleistungsgesellschaft. Die **Industrie könne weltweit gesehen ihre Kapazitäten gar nicht mehr ausschöpfen**, da der Bedarf an „Kapitalgütern" immer weiter zurückgehe. Dies könne man am Beispiel der Sharing Economy gut sehen: Die Menschen würden immer häufiger auf das Prinzip des Leihens und Teilens zurückgreifen. Industrieproduktion findet nicht genug Nachfrage

Zwar werde die rückläufige Nachfrage aus China durch Indien oder Afrika zum Teil ausgeglichen, doch auch in vielen **Niedriglohnländern** sei das **Wachstumspotenzial der Industrie begrenzt.**

Eine zweite strukturelle Veränderung liege darin, dass Deutschland als „Hochkostenland" einen Teil seiner früheren **Wettbewerbsfähigkeit verspielt** habe. Die **extreme hohen Lohnstückkosten** in Deutschland würden, so Artus, dazu führen, dass Deutschlands **Marktanteile am Welthandel** zurückgingen. Nicht proportional zur **Produktivität steigende Löhne** würden außerdem die **Unternehmen belasten**, deren Gewinne nur wegen der Nullzinsen noch hoch seien. Wettbewerbsfähigkeit geht zurück weniger Export steigende Löhne

Die **Wettbewerbfähigkeit der deutschen Industrie** leide unter dieser Entwicklung, warnt Artus, und immer mehr **Standorte würden nach Osteuropa** verlegt. Damit verbunden sei ein Anstieg der **Arbeitslosigkeit.** Hätten die Unternehmen ihren Personalbestand an die Nachfrage angepasst, wäre die deutsche Arbeitslosenquote bereits um 4 Prozentpunkte höher. Standortverlagerungen nach Osteuropa … … führen zu Arbeitslosigkeit

Die Orientierung hin zum **Dienstleistungssektor** sei, so Artus, in Deutschland problematisch, da hier das **Interesse an Dienstleistungen wesentlich geringer** sei als in anderen Ländern.

Ein Weg aus der **Strukturkrise** könne darin bestehen, so Artus, dass die deutschen Unternehmen ihre Produktion viel zukunftsorientierter ausrichten, also zum Beispiel wasserstoffangetriebene Autos anstelle der schon wieder überholten Elektroautos herstellten. Sich jetzt noch auf die Herstellung von herkömmlichen Autobatterien zu fokussieren, wie es in einer deutsch-französischen Kooperation derzeit geschehe, sei sinnlos. Die Batterien würden in China längst viel billiger produziert. Allerdings fehle es, kritisiert Artus, in Europa an einer mutigen **Förderstrategie für neue Technologien.** Fördergelder müssten ohne weitreichende staatliche Zielvorgaben bereitgestellt werden. In den USA habe man das bereits verstanden. Außerdem fordert Artus Europa auf, das **Kartellrecht** zu überdenken. Um europäische Unternehmen wettbewerbsfähig für den Weltmarkt zu machen, kann er sich sogar eine **Akzeptanz monopolartiger Strukturen** innerhalb Europas vorstellen. Neuausrichtung der Wirtschaft ist schwierig möglicher Weg aus der Strukturkrise Europa soll neue Technologien fördern und Kartellrecht lockern

Diese Aufgabe fordert von Ihnen, das Spannungsverhältnis zwischen Wohlfahrts- und Wettbewerbsstaat zu erläutern und dabei vor allem die Globalisierung der Wirtschaft im Blick zu behalten. Hier empfiehlt es sich, zunächst klarzustellen, was Sie unter einem Wohlfahrtsstaat bzw. Wettbewerbsstaat verstehen. Da Sie vom Material ausgehend arbeiten sollen, können Sie auf dort genannte Aspekte zurückgreifen und diese mit eigenen Kenntnissen aus dem Unterricht ergänzen.

Die in Deutschland vorliegende **Marktordnung** ist die **Soziale Marktwirtschaft**. Die Soziale Marktwirtschaft soll einen möglichst hohen **Wohlstand bei gleichzeitiger sozialer Absicherung** über einen **Sozial- bzw. Wohlfahrtsstaat** sicherstellen. Innerhalb eines staatlichen Ordnungsrahmens ermöglicht der **freie Wettbewerb** den wirtschaftlichen Erfolg der Unternehmen. Unter allen Branchen und Sektoren soll Konkurrenz herrschen, Monopole oder Oligopole sollen verhindert werden. Dafür sorgt auf Bundesebene das Bundeskartellamt bzw. auf EU-Ebene die EU-Kartellbehörde. Aufgabe des Staates ist es, negative Auswirkungen von Marktprozessen oder Marktversagen zu vermeiden, deshalb greift der Staat dann regulierend ein, wenn sich wirtschaftliche Machtkonzentrationen oder die Störung des **Wettbewerbs** abzeichnen. Eingriffe des Staates erfolgen zum Beispiel über die **Wirtschaftspolitik, die Sozialpolitik oder Wettbewerbspolitik.**

Marktordnung: Soziale Marktwirtschaft und ihre Funktion

Wann und wie greift der Staat ein?

Die Soziale Marktwirtschaft wird im Grundgesetz nicht explizit genannt. Das **Sozialstaatsgebot** bzw. der Sozialstaatsgedanke findet sich aber in der Formulierung „sozialer Bundesstaat" in Art. 20 (1), bzw. „sozialer Rechtsstaat (Art. 28). Das freie Handeln der Wirtschaftssubjekte ergibt sich aus den Freiheitsrechten (Art. 2, Art. 12) und der Garantie des Eigentums (Art. 14).

Verankerung der Marktordnung im GG

Aus der Verbindung des Prinzips einer freien Marktwirtschaft und dem Prinzip des sozialen Ausgleichs entsteht ein Spannungsverhältnis, das sich entlang der Fragen „Wie viel Sozialstaat ist nötig?" und „Wie viel staatliche Steuerung ist erforderlich?" bzw. „Wie viel Wettbewerb ist möglich?" bewegt.

Spannungsverhältnis zwischen Wohlfahrtsstaat und Wettbewerbsstaat

Der Wirtschaftsexperte Artus stellt fest, dass Deutschland sich in einer Krise befinde (vgl. Z. 3). Einen Grund dafür sieht er darin, dass Deutschland „als Hochkostenland" (Z. 44) mit einer rückläufigen **Wettbewerbsfähigkeit** konfrontiert sei. Er betrachtet den **Sozialstaat** im Grunde als wirtschaftliches Zukunftsrisiko, das verringert werden muss.

Wettbewerbsfähigkeit erhalten um jeden Preis?

Eine Möglichkeit, um die Wettbewerbsfähigkeit eines Staates zu erhalten und für Unternehmen attraktiv zu halten, ist, die Lohnnebenkosten zu senken. So könne der Staat die **Sozialversicherungsbeiträge auf der Arbeitnehmerseite erhöhen** oder diese stärker zur **privaten Vorsorge** verpflichten, zum Beispiel im Bereich der Altersvorsorge oder im Gesundheitsbereich. Gleichzeitig könnte man zusätzlich die **Belastungen für die Arbeitgeber*innen verringern.** Diese könnten auch mit geringeren Zugeständnissen bei **Tarifverhandlungen** reagieren, um **Lohnzuwächse und somit Kostensteigerungen zu vermeiden.** Ein weiteres Anheben des **Mindestlohns** könne von staatlicher Seite her über eine entsprechende Gesetzgebung verhindert werden. Allerdings muss hier bedacht werden, dass niedrigere Löhne auch immer weniger Nachfrage bedeuten.

Artus prophezeit als einen möglichen Ausweg für die Unternehmen die **Verlagerung von Standorten** „in die billigen Länder Osteuropas" (Z. 64 f.), was Arbeitsplatzverluste zur Folge hätte. Deutschland hat im internationalen Vergleich ein sehr **hohes Lohnstückkostenniveau** und vor allem außerhalb Europas können Unternehmen deutlich günstiger produzieren. Das Beispiel der Autobatterie-Produktion in China verdeutlicht das eindrücklich (vgl. Z. 88 f.). Um hier den Unternehmen entgegenzukommen, wären Abstriche bei **Arbeitnehmerrechten** oder z. B. die Verringerung von Auflagen für Arbeitszeiten oder **Umweltschutz** eine mögliche Lösung. Ein solches **„race to the bottom"**, also ein **Wettbewerb um die niedrigsten Steuern, Auflagen und Sozialabgaben, widerspricht jedoch dem Sozialstaatsgedanken** und lässt sich vermutlich angesichts der Verhandlungsmacht der **Gewerkschaften** und Sozialverbände – aber auch mit Blick auf die Wähler*innen – kaum realisieren.

Um die Wettbewerbsfähigkeit europäischer Unternehmen zu stärken, schlägt Artus die Akzeptanz „monopolähnliche[r] Situationen" (Z. 100) vor, um der Industrie den Umstieg auf neue, zukunftsträchtige Technologien zu erleichtern. Dies widerspricht jedoch klar dem **Wettbewerbsprinzip**, das in der Sozialen Marktwirtschaft verankert ist.

Senken der Lohnnebenkosten

Verzicht auf Lohnsteigerungen und Anhebung des Mindestlohns

„race to the bottom"

Monopole akzeptieren widerspricht Wettbewerbsprinzip

---

3 **TIPP** *Anforderungsbereich: II*

Auch für diese Aufgabe ist der Ausgangspunkt das vorliegende Material. Hier sollen Sie an Aussagen des Interviews anknüpfen, um dann mögliche Vor- und Nachteile staatlicher Eingriffe in die Wirtschaft darzustellen. Der Aufgabentext gibt bereits eine Struktur vor und es empfiehlt sich, die Vor- und Nachteile getrennt voneinander zu berücksichtigen. Um Redundanzen und Wiederholungen zu vermeiden, erscheint es als sinnvoll, den Aspekt „Monopole" in dieser Aufgabe nicht zu ausführlich zu berücksichtigen.

Aus dem Interview mit Patrick Artus lassen sich **zwei Aspekte staatlicher Eingriffe in wirtschaftliche Prozesse** ableiten. Zum einen betrachtet Artus es als Nachteil, wenn europäische Staaten ihre Fördergelder an die Entwicklung bestimmter, vom Staat vorgegebener Technologien knüpfen (vgl. Z. 94 f.). Darin sieht er eine überflüssige staatliche „Einmischung" (Z. 97) und somit eine Einschränkung der Freiheit der Unternehmen. Seiner Ansicht nach wissen die Unternehmen selbst am besten, welche Entwicklungen zukunftsträchtig sind.

möglicher Bezug zum Material

In einer freien, wettbewerbsorientierten Wirtschaft wird in der Regel davon ausgegangen, dass der **freie Wettbewerb zu effizienten Marktergebnissen** führt und einer **sinnvollen Allokation der Produktionsmittel** führt. Ohne einen auch internationalen Leistungswettbewerb würde es kaum zu technischem und wirtschaftlichem Fortschritt kommen. Eine weitere – eigentlich konträre Forderung Artus´ – besteht darin, innerhalb von Europa in den Wettbewerb so weit einzugreifen, dass hier **Monopole** geduldet werden müssten, um die **Unternehmen vor globaler Konkurrenz** zu schützen.

Effizienz durch freien Wettbewerb

Monopole als Lösung für Wettbewerbsschwäche

Dass ein **Staat die Wirtschaft bei der Entwicklung von Zukunftstechnologien unterstützt** und somit Wettbewerbspolitik betreibt, ist nachvollziehbar und sinnvoll. Gerade im Hochtechnologiebereich ist es nicht immer möglich, dass Unternehmen für die immensen Forschungskosten in Vorleistung gehen. Daraus entstehende **Innovationen** sind ein Wachstumsmotor und sorgen langfristig für **Arbeitsplätze, steigenden Wohlstand und globale Wettbewerbsvorteile**. Staatliche Wettbewerbspolitik in Forschung und Entwicklung fördert diese Innovationen.

Vorteile staatlicher Eingriffe: staatliche Wettbewerbspolitik in Forschung und Entwicklung fördert Innovationen

Um ein **Marktversagen** zu verhindern oder dessen Folgen abzumildern, sind **staatliche Eingriffe manchmal unvermeidlich**. So versagt der Marktmechanismus zum Beispiel bei den **negativen externen Effekten** bzw. externen Kosten, die durch die industrielle Produktion entstehen. Der Staat greift hier ein, um Nachteile oder gesundheitliche Beeinträchtigung von Verbraucherinnen und Verbrauchern zu verringern, und sorgt durch Steuern, Abgaben oder entsprechende Auflagen dafür, dass Umweltverschmutzung einen Preis bekommt. So wird ein Anreiz für umweltfreundliches Verhalten geschaffen.

Verhinderung von Marktversagen

Auch **gegen unerwünschte Marktergebnisse kann ein Eingreifen des Staates erforderlich sein**. So schränkt der Staat durch eine entsprechende Gesetzgebung den Handel mit Waffen, Drogen oder Medikamenten ein oder verhindert einen freien Handel mit Organen.

Verhinderung unerwünschte Marktergebnisse

Ein weitreichendes **Eingreifen des Staates erfolgte während der Coronakrise**: Hier hat der Staat viele **Unternehmen mit Krediten, Unternehmensbeteiligungen und Direktzahlungen unterstützt,** um deren Existenz und somit auch Arbeitsplätze zu retten.

Coronakrise: Staat rettet Unternehmen

Staatliche Eingriffe können jedoch auch immer mit **Risiken** verbunden sein. Gerade in Krisenzeiten sind staatliche Finanzierungshilfen häufig nur **kurzfristig wirksam** und politisch meist sehr umstritten. In Deutschland wurde heftig darüber debattiert, wie sinnvoll es ist, bestimmte Unternehmen oder Branchen staatlich mit Milliardenbeträgen zu unterstützen. An **strukturellen Problemen** der Wirtschaft **ändern diese Finanzhilfen** tatsächlich **nichts** (vgl. Z. 80 f.). Werden Unternehmen mit staatlichen Subventionen gefördert, erzeugt der Staat die Nachfrage, oder übernimmt er sogar die Bereitstellung bestimmter Güter, wird der **Wettbewerb verzerrt**, die öffentlichen Haushalte werden belastet und es kann zu einem **Crowding-out-Effekt** kommen. Die Unternehmen der freien Wirtschaft bieten dann vom Staat bereitgestellte Güter oder Dienstleistungen schlichtweg nicht mehr an und ziehen sich aus dem Markt zurück.

Nachteile staatlicher Eingriffe: Maßnahmen wirken oft nur kurzfristig

Wettbewerbsverzerrung und Crowding-out

Die im Material geforderten **staatlichen, protektionistischen Eingriffe** in den europäischen Wettbewerb in Form der Akzeptanz von Monopolen benachteiligen konkurrierende Unternehmen oder verhindern den Eintritt neuer Unternehmen in den Markt. Langfristig führt eine zu große Marktmacht zu höheren Preisen und kann sogar Innovationen ausbremsen.

Protektionismus durch Monopole

Die **Finanzierung staatlicher Eingriffe** erfolgt außerdem entweder über eine Erhöhung der **Staatsverschuldung** oder die Erhöhung von **Steuern** und Abgaben, was am Ende die Bürger*innen belastet. Um die Kosten zu kompensieren, könnten auch **Einschränkungen bei den sozialen Leistungen**, also eine Verringerung wohlfahrtsstaatlicher Leistungen notwendig werden.

Staatsschulden oder Steuererhöhungen als Folge

4 **TIPP** *Anforderungsbereich: III*

Diese Aufgabe erfordert zum vierten Mal den Bezug auf das vorliegende Material. Da im Interview die Möglichkeiten der protektionistischen Wirkung von Monopolen nur angerissen wird, können und sollen Sie sich hier auf im Unterricht besprochene Aspekte und Beispiele fokussieren. Insofern stellt die hier vorgeschlagene Lösung nur eine Möglichkeit des Umgangs mit der Aufgabe dar; daneben gib es viele andere Anknüpfungspunkte.

Der Ökonom Artus fordert, in Deutschland und Europa **Monopole** zuzulassen, damit **Unternehmen** vor allem im Bereich **neuer Technologien im globalen Wettbewerb bestehen** und **sich gegen internationale Konkurrenz besser durchsetzen** können.

Monopole in Europa zulassen?

Für die Zulassung von Monopolen spricht, dass mit einem Monopol eine gewisse **Unternehmensgröße** verbunden ist, sodass **Skaleneffekte** genutzt werden können. Die Produktionskosten würden dadurch gesenkt und die Wettbewerbsfähigkeit der Unternehmen auf dem globalen Markt verbessert. Ein Beispiel für eine Mega-Fusion ist die Anfang 2021 durch einen Zusammenschluss von PSA und Fiat-Chrysler vollzogene Gründung des Autokonzerns Stellantis, den die EU-Kartellbehörde unter der Auflage, freien Wettbewerb innerhalb Europas weiter zu ermöglichen, genehmigt hatte.

Auch andere Länder, wie zum Beispiel die USA oder China, lassen es zu, dass in der Finanz-, Tech- oder IT-Branche Giganten entstehen, die auf dem Weltmarkt kaum Konkurrenz fürchten müssen. Die Internetkonzerne beherrschen ihre jeweilige Branche und sind weltweit erfolgreich. Insofern stellt sich durchaus die **Frage, ob man in Europa unbedingt auf der Vorstellung, dass Monopole etwas Schlechtes seien, beharren muss.**

Würde man in Europa regelmäßig monopolähnliche Strukturen zum Beispiel durch Firmenfusionen tolerieren, würde dies den **Wettbewerb innerhalb dieses Wirtschaftsraums** blockieren. Für die Verbraucherin bzw. den **Verbraucher sind Monopole immer mit dem Risiko von Preissteigerungen** und einem eingeschränkten Angebot verbunden. Eine zu große **Marktkonzentration führt auch zu weniger Kontrollierbarkeit** und Vergrößerung des politischen Einflusses der Großunternehmen. Dies lässt sich an den Internetkonzernen wie Facebook oder Google sehr gut sehen. **Der Eintritt in den Markt für neue Unternehmen bzw. Start-ups wird durch monopolartige Strukturen erheblich behindert.** Monopole können somit auch hinderlich für Innovationen sein und damit langfristig die Wettbewerbsfähigkeit schwächen.

Auch wenn es auf den ersten Blick so erscheint, dass Monopole auch Vorteile haben können, **überwiegen** ganz offensichtlich die **Nachteile**. Monopole **widersprechen dem grundlegenden Wettbewerbsgedanken einer freien bzw. Sozialen Marktwirtschaft.** Die **Vorteile des Wettbewerbs – Innovation, Vielfalt, niedrige Preise und gesicherte Qualität –** innerhalb Europas sollten nicht unter dem Druck der globalen Wirtschaftsbeziehungen leichtfertig aufgegeben werden. Man sollte andere Wege suchen, um die globale Wettbewerbsfähigkeit der europäischen Unternehmen zu stärken.

Chancen durch Monopole:
– Monopole ermöglichen Skaleneffekte

– auch andere Länder ermöglichen Monopole und stärken ihre Unternehmen

Risiken durch Monopole:
– Verzerrung des Wettbewerbs
– Nachteile für Verbraucher
– keine Kontrolle
– keine Konkurrenz
– weniger Innovationen
– Schwächung der Wettbewerbsfähigkeit

mögliches Fazit: Monopole widersprechen dem Grundgedanken der Sozialen Marktwirtschaft

INTERNATIONALE POLITIK UND WIRTSCHAFTSPOLITIK

Aufgabenstellung

1 Fassen Sie den vorliegenden Text zusammen. (Material 1) (25 BE)

2 Analysieren Sie ausgehend von Material 1 die Herausforderungen für die deutsche Außen- und Sicherheitspolitik. (25 BE)

3 Erläutern Sie, durch welche Maßnahmen der deutsche Staat die Binnennachfrage steigern und die Exportabhängigkeit verringern kann. (20 BE)

4 Interpretieren Sie die Karikatur (Material 2) und diskutieren Sie vor diesem Hintergrund, inwieweit Deutschland eine hegemoniale Rolle in Europa einnimmt. (30 BE)

M 1 **Hans Kundnani: Deutschlands Dilemma als halber Hegemon**[1] **(2019)**

Noch vor zehn Jahren schien Deutschlands Platz in der Welt klar definiert zu sein. Außenpolitische Debatten betrafen damals vor allem die Beteiligung Deutschlands an den sogenannten Out-of-Area-Einsätzen der Nato. Während der 1990er schien sich Deutschland in der Frage von Militäreinsätzen allmählich in Richtung „Normalität" zu
5 bewegen, ein Prozess, der in den Einsätzen in Serbien 1999 und Afghanistan ab 2001 kulminierte. Ab den 2000ern jedoch begann auch Deutschland Militäreinsätze im Zuge der den gesamten Westen erfassenden Zweifel gegenüber Militärinterventionen wieder zunehmend skeptischer zu sehen, vor allem nach der fehlgeschlagenen Invasion des Irak 2003[2].
10 Mit Ausbruch der Eurokrise 2010 jedoch ist Deutschlands Zukunft zunehmend unsicher geworden. Die Krise löste eine abermalige Debatte über die deutsche „Hegemonie" in Europa aus, die sich in Folge der Flüchtlingskrise 2015 intensivierte. Seit der Wahl Donald Trumps zum Präsidenten der Vereinigten Staaten 2016 ist die Zukunft der transatlantischen Allianz und der „liberalen internationalen Ordnung" an sich
15 ungewiss geworden. Wie wird Deutschland in einer Zeit agieren, in der scheinbar alles in Bewegung geraten ist – und die Analysten […] als ein Interregnum[3] […] beschreiben?
Regelmäßig haben außenpolitische Analysten die Probleme ignoriert, die im Verlauf der Eurokrise aufgetaucht sind. Was allerdings nicht heißt, dass diese gelöst worden wären. Zwar provozierte das britische Chaos ein erneuertes rhetorisches Bekennt-
20 nis zum europäischen Projekt, aber die weitere Integration ist zum Stehen gekommen. Derweil verharrt Deutschland in einer problematischen Position der Halbhegemonie. In der Praxis bedeutet dies, dass das Land zwar die Kraft zur Festlegung der Regeln

hat, nicht aber, um sie durchzusetzen. Andere Staaten sind derweil stark genug, um die
25 Regeln zu brechen, nicht aber sie zu ändern.
Die Serie von Krisen, denen sich die EU seit 2010 gegenüber sieht, hätten eine
Chance sein können. Während der Eurokrise warfen die Länder Südeuropas Deutschland mangelnde „Solidarität" vor. Aber in der Flüchtlingskrise forderte dann auf einmal Deutschland „Solidarität" von den anderen Mitgliedsstaaten. Dies hätte durchaus
30 eine Grundlage für einen umfassenden Deal sein können, basierend auf einem gemeinsamen Verständnis von Rechten und Pflichten zwischen EU-Mitgliedsstaaten, die sowohl Teil des Euroraums als auch von Schengen sind, also eines de facto „europäischen Kerns". Doch statt sie miteinander zu verbinden, suchte Deutschland beide Fragen zu entkoppeln. [...]
35 Die Wahl Donald Trumps könnte sich als der größte strategische Schock für ganz
Europa herausstellen. Für Berlin stellt er ein besonderes schwieriges Dilemma dar.
Deutschlands Position der Halbhegemonie innerhalb Europas war von einer bestimmten Konfiguration der liberalen internationalen Ordnung abhängig, in der Deutschland
einen Freifahrtschein genoss. Gemeint sind hierbei insbesondere die Sicherheitszu-
40 sagen der Vereinigten Staaten, die Fragen militärischer Macht in den innereuro-
päischen Beziehungen im Prinzip irrelevant machten, und die Rolle Amerikas als end-
los verfügbarer Konsument zu nennen. Heute ist Washington hierzu weniger willens
und könnte die eigene Hegemoniestellung aufgeben.
Die Unwägbarkeiten in Bezug auf die amerikanischen Sicherheitszusagen an
45 Europa führten zu einer Spaltung der strategischen Gemeinde in Deutschland zwischen
Atlantikern und Post-Atlantikern. Während Atlantiker dazu neigen, die strukturelle
Verschiebung in der amerikanischen Außenpolitik zu unterschätzen, verkennen die
Post-Atlantiker das Ausmaß der Schwierigkeiten, vor denen Europa bei der Entwicklung strategischer Autonomie als Alternative zu den amerikanischen Sicherheitsgaran-
50 tien steht. Problematisch ist dabei, dass selbst vorsichtige Schritte Europas in Richtung
Unabhängigkeit das amerikanische Engagement weiter schwächen könnten.
Während aber sowohl Atlantiker als auch Post-Atlantiker über die Notwendigkeit
sprechen, auf neue Gefahren in einer zunehmend gefährlichen Welt zu reagieren,
scheint die deutsche Bevölkerung mehr über den potentiellen Verlust ihrer Identität als
55 Friedensmacht besorgt zu sein. Trotz der Unsicherheiten in Bezug auf die amerikanischen Sicherheitsgarantien, fühlen sich die Deutschen einfach nicht bedroht. Viele
sähen heute die Übernahme größerer „Verantwortung" und dabei insbesondere eine
drastische Steigerung der Verteidigungsausgaben als ein Zugeständnis an Trump und
seine Politik.
60 Die zukünftigen Beziehungen Deutschlands zu China sind auch mit der Rolle
Deutschlands in Europa und der Beziehung zu den Vereinigten Staaten verknüpft.
Während der vergangenen Dekade ist Deutschland zunehmend abhängig von China
als Exportmarkt geworden – insbesondere nachdem im Verlauf der Eurokrise die
Nachfrage aus Europa zurückging. Es entwickelte sich in der Folge eine enge politi-
65 sche Beziehung zwischen Berlin und Peking. Die Krise hat den Westen in Überschuss-
und Defizitländer gespalten und China und Deutschland zusammengeführt. [...]
Ein Überdenken des eigenen Wirtschaftsmodells ist [...] die vielleicht größte Herausforderung, vor der Deutschland steht. Das wäre nicht nur für Deutschlands Partner

in der Nato und der EU gut, die von einer steigenden Binnennachfrage profitieren wür-
70 den, sondern auch für Deutschland selbst. Deutschlands Wettbewerbsbesessenheit hat
die Ungleichheit und die politische Unsicherheit gefordert. Die bröselnde Infrastruktur
des Landes verlangt dringend Investitionen. Allerdings verbietet der politische Konsens in Bezug auf Deutschlands Identität als Exportnation ein solches Umdenken.

Die Frage ist, ob Deutschland zum Umdenken fähig ist, bevor es zu spät ist. Ganz
75 allmählich ziehen sich die Vereinigten Staaten von ihrer Rolle als Hegemon zurück,
die sie seit dem Zweiten Weltkrieg innehatten. Zunehmend scheinen sie nicht mehr zur
Bereitstellung globaler Gemeinschaftsgüter wie Sicherheit und ökonomischer Nachfrage willens zu sein – insbesondere für Europa, von dem sie zu Recht glauben, dass
es in der Lage sein sollte, für sich selbst zu sorgen. Während alles um sie herum in
80 Bewegung gerät, scheinen die Deutschen zu glauben, sie könnten dennoch einfach so
weitermachen wie bisher.

Hans Kundnani: Deutschlands Dilemma als halber Hegemon, FAZ vom 25.11.2019,
https://www.faz.net/aktuell/politik/deutschlands-dilemma-als-halber-hegemon-16491197.html?
premium=0x1c4b706485cdd7d065bead4c7a56d54b&printPagedArticle=true#void

Hinweis
Hans Kundnani ist ein in London tätiger Wissenschaftler und Politikberater.

Anmerkungen
1 Hegemonie – Vorherrschaft, Vormachtstellung
2 Gemeint ist der Einmarsch der USA und Verbündeter in den Irak.
3 Interregnum – Bezeichnet eine Übergangsregierung oder den Zeitraum, in dem eine solche
  herrscht

| M 2 | Karikatur von Klaus Stuttmann (2020) |

Klaus Stuttmann

Unterrichtsinhalte:

- Q 3: Internationale Konflikte und Konfliktbearbeitung in einer differenzierten Staatenwelt, insbesondere Ziele, Strategien und möglicher Beitrag deutscher Außen- und Sicherheitspolitik zur Konfliktbearbeitung und -prävention
- Q 2: Nachhaltiges Wachstum und fairer Wettbewerb – Herausforderungen wirtschaftlicher Ordnungspolitik, insbesondere Wettbewerbsfähigkeit von Staaten und Regionen im europäischen Binnenmarkt, z. B. Lohnstückkosten, Infrastruktur, politische und soziale Rahmenbedingungen

1   **TIPP** *Anforderungsbereich: I*

Die Zusammenfassung leiten Sie ein, indem Sie Quelle, Autor*in und die Kernaussage vorstellen. Legen Sie in eigenen Worten und ohne Wertungen die wichtigsten Aussagen in strukturierter Form dar. Durch Konjunktiv und analytische Wendungen („Der Autor untersucht ..., fragt ..., plädiert abschließend ...") zeigen Sie die erforderliche Distanz zum Text. Textbelege mit direkten Zitaten sollten Sie auf Schlüsselbegriffe beschränken.

Unter der Überschrift „Deutschlands Dilemma als halber Hegemon" untersucht Hans Kundnani in seinem am 25.11.2019 auf faz.net erschienenen Aufsatz **Deutschlands Rolle in der internationalen Politik**. Der Autor plädiert für ein Überdenken der deutschen Außen- und Wirtschaftspolitik. `Quelle, Thema, Kernaussage`

Zunächst umreißt Kundnani die Faktoren, die die deutsche Position in Europa und der Welt seit den 1990er Jahren bestimmt haben: von der Beteiligung an Nato-Militäreinsätzen, z. B. in Serbien und Afghanistan, bis zum Zweifel an ihrem Sinn, besonders nach dem Irakkrieg. Mit der **Krise des Euro** und der **Flüchtlingskrise** sei die deutsche „Hegemonie" (M 1, Z. 11 f.) in Europa problematisch geworden. Die europäische Integration stagniere. `geschichtliche Beispiele`

Zugleich litten das atlantische Bündnis und die liberale Weltordnung seit 2016 unter der **Politik des US-Präsidenten Trump**. Da deshalb die Sicherheitszusagen und der Absatzmarkt der bisherigen Hegemonialmacht USA gefährdet seien, sei Deutschlands Machtposition bedroht. Es besitze zwar die Fähigkeit zur „Festlegung der Regeln [in Europa]" (M 1, Z. 23), könne sie aber nicht durchsetzen, wofür Kundnani die Bezeichnung „**Halbhegemonie**" (M 1, Z. 22, 37) wählt. Der Autor verdeutlicht dies an Deutschlands zwiespältiger Rolle in Euro- und Flüchtlingskrise, als es einmal die Solidarität gegenüber EU-Partnern verweigert, dann aber diese von ihnen erwartet habe. `Verhältnis zu den USA` `Dilemmasituation Deutschlands`

In diesem Zusammenhang stehe auch der Streit zwischen „Atlantikern und Post-Atlantikern" (M 1, Z. 46) in Europa über eine größere Unabhängigkeit von den USA. Von Schritten in diese Richtung befürchtet der Autor ein **Nachlassen des amerikanischen Engagements**. Die deutsche Bevölkerung verkenne jedoch die wachsende Bedrohung ihrer Sicherheit und sei nicht zu höheren Verteidigungsausgaben bereit.

Als weiteres Risiko bewertet der Autor die **Abhängigkeit vom chinesischen Exportmarkt**, in die Deutschland durch die Verschlechterung der Beziehungen zu den USA und die Eurokrise geraten sei. [Verhältnis zu China]

Diese Analyse führt Kundnani zur Schlussfolgerung, dass Deutschland sein „Wirtschaftsmodell[…]" (M 1, Z. 67) überdenken solle. [Konsequenz des Autors] Die deutsche Exportorientierung, seine „Wettbewerbsbesessenheit" (M 1, Z. 70), sei zugunsten einer **Stärkung der Binnennachfrage** zu korrigieren. Damit könne die Infrastruktur sowie das Verhältnis zu EU- und Nato-Partnern verbessert werden. Dem stehe allerdings die deutsche „Identität als Exportnation" (M 1, Z. 73) entgegen. Am Ende seines Aufsatzes zeigt sich der Autor skeptisch, ob Deutschland „zum Umdenken fähig ist" (M 1, Z. 74).

2 ▶ **TIPP** *Anforderungsbereich: I und II mit Schwerpunkt auf AFB II*

Ausgehend vom Text sollen Sie sachlich darlegen, vor welchen Problemen die deutsche Außenpolitik zur Zeit steht. Beginnen Sie Ihre Analyse mit einer Auswertung des Textes: Wie beantwortet er diese Frage? Sie können anschließend die dabei genannten Aspekte vertiefen, indem Sie aktuelle Entwicklungen wie die Abwahl Trumps einführen. Aber auch weitere Herausforderungen können Sie ergänzen. Durch Begriffsklärungen oder Beispiele weisen Sie gründliche Kenntnisse nach.

Kundnani zeichnet ein Bild internationaler Probleme, das von der Flüchtlings- und Eurokrise in Europa, über die wirtschaftliche Abhängigkeit von China bis zur Bedrohung der transatlantischen Allianz und der liberalen internationalen Ordnung reicht. Auch deutet er mit den Stichworten Irak und Afghanistan die Destabilisierungsgefahr aufgrund des internationalen Terrorismus an. Diese Liste wichtiger Herausforderungen deutscher Außenpolitik lässt sich ergänzen durch Krisen aufgrund der Atombewaffnung des Iran und des globalen Klimawandels. [Anknüpfen an Text]

Die **transatlantische Allianz** wurde durch die Abwahl Trumps im November 2020 vorerst stabilisiert. Der neue Präsident hat einen Truppenabzug aus Deutschland zurückgenommen und den amerikanischen Beistand bekräftigt. Europas Sicherheit gegenüber einem expansiven Kurs Russlands, wie er sich mit der Annektierung der [transatlantische Allianz]

Krim zeigte, lässt sich nur gemeinsam mit den USA gewährleisten. Dabei liegt die Stärkung des europäischen Pfeilers der Nato im Interesse aller Partner. Auch der Streit mit den USA um die Gaspipeline Nordstream 2 zwischen Russland und Deutschland konnte geschlichtet werden, allerdings ohne die Einbindung der Ukraine und Polens und ohne von Russland Garantien zu erlangen.

Eine Stärkung des **Multilateralismus** markiert die Rückkehr der USA zum Pariser Klimaabkommen. Die internationale **Klima- und Nachhaltigkeitspolitik** steht jedoch vor riesigen Aufgaben. Deutschland und die EU müssen durch Klimadiplomatie die Unterstützung ärmerer Staaten gewinnen. Länder im globalen Süden, die am wenigsten zur Klimakrise beigetragen haben, leiden besonders schwer unter den Folgen. Konflikte über Ressourcen oder Migrationswellen aufgrund von Naturkatastrophen können auch die internationale Sicherheit gefährden. Wie in der Pandemie dürften extrem hohe Kosten drohen, wenn nicht rechtzeitig gehandelt wird.

Klimakrise

Zur Förderung nationaler Interessen nutzen die USA, aber auch Russland und China **geoökonomische Instrumente** wie Zölle, Sanktionen oder Währungsmanipulationen, mit negativen Folgen für das liberale internationale Wirtschaftssystem. Dasselbe gilt für neue Kontrollen ausländischer Direktinvestitionen, etwa im Zusammenhang mit der Zulassung Huaweis zum deutschen 5G-Markt. Wegen der Coronapandemie diskutiert man den Rückbau globaler Wertschöpfungsketten, da es im Außenhandel mit Grenzschließungen, Lockdowns und Verzögerungen in Häfen zu Problemen gekommen war. All dies stellt offene Volkswirtschaften wie Deutschland vor neue außenpolitische Herausforderungen.

liberaler Weltmarkt

Die Atomvereinbarung von 2015 zwischen dem **Iran** und mehreren Staaten, die ein verdecktes Programm zur atomaren Aufrüstung verhindern sollte, ist nach dem Rückzug der USA weiter gefährdet. Es besteht die Gefahr, dass jetzt auch das iranische Regime Nuklearwaffen als einzige effektive Maßnahme für den Systemerhalt ansieht. Nach Israel entstünde damit in unmittelbarer Nachbarschaft Europas eine zweite Atommacht.

Atommacht Iran?

---

3 ▸TIPP◂ *Anforderungsbereich: II*

Diese Aufgabe verlangt, Instrumente der Wirtschaftspolitik darzulegen, die die Binnennachfrage stärken. Knüpfen Sie Ihre Lösung an Material 1 an, eine vertiefte Einbeziehung des Textes ist aber nicht erforderlich. Achten Sie auf eine strukturierte Gedankenführung, sachlichen Stil und fachsprachliche Präzision.

Hans Kundnani sieht Deutschlands „größte Herausforderung" (M 1, Z. 67 f.) darin, dass es seine exportbasierte Wirtschaftsstrategie ändert. Die Förderung der Binnennachfrage liege sowohl im eigenen Interesse wie in dem der europäischen Partner. Dabei würde der Staat von der fiskalischen Austeritätspolitik („Schwarze Null") und der Lohnmäßigung abgehen. Ein solches Eingreifen in den Wirtschaftsprozess wird gewöhnlich mit Instrumenten des Stabilitätsgesetzes von 1967 praktiziert. Anknüpfung an Text

Unter der **Binnen- oder Inlandsnachfrage** versteht man die Nachfrage nach Konsum- und Investitionsgütern innerhalb eines Binnenmarktes, ohne die Nachfrage aus dem Ausland. Eine herausragende Rolle bei ihrer Anregung kommt der **Fiskalpolitik** zu. Zwecks Ankurbelung des privaten Konsums und privater Investitionen kann der Staat durch **vermehrte Ausgaben** aktiv werden. Die aufgrund der Klimakrise anstehende ökologische Umsteuerung und Energiewende lässt sich durch **Umweltprämien** wie beim Kauf neuer Autos unterstützen. Zunehmend werden auch Betriebe des Ökolandbaus gefördert, wodurch die Binnennachfrage in diesem Sektor wächst. Begriffsklärung Fiskalpolitik Beispiele

Ein oft genutztes Instrument der Nachfragesteigerung sind **Infrastrukturprogramme** (vgl. Z. 71 f.), die Bund oder Länder auflegen. Durch Ausgaben für Bildung, z. B. die Einstellung neuer Lehrerinnen und Lehrer oder die Stärkung von Pflegeeinrichtungen steigt zwar die staatliche Neuverschuldung, aber die Erzeugung neuer Einkommen ruft auch eine größere Nachfrage hervor. Investitionen im Bildungswesen wirken sich außerdem positiv auf die Produktivität der Volkswirtschaft aus. Infrastrukturpolitik

Dieser Mechanismus, den man auch als keynesianischen Multiplikator bezeichnet, wirkt genauso bei **Lohnerhöhungen im öffentlichen Dienst** oder bei der **Anhebung des Mindestlohns und von Sozialleistungen**, ebenfalls klassische Instrumente zur Stärkung der Binnennachfrage. Der Mindestlohn wurde zur Armutsbekämpfung 2015 eingeführt und liegt zur Zeit bei etwa 10 Euro. Jede Erhöhung vermehrt die verfügbaren Einkommen der privaten Haushalte, die für den privaten Konsum entscheidend sind. Besonders wichtig sind dabei die Bezieher*innen der unteren Einkommen, da sie einen größeren Anteil ihrer Einkommen für den Konsum ausgeben als die reichen Haushalte. Im öffentlichen Dienst sind etwa zehn Prozent aller Arbeitnehmer*innen beschäftigt, folglich kann der Staat auf diesem Weg die Einkommensverteilung stark beeinflussen. Die Tarifparteien vereinbaren aufgrund der Tarifautonomie die Löhne ansonsten selbstständig. Verteilungspolitik

Des Weiteren kann die Konsumnachfrage der privaten Haushalte bzw. die Investitionstätigkeit der Unternehmen mithilfe von **Steuersenkungen** angeregt werden. Z. B. wurde 2020 die Mehrwertsteuer für ein halbes Jahr um 3 Prozent gesenkt. Steuerpolitik

Abschließend geht es um die Stellung und die Rolle Deutschlands in Europa. Nach der Auswertung einer Karikatur ist die Frage zu erörtern, ob Deutschland eine dominante Position in Europa einnimmt. Zunächst nennen Sie Künstler, Datierung und Thema der Karikatur. Dann beschreiben Sie die einzelnen Bild- und Textelemente möglichst genau, um auf dieser Grundlage die kritische Aussage herauszuarbeiten. Anschließend leiten Sie zur eigenen Erörterung über, dem Schwerpunkt der Aufgabe. Unterstützen Sie Ihre Pro- und Kontra-Argumente mit einleuchtenden Beispielen. Am Ende des Abwägens sollten Sie eine begründete eigene Position erreichen, die die Maßstäbe Ihres Urteils erkennen lässt.

Die von Klaus Stuttmann 2020 veröffentlichte Karikatur behandelt die **Rolle Deutschlands in Europa**. Drei Abbildungen zeigen einen Stier, der von einer weiblichen Person gezügelt wird. Dahinter steht der antike Mythos, in dem die phönizische Königstochter Europa von Zeus in Gestalt eines Stiers geraubt, über das Meer nach Kreta entführt und dort von ihm in zurückverwandelter Gestalt verführt wird. Stuttmannns Karikatur macht den Stier zum Opfer: Er verliert zunehmend an Gewicht und an Kraft, während die Reiterin von Mal zu Mal zunimmt. Ein Sternenkreis identifiziert den Stier als Symbol für die EU, körperliche Merkmale legen Bundeskanzlerin Merkel als seine Reiterin und somit als Symbol für Deutschland nahe. Die umgekehrt proportionale Entwicklung des Gewichts beider Figuren zeigt, dass der Begleittext „Europa wächst …und wächst …und wächst …" im ironischen Gegensatz zu den drei Bildern steht. Bildlich soll deutlich werden: Die EU verliert an Kraft, während Deutschland in seiner von vornherein dominanten Position immer stärker wird. Stuttmann geht also von einer hegemonialen Rolle Deutschlands in der EU aus. *(Karikatur)*

Bezogen auf internationale Politik versteht man unter **Hegemonie** die Führungsrolle eines Staates. Sie kann auf **Kooperation und Konsens** beruhen, z. B. zur Sicherung des Friedens oder anderer „globaler Gemeinschaftsgüter" (M 1, Z. 77), aber auch auf **Zwang**, z. B. um ökonomische Vorteile zu erlangen. Unter Präsident Trumps „America-first"-Politik, die mit Drohungen, Druck und Strafzöllen operierte und eine globale Verantwortung zunehmend ablehnte, entwickelte sich die Supermacht USA eher zu einer Vormacht in diesem Sinne. *(Begriffsklärung)*

Eine hegemoniale Rolle Deutschlands in der EU, also nicht im globalen Maßstab, lässt sich mit mehreren Argumenten begründen. *(Pro-Argumente)*

Das Gestaltungspotenzial der **Mittelmacht Deutschland** beruht neben der Bevölkerungsgröße auf drei überwiegend **„weichen"**

Macht-Faktoren: einem stabilen demokratischen System, wirtschaftlicher Stärke sowie Wissenschaft und Kultur. Deutschland stellt in der EU die stärkste **Wirtschaftsmacht** dar, auch deshalb, weil es am meisten vom Binnenmarkt profitiert. Hohe Außenhandelsüberschüsse belegen dies seit Jahrzehnten. Es verfügt daher über großen Einfluss auf die Entscheidungen in Brüssel.

Allerdings wird von Mitgliedsstaaten der EU der Vorwurf von deutschen **Alleingängen** erhoben, die oft rein nationale Interessen im Auge hatten.

So wurde während der **Staatsschuldenkrise** der EU zwischen 2008 und 2012 Deutschland vorgeworfen, dass es Länder wie Griechenland, Italien oder Portugal nicht stärker unterstützte, z. B. durch Zustimmung zu europäischen Staatsanleihen mit günstigen Konditionen („Eurobonds"), um deutsche Banken und Exporte zu schützen. In Deutschland wurden Eurobonds mit der Befürchtung einer „Transferunion" mehrheitlich abgelehnt. Solidarität gebe es nur bei Fiskaldisziplin. Auch fand das Bild eines „Zahlmeisters" von Europa in Deutschland weite Verbreitung.

In der **Flüchtlingskrise 2015** akzeptierte Bundeskanzlerin Merkel die Einreise Hunderttausender Migranten nach Deutschland, angeblich gegen die Regeln des Schengen-Abkommens und ohne sich zuvor mit den Partnern in der EU genügend abzustimmen.

Ähnlich wirkt auf osteuropäische Nachbarn das deutsche Beharren auf der **Nord Stream-Pipeline**, wodurch die Pipelines durch Polen und die Ukraine gefährdet würden.

Als der französische Staatspräsident **Macron** 2017 für die weitere Entwicklung der EU konkrete Vorschläge machte, wurden diese von der deutschen Regierung nicht aufgenommen.

Die Kritik an Deutschlands **Hegemonie in Europa** ist allerdings ungenau. So trifft es nicht zu, dass der wegen der Staatsschuldenkrise 2012 im Euroraum beschlossene **Europäische Fiskalpakt**, der eine harte **Austeritätspolitik** für hochverschuldete Mitgliedsstaaten vorsieht, nur auf Deutschland zurückgeht. Er wurde von fast allen Mitgliedsstaaten ratifiziert. Kontra-Argumente

Auch erlaubt Deutschlands **Gewicht bei Abstimmungen** in den EU-Organen keine hegemoniale Bevormundung kleiner Staaten. Je nachdem, um welche Frage es geht, beschließt der Rat der EU z. B. mit einfacher Mehrheit (14 Mitgliedstaaten stimmen mit Ja), mit qualifizierter Mehrheit (55 % der Mitgliedstaaten, die mindestens 65 % der EU-Bevölkerung vertreten, stimmen mit Ja) oder einstimmig. Richtungsentscheidungen im Europäischen Rat der Regierungschefs verlangen stets Einstimmigkeit. Abstimmungsregeln in der EU

Während der Coronakrise einigte sich die EU im Juli 2020 – unter maßgeblicher Beteiligung Deutschlands – auf einen **Wiederaufbau-** Wiederaufbaufonds

fonds über 750 Milliarden Euro, mit dem die wirtschaftlichen Folgen der Pandemie gemeinsam bekämpft werden sollen. Zum ersten Mal in ihrer Geschichte wird die EU zur Finanzierung Schulden aufnehmen, für die die 27 Mitgliedsstaaten gemeinsam haften. Daneben wurde ein EU-Haushalt von über 1 Billion Euro verabschiedet. Hinzu kommen die fast unbegrenzten **Anleihenkäufe** der unabhängigen Europäischen Zentralbank, die derzeit Staaten und Unternehmen mit billigem Geld versorgen.

Zu berücksichtigen ist schließlich auch, dass die **Wirtschaftskraft eines Landes** vor allem von **privaten Unternehmen** abhängt. Unternehmen orientieren sich eher an kurzfristigen wirtschaftlichen Zielen als an langfristigen politischen Gestaltungsinteressen.

Ohnehin **ausgeschlossen** ist ein **militärisches Hegemonialstreben.** Die „Parlamentsarmee" Bundeswehr ist vollständig in die Nato integriert und Deutschland hat auf die nukleare Bewaffnung verzichtet. Friedenserhaltende Einsätze müssen von der UNO mandatiert sein. Die außenpolitische Ausrichtung des Grundgesetzes, die die normative Bindung an Frieden, Völkerrecht und ein System kollektiver Sicherheit betont, wird von allen Parteien unterstützt.

Die Gegenüberstellung von Pro- und Kontra-Argumenten erlaubt **Zweifel** daran, dass Deutschland heute eine **hegemoniale Rolle** in Europa einnimmt. Ein selbstbewusstes Agieren Deutschlands aufgrund seiner nationalen Interessen, sei es allein oder in Verbindung mit Frankreich und anderen Partnern, entspricht der internationalen Normalität. Wie stark sich Deutschland in der EU und darüber hinaus auf dem Gebiet der internationalen Sicherheit engagieren wird, hängt auch von der künftigen Entwicklung des Verhältnisses zu China und den USA ab. Am ehesten kann man von einer wirtschaftlichen Hegemonie in Europa sprechen. Deutschland trägt aufgrund seiner Wirtschaftsmacht wesentlich dazu bei, dass die **EU** in der Krisensituation der Pandemie ein gigantisches Investitionsprogramm auflegen kann, zur **Sicherung des Gemeinschaftsgutes wirtschaftlicher Sicherheit.**

Fazit

LIEFERKETTENGESETZ UND LOBBYISMUS

Aufgabenstellung

1 Fassen Sie den Text zusammen. (Material 1) (20 BE)

2 „Lange nicht mehr war ein Gesetzesprojekt so umkämpft, wurde nach allen Regeln der Kunst des Lobbyierens mitgemischt und reinregiert. Mit aller Macht wollten die Spitzenverbände der Wirtschaft eine Regulierung verhindern." Erläutern Sie die Einflussmöglichkeiten von Interessenverbänden im politischen System der Bundesrepublik Deutschland. (25 BE)

3 Untersuchen Sie anknüpfend an Material 1, weshalb sich deutsche Wirtschaftsverbände gegen eine Regulierung von globalisierten Lieferketten stark gemacht haben könnten. (25 BE)

4 Erörtern Sie auch unter Berücksichtigung von Material 1 und 2 die Chancen und Risiken von Lobbyismus in der Demokratie der Bundesrepublik Deutschland. (30 BE)

| **M 1** | **Tobias Schwab: Lieferkettengesetz[1]: Gut und überfällig, doch leider viel zu wirtschaftsfreundlich (2021)** |

Gerade noch so hat die Koalition die Kurve gekriegt und sich auf einen Entwurf für ein Lieferkettengesetz geeinigt. Die Zeit wurde knapp, um das Vorhaben noch vor Ende der Legislaturperiode auf den Weg zu bringen. Erst nach mehreren Spitzentreffen der beteiligten Minister gelang der Durchbruch – und das nur, weil Kanzlerin Angela
5 Merkel (CDU) ein Machtwort sprach und Wirtschaftsminister Peter Altmaier (CDU) zur Räson brachte.
  Lange nicht mehr war ein Gesetzesprojekt so umkämpft, wurde nach allen Regeln der Kunst des Lobbyierens mitgemischt und reinregiert. Mit aller Macht wollten die Spitzenverbände der Wirtschaft eine Regulierung verhindern. Zuletzt machte der Ar-
10 beitgeberverband Gesamtmetall noch einmal Druck und forderte, das Projekt angesichts der größten Wirtschaftskrise seit dem Zweiten Weltkrieg endlich aufzugeben. Schließlich habe die Koalition auch ein „Belastungsmoratorium[2]" für die Wirtschaft verabredet. Von Lasten muss in diesem Zusammenhang tatsächlich geredet werden. Und zwar in erster Linie von jenen, die unser arbeitsteiliges, auf Profitmaximierung
15 ausgerichtetes Wirtschaftsmodell den Menschen im globalen Süden aufbürdet. Hungerlöhne für Näherinnen in asiatischen Textilfabriken, Kinderarbeit auf Kakaoplantagen in Westafrika, lebensgefährliche Arbeitsbedingungen in Minen in Südamerika –

Menschenrechtsverletzungen sind immer noch an der Tagesordnung und im wahrsten Sinne eingepreist in der Lieferkette von Unternehmen.

20 Gut und überfällig, dass Firmen nun gesetzlich verpflichtet werden sollen, genau hinzuschauen und dafür zu sorgen, dass Produkte und Dienstleistungen sozial verantwortlich und unter Beachtung arbeitsrechtlicher Standards hergestellt und erbracht werden. Gut, dass diese Verantwortung grundsätzlich für die gesamte Lieferkette gilt – und nicht nur für die erste Stufe, wie es Altmaier durchsetzen wollte. Bei einem

25 entscheidenden Punkt war der Wirtschaftsminister aber erfolgreich. Zwar sieht der jetzt verabschiedete Entwurf vor, dass bei Verstößen gegen die menschenrechtliche Sorgfalt Bußgeld verhängt werden kann. Eine zivilrechtliche Haftung der Firmen, wie sie Entwicklungsressortchef Gerd Müller (CSU) und Arbeitsminister Hubertus Heil (SPD) ins Gesetz hineinschreiben wollten, soll es aber nicht geben. Immerhin sollen

30 Nichtregierungsorganisationen bei schweren Vergehen im Namen von Opfern klagen können.

Weit hinter Müllers und Heils Ambitionen fällt auch der Geltungsbereich des Gesetzes zurück. Sie wollten die Sorgfaltspflicht Unternehmen ab einer Größe von 500 Beschäftigten auferlegen. Jetzt sollen diese in einem ersten Schritt nur für Firmen

35 mit mehr als 3 000 Beschäftigten greifen. Als ob Menschenrechte verhandelbar und ihre Geltung von irgendeiner Quantität abhängig gemacht werden könnten.

Die Wirtschaftsverbände werden das Ergebnis zumindest insgeheim als Erfolg feiern. Mit ihrer Abwehrhaltung aber stehen sie gesamtgesellschaftlich zunehmend isoliert da. 75 Prozent der Menschen hierzulande haben sich in einer Umfrage für ein

40 wirksames Lieferkettengesetz ausgesprochen. Kirchen, große Kommunen und eine Vielzahl von Wirtschaftsfachleuten votieren dafür, ein breites zivilgesellschaftliches Bündnis macht sich seit Jahren dafür stark. Auch Anleger*innen achten immer mehr auf die sozialen und ökologischen Folgen der Produktion von Firmen, in die sie Geld investieren.

45 Und selbst eine große Zahl von Unternehmen wie Tchibo, Rewe oder Ritter Sport fordert offensiv eine gesetzliche Verpflichtung. Weil sie ihre Verantwortung anerkennen, sich schon um eine saubere und sozial verantwortliche Lieferkette bemühen und nicht länger akzeptieren wollen, dass Konkurrenten sich ohne Rücksicht auf Menschenrechte Wettbewerbsvorteile verschaffen. Der künftige Wettbewerbsvorteil der

50 Exportnation Deutschland sollte darin liegen, dass „Made in Germany" nicht nur für technische Produktqualität steht, sondern bis in die Tiefen der Lieferketten hinein auch für faire Löhne, geregelte Arbeitszeiten, Sicherheit im Betrieb, gewerkschaftliche Mitbestimmung und umweltschonende Verfahren. Das wird auch global zu einem immer stärkeren Verkaufsargument.

55 Dafür sollten die Firmen noch umfassender in die Pflicht genommen werden. Schon im Bundestag könnte das Gesetz nachgebessert werden. Aber auch aus Brüssel könnten bald schon entsprechende Signale kommen. Die EU-Kommission will noch im ersten Halbjahr ein europäisches Lieferkettengesetz vorlegen. Und da ist eine zivilrechtliche Haftung der Unternehmen noch in der Debatte. Es wäre nicht das schärfste der

60 denkbaren Instrumente. Minister Müller hatte ursprünglich gar Freiheitsstrafen für Geschäftsführer*innen im Falle schwerer Menschenrechtsverletzungen vorgesehen.

Tobias Schwab: Lieferkettengesetz: Gut und überfällig, doch leider viel zu wirtschaftsfreundlich, FR vom 13.02.2021, https://www.fr.de/meinung/kommentare/lieferkettengesetz-bundesregierung-kinderarbeit-wirtschaft-wirtschaftsverbaende-lobbyismus-kommentar-90202444.html

Anmerkung
1 Lieferkettengesetz – Das Gesetz legt Anforderungen für die Sorgfaltspflichten von Unternehmen fest. Sie müssen dafür Sorge tragen, dass alle an ihren Lieferketten beteiligten Unternehmen grundlegende Menschenrechtsstandards einhalten.
2 Moratorium – Aufschub

| M 2 | **Susan Jörges: Diese 504 Lobbyverbände haben ungehinderten Zugang zum Bundestag (2020)** |

Lobbyisten von über 500 Interessenorganisationen können im Bundestag weitgehend ungehindert ein und aus gehen. Dies geht aus einer Liste von Hausausweisinhabern hervor, die die Parlamentsverwaltung auf Antrag von abgeordnetenwatch.de nun herausgegeben hat. Auffallend: Gleich drei Verbände aus der Energie- und Rohstoffbran-
5 che, hinter denen große Konzerne stehen, beantragten die begehrten Zugangskarten. Hausausweise zum Deutschen Bundestag sind für Lobbyisten ein gutes Instrument, um ihre Anliegen an die Abgeordneten heranzutragen. Bis zu zwei der grünen Plastikkarten können Interessenorganisationen bei der Bundestagsverwaltung beantragen, vorausgesetzt sie sind in einer öffentlichen Verbändeliste registriert und können begrün-
10 den, weshalb ihr regelmäßiger Zutritt zum Bundestag unbedingt erforderlich ist (abgeordnetenwatch.de-Recherchen zeigten 2017, dass die Begründungen in vielen Fällen fehlten und deswegen hunderte Anträge zu Unrecht durchgewunken wurden). [...]
Neben Interessenverbänden aus der Wirtschaft stehen auch zahlreiche Initiativen aus der Zivilgesellschaft neu auf der Hausausweisliste. Die gemeinnützige Organisa-
15 tion Wikimedia kann seit 2019 mit zwei Hausausweisen in den Bundestag gelangen, sie setzt sich für freien Zugang zu Wissen und Bildung ein. „Mit einem Hausausweis ist es möglich, ohne Anmeldung an Ausschusssitzungen und Terminen teilzunehmen. Für eine NGO ist dies von Vorteil", erklärte Bernd Fiedler von Wikimedia Deutschland. Man sei vorrangig an den Themen Digitalisierung, Urheberrecht, Kultur und dem
20 freien Zugang zu Bildung interessiert.
Seit 2016 werden vom Bundestag deutlich weniger Hausausweise an Interessenvertreter ausgegeben. Damals verschärfte das Parlament die Zugangsregeln, nachdem abgeordnetenwatch.de vor Gericht eine Hausausweisliste eingeklagt hatte. Seitdem haben Unternehmen, Kanzleien und Agenturen keine Möglichkeit mehr, an einen Haus-
25 ausweis zu gelangen. Lediglich registrierte Verbände und Organisationen erhalten noch einen Jahresausweis.

Susan Jörges: Neue Liste: Diese 504 Lobbyverbände haben ungehinderten Zugang zum Bundestag, AbgeordnetenWatch.de vom 19.02.2020, https://www.abgeordnetenwatch.de/recherchen/lobbyismus/neue-liste-diese-504-lobbyverbaende-haben-ungehinderten-zugang-zum-bundestag

Lösungsvorschlag

Unterrichtsinhalte:
Themenfeld: Gemeinwohl und organisierte Interessen (Q 1.5), insbesondere:
* Verbände zwischen Interessenartikulation und Lobbyismus

Kursübergreifende Bezüge:
* Strukturwandel der Weltwirtschaft als Herausforderung ökonomischer Globalisierung (Q 3.2), insbesondere Globalisierung von Unternehmen und Produktionsprozessen (Veränderung internationaler Arbeitsteilung, Standortfaktoren und Standortwettbewerb)

1 **TIPP** *Anforderungsbereich I*

Geben Sie ausgehend von einem vollständigen Einleitungssatz (Autor, Titel, Textsorte, Erscheinungsort und -datum sowie Thema) den Inhalt des Textes strukturiert und in eigenen Worten wieder, indem Sie die Kernaussagen herausarbeiten. Orientieren Sie sich dabei nicht allzu sehr am Aufbau des Originaltexts, sondern gestalten Sie Ihre eigene sinngemäße Zusammenfassung der Textinhalte. Achten Sie auf die nötige Distanz zum vorliegenden Kommentar. Verwenden Sie deshalb den Konjunktiv bei indirekter Rede oder kennzeichnen Sie wörtliche Zitate.

In dem vorliegenden Kommentar von Tobias Schwab „Lieferkettengesetz: Gut und überfällig, doch leider viel zu wirtschaftsfreundlich", erschienen am 13.02.2021 auf der Webseite der Frankfurter Rundschau fr.de, kritisiert der Autor, dass der Entwurf des Lieferkettengesetzes der Regierungskoalition aufgrund **erfolgreicher Lobbyarbeit von Wirtschaftsverbänden nicht weit genug** gehe. Noch kurz vor dem Ende der Legislaturperiode habe die Große Koalition einen Entwurf für ein Lieferkettengesetz vorgelegt, welches Firmen nun **gesetzlich dazu verpflichtet**, dafür zu sorgen, dass ihre Produkte und Dienstleistungen **sozial verantwortlich** und **gemäß arbeitsrechtlicher Standards** erbracht werden. Diese Regelung umfasse die **gesamte Lieferkette**. Bei Verstößen gegen menschenrechtliche Sorgfalt könnten **Bußgelder** erhoben werden, bei schweren Menschenrechtsverletzungen NGOs im Namen der Opfer **klagen** (vgl. M 1, Z. 20 ff.). Allerdings habe Wirtschaftsminister Altmaier (CDU) sich gegen andere Ressorts der Koalitionspartner durchsetzen können und **weitreichendere Regulierungen verhindert.** So sei etwa eine zivilrechtliche Haftung der Firmen gescheitert (vgl. Z. 24 ff.). Auch Freiheitsstrafen für die Geschäftsführung, wie

Quelle

Thema

Regulierungen durch das Lieferkettengesetz

der amtierende Entwicklungsminister vorgesehen hatte, sind im aktuellen Gesetzesentwurf nicht vorgesehen (vgl. Z. 60 f.). Darüber hinaus greife das Gesetz zunächst erst ab 3.000 Beschäftigten und nicht bereits ab einer Unternehmensgröße von 500 Mitarbeitern (vgl. Z. 32 ff.). Der Autor kritisiert, dass weitreichendere Ambitionen und Regulierungen gescheitert seien, obwohl **Menschenrechte nicht verhandelbar** sind und ihr Gültigkeit nicht von der Unternehmensgröße abhänge (vgl. Z. 35 f.).

Unser Wirtschaftssystem sei auf **Profitmaximierung ausgelegt** und **preise Menschenrechtsverletzungen** und **Ausbeutung** der Arbeiter des globalen Südens in die Lieferketten der Unternehmen ein, was zu Hungerlöhnen etwa für die Arbeiterschaft in den Textilfabriken Asiens, zu Kinderarbeit auf Kakaoplantagen Westafrikas oder zu lebensgefährlichen Arbeitsbedingungen wie in den Minen Südamerikas führe (vgl. Z. 14 ff.). *systemische Ausbeutung*

Die Regulierung der Lieferkette sei ein ausgesprochen **umkämpftes Gesetzesprojekt** gewesen, da die mächtigen Wirtschaftsverbände weitreichende Eingriffe durch ihren **vielfältigen Einfluss** zu verhindern suchten. Sie hätten argumentiert, dass das Gesetz die coronabedingte Krise der Wirtschaft noch zusätzlich verschärfe. Der jetzige Gesetzesentwurf sei **durch ihre Einflussnahme deutlich abgeschwächt** (vgl. Z. 7 ff.). *Lobbyismus der Wirtschaftsverbände*

Dabei habe sich einer Umfrage zufolge **drei Viertel der Bevölkerung für ein wirksames Lieferkettengesetz** ausgesprochen sowie auch Kirchen, Kommunen und verschiedene Wirtschaftsfachleute. Eine Reihe an Unternehmen wie Tchibo, Rewe und Ritter Sport, die schon länger **eigeninitiativ** eine verantwortliche Lieferkette umsetzten, habe das Gesetz ebenfalls begrüßt. Auch Anleger nähmen Produktionsbedingungen der Firmen in den Blick und global wäre **soziale Verantwortung** in Zukunft ein immer stärkeres **Verkaufsargument**. Statt sich also auf Kosten von Umwelt- und Sozialstandards einen Wettbewerbsvorteil zu verschaffen, sollte dem Autor zufolge „**Made in Germany**" zukünftig für eine **verantwortliche Lieferkette**, faire Arbeitsbedingungen und die Einhaltung von Standards stehen und dies **als Wettbewerbsvorteil genutzt** werden (vgl. Z. 39 ff.). *verantwortliche Lieferkette als Verkaufsargument*

Der Autor sieht nach den Abschwächungen der Regelungen einen **Nachbesserungsbedarf des Gesetzes**. Nachbesserungen könnten im nächsten Schritt durch den Bundestag beschlossen werden und auch auf EU-Ebene gebe es Pläne für ein europäisches Lieferkettengesetz (vgl. Z. 55 ff.). *Nachbesserungsbedarf*

Ausgangspunkt dieser Aufgabe ist ein Zitat aus dem Text, das sich auf den starken und vielseitigen Einfluss der Lobbygruppen auf diesen konkreten Gesetzgebungsprozess bezieht. Knüpfen Sie daran an und benennen Sie allgemein die Einflussmöglichkeiten von Interessenverbänden. Konkretisieren Sie dabei sowohl unmittelbare als auch mittelbare Formen der Einflussnahme. Achten Sie darauf, nicht nur aufzuzählen, sondern auch Zusammenhänge aufzuzeigen.

Interessenvertretungen **repräsentieren** gesellschaftliche Gruppen und deren themenspezifischen Interessen. Wirtschafts- und Unternehmerverbände, Kulturvereinigungen, Gewerkschaften, Sozialverbände und Kirchen versuchen, ihre Wirtschaftsinteressen, sozialen Anliegen oder Umweltschutzaspekte in **politische Entscheidungen einzubringen**. So haben die Wirtschaftsverbände beim Projekt Lieferkettengesetz „mitgemischt und reinregiert" (vgl. M 1, Z. 7 f.). | *Einleitung*

Art. 9 GG gewährleistet allen Deutschen das **Recht**, Vereine und Gesellschaften sowie Vereinigungen zur Wahrung und Förderung der Arbeits- und Wirtschaftsbedingungen zu bilden. Ihre Adressaten sind Parlamentarier, Parteien, Ministerien, aber auch die Medien und die Öffentlichkeit. | *Verankerung im Grundgesetz*

Diese Form unmittelbarer und mittelbarer politischer Einflussnahme ist in der Demokratie prinzipiell **vorgesehen und erwünscht**, so lange sie **transparent und ohne allzu einseitige Beeinflussung** besonders mächtiger Akteure stattfindet. Problematisch ist, wenn die Einflusschancen **strukturell ungleich verteilt** sind, wie etwa oftmals zwischen Erzeugern von Umweltschäden auf der einen Seite und Umweltschützern auf der anderen Seite. | *Problem struktureller Ungleichheit*

Interessenvertretungen nehmen kurzfristig **gezielt auf den Gesetzgebungsprozess** des Parlaments Einfluss, langfristig aber auch bereits auf der **Ebene der Ministerialbürokratie**, da hier – bevor es um konkrete Gesetzesentwürfe geht – oftmals noch besonders viel **Gestaltungsspielraum** besteht. | *Einflussnahme (unmittelbar und mittelbar)*

Besonders **Anhörungen in Ausschüssen** unter Einbindung von Sachverständigen bieten Interessenvertretern einen **mittelbaren Einfluss auf Gesetzgebungsverfahren**. In einer parlamentarischen Demokratie werden die meisten Entscheidungen in Ausschüssen vorbereitet. Politische Akteure sind auf die **Expertise** durch Gutachten sowie auf **Standpunkte und Sichtweisen** der Interessenvertreter angewiesen, um Argumente abwägen zu können. Auch Regierungen und Ministerien **benötigen angesichts der komplexen Sachlagen Beratung von externen Experten**. | *Expertise*

Da Parlamentarier gleichzeitig auch Verbandsmitglieder sein können, gibt es hier **personelle Schnittstellen**, die **unmittelbaren Einfluss** auf Gesetzgebungsvorhaben ermöglichen und Austausch sowie Kontakte in die Fraktionen sichern. Zusätzlich stehen viele Verbände durch **Spenden** und auch durch die **Mobilisierung von Wählergruppen** in enger Verflechtung zu Parteien, was mittelbaren Einfluss auf Ministerien, Bundestag und Bundesregierung bedeutet. Durch Hausausweise (Material 2) haben **Lobbyisten direkten Zugang zum Bundestag** und entsprechend Kontaktmöglichkeiten zu Abgeordneten und Fraktionen. Zugang und Kontakte

Informationen und Stellungnahmen werden nicht nur an politische Entscheidungsträger herangetragen, sondern über die **Medien** auch an die **Öffentlichkeit**, um diese für Verbandsinteressen zu **sensibilisieren** oder auch zu **mobilisieren**, etwa durch Kundgebungen, Proteste oder Demonstrationen zu konkreten Themen. Die **Medien** spielen eine große Rolle dabei, für die Anliegen der Interessenvertretungen eine Öffentlichkeit zu schaffen. **Öffentliche Meinungsbildung** wiederum hat einen Einfluss auf die politischen Entscheidungsträger. Diese **mittelbare Einflussnahme** ist besonders für zivilgesellschaftliche Verbände wichtig, da sie weniger finanzielle Ressourcen haben. Sie mobilisieren die **Bevölkerung für ihre Anliegen** und können somit **mittelbar** Einfluss auf Bundestag und Bundesregierung nehmen (z. B. Fridays-for-Future-Bewegung). Bedeutung von Medien und Öffentlichkeit

Insgesamt gibt es also **verschiedene Formen der unmittelbaren und mittelbaren Einflussnahme** von Interessenverbänden. Hierbei konkurrieren Interessenvertretungen von Wirtschaftsverbänden, Unternehmen, Gewerkschaften und Nichtregierungsorganisationen um den **Zugang zu politischer Einflussnahme**, aber ebenso um die **öffentliche Aufmerksamkeit**. Auch wenn insbesondere die Interessenvertretungen von Wirtschaftsverbänden – wie im Zitat angedeutet – einflussreich sind, stehen auch sie vor Herausforderungen: Die Interessen werden **heterogener** und viele Entscheidungen werden nicht auf nationaler, sondern auf **supranationaler Ebene** (z. B. EU) getroffen. Neben der erforderlichen und vorgesehenen Einflussnahme gibt es auch die intransparente oder gar illegale Form der Beeinflussung (z. B. Korruption), die dem politischen System nicht nutzt, sondern schadet. Fazit

3 |

Grundsätzlich **profitieren** deutsche Unternehmen von der Globalisierung und der damit einhergehenden Verflechtung von Güter- und Dienstleistungsmärkten. Die Produktion hat sich wie z. B. in der Textilindustrie oftmals ins Ausland verlagert, da dort die Kosten und das Regulierungsniveau geringer sind. *(Unternehmen als Profiteure internationaler Verflechtung)*

Die weltweiten Lieferketten zeigen die inzwischen globale Dimension der Produktion auf, da Unternehmen einzelne **Herstellungsschritte** in unterschiedliche Länder verlagern. Besonders die Exportnation Deutschland ist – etwa in der Automobil-, Elektronik- und Textilindustrie – in **internationale Lieferketten eingebunden** und **abhängig** von Produkten und Rohstoffen aus anderen Ländern. *(weltweite Lieferketten und Abhängigkeit)*

Diese globale Verflechtung durch internationale Arbeitsteilung geht mit einem **internationalen Wettbewerb um die besten Standortbedingungen** einher, bei dem Nationalstaaten um Arbeitsplätze und Investitionen transnationaler Unternehmen konkurrieren. Transnationale Unternehmen verlagern ihre Produktion aus Kostengründen in Länder mit **niedrigen Umwelt- und Menschrechtsstandards**, was zu den vom Autor angeführten Missständen weit weg vom Ende der Lieferkette – Hungerlöhne in asiatischen Textilfabriken, Kinderarbeit auf Kakaoplantagen und gefährliche Arbeitsbedingungen in Minen (vgl. Z. 15 ff.) – führt. Durch das Lieferkettengesetz sollen diese bis zum Anfang der Lieferkette verhindert werden. *(Wettbewerbsdruck und Standortbedingungen)*

Die deutschen Unternehmensverbände haben sich im Gesetzgebungsprozess gegen weitreichende Regulierung stark gemacht und versucht, strengere Vorgaben zu verhindern (vgl. Z. 7 ff.). Die **Sorgfaltspflicht für Menschenrechte und Umweltschutz** geht nämlich mit diesem Gesetz **auf die Unternehmen** über und erfordert von ihnen Maßnahmen, die Zwangs- und Kinderarbeit verhindern und bei Verstößen Abhilfe schaffen. Dem Gesetz zufolge müssen Unternehmen, die Verstöße nicht ahnden, mit **Bußgeldern** rechnen. *(Ablehnung strengerer Vorgaben)* *(Verantwortung für Produktionsbedingungen)*

Konkret bedeutet das Lieferkettengesetz für die deutschen Unternehmen (zunächst ab einer Unternehmensgröße von 3.000 Mitarbeitern), dass sie verpflichtet werden, ihre globalen Lieferketten zu prüfen, Kontrollmechanismen zu installieren und Maßnahmen zur Prävention und zur Abhilfe von Verstößen zu entwickeln. *(mehr Aufwand und Kosten für Unternehmen)*

Diese Vorgaben sind für die Unternehmen mit einem **erhöhten bürokratischen und personellen Aufwand** und damit einhergehenden **Mehrkosten** sowie neuen **Haftungsrisiken** verbunden. Das Gesetz beschränkt mit seinen Regularien den **ökonomischen Gestaltungsspielraum** und führt zu einer **Reduktion der Gewinne** und der **ökonomischen Effizienz** der Unternehmen. Diese hatten bei ihrer Kritik an dem Gesetz ins Feld geführt, dass durch Lieferengpässe und die Coronapandemie ihre **Gewinnaussichten ohnehin bereits belastet** seien. So forderte etwa der Arbeitgeberverband Gesamtmetall, das Projekt „Lieferkettengesetz" angesichts der wirtschaftlichen Folgen der Coronakrise aufzugeben (vgl. Z. 10 f.). Dass nun Unternehmen für regulative Lösungen und für die Einhaltung von Standards verantwortlich sind, könne – so ihr Einwand – weitere **Wettbewerbnachteile** bedeuten. Andere nationale Unternehmen sind einer gesetzlichen Verpflichtung allerdings zuvorgekommen und sehen in fairen Lieferketten ein **Verkaufsargument** für ihre Produkte (vgl. Z. 45 ff.).

unternehmerische Einschränkung

Belastungen angesichts der Coronakrise

Wettbewerbnachteile

4 **TIPP** *Anforderungsbereich II und III mit Schwerpunkt auf AFB III*

Stellen Sie auf Materialbasis (M 1 und M 2) möglichst differenziert die Chancen und Risiken des Lobbyismus für die Demokratie dar und wägen Sie diese ab. Kommen Sie daran anschließend zu einem begründeten Urteil darüber, welche Folgen diese Form der Einflussnahme für das parlamentarische System und damit die Demokratie hat bzw. haben kann. Gehen Sie in Ihrem Urteil auch darauf ein, wie negativen Auswirkungen ggf. wirksam begegnet werden könnte.

Knapp über 500 Lobbyverbände hatten im Jahr 2020 freien Zugang zum deutschen Bundestag, wie eine Liste von Hausausweisen des Parlaments zeigt (vgl. M 2, Z. 1 ff.). Die damit einhergehende freie Teilnahme an Ausschüssen und Terminen ist für Verbände, Initiativen aus der Zivilgesellschaft und Nichtregierungsorganisationen (NGOs) hilfreich, um ihre Anliegen an die Parlamentarier heranzutragen. Der Blog *abgeordnetenwatch.de* konnte 2016 die **Veröffentlichung der Hausausweisliste erwirken und damit für mehr Transparenz** sorgen. Seitdem haben nur noch registrierte Verbände und Organisationen Zugang zum Bundestag (vgl. M 2, Z. 22 ff.). Wie in Aufgabe 2 bereits ausgeführt, sind Interessenvertretungen im politischen Willensbildungsprozess wichtig, da sie **Expertenwissen** in die Politik einbringen und auch der Öffentlichkeit Standpunkte darlegen. Politiker sind auf die **Bewertung von Sachverhalten aus verschiedenen Perspektiven** angewiesen, um informierte Entscheidungen treffen und die Folgen und Auswirkungen z. B. einer Gesetzesänderung einschätzen zu können.

Einleitung Zugang zum Parlament (M 2)

Chancen: politischer Willensbildungsprozess

Verschiedene Formen der Einflussnahme auf den politischen Willensbildungsprozess sind sogar über **Grundrechte** wie das Recht auf freie Meinungsäußerung (Art. 5 GG), das Recht auf Demonstration (Art. 8 GG), das Recht auf Zusammenschluss (Vereinigungsfreiheit, Art. 9 GG) sowie das Recht auf politische Partizipation (z. B. Petitionsrecht, Art. 17 GG) geschützt. *Verankerung im GG*

Interessenvertretungen bieten Bürgern die Möglichkeit, sich auch **außerhalb von Parteien zu engagieren und über Wahlen hinaus** mit der Politik in Kontakt zu treten, um an der politischen Willensbildung mitzuwirken. Sie **repräsentieren durch ihre Vielfalt ganz unterschiedliche Gruppen** der Gesellschaft. Lobbying bietet also gerade auch kleinen Vereinen und Verbänden die Chance, Einfluss auszuüben und die Willensbildung mitzugestalten. Und selbst wenn etwa NGOs und Gewerkschaften aufgrund des Machtgefälles weniger Einfluss auf die Politik unmittelbar generieren können, liegt ihre Stärke oft darin, über **öffentlichen Druck** und eine effiziente Kommunikation über das Internet und soziale Netzwerke ihre Ziele zu verfolgen. *Lobbying als Einfluss- und Mitgestaltungsmöglichkeit*

Dennoch steht die **ungleiche Machtverteilung der Lobbyverbände** in der Kritik und birgt für das demokratische System einige Risiken. Finanzstarke und mächtige Interessengruppen wie große Unternehmen und Branchenverbände haben das **Personal und die Ressourcen**, um **strategisch und vielseitig zu agieren** und somit starken Einfluss auf politische Entscheidungen in Berlin und Brüssel zu nehmen und Parlamente und Öffentlichkeit einseitig zu beeinflussen. Große Kritik ruft auch die **personelle Verstrickung** mit der Politik hervor, wenn finanzstarke Lobbygruppen ehemalige Regierungsmitglieder mit besten Kontakten zu Entscheidungsträgern und Zugang zu Entscheidungsprozessen unter Vertag nehmen (z. B. Ex-Kanzlers Gerhard Schröder Einsatz für die Gaswirtschaft). **Risiken:** *Machtgefälle der Lobbygruppen*

Hier wäre **mehr Regulierung des Lobbyismus** etwa durch die Einführung von Sperrfristen nach der politischen Tätigkeit bis zur Aufnahme eines Lobbyjobs wichtig, denn solche Verstrickungen, Skandale um Vorteilsnahme von Politikern bis hin zur Korruption (z. B. Maskenaffäre in der Coronapandemie) **schwächen das Vertrauen in die Politik** und gefährden die **Legitimierung des politischen Systems** als Ganzes. *Vertrauensverlust in Politik und Demokratie*

Zudem besteht das Risiko, dass die organisierte Einflussnahme die Macht des Parlaments aushöhlt und die ungleiche Einflussnahme der Verbände die **Interessen des Gemeinwohls schwächen.** Es ist grundsätzlich als problematisch anzusehen, dass **nicht demokratisch gewählte Akteure** zu stark Einfluss auf den Gesetzgebungsprozess nehmen können. So kritisiert Tobias Schwab in M 1 den enormen Einfluss der Wirtschaftsverbände auf die Ausgestaltung des Entwurfs zum Lieferkettengesetz, das nun in abgeschwächter *Schwächung des Parlaments*

Form auf den Weg gebracht wurde, was die Wirtschaftsverbände „insgeheim als Erfolg feiern" (M 1, Z. 37 f.).

Fazit

Bei der Abwägung von Vor- und Nachteilen des Lobbyismus geht es im Kern um die Frage, inwiefern das Risiko besteht, dass sich politische Entscheidungen durch die Einflussnahme von Interessenverbänden an **Teilinteressen** und **nicht am Gemeinwohl** orientieren. Da nicht alle Interessengruppen gleich viel Macht ausüben, kann insbesondere durch **verdeckte Einflussnahme der Parlamentarismus ausgehöhlt** werden. Dies ist mit der Gefahr verbunden, dass die Berechtigung des politischen Systems und das **Vertrauen in die Politik Schaden nehmen.** Um auch die Chancen und den Mehrwert des Lobbyismus für das politische System und das Gemeinwohl nicht zu untergraben, geht es nicht darum, Lobbyismus grundsätzlich zu unterbinden. Vielmehr sollte er als **Teil des politischen Willensbildungsprozesses** anerkannt und in **Art und Ausmaß der Einflussnahme transparent gemacht und durch Vorschriften reguliert werden.** Durch das Offenbaren von Lobbyeinfluss auf das Parlament und Gesetzesentwürfe können die möglichen Risiken minimiert werden. Forderungen nach mehr **Transparenz und Regulierung** zielen darauf ab, illegitime Aktionsformen und negative Auswüchse des Lobbyismus zu verhindern. Beispiele für solche Regulierungen sind neben der Veröffentlichung von Hausausweislisten die Angabe von Nebeneinkünften von Abgeordneten oder Sperrfristen für ehemalige Amtsinhaber.

INFLATION UND WIRTSCHAFTSWACHSTUM

Aufgabenstellung

1 Fassen Sie den Text zusammen. (Material 1) (25 BE)

2 „Die Regierungen müssten akzeptieren, dass expansive Finanzpolitik in der Krise ihren Platz hat, in einer Erholung aber kontraproduktiv wirkt […]." (Material 1) Erläutern Sie ausgehend vom Text Ziele und Prinzipien angebotsorientierter Wirtschaftspolitik. (Material 1) (25 BE)

3 „Brüchige globale Lieferketten wiederum verdeutlichen den hohen Wert der Weltwirtschaft. Wer ausländische Produktion zu hohen Kosten heimholen und billige ausländische Konkurrenz durch Zölle abwehren will, holt sich Inflation ins Haus." (Material 1) Stellen Sie Chancen und Risiken des Freihandels gegenüber. (25 BE)

4 Diskutieren Sie unter Einbeziehung der Aussage der Karikatur (Material 2) die Wirksamkeit von Konjunkturprogrammen als wirtschaftspolitisches Instrument. (25 BE)

M 1 **Gerald Braunberger: Die Politik muss auf höhere Inflation vorbereitet sein (2021)**

Im Mai 1941 traf der britische Ökonom John Maynard Keynes junge amerikanische Kollegen in Washington, um mit ihnen über die Folgen der damals mit dem Zweiten Weltkrieg verbundenen starken staatlichen Ausgabenprogramme zu diskutieren. Die Amerikaner redeten nach Jahren einer ernüchternden Wirtschaftsentwicklung über die
5 heilsamen Folgen staatlicher Schuldenpolitik für Konjunktur und Beschäftigung. Keynes redete über die Gefahren hoher staatlicher Verschuldung für die Inflation im Falle einer Überhitzung der Konjunktur. Damals betrug die Inflationsrate in den Vereinigten Staaten 2,3 Prozent, und die Neuverschuldung war dabei, von 2,8 Prozent (1941) der Wirtschaftsleistung auf 12,3 Prozent (1942) zu steigen. Als einen wahrscheinlichen
10 Auslöser von Inflation betrachtete der Brite eine starke Verteuerung der Rohstoffe. Daher empfahl er rechtzeitig Gegenmaßnahmen, für die seine jungen amerikanischen Kollegen allerdings noch weniger Verständnis zeigten als für seine Analysen.
Auch wenn sich Geschichte […] nicht wiederholt […], lohnt ein Vergleich mit der Gegenwart: Heute befindet sich die Inflationsrate in den Vereinigten Staaten in etwa
15 auf dem Niveau des Jahres 1941, und wie damals steigen die Preise für Rohstoffe deutlich. Im vergangenen Jahr erreichte die staatliche Neuverschuldung mit 14,9 Prozent

der Wirtschaftsleistung ihren höchsten Stand in der Nachkriegszeit, und auch in diesem Jahr dürfte sie zehn Prozent überschreiten. Heute warnen Ökonomen der nicht mehr ganz jüngeren Generation wie Larry Summers, Olivier Blanchard und zuletzt auch Janet Yellen, die ihren Keynes noch gelesen haben, vor den Gefahren einer Kombination von konjktureller Überhitzung und zunehmender Inflation, während sich viele jüngere Kollegen glücklich zeigen über jedes weitere Großprogramm, mit dem Präsident Joe Biden die staatliche Nachfrage erhöht.

Die Vereinigten Staaten sind im Konjunkturzyklus weiter vorangeschritten als die Europäer; angesichts einer jüngeren Bevölkerung und weniger verkrusteter und regulierter Märkte erfreuen sich die Amerikaner zudem eines bedeutenderen langfristigeren Wachstumspotentials als der Alte Kontinent[1]. Aber auch in Europa dürfte die Wirtschaft mit den ins Laufen gekommenen Impfkampagnen im Jahresverlauf eine kräftige Erholung beginnen, die weit ins kommende Jahr tragen sollte. Eine stark steigende gesamtwirtschaftliche Nachfrage trifft auf ein Angebot, das von steigenden Rohstoffpreisen sowie in Teilen beschädigten globalen Lieferketten gekennzeichnet ist. Diese Entwicklungen werden im Laufe der Zeit auch die Verbraucherpreise nicht völlig unbeeinflusst lassen. Gegen Ende des Jahres könnte die Inflationsrate in Deutschland, durch vorübergehende Sondereffekte wie den Wegfall der letztjährigen Mehrwertsteuersenkung[2] zusätzlich getrieben, die Marke von drei Prozent überschreiten.

Vorübergehende Anstiege von Inflationsraten müssen keine dramatischen Wirkungen entfalten. Das hatte die deutsche Wiedervereinigung gezeigt, als die Rate im Jahre 1992 immerhin 5,1 Prozent erreichte, danach aber rasch auf unter zwei Prozent fiel. Es wäre daher unseriös, heute eine Periode hoher Inflationsraten für sicher zu halten. Worauf es ankommt, hatte Keynes in seinen Gesprächen in Washington betont: Die Politik muss sich rechtzeitig für den Fall rüsten, dass Inflation ein ernsthaftes Problem werden könnte.

Gefordert sind die Geldpolitik ebenso wie die Finanzpolitik und die Außenwirtschaftspolitik. Die Geldpolitik sollte ihre Krisenmaßnahmen mit der allmählichen Überwindung der Krise konsequent reduzieren und mit einer Betonung ihrer Wachsamkeit gegenüber Inflationsgefahren die Bildung höherer Inflationserwartungen bei Verbrauchern und Unternehmen verhindern. Dann dürfen aber nicht unter allerlei Vorwänden Ankaufsprogramme von Anleihen einfach fortgeschrieben werden.

Die Regierungen müssten akzeptieren, dass expansive Finanzpolitik in der Krise ihren Platz hat, in einer Erholung aber kontraproduktiv wirkt und schlechte Wahlprognosen keine Rechtfertigung für die Infragestellung in der Verfassung verankerter Schuldenregeln bilden. Die Union wie die SPD tun sich keinen Gefallen, wenn sie, verzweifelt hinter dem grünen Zeitgeist herhechelnd, ihre Wahlchancen durch großzügige staatliche Verschuldungsbereitschaft verbessern wollen. Gerade SPD-Ökonomen sollten dringend Keynes lesen.

Brüchige globale Lieferketten wiederum verdeutlichen den hohen Wert der Weltwirtschaft. Wer ausländische Produktion zu hohen Kosten heimholen und billige ausländische Konkurrenz durch Zölle abwehren will, holt sich Inflation ins Haus.

Anmerkung

1 der Alte Kontinent – gemeint ist hier: Europa
2 Mehrwertsteuersenkung – Die Mehrwertsteuer wurde befristet vom 1.07.2020 bis zum 31.12.2020 gesenkt. Der reguläre Steuersatz sank dabei von 19 % auf 16 %, der reduzierte Steuersatz von 7 % auf 5 %.

| **M 2** | **Kostas Koufogiorgos: Konjunkturpaket (2020)** |

Karikatur: Kostas Koufogiorgos

Unterrichtsinhalte:
Themenfeld: Konjunkturanalyse und Konjunkturpolitik – Herausforderungen prozess-orientierter Wirtschaftspolitik (Q 2.1), insbesondere:
- Möglichkeiten und Varianten nachfrageorientierter Politik (insbesondere Fiskal-politik und Geldpolitik)
- Nachhaltiges Wachstum und fairer Wettbewerb – Herausforderungen staatlicher Ordnungspolitik (Q 2.2), insbesondere Bedeutung und Bestimmungsfaktoren mit-tel- und langfristigen Wirtschaftswachstums
- Ziele und Prinzipien angebotsorientierter Wirtschaftspolitik

Kursübergreifende Bezüge:
- Strukturwandel der Weltwirtschaft als Herausforderung ökonomischer Globalisie-rung (Q 3.2), insbesondere Überblick über Entgrenzung und Verflechtung von Na-tionalökonomien hinsichtlich Außenhandel, Freihandelszonen und Binnenmärkten, Währungsräumen und Währungssystemen, Kapitalmärkten, Arbeit
- Chancen und Risiken der Entgrenzung und Verflechtung von Nationalökonomien

1   **TIPP** *Anforderungsbereich: I*

Der Operator „Zusammenfassen" fordert von Ihnen zunächst eine überwiegend reproduktive Auseinandersetzung mit der Textquelle. Fassen Sie den Text ausge-hend von einem Einleitungssatz, in dem Sie die Textart, den Titel, Autor*in, die Textquelle und das Jahr der Veröffentlichung benennen, möglichst in eigenen Worten unter Verwendung passender fachsprachlicher Begriffe zusammen. Schlüsselbegriffe können Sie in Anführungszeichen verwenden, aber verzichten Sie möglichst auf längere wörtliche Zitate. Berücksichtigen Sie die Struktur des Artikels und achten Sie darauf, Ihre Distanz zum Text deutlich zu machen, indem Sie den Konjunktiv oder entsprechende sprachliche Formulierungen verwenden.

In seinem am 09.05.2021 auf der Webseite www.faz.net veröffent-lichten Kommentar mit dem Titel „Die Politik muss auf höhere In-flation vorbereitet sein" setzt sich Gerald Braunberger mit der Be-wältigung der **wirtschaftlichen Folgen der Coronapandemie** aus-einander. Er fordert, dass der Staat vor allem die Entwicklung des **Preisniveaus** in den Blick nehmen und rechtzeitig gegensteuern soll. Ausgehend von einer **Anekdote über den britischen Ökonomen John Maynard Keynes** vergleicht Braunberger die aktuelle wirt-schaftliche Situation mit der des Jahres 1941 in den USA. Keynes habe damals seine amerikanischen Kollegen auf die **Gefahr einer Inflation**, verursacht durch steigende Rohstoffpreise, aber auch durch eine hohe Staatsverschuldung, hingewiesen und staatliche Ge-genmaßnahmen gefordert (vgl. Z. 11 f.).

Einleitungssatz
zentrales Thema

Forderung des Autors

Anekdote über Keynes als Einstieg

drohende Inflation 1941

Die USA befinde sich gegenwärtig in einer annähernd gleichen Situation. Die Inflation habe ein ähnliches Niveau und die Rohstoffpreise würden steigen. Die Neuverschuldung sei auf einem historischen Höhepunkt, sodass amerikanische Ökonomen mit einer **Überhitzung der Konjunktur** rechneten (vgl. Z. 14 ff.). Auch in Europa sei ein kräftiges **Wirtschaftswachstum** zu erwarten, sobald die staatlichen Impfkampagnen ihre Wirkung zeigten, prognostiziert Braunberger (vgl. Z. 27 ff.). Der steigenden **Nachfrage** stehe jedoch ein **Angebot** gegenüber, das unter steigenden Rohstoffpreisen und störungsanfälligen Lieferketten leide. Der Wegfall des Instruments der Mehrwertsteuersenkung Ende 2020 habe zusätzlich zu einer steigenden **Inflationsrate** beigetragen, ein weiterer Anstieg der **Verbraucherpreise** um mehr als 3 % bis Ende 2021 sei denkbar (vgl. Z. 29 ff.).

Solange diese Entwicklung nur vorübergehend ist, wäre sie zu verkraften. Allerdings müsse der Staat frühzeitig reagieren und **gegensteuern**, wenn die **Inflationsraten dauerhaft zu hoch** sind (vgl. Z. 40 ff.).

Drei Politikbereiche, so Braunberger, seien hier gefragt. Die **Geldpolitik** müsse darauf hinarbeiten, dass die Inflationserwartungen auf der Angebots- und Nachfrageseite im Vertrauen auf eine wachsame Geldpolitik sinken. Entsprechend müsse die EZB ihre Ankaufprogramme für Anleihen stoppen. Die expansive, schuldenbasierte **Finanzpolitik** müsse nun nach der Krise zurückgefahren werden. Im Rahmen der **Außenwirtschaftspolitik** sei zu vermeiden, dass die Preise durch protektionistische Maßnahmen wie Zölle ansteigen (vgl. Z. 43 ff.).

Vergleich mit heutiger Situation

Risiko einer konjunkturellen Überhitzung

Inflationsgefahr

Gegensteuern des Staates

Geldpolitik

Finanzpolitik

Außenwirtschaftspolitik

---

2 TIPP *Anforderungsbereich: I und II mit deutlichem Schwerpunkt auf II*

Zur Lösung dieser Aufgabe greifen Sie ausgewählte Aussagen oder Beispiele aus dem Text (Material 1) auf und verknüpfen diese mit Ihrem Grundlagenwissen. Ordnen Sie die Vorschläge oder Beispiele des Autors den Zielen und Prinzipien der angebotsorientierten Wirtschaftspolitik zu – oder grenzen Sie sie davon ab. Es empfiehlt sich, mit einem Überblick über die angebotsorientierte Wirtschaftspolitik und ihre Ziele einzusteigen.

Die **angebotsorientierte Wirtschaftspolitik** geht auf den amerikanischen Ökonom Milton Friedman zurück. Ausgangspunkt der liberalen Wirtschaftstheorie ist, dass der Markt sich grundsätzlich selbst reguliert und für **Wachstum**, soziale Gerechtigkeit und individuellen wirtschaftlichen Handlungsspielraum sorgt. Der Staat soll **lediglich Rahmenbedingungen** schaffen, damit die Marktteilnehmer

Grundlagen der Angebotstheorie

Selbstregulierung des Marktes

möglichst frei agieren können. Angemessene Preise und eine gerechte **Verteilung von Einkommen und Vermögen** werden durch den Ausgleich zwischen Angebot und Nachfrage gewährleistet. Liegen gute Bedingungen für die Unternehmen vor, können diese höhere Gewinne erzielen, Investitionen tätigen und Arbeitsplätze schaffen. Dies stärkt die **Kaufkraft** und sorgt für einen **Aufschwung**. Der Staat nimmt mehr Steuern ein, sodass eine – im Idealfall – gerechte Umverteilung möglich ist.

Wenn **in Krisenzeiten außergewöhnliche staatliche Maßnahmen** erforderlich werden – wie während der Corona-Pandemie oder aktuell bedingt durch den Ukraine-Konflikt –, soll gemäß der angebotstheoretischen Konzeption der Staat hauptsächlich die **Angebotsseite stärken**, um die Wirtschaft anzukurbeln und für Wachstum und Arbeitsplätze zu sorgen.

Stärkung der Angebotsseite

In seinem Kommentar (M 1) warnt Gerald Braunberger vor „konjunktureller Überhitzung und zunehmender Inflation" (Z. 21) und verweist darauf, dass allein die **Inflationserwartungen** den wirtschaftlichen Aufschwung nach der Corona-Pandemie bereits hemmen könnten (vgl. Z. 44 ff.). Er fordert, dass die **Europäische Zentralbank ihre Geldpolitik** ändert und die **Anleihekäufe** erheblich zurückfährt (vgl. Z. 47 f.), um die Geldmenge zu verringern und der Inflation entgegenzuwirken.

Inflationserwartungen senken

Anleihekäufe zurückfahren

Die **Geldpolitik** ist ein zentrales Instrument der angebotsorientierten Wirtschaftspolitik, weshalb dieser Ansatz auch als „**Monetarismus**" bezeichnet wird. Liberale, angebotsorientierte Ökonomen gehen davon aus, dass die **Steuerung der Geldmenge** für die Entwicklung der Konjunktur besonders wichtig ist.

Braunberger spricht sich außerdem gegen eine **expansive staatliche Finanzpolitik** außerhalb von Krisenzeiten aus (vgl. Z. 49 ff., Zitat Aufgabenstellung). Umfangreiche **Staatsausgaben** wie die Corona-Pakete, die mit einer Erhöhung der **Staatsverschuldung** einhergehen, oder die **Senkung der Mehrwertsteuer** sollen im Sinne von Keynes die Nachfrageseite in konjunkturell schlechten Zeiten stärken. Mit Blick auf die Angebotstheorie sind zu starke staatliche Eingriffe in das Marktgeschehen grundsätzlich abzulehnen.

Senkung der Staatsausgaben außerhalb von Krisenzeiten

Um die Angebotsseite zu stärken, die laut Braunberger „von steigenden Rohstoffpreisen sowie in Teilen beschädigten globalen Lieferketten" (Z. 30 f.) betroffen ist, könnte der Staat Instrumente der **Steuerpolitik** einsetzen und die **Steuer- und Abgabelast der Unternehmen verringern**.

Steuerpolitik

Außerdem kann die **Außenwirtschaftspolitik** dazu beitragen, einen freien (globalen) Handel zu ermöglichen, indem Abkommen und politische Vereinbarungen zwischen der EU und anderen Ländern oder Wirtschaftsräumen getroffen werden. Braunberger spricht in diesem

Außenwirtschaftspolitik

Zusammenhang den positiven Effekt von „ausländische[r] Konkurrenz" (Z. 57 f.) an.

Er warnt davor, durch Zölle den **internationalen Wettbewerb** und somit den Preismechanismus auszuhebeln.

Wettbewerbspolitik

Im Bereich der **Beschäftigungspolitik** könnte über Deregulierungen und den Verzicht auf eine weitere Erhöhung des Mindestlohns der **Handlungsspielraum der Unternehmen** vergrößert und damit die Angebotsseite gestärkt werden.

Beschäftigungspolitik

3 **TIPP** *Anforderungsbereich I und II mit deutlichem Schwerpunkt auf II*

Im Zentrum dieser Aufgabe steht eine Gegenüberstellung. Sie sollen darlegen, welche Vor- und Nachteile der Freihandel einer Volkswirtschaft bietet. In M 1 finden Sie nur wenige konkrete Argumente, da sich der Kommentar schwerpunktmäßig auf konjunkturpolitische Maßnahmen und die Abwehr der drohenden Inflation bezieht. Paraphrasieren Sie einleitend das Zitat und liefern Sie eine kurze Definition des Begriffs „Freihandel". Greifen Sie auf im Unterricht thematisierte Inhalte aus dem Themenbereich „Freihandel – Protektionismus" zurück. Fokussieren Sie sich auf eine sachliche Darstellung, Ihre eigene Meinung ist an dieser Stelle nicht gefragt.

Am besten erstellen Sie vorab für sich eine stichpunktartige „Pro / Kontra-Tabelle" zum Freihandel. So behalten Sie den Überblick.

Das in der Aufgabenstellung wiedergegebene Zitat aus M 1 spiegelt eine klare Position des Autors wider. Gerald Braunberger sieht im freien Welthandel ein effektives Mittel gegen hohe Preise, also **Inflation**. **Freihandel** bedeutet, dass der **internationale Verkehr von Waren, Dienstleistungen und Kapital ohne Einschränkungen und Behinderungen möglich** ist. Die Annahmen, dass Freihandel für den bestmöglichen Ausgleich von Angebot und Nachfrage sorgt und dass durch **internationale Arbeitsteilung** der Wohlstand aller Länder erhöht wird, gehen auf den liberalen Ökonomen Adam Smith zurück.

Bezug auf das Zitat

Definition von Freihandel

Im Gegensatz zum Freihandel steht der **Protektionismus**, der durch **staatliche Regulierung der Außenhandelsbeziehungen** in Form von Zöllen oder Einfuhrbeschränkungen die Entscheidungsfreiheit der Wirtschaftsteilnehmer beschränkt und die inländische Wirtschaft vor der Konkurrenz aus dem Ausland schützen soll.

Protektionismus

Gegen Freihandel spricht, dass die internationale Arbeitsteilung dazu führt, dass sich ein Land auf bestimmte Produkte oder Branchen **spezialisiert**. In der Folge bleiben unter Umständen **technologische Entwicklungen** in diesem Bereich aus und das Land wird von Lieferungen aus dem Ausland **abhängig**.

Risiken

technologischer Rückstand durch Spezialisierung

Abhängigkeit

In Krisen kann es so schnell zu **Versorgungsengpässen** kommen, wie etwa in der Corona-Krise: Noch heute fehlen Chips für die Produktion von Autos oder Elektrogeräten, die überwiegend aus Asien geliefert werden. Versorgungsengpässe

Für Länder, die sich auf den **Export weniger Produkte spezialisieren** – dies betrifft vor allem die Entwicklungsländer – besteht eine sehr starke Abhängigkeit von den **Preisen des Weltmarkts**. Da sie außerdem von Importen abhängig sind, werden **Marktstrukturen** im eigenen Land durch die Konkurrenz aus dem Ausland zerstört oder entwickeln sich erst gar nicht. Betrifft dies Nahrungsmittel, ist die **Versorgungssicherheit** in Krisenzeiten gefährdet. Beispiel Entwicklungsländer

Die **Verlagerung von Produktionsstätten ins Ausland**, wo das **Lohnniveau** bzw. die **Arbeits- oder Umweltstandards** niedriger sind, führt zu Arbeitsplatzverlusten im Inland und somit zu weniger Wohlstand. Ein **Beispiel** hierfür ist die **Bekleidungsindustrie**, die immer noch mit niedrigen Standards zu Dumpinglöhnen produziert und in den betroffenen Ländern Umweltschäden verursacht. Verlagerung der Produktion, Arbeitsplatzverluste

Eine **Chance** des Freihandels liegt darin, dass **Standards über Landesgrenzen hinweg harmonisiert** werden, was für Verbraucher einen Vorteil darstellt. Innerhalb der EU wird dies besonders deutlich: Verbraucher können sich hier z. B. auf einheitliche Kennzeichnungen oder Sicherheitsanforderungen bei Produkten verlassen. **Chancen** Harmonisierung von Standards

Durch den internationalen **Wettbewerb** erhöht sich der Druck auf die Anbieter, eine **Produktvielfalt zu schaffen**, mit der die Bedürfnisse der Nachfrage gedeckt werden. Produzenten sind gezwungen, immer wieder **Innovationen** hervorzubringen. Produktvielfalt

Die **internationale Arbeitsteilung** verschafft außerdem – so eine Annahme, die auf David Ricardo zurückgeht – durch die Nutzung **komparativer Kostenvorteile** auch jenen Ländern Wohlstandsgewinne, die weniger produktiv sind als ihre Handelspartner. Innovationen komparative Kostenvorteile

Darüber hinaus ermöglicht der Freihandel einen **Techniktransfer zwischen Unternehmen aus verschiedenen Ländern**. Die Entwicklung neuer Produkte wird dadurch billiger, wovon auch die Verbraucher profitieren. Techniktransfer

4

Ausgangspunkt dieser Aufgabe ist eine Karikatur. Diese sollen Sie zunächst interpretieren und sich in einem zweiten Schritt mit der Aussage der Zeichnung kritisch auseinandersetzen. Gehen Sie im **ersten Schritt** möglichst strukturiert vor: Beschreiben Sie, ausgehend von einem einleitenden Satz, was sie sehen, und arbeiten Sie dann die Aussageabsicht des Zeichners heraus. Für die Diskussion im **zweiten Schritt** können Sie auf Ihre im Unterricht erworbenen, allgemeinen Kenntnisse zur Konjunkturpolitik zurückgreifen. Nehmen Sie eine eigene Beurteilung der möglichen Wirkung von Konjunkturprogrammen vor. Es bietet sich an, die Ausführungen mit Beispielen aus dem Corona-Konjunkturpaket von 2020 zu ergänzen. Denkbar wäre auch ein Bezug auf die Maßnahmen nach der Wirtschaftskrise von 2008/2009. Die hier vorgeschlagene Lösung ist nur eine Möglichkeit, sich mit der Aufgabe auseinanderzusetzen.

Mit seiner im Jahr 2020 veröffentlichten Karikatur mit dem Titel „Konjunkturpaket" nimmt der Zeichner Kostas Koufogiorgos kritisch Bezug auf das Corona-Konjunkturpaket der Bundesregierung. — *Basissatz*

Ein überdimensionales Corona-Virus hat ein Fenster durchschlagen und das entstandene Loch wurde mit einem dünnen Papier notdürftig überklebt. Dieses trägt die Aufschrift „Konjunkturpaket". — *Karikaturbeschreibung*

Der Zeichner kritisiert mit der Karikatur die von der Bundesregierung eingesetzten **Mittel zur Bekämpfung des sich im Jahr 2020 bereits abzeichnenden Konjunktureinbruchs als zu schwach**. Es stellt sich die Frage, wie stark sich der Staat in Krisenzeiten in das Wirtschaftsgeschehen einbringen soll. — *Kernaussage*

Das Ziel staatlicher **Konjunkturprogramme** ist, mit wirtschafts- und finanzpolitischen Maßnahmen mögliche **Konjunkturschwankungen auszugleichen**, um mittelfristig wieder ein **gleichmäßiges Wirtschaftswachstum** zu erreichen. Im Fokus stehen der Erhalt von Arbeitsplätzen und die Sicherung wichtiger Branchen und Industriezweige. — *Ziel von Konjunkturprogrammen*

Gegen staatliche Konjunkturprogramme lässt sich grundsätzlich einwenden, dass ihre Wirkung nur **kurzfristig** und deshalb kaum nachhaltig ist, wenn sie nicht „timely, targeted, temporary" (zeitnah, zielgerichtet, vorübergehend) erfolgen. — *Argumente gegen staatliche Konjunkturprogramme*

Das 130 Millionen Euro umfassende und als „Bazooka" bezeichnete Programm von 2020 folgte dem nachfrageorientierten, **keynesianischen Ansatz**. Es sah u. a. eine vorübergehende Senkung der Mehrwertsteuer, einen Familienbonus und Steuererleichterungen für Alleinerziehende vor. Diese Maßnahmen führen zu **drastisch erhöhten Staatsausgaben** bei gleichzeitig **geringeren Steuereinnahmen** und münden in einer höheren **Staatsverschuldung**, die letztlich — *Staatsverschuldung* die Steuerzahler später ausgleichen müssen. Die damit einhergehende Belastung kann die Konjunktur allerdings ggf. genau dann ausbremsen, wenn es mit der Wirtschaft eigentlich wieder aufwärts gehen könnte.

Zudem ist fraglich, ob und wie die Maßnahmen wirken. So ist unklar, ob die **Mehrwertsteuersenkung tatsächlich für Kaufanreize sorgt:** Nicht alle Unternehmen haben die Einsparungen an die Konsumenten durchgereicht, es entstanden angeblich erhebliche Kosten durch die Neuauszeichnung der Preise, die Umrüstung der Kassensysteme oder Änderungen in Verträgen und Aufträgen. Auch ist nicht abzuschätzen, ob die erhöhte Kaufkraft der Verbraucher auch zu höherem Konsum führt.

Die Verdoppelung der Umweltprämie für E-Autos und die Förderprogramme im Bereich der E-Mobilität sollten der Autoindustrie durch die Krise helfen. Bringt sich der Staat zu stark ein, kann es jedoch zu **Crowding-Out-Effekten** kommen: **Die Unternehmen halten sich mit eigenen Investitionen zurück.**

Insgesamt besteht bei **Konjunkturprogrammen das Risiko, dass die Umsetzung zeitverzögert stattfindet** und deshalb eine zeitversetzte, den Aufschwung bremsende Wirkung eintritt.

Für staatliche Konjunkturprogramme in Krisenzeiten spricht, dass staatliche Maßnahmen wie das Kurzarbeitergeld, Erleichterungen für besonders betroffene Branchen wie die Gastronomie oder auch vorgezogene staatliche Investitionen in die Infrastruktur die **Nachfrage ankurbeln** und **Arbeitsplätze retten** können. Zeitweise befanden sich sieben Millionen Arbeitnehmer in Kurzarbeit. Viele hätten ihre Arbeitsplätze verloren und staatliche Hilfen in Anspruch nehmen müssen. Zahlreiche Unternehmen hätten die Krise schlichtweg nicht überstanden.

Multiplikatoreffekte können ihre Wirkung dann am besten entfalten, wenn die **Maßnahmen antizyklisch** eingesetzt werden und der Staat aktiv gegensteuert. Er muss also in der Krise Geld ausgeben, anstatt zu sparen. In der **Finanzkrise 2008 haben die staatlichen Konjunkturprogramme** dazu beigetragen, dass sich die deutsche Wirtschaft recht schnell erholt hat und sich bis 2019 in einem Daueraufschwung befand. Der vom damaligen Finanzminister Olaf Scholz angekündigte „Wumms" zur Bekämpfung der Corona-Krise von 2020 kann zudem als **Zeichen des Staates** gesehen werden, dass die Bevölkerung in schlechten Zeiten nicht im Stich gelassen wird. Genau dieses **Vertrauen der Bürger*innen** ist ein **wichtiges Kapital für eine Demokratie.**

So erscheint das in der Karikatur angedeutete Programm als **sinnvolle und legitime Entscheidung,** auch wenn die **Wirksamkeit** der einzelnen Maßnahmen noch nicht abschließend beurteilt werden kann.

BUNDESWEHREINSÄTZE IN KRISENREGIONEN

Aufgabenstellung

1 Fassen Sie den vorliegenden Text zusammen. (Material 1) (20 BE)

2 Deutschland beteiligt sich mit der Bundeswehr sowohl im Rahmen der UN als auch der EU an zwei Militärmissionen in Mali. Erklären Sie die außenpolitischen Verpflichtungen und Voraussetzungen für Auslandseinsätze der Bundeswehr. (25 BE)

3 Erläutern Sie die Staatsstrukturprinzipien der verfassungsmäßigen Ordnung in Deutschland. (25 BE)

4 Diskutieren Sie ausgehend von der Aussage der Karikatur (Material 2), ob Deutschland sich weiterhin militärisch bei Auslandseinsätzen engagieren soll. (30 BE)

| M 1 | Issio Ehrich: In Mali hat das Militär geputscht (2020) |

Als malische Soldaten vergangene Woche ihre Regierung stürzten, forderte Außenminister Heiko Maas sofort „die Rückkehr zur verfassungsmäßigen Ordnung". So wie zahlreiche Amtskollegen. Die UN verurteilen den Coup, der westafrikanische Staatenverbund Ecowas[1] verhängte Sanktionen. Ein Militärputsch ist zu ächten – das gilt in-
5 zwischen als international anerkanntes Prinzip. Eigentlich ein Fortschritt.
Nur fragen sich die meisten Malier, so sie Maas' Appell denn gehört haben, wovon dieser deutsche Politiker spricht. Eine „verfassungsmäßige Ordnung" herrscht schon lange nicht mehr.
Mali ist seit Jahren auf dem Weg zum „gescheiterten Staat". Den nun gestürzten
10 Präsidenten Ibrahim Boubacar Keita […] hatten die Malier deshalb schon seit Monaten mit Massenprotesten aus dem Amt zu jagen versucht:
Die Bundesregierung und ihre europäischen Verbündeten haben vor dem Staatsversagen lange die Augen verschlossen. Und das, obwohl sich die Bundeswehr gleich an zwei Militärmissionen in Mali beteiligt: im Rahmen der UN, zur „Stabilisierung" des
15 Landes, und im Rahmen der EU, zur Ausbildung der malischen Armee.
Berlin, Brüssel und vor allem Paris, das in der Sahelregion zudem eine multinationale Militäroperation gegen islamistische Terrorgruppen anführt, stehen nun vor dem Dilemma: Wie umgehen mit Putschisten, die vom Volk bejubelt werden? Und die innerhalb der malischen Armee zu den wichtigsten Partnern des Westens im „Kampf

20 gegen den Terror." zählen? Assimi Goita, Präsident des „Nationalkomitees zur Rettung des Volkes" – so nennen sich die neuen Machthaber –, ist Kommandant einer Eliteeinheit, er wurde unter anderem in den USA und in Deutschland ausgebildet.
Mali galt lange als eine afrikanische Erfolgsgeschichte. Nach dem Aufstand gegen eine jahrzehntelange Diktatur 1991 wurde eine demokratische Verfassung entworfen.
25 Seither fanden regelmäßig Wahlen statt, es floss üppige Entwicklungshilfe, besonders aus Deutschland. Was niemand zur Kenntnis nehmen wollte: In Bamako[2] wuchs die Korruption, während die Peripherie verarmte.
2012 eskalierte die Lage. Tuareg-Rebellen erhoben sich in Allianzen mit Islamisten im Norden und riefen einen eigenen Staat Namens „Azawad" aus. Schon damals put-
30 schten Militärs gegen eine Regierung, die der Krise nichts entgegenzusetzen hatte. In den Wirren des politischen Übergangs drohten Islamisten, das ganze Land zu überrennen. Auf malische Bitte hin stoppte die einstige Kolonialmacht Frankreich den Vormarsch. Wenig später entsandten UN und EU ihre Missionen.
In jenen Tagen übernahm Keita das Präsidentenamt – zunächst als Hoffnungsträger.
35 Doch die Sicherheitslage wurde immer prekärer. Inzwischen bedrohen IS- und Al-Kaida-nahe Gruppen auch die Nachbarländer Burkina Faso und Niger. [...]
Über vier Millionen Menschen, ein Fünftel der Bevölkerung, sind auf humanitäre Hilfe angewiesen, über 700 000 von Hunger bedroht. Im Zentrum des Landes reklamieren Bürgerwehren, die Bevölkerung vor Islamisten zu schützen, weil es der mali-
40 sche Staat nicht kann. Ebensolchen Milizen werden auch Massaker an Zivilisten vorgeworfen. Immer wieder wurde der Verdacht laut, dass es Absprachen zwischen Regierung und Bürgerwehren gab.
Zudem kritisierten malische und deutsche Militärs lange vor dem Putsch, dass Keita und seine Regierung grundlegendste Reformen im Sicherheitsapparat verweigerten.
45 So fehlt den malischen Streitkräften seit je ein System zum Personalmanagement. Niemand weiß genau, wie viele Männer und Frauen in der Truppe dienen – eine ideale Voraussetzung für korrupte Offiziere und Politiker, Soldzahlungen für Soldaten abzuschöpfen, die gar nicht existieren.
Was immer Berlin, Paris oder Brüssel in den vergangenen Jahren an politischem
50 Druck ausgeübt haben mögen: Viel bewirkt haben sie nicht bei Keita. Im Gegenteil, der Präsident durfte sich bestätigt fühlen. Anfang des Jahres ließ Keita in Mali Parlamentswahlen stattfinden – trotz Corona-Pandemie, Terroranschlägen und der Entführung von Oppositionsführer Soumaila Cissé während einer Wahlkampftour. Am Wahltag blieben denn auch die meisten Wähler zu Hause.
55 Schnell erhoben Opposition und NGOs den Vorwurf der Wahlfälschung. So entstand jene Protestbewegung namens M5-RFP[3], die Keitas Rücktritt forderte. [...]
Den Putschisten geht es offensichtlich nicht um den Zugang zu Geldtöpfen, sondern um ein annähernd funktionierendes Staatswesen mit einer halbwegs funktionierenden Armee. Das „Nationalkomitee" hat versichert, dass die Abkommen mit den UN, der
60 EU, sowie die Anti-Terror-Operation mit Frankreich und anderen Sahelstaaten weiter Bestand haben. Nur innenpolitisch soll alles auf den Prüfstand gestellt werden. Wie ein Übergang zu einer zivilen Regierung vonstattengehen soll, ist noch völlig unklar.
[...].

So unübersichtlich die Lage derzeit noch sein mag – der Coup bietet eine Chance
65 für Mali und eine Lehre für das Ausland. Jahrelang sahen die westlichen Verbündeten
über die grassierende Korruption hinweg, weil Keita sich als Verbündeter im „Krieg
gegen den Terror" ausgab. Berlin muss den Putsch nicht ausdrücklich gutheißen, um
zu signalisieren: Wir haben verstanden, dass diese Politik mehr Schaden als Nutzen
angerichtet hat.

Issio Ehrich: In Mali hat das Militär geputscht, ZEIT Online vom 27.08.2020,
https://www.zeit.de/2020/36/mali-militaerputsch-proteste-heiko-maas-un/komplettansicht

Anmerkungen
1 Ecowas – Die westafrikanische Wirtschaftsgemeinschaft ist eine internationale Organisation von
  derzeit 15 Staaten.
2 Bamako – Hauptstadt von Mali
3 M5-RFP – Mouvement du 5 Juin-Rassemblement des Forces Patriotiques

| **M 2** | **Kostas Koufogiorgos: Bundeswehreinsatz in Mali (2012)** |

Karikatur: Kostas Koufogiorgos

Unterrichtsinhalte:
Themenfeld: Internationale Konflikte und Konfliktbearbeitung in einer differenzierten
Staatenwelt (Q 3.1), insbesondere:
- Analyse eines aktuellen exemplarischen Konfliktes vor dem Hintergrund unter-
schiedlicher Konfliktarten und einer differenzierten Staatenwelt
- Ziele, Strategien und möglicher Beitrag deutscher Außen- und Sicherheitspolitik
zur Konfliktbearbeitung und -prävention

Kursübergreifende Bezüge:
Verfassung und Verfassungswirklichkeit: Rechtsstaatlichkeit und Verfassungskonflikte (Q 2.1), insbesondere:
- Grundrechte und Rechtsstaatlichkeit in der Verfassung
(insbesondere Art. 1, 20, 79 GG)

1 **TIPP** *Anforderungsbereich: I*

Hier ist Textarbeit gefragt. Verweisen Sie zu Beginn Ihrer Ausführungen auf den
Autor, den Titel, die Quelle und das Erscheinungsjahr. Achten Sie bei der Zusammenfassung der relevanten Inhalte vor allem darauf, den Text mit Distanz zum
Autor wiederzugeben und dessen Aussagen nicht als bewiesene Tatsachen darzustellen. Verwenden Sie hierzu den Konjunktiv und die indirekte Rede. Nehmen
Sie keine Bewertung oder Einschätzung der Aussagen vor, dies ist nicht Bestandteil einer Zusammenfassung.

In seinem Kommentar „In Mali hat das Militär geputscht", der am 27.8.2020 auf *zeit.de* erschienen ist, analysiert Issio Ehrich die Lage in Mali nach dem Militärputsch im Sommer 2020.	Einleitung
Ehrich begrüßt es grundsätzlich als **Fortschritt**, dass ein Militär- putsch wie der in Mali weltweit geächtet werde, gibt jedoch zu be- denken, dass die Forderung nach einer „Rückkehr zur **verfassungs- mäßigen Ordnung**", wie sie Bundesaußenminister Heiko Maas ge- äußert habe, für viele Menschen in Mali schwer zu begreifen sei, da eine solche **schon lange nicht mehr existiere** (vgl. Z. 6 ff.).	Ächtung des Militärputsches fehlende politische Ordnung
Ehrich zeigt auf, dass Mali zunächst als „afrikanische **Erfolgsge- schichte**" (Z. 23) gegolten habe, in der z. B. regelmäßig Wahlen stattfinden, sodass auch Deutschland umfassend in **Entwicklungs- hilfe** investiert habe. In Mali habe sich jedoch ein **Korruptionspro- blem** entwickelt (exemplarisch verweist Ehrich darauf, dass es in der malischen Armee kein Personalmanagement gebe, sodass völlig un- klar sei, wie viele Soldaten in den einzelnen Einheiten Dienst täten,	Entwicklung Malis keine Erfolgs- geschichte: Korruption und Verarmung

was korrupte Offiziere und Politikern das Abschöpfen von Soldzahlungen ermöglicht hätte) und die Randgebiete seien **verarmt** (vgl. Z. 23 ff., Z. 43 ff.).

Nach einem heftigen **Aufstand** von **Tuareg-Rebellen** und **Islamisten** im Jahr 2012 habe neben dem hiesigen Militär auch die einstige Kolonialmacht Frankreich eingegriffen. Ab diesem Zeitpunkt setzten auch **UN- und EU-Missionen** ein (vgl. Z. 28 ff.). *(UN- und EU-Missionen)*

Der **damalige Hoffnungsträger**, der 2020 gestürzte Präsident Keita, konnte die **Sicherheitslage nicht stabilisieren** und nicht verhindern, dass über vier Millionen Menschen auf **humanitäre Hilfe** angewiesen seien. Besonders gravierend sei der Einsatz von „Bürgerwehren", die zwar vorgäben, die Bevölkerung vor Islamisten zu schützen, denen aber auch Massaker an Zivilisten vorgeworfen werden. Mali habe sich zunehmend zu einem *failing state* entwickelt, dessen **Instabilität** auch die **Nachbarländer bedrohe** (vgl. Z. 34 ff.). *(unter Keita: fehlende Sicherheit und humanitäre Krise)*

Druck aus dem Ausland auf die malische Regierung unter Präsident Keita sei entweder nicht ausgeübt worden oder zu schwach gewesen. Der korrupte Sicherheitsapparat sei **nicht reformiert** worden und auch hätten **keine fairen und freien Wahlen** stattgefunden. So sei mit der **M5-RFP** eine **Protestbewegung** gegen den Präsidenten entstanden, der sich von der Bundesregierung und ihren europäischen Verbündeten noch immer unterstützt fühlen konnte (vgl. Z. 43 ff.). *(ausbleibende Reformen)* *(Protestbewegung M5-RFP)*

Den Putschisten aus dem Sommer 2020, so Ehrichs Einschätzung, gehe es um einen **funktionierenden Staat** und eine **funktionierende Armee**. Der Putsch sei die Reaktion auf die jahrelange Korruption, die die westlichen Verbündeten bislang hinnahmen, da der abgesetzte Präsident trotz der gravierenden Verfehlungen als **verlässlicher Verbündeter im internationalen Kampf gegen den Terror** galt. Die Bundesregierung müsse nun die Lehre ziehen, dass die jahrelange Unterstützung des gestürzten Präsidenten der Entwicklung Malis **mehr geschadet als genutzt** habe (vgl. Z. 64 ff.). *(Einschätzung des Autors)*

---

2 **TIPP** *Anforderungsbereich: I und II mit Schwerpunkt auf AFB II*

Die Aufgabe besteht aus zwei Teilen: Zum einen sollen die „außenpolitischen Verpflichtungen" – hier geht es um die Pflichten als Bündnispartner und die besondere Selbstverpflichtung in der Außenpolitik –, zum anderen die „Voraussetzungen für Auslandseinsätze der Bundeswehr" geklärt werden. Beziehen Sie sich dabei auf das Grundgesetz, das Sie bei der Abiturprüfung auch verwenden dürfen. (Die relevanten Artikel sollten Sie aber auch schon im Unterricht besprochen haben). Es bietet sich an, mit den rechtlichen Voraussetzungen für Auslandseinsätze zu beginnen und die außenpolitischen Verpflichtungen darin einzubetten.

Die Bundesrepublik Deutschland hat – bedingt durch die **Erfahrungen des Zweiten Weltkrieges** – eine Verfassung, die den Einsatz des Militärs stark **begrenzt.** So ist in **Art 26 GG** etwa das Führen und Vorbereiten eines **Angriffskrieges verboten** und bereits in der Präambel wird der besondere Auftrag der **Friedenssicherung** betont („von dem Willen beseelt, als gleichberechtigtes Glied in einem vereinten Europa dem Frieden der Welt zu dienen"). Handlungsleitendes Motiv ist dabei die **Würde des Menschen, Art. 1 GG.**

Lehre aus dem Zweiten Weltkrieg

In Art. 87a GG wird explizit darauf verwiesen, dass die Bundeswehr „[a]ußer zur **Verteidigung** […] nur eingesetzt werden" darf, soweit „dieses Grundgesetz es ausdrücklich zuläßt.". Damit werden einem Einsatz der Bundeswehr **enge Grenzen** gesetzt, die durch Art. 24 GG etwas erweitert werden, da Deutschland sich „zur Wahrung des Friedens einem **System gegenseitiger kollektiver Sicherheit** einordnen" kann. Hierunter fallen sowohl die **Vereinten Nationen** als auch die **NATO** und die **Europäische Union.** Für die beiden letztgenannten Organisationen gilt das **Prinzip der kollektiven Verteidigung,** was bedeutet, dass die Bundesrepublik militärisch aktiv werden kann, um einen Bündnispartner zu verteidigen, auch wenn es selbst nicht angegriffen wurde. Die UN-Mitgliedschaft bedeutet, dass sich Deutschland im Rahmen eines **Mandats des UN-Sicherheitsrats** an **militärischen Aktionen** (z. B. Einsatz von Blauhelmsoldaten) **beteiligen** kann.

Verteidigungsarmee

Einbindung in Systeme kollektiver Sicherheit

In den sogenannten **Weißbüchern** werden die Grundzüge, Ziele und Rahmenbedingungen der deutschen Sicherheitspolitik von der Bundesregierung skizziert. Hier wird deutlich, dass die Landesverteidigung nur als eine der Aufgaben der Bundeswehr angesehen wird und dass sich die Bundeswehr zunehmend im Umbau von einer **Verteidigungsarmee zu einer Interventionsarmee** befindet. Ein Land wie Deutschland, das als Exportnation und Rohstoffimporteur vom globalen Handel abhängig ist, kann bei internationalen Konflikten nicht mehr darauf hoffen, dass sie auch ohne deutsche Unterstützung gelöst und befriedet werden. Infolge des internationalen Terrorismus und internationaler Kriminalität wird die deutsche Sicherheit seit Jahren nicht mehr an der Außengrenze Deutschlands, sondern wahlweise in Afghanistan („am Hindukusch", wie der ehemalige Verteidigungsminister P. Struck sagte), in Mali oder am Horn von Afrika verteidigt.

Weißbuch

Verteidigungs- vs. Interventionsarmee

Grundsätzlich gilt aber seit dem **Urteil des Bundesverfassungsrichts von 1994,** dass die Bundeswehr als **Parlamentsarmee** nur dann bei Auslandseinsätzen *out of area* (außerhalb des Nato-Gebiets) eingesetzt werden darf, wenn der Bundestag mit absoluter Mehrheit dem Einsatz zugestimmt hat. Damit sind die **Bündnisverpflichtungen,** die die Bundesrepublik Deutschland eingegangen ist,

out-of-area-Einsätze

Parlamentsarmee

also **keineswegs Automatismen**, auch für die kollektive Verteidigung ist die **Zustimmung des Bundestags obligatorisch.**

Die **Ausgaben für Verteidigung** sind in den letzten Jahren deutlich gesunken und die mit den NATO-Partnern vereinbarten **2 % des BIP** werden von Deutschland seit Jahren verfehlt. So ist es nicht verwunderlich, dass eine Armee, deren Aufgabenspektrum sich stets erweitert, während die ihr zugewiesenen Mittel sich reduzieren, an die **Grenzen ihrer Einsatzfähigkeit** kommt und sich Berichte über fehlende oder unzureichende Ausrüstung häufen. Dies steht in einem deutlichen **Widerspruch zu den Ansprüchen**, die Deutschlands Partner an die Bundesrepublik stellen. Hier geht es um die Beteiligung an Stabilisierungsmissionen, an Blauhelmmissionen und an NATO-Einsätzen.

Einsatzfähigkeit der Bundeswehr: Anspruch und Wirklichkeit

Der Krieg in der Ukraine scheint dabei zu einem Umdenken in Politik und Bevölkerung geführt zu haben („Zeitenwende"), ein Sondervermögen in Höhe von 100 Mrd. Euro soll den Anspruch an die Bundeswehr wieder mit ihren tatsächlichen Fähigkeiten in Einklang bringen. Ob dies gelingt, muss jedoch die Zukunft zeigen.

Sondervermögen infolge des Ukraine-Kriegs

3 **TIPP** *Anforderungsbereich I und II mit Schwerpunkt auf AFB II*

Hier sollen Sie die im Unterricht besprochenen Prinzipien der freiheitlich-demokratischen Grundordnung in Deutschland erläutern. Nehmen Sie das Grundgesetz zur Hand und greifen Sie auf die in Art. 20 GG dargelegten Staatsstrukturprinzipien zurück. Gehen Sie auch auf den besonderen Schutz dieses Verfassungskerns durch Art. 79 GG ein.
Der Operator „Erläutern" verlangt, dass Sie die zentralen Prinzipien nicht nur nennen, sondern auch mit zusätzlichen Informationen und Beispielen verdeutlichen.

Um die Staatsstrukturprinzipien der Bundesrepublik Deutschland zu erläutern, empfiehlt es sich, **Art. 20 GG**, die Verfassung in Kurzform, heranzuziehen. Dass dieser Grundgesetzartikel eine **herausgehobene Stellung** im Grundgesetz hat, erkennt man daran, dass er – ebenso wie Art. 1 GG – durch die sogenannte **Ewigkeitsklausel** (Art. 79 GG) geschützt ist. Er darf nicht geändert werden. Grund dafür ist, dass hier jene Prinzipien dargelegt sind, die **elementar für die Verfassungsordnung** der Bundesrepublik Deutschland sind.

Verfassung in Kurzform: Art. 20 GG

Bereits im ersten Absatz heißt es: „Die **Bundesrepublik** Deutschland ist ein **demokratischer** und **sozialer Bundesstaat.**"

Verfassungsprinzipien

Aus den Begriffen „Bundesrepublik" und „Bundesstaat" geht der **föderale Charakter** hervor. Der Bund hat **nicht die alleinige Gewalt**

Bundesstaatlichkeit

inne, sondern er muss sich die (Staats-)Gewalt mit den Ländern teilen (**vertikale Gewaltenteilung**). Dies bedeutet nicht nur, dass die Verfassungsorgane des Bundes in den Ländern ihre Entsprechungen haben (z. B. Deutscher Bundestag – Hessischer Landtag), sondern auch, dass es Politikfelder gibt, die **ausschließlich den Ländern** vorbehalten sind (z. B. Schulpolitik), und Felder, die **ausschließlich Angelegenheit des Bundes** sind (z. B. Verteidigungspolitik).

Das Adjektiv „**demokratisch**" unterstreicht die Bedeutung des Volkes, die in Absatz 2 erneut aufgegriffen wird („Alle Staatsgewalt geht vom Volke aus."). Der Grundsatz der **Volkssouveränität** ist ein zentrales Element jeder demokratischen Verfassung. Alle Organe müssen daher entweder **direkt** vom Volk (z. B. Bundestag) oder **indirekt**, d. h. über den Deutschen Bundestag, legitimiert werden (z. B. Bundesregierung, Bundesverfassungsgericht). Eingehegt wird die Volkssouveränität durch die **Grund- und Menschenrechte**, die auch nicht von einer (demokratischen) Mehrheit zur Disposition gestellt werden dürfen, sodass eine „Tyrannei der Mehrheit" verhindert wird (etwa wenn eine religiöse Minderheit durch demokratisch entstandene Gesetze benachteiligt wird). So hat das Bundesverfassungsgericht bereits Gesetze außer Kraft gesetzt, die zwar im Deutschen Bundestag eine Mehrheit gefunden haben, jedoch gegen die Grundrechte von (wenigen) Bürgern verstießen.

Mit dem zweiten Adjektiv „**sozial**" wird der Staat dazu verpflichtet, soziale Gerechtigkeit herzustellen und für soziale Sicherheit zu sorgen. Der Staat muss also die **Existenzgrundlage** des Einzelnen sichern und für einen **sozialen Ausgleich** zwischen wirtschaftlich stärkeren und schwächeren Bürgern sorgen. Dies geschieht etwa durch kostenlose staatliche Angebote für alle (z. B. Schulen), durch Unterschiede in der Steuerbelastung für Arme und Reiche oder durch die Solidargemeinschaft der gesetzlichen Pflichtversicherungen. Die Soziale Marktwirtschaft ist nicht im Grundgesetz verankert, wohl aber die **Sozialstaatlichkeit**.

Im dritten Absatz wird die **Rechtsstaatlichkeit** als leitendes Prinzip betont. Demnach ist der Staat nicht nur an seine eigenen Regeln gebunden (**formales** Rechtsstaatsprinzip), vielmehr müssen die gesetzten Regeln auch dem Anspruch, Gerechtigkeit herbeizuführen, standhalten (**materielles** Rechtsstaatsprinzip). Staatliches Handeln muss grundsätzlich juristisch nachvollziehbar sein, staatliche Willkür wird so verhindert.

Mit den in Art. 20 GG niedergelegten Prinzipien sind die wesentlichen Staatsstrukturprinzipien der Bundesrepublik Deutschland abgedeckt und gleichzeitig die wichtigsten **Merkmale einer modernen Demokratie verfassungsrechtlich garantiert:** Volkssouveränität, Rechtsstaatlichkeit und Gewaltenteilung. Nicht in Art. 20 GG aufgeführt ist das für eine Demokratie aber ebenfalls zentrale Prinzip

Demokratie

Volkssouveränität

Grund- und
Menschenrechte

Sozialstaatlichkeit

Rechtsstaatlich-
keit

Pluralismus

des **Pluralismus,** das sicherstellt, dass eine **Vielzahl von Meinungen und Positionen** in der Gesellschaft geäußert und vertreten werden dürfen. Der Pluralismus findet sich im Grundgesetz vor allem in Art. 5 GG (Presse- und Meinungsfreiheit), aber auch in Art. 21 GG (Parteien), in Art. 8 GG (Versammlungsfreiheit) und in Art. 9 GG (Vereinigungsfreiheit) wieder.

4 **TIPP** *Anforderungsbereich: II und III mit Schwerpunkt auf AFB III*

Bei dieser Aufgabe sollen Sie die Aussage der Karikatur als Ausgangspunkt für die Diskussion nehmen, ob Deutschland weiterhin an militärischen Auslandseinsätzen teilnehmen soll. Das bedeutet, dass Sie die Karikatur zunächst analysieren müssen (Beschreiben – Auswerten – Interpretieren). Sie sollten dabei erkennen, dass die Karikatur eine Kritik an den Auslandseinsätzen der Bundeswehr darstellt. Es empfiehlt sich daher, die Argumente gegen ein deutsches Engagement bei militärischen Auslandseinsätzen direkt an die Karikaturenanalyse anzuschließen, bevor Sie die Pro-Argumente anführen. Am Ende Ihrer Ausführungen wird eine eigene Beurteilung erwartet.

Die Karikatur von Kostas Koufogiorgos aus dem Jahr 2012 befasst sich mit dem Thema **Auslandseinsätze der Bundeswehr.** Zu sehen ist ein „Bundeswehr Reisebüro", in dessen Schaufenster ein Angebot für Afghanistan von einem neueren Angebot für einen Einsatz in Mali fast überdeckt wird. Aus dem Büro dringt in einer Sprechblase der Satz „… *Es gibt immer was zu tun!"* nach außen.

Beschreibung

Das „Bundeswehr Reisebüro" steht offenbar für das Verteidigungsministerium, das die Bundeswehrsoldaten in ihre Einsätze schickt (zunächst nach Afghanistan, dann nach Mali). Mit der Aussage in der Sprechblase möchte der Karikaturist andeuten, dass die Bundeswehrsoldaten recht **leichtfertig in Einsätze** geschickt werden, als seien diese Urlaubsreisen. Schließlich ist ja *„immer etwas zu tun".* Die Karikatur kritisiert die Auslandseinsätze der Bundeswehr im Allgemeinen und in Mali im Besonderen als **beliebig** und nicht als Teil einer stringenten Strategie.

Interpretation

Für diese **ablehnende Position** gegenüber Bundeswehreinsätzen spricht etwa, dass der Einsatz der Bundeswehr in Afghanistan auch 20 Jahre nach seinem Beginn dem Land **keinen Frieden** gebracht hat. Vielmehr musste die Bundeswehr das Land relativ überhastet verlassen, sodass die Taliban erneut die Macht übernommen haben. Insofern stellt sich auch grundsätzlich die Frage, inwieweit durch das Militär das **Ziel eines dauerhaften Friedens überhaupt erreicht** werden kann.

Argumentation
Kontra-Argumente
Zielerreichung

Bei einem langwierigen Einsatz wie dem in Afghanistan ist auch die **Legitimation** unklar. Afghanistan hatte nicht um Hilfe gebeten, der Einsatz erfolgte als Reaktion auf den 11. September 2001. Es ist somit fraglich, wie lange westliche Truppen überhaupt das Recht haben, in Afghanistan zu verbleiben.

Legitimation

Sinnvoller wäre ggf. ein rein **ziviler Ansatz**. Deutschland würde sich demnach nicht in der Rolle einer Konfliktpartei, sondern eines **Helfers und Unterstützers** befinden und entsprechend wahrgenommen. Dies entspräche auch Deutschlands Wurzeln als **Zivilmacht**. Durch **Entwicklungszusammenarbeit** könnte z. B. Afghanistan **nachhaltiger unterstützt** werden als durch Waffen- und Munitionslieferungen. Gleichzeitig würde verhindert, dass Deutschland in den Fokus der zunehmend international operierenden Terroristen gerät.

ziviler Ansatz: Entwicklungshilfe statt Waffenlieferungen

Das **Verteidigungsbudget** wurde in Deutschland über Jahre hinweg **reduziert**, sodass die Bundeswehr mit der Aufgabe als **Verteidigungsarmee** einerseits und **Interventionsarmee** andererseits überfordert zu werden droht. Es ist daher auch unter **Effizienzaspekten** zu fragen, wie die endlichen Mittel der Bundesrepublik am wirkungsvollsten eingesetzt werden können.

Effizienz: Einsatzfähigkeit der Bundeswehr

Gleichzeitig ist Deutschland jedoch in zahlreiche **Bündnisse und internationale Organisationen eingebunden**, woraus **Pflichten** erwachsen, sich eben auch militärisch einzubringen. So ist Deutschland nicht-ständiges Mitglied im **UN-Sicherheitsrat**, Mitglied der **NATO** und eine der Führungsmächte der **Europäischen Union**. Deutschlands Außen- und Verteidigungspolitik kann sich – gerade auch aufgrund seines **wirtschaftlichen Gewichts** – nicht auf eine passive Rolle beschränken.

Pro-Argumente
Bündnispflichten, internationale Einbindung

Engagement ist zudem wichtig, um in internationale **Entscheidungsprozesse eingebunden** zu sein. Nur so kann Deutschland seine außenpolitischen Interessen und Werte auf die Agenda bringen, etwa die Achtung der Menschenrechte und demokratische Partizipation.

Teilhabe; Verfolgung außenpolitischer Ziele

In Kombination mit Sicherheit, die oft militärisch hergestellt und erhalten werden muss, kann so ein **breit angelegter Ansatz** erwachsen. Dieser kann sowohl eine **Radikalisierung** einzelner Gruppen **verhindern** als auch einen Beitrag zur **Bekämpfung von Fluchtursachen** leisten. Bewohner instabiler Staaten – wie z. B. Mali – müssten nicht den mühsamen und gefährlichen Weg nach Europa antreten, sondern würden in ihrem Heimatland eine Chance auf ein gutes Leben sehen. Und selbst wenn all diese Bemühungen keine Früchte tragen, so kann doch wenigstens ggf. verhindert werden, dass aus Mali ein *failing state* wird, dessen Instabilität die ganze Region in Unruhe versetzt und **destabilisiert**.

Verhindern von Radikalisierung und Fluchtbewegungen

Alles in allem komme ich zu dem Schluss, dass Auslandseinsätze der Bundeswehr natürlich **nicht** – wie in der Karikatur dargestellt –

Fazit: eigenes Urteil

wahllos erfolgen sollten. Dies ist aber schon alleine aufgrund der **konstitutiven Zustimmungspflicht des Bundestags** bisher nicht so gewesen. Natürlich sind militärische Einsätze nicht die Lösung für die Probleme dieser Welt, aber viele Probleme lassen sich nur dann nachhaltig lösen, wenn **zunächst Sicherheit** hergestellt worden ist. Hierfür erachte ich ein **Engagement der Bundeswehr für sinnvoll**, sodass „von deutschem Boden" tatsächlich „Frieden ausgeht" (Zwei-plus-Vier-Vertrag, Art. 2).

.

DIE HERAUSFORDERUNGEN FÜR DAS POLITISCHE SYSTEM DURCH DIE CORONA-PANDEMIE

Aufgabenstellung

1 Fassen Sie die Aussagen von Herfried Münkler zu den Herausforderungen für das politische System in der Corona-Krise zusammen. (Material) (25 BE)

2 „Die Union, die SPD, die FDP, die Grünen, sie alle sagen heute, sie seien Parteien der Mitte." (Material)
Erläutern Sie die Rolle der Parteien im politischen System der Bundesrepublik Deutschland und erklären Sie Ursachen für den im Zitat angesprochenen Wandel sowie weitere Veränderungen des Parteiensystems. (25 BE)

3 Herfried Münkler spricht von der Verletzlichkeit globaler Lieferketten.
Analysieren Sie ausgehend vom Text Chancen und Risiken der Globalisierung für den Wirtschaftsstandort Deutschland. (Material) (25 BE)

4 Herfried Münkler fordert, dass die Bürger stärker am politischen Geschehen beteiligt werden.
Nehmen Sie dazu Stellung, inwiefern direktdemokratische Elemente in die politische Entscheidungsfindung miteinbezogen werden sollen. (25 BE)

> **M** **Interview von Horst von Buttlar und Timo Pache für die Zeitschrift Capital mit Herfried Münkler: Unser System ist verwundbar (2020)**

CAPITAL: Herr Münkler, die Corona-Pandemie hat viele Deutungen erfahren: Für die einen ist sie eine tiefe Zäsur, für die anderen die erste kollektive Erfahrung einer globalisierten Welt, für manche läutete sie auch ein Comeback des Staates ein. Welche dieser Thesen hat Sie am meisten überzeugt?

5 MÜNKLER: Wenn das Ganze nur den ersten Lockdown gedauert hätte, und im Sommer wäre alles wieder normal gewesen, dann hätte man sagen können: Na ja, letztlich war das eine kurze, starke Abwechslung in unserem Alltagstrott – aber jetzt ist alles wieder gut. Heute wissen wir: Es dauert doch sehr viel länger, wir entwickeln Verhaltensänderungen, die bleiben werden. Also eine tiefe Zäsur.

10 CAPITAL: An was denken Sie?

MÜNKLER: Drei Aspekte sind wichtig: Erstens, die Krise ist ein Weckruf im Hinblick auf sicherheitspolitische Herausforderungen. Pandemien standen immer auf den Zetteln der Experten, aber doch ganz hinten, weil man sie nicht für so wahrschein-

lich gehalten hat. Und zweitens, wir haben ein anderes Bewusstsein dafür, vorbereitet sein zu müssen, zum Beispiel wenn es um die Verletzlichkeit globaler Lieferketten geht. Und letzten Endes sehen wir, wie die Pandemie eine ganz tiefgreifende
Frage noch mal neu befeuert: Welches politische Modell ist eigentlich am erfolg-
reichsten gegenüber solchen Herausforderungen? Das chinesische Modell, das
deutsche oder das angloamerikanische Modell von Zickzack-Boris[1] bis Donald
Trump – wobei Letzterer ja schon klar der große Verlierer ist?

CAPITAL: Im Frühjahr [2020] waren Sie optimistisch, dass die Demokratien Westeu-
ropas stabil genug seien, um so eine Krise unbeschadet zu überstehen. Glauben Sie
das noch, oder machen Sie sich mehr Sorgen?

MÜNKLER: Ich mache mir größere Sorgen. Die Pandemie ist wie eine dauerhafte Evaluation unseres politischen Systems: Ganz viele Menschen schauen, welches Modell wie gut funktioniert, und sie werden sich daran orientieren. Das Krisenmanagement in Deutschland folgt einem sehr besonderen Modell: Es [...] arbeitet mit
anspruchsvollen Annahmen über die Vernünftigkeit der Bürger. Das ist großartig
– wenn es funktioniert. Aber es funktioniert nur, wenn die Leute ihrer Führung
vertrauen. Im Augenblick bin ich mir nicht sicher, wie das Ganze ausgeht.

CAPITAL: Mit den Corona-Protesten sieht man, wie viele Menschen der Regierung, den
Virologen, aber auch uns Medien misstrauen. Wie sehr besorgen Sie solche Proteste?

MÜNKLER: Zunächst einmal haben wir eine eigentümliche Mischung aus libertären
Verschwörungstheoretikern, Impfgegnern und Rechtsradikalen gesehen. Das ist
eine Koalition, die sich von kurzfristigem Missmut bis hin zu sehr tiefsitzender
Ablehnung des Staates zusammengefunden hat. Diese Leute sind sich einig in dem,
was sie ablehnen. Aber wenn man sie fragen würde, was jetzt zu tun sei, würden
sie sich vermutlich schnell zerstreiten. Das ist nicht akut bedrohlich, deswegen
würde ich auch nicht sagen, dass wir uns analog zur Schlussphase der Weimarer
Republik befinden. Aber man sollte auch nicht leichtfertig darüber hinweggehen.
Denn je länger die Einschränkungen dauern, desto stärker wächst bei den Leuten
das Gefühl, der Staat mische sich in Dinge ein, in denen er eigentlich nichts zu
suchen hat. Und so wird diese Gruppe weiterwachsen. [...]

CAPITAL: Nun beklagen viele Demonstranten, die Politik entziehe sich jeder demokratischen Kontrolle und verstecke sich hinter Experten.

MÜNKLER: Ich finde nicht, dass die Regierung Entscheidungen an Experten abgegeben
hat, sondern sie lässt sich beraten – mal stärker von Virologen, dann mehr von
Ökonomen, anschließend von Jugendpsychologen, danach melden sich die Alters-
psychologen – und am Ende entscheiden die dafür vorgesehenen Institutionen res-
pektive die gewählten Vertreter: die Bundesregierung, die Länder, die Parlamente.
Aber ja, der Prozess ist komplex und manchmal unwägbar, es ist mehr ein Tasten
unter großer Unsicherheit und immer mit der Frage verbunden: Wie lange noch?
[...]

CAPITAL: In Frankreich ist mit „En Marche" eine gestaltende Protestbewegung in der
Mitte der Gesellschaft entstanden. Warum werden Proteste gegen den Staat in
Deutschland eigentlich immer von Radikalen und Neonazis gekapert?

MÜNKLER: Es gibt auch viele linke Protestbewegungen, gegen den Klimawandel etwa.
Aber es stimmt schon. Ich denke, es liegt daran, dass unsere politische Kultur sehr
60 stark auf die Mitte hin zentriert ist.
CAPITAL: Bei uns sind alle Mitte …
MÜNKLER: Eine entschiedene demokratische Rechte und eine entschiedene demokratische Linke, die an ihren Rändern Strömungen auffangen können, gibt es bei uns
so nicht mehr. Die Union, die SPD, die FDP, die Grünen, sie alle sagen heute, sie
65 seien Parteien der Mitte. Das heißt, wenn man dieses System und sein Personal
ablehnt, dann geht man entweder ziemlich nach links oder aber nach rechts. Und
rechts garantiert auf jeden Fall die höhere Aufmerksamkeit, weil man damit gleich
Tabus der Erinnerungskultur bricht. Wenn man Skandalisierung als eine Aufmerk-
samkeitsbewirtschaftungsstrategie begreift, dann geht man fast zwangsläufig nach
70 rechts. Im Grunde besteht die Verwundbarkeit des relativ komplexen und stabilen
politischen Systems in Deutschland darin, dass rechtsradikale Äußerungen mit un-
geheuer viel Aufmerksamkeit belohnt werden. […]
CAPITAL: Sie klingen etwas defätistisch² mit Ihren Sorgen um die Demokratie. Dabei
ist die deutsche Bilanz 2020, wenn wir auf die Zahlen und den Rest der Welt
75 schauen, doch recht beeindruckend.
MÜNKLER: Das würde ich auch nie bestreiten. Die Zahlen sind eine Belohnung für
dieses komplexe Krisenmanagement. Meine Sorge gilt vielmehr der Frage, wie
lange die Bevölkerung noch mehrheitlich bereit und in der Lage ist, einen solchen
Kurs des Auf-Sicht-Fahrens mitzutragen. Wann rebelliert sie dagegen?
80 CAPITAL: In dieser Krise ging es auch oft um den Begriff der Resilienz³. Darunter kann
man alles Mögliche verstehen, von Lieferketten über robuste Gesundheitssysteme
bis zu Vorräten gegen Pandemien. Was halten Sie bei der Stärkung der Wider-
standskräfte für wichtig?
MÜNKLER: Entscheidend für die Resilienz unserer Demokratie ist zunächst die Urteils-
85 kraft der Bevölkerung, also ihre Fähigkeit, sich aus sehr unterschiedlichen Stimmen von Experten, die sich auch noch widersprechen, ein eigenes Urteil zu bilden.
Diese Fähigkeit, Expertenwissen zu handhaben und nicht den Streit gewisserma-
ßen als Lizenz zum exzessiven Ausleben ihrer Freiheitsbedürfnisse zu missbrauchen, ist immens wichtig. Darüber hinaus gibt es Basisverwundbarkeiten, etwa die
90 Abhängigkeit vom Weltmarkt und von Importen aus China. Früher hätten wir die
unter sicherheitspolitischen Gesichtspunkten diskutiert, heute wissen wir: Auch
eine Pandemie kann diese Handelswege bedrohen. […]
CAPITAL: Es gibt nun mehrere Impfstoffe, diese Krise ist endlich. Können Sie sagen,
wo wir diese Pandemie […] einordnen werden?
95 MÜNKLER: […] Die Treiber der Pandemie waren eher der Handel und der Tourismus.
Der Superspreader war der perfekt globalisierte, friedliche Bürger, der um die Welt
reist, das Leben genießt und eher zur Elite einer liberalen Weltordnung gehört. Die
interessante Frage ist jetzt: Werden wir deshalb die Globalisierung zurückfahren?
[…]
100 CAPITAL: Angesichts all der Bedrohung und des Niedergangs durch Klimawandel und
Pandemie: Wie werden wir das permanente Gefühl der Apokalypse⁴ wieder los?

MÜNKLER: Ich glaube, dass die Antwort auf diese Frage viel mit unserer Interpretation von Ereignissen zu tun hat, also mit Narrativen[5]. Wir erleben heute, dass wir mit vielen dieser Erzählungen in eine Spirale des Untergangs und Niedergangs kom-
105 men. Es gibt dabei sogar einen Point of no Return[6], nämlich dann, wenn der Politikbetrieb durch diese Narrative in Hysterie verfällt und deshalb Kompromisse und Abwägen nicht mehr möglich werden. […]

CAPITAL: Und wie kommen wir da raus?

MÜNKLER: Zum Beispiel, indem wir mehr Leute am praktischen politischen Geschäft
110 beteiligen, sodass sie eine Erfahrung machen, wie Kompromisse aussehen und wie man langfristig denkt. […]

Interview von Horst von Buttlar und Timo Pache mit Herfried Münkler: Unser System ist verwundbar, 26. 12. 2020, in: Capital (Heft 1) 2021, S. 60–65.

Hinweis
Der Politikwissenschaftler Herfried Münkler hatte bis 2018 eine Professur für Politische Theorie und Ideengeschichte an der Berliner Humboldt-Universität inne.

Anmerkungen
1 Zickzack-Boris – gemeint ist Boris Johnson, der Premierminister des Vereinigten Königreichs
2 defätistisch – erfüllt von der Überzeugung, keine Aussicht auf Sieg, auf Erfolg zu haben
3 Resilienz – psychische Widerstandskraft; Fähigkeit, schwierige Lebenssituationen ohne anhaltende Beeinträchtigung zu überstehen
4 Apokalypse – Untergang; Unheil; Grauen
5 Narrativ – verbindende sinnstiftende Erzählung, Geschichte
6 Point of no Return – Punkt, an dem es kein Zurück mehr gibt

Unterrichtsinhalte:
Themenfeld: Herausforderungen der Parteiendemokratie (Q 1.2), insbesondere:
- politische Parteien als klassische Möglichkeiten der Partizipation (insbesondere Aufgaben und Funktionen von Parteien)
- Veränderungen von Parteiensystem und Parteientypen
- alternative Formen politischer Beteiligung und Entscheidungsformen (insbesondere Volksentscheid)

Kursübergreifende Bezüge
- Strukturwandel der Weltwirtschaft als Herausforderung ökonomischer Globalisierung (Q 3.2)

1   **TIPP** *Anforderungsbereich: I*

Nach einer Einleitung, in der Sie die Quelle mit allen wichtigen Angaben vorstellen, fassen Sie die Argumentation Münklers mit eigenen Worten und strukturiert zusammen. Konjunktiv und analytische Wendungen („Der Wissenschaftler warnt davor …, fordert …, widerspricht …, untermauert …") zeigen die erforderliche Distanz zum Text. Bei der unkommentierten Wiedergabe von Kernaussagen können Sie wichtige Begriffe und Wendungen wörtlich zitieren, um sie hervorzuheben.

Das Interview der Zeitschrift „Capital" mit dem Politikwissenschaft- | Quelle
ler Münkler über die Corona-Krise fand am 26. 12. 2020 statt und wurde im Januar 2021 unter dem Titel „Unser System ist verwundbar" veröffentlicht. Es thematisiert die Herausforderungen für die deutsche Demokratie aufgrund der Pandemie.

Münkler deutet die Corona-Krise als eine **„tiefe Zäsur"** (Z. 9) in | These
wirtschaftlicher und politischer Hinsicht. Er sieht sicherheitspolitische Herausforderungen und eine Bedrohung globaler Lieferketten. Das deutsche politische Modell müsse sich zudem in der Konkurrenz mit dem chinesischen und dem angloamerikanischen bewähren. Deutschland setze dabei auf die „Vernünftigkeit der Bürger" (Z. 28), was aber nur bei Vertrauen in die Regierung erfolgreich sei. Den Erfolg dieser „dauerhafte[n] Evaluation" (Z. 24 f.) hält der Wissenschaftler aber nicht für gesichert.

Er warnt daher davor, die zunehmenden **Corona-Proteste** von | Corona-Proteste
„Verschwörungstheoretikern, Impfgegnern und Rechtsradikalen" | gegen Freiheits-
(Z. 35) zu ignorieren, die sich gegen zu starke **Eingriffe des Staates** | gefährdung
in die Freiheit der Bürger richteten. Weil sich die unterschiedlichen Gruppen im Ziel nicht einig seien, sehe er jedoch keine akute Gefahr für die Demokratie (vgl. Z. 37 ff.).

Münkler widerspricht dem Vorwurf einer Übergabe politischer Ent- Demokratiege-
fährdung scheidungen an **Experten** und dem damit verbundenen **Verlust an demokratischer Kontrolle.** Dies begründet er damit, dass die demokratischen Institutionen auf Bundes- und Länderebene in einem komplizierten Prozess sowie nach wissenschaftlicher Beratung selbst zu einer Entscheidung gelangten (vgl. Z. 47 ff.).

Münkler stimmt der These zu, dass die **Proteste von „Radikalen** Radikalisierung **und Neonazis gekapert"** (Z. 57) würden. Die deutsche politische Kultur sei „auf die Mitte hin zentriert" (Z. 60), weshalb Protestbewegungen sich radikalisierten, da sie weder von einer „demokratische[n] Rechten" noch von einer „demokratische[n] Linken" (Z. 62 f.) aufgefangen würden. Vor allem die Zuwendung zum Rechtsradikalismus verspreche erhöhte Aufmerksamkeit.

Er sieht die Gefahr, dass die Kritik am **Krisenmanagement des** Widerstandsfähig-
keit der
Demokratie **„Auf-Sicht-Fahrens"** (Z. 79) mehrheitsfähig wird. Die **Resilienz der Demokratie** hänge von der Urteilsfähigkeit der Bevölkerung angesichts unterschiedlichen Expertenwissens ab. Sie dürfe die Situation nicht als „Lizenz zum exzessiven Ausleben ihrer Freiheitsbedürfnisse" (Z. 88) verstehen.

Mit **Blick auf die Zukunft** wirft Münkler die Frage auf, ob künftig Ausblick die **Globalisierung** eingeschränkt werde, da Handel und Tourismus die Pandemie gefördert hätten (vgl. Z. 98). Er warnt vor einer **apokalyptischen Deutung**, die „Hysterie" fördert, und somit „Kompromisse und Abwägen" (Z. 106 f.) erschwert. Wichtiger sei – so das abschließende Plädoyer des Wissenschaftlers – eine **Ausweitung der Partizipation**, um die Bereitschaft zu Kompromissen und langfristigem Denken zu stärken (vgl. Z. 109 ff.).

---

2 **TIPP** *Anforderungsbereich: I und II mit Schwerpunkt auf AFB II*

Die Aufgabe enthält zwei Teile. Legen Sie zunächst sachlich und durch Beispiele veranschaulicht Ihr Wissen zur Rolle der Parteien in Deutschland dar. Gehen Sie dabei auf Verfassungsnormen und -realität ein. Im zweiten Schritt sollen Sie die Hintergründe für den Wandel der genannten Parteien und des Parteiensystems insgesamt beleuchten, wie ihn das Zitat anspricht. Der Zusatzauftrag, „weitere Veränderungen einzubeziehen", vergrößert dabei Ihren Spielraum.

Politische Parteien sind frei gebildete Vereinigungen von Bürgern. GG-Auftrag
Art. 21 Diese **Gründungsfreiheit** und die herausragende Bedeutung der Parteien ergeben sich aus dem Verfassungsauftrag des GG-Artikels 21. Nach ihm wirken die Parteien an der politischen Willensbildung mit, ohne sie zu beherrschen. In der Realität ist dies jedoch oft der Fall. Man spricht wegen ihrer Schlüsselrolle in der politischen Ordnung auch von Parteienprivileg und von einer parteienstaatlichen

Demokratie. Sie wird durch die Regelung unterstützt, dass das Bundesverfassungsgericht eine Partei nur dann verbieten kann, wenn sie die Demokratie beeinträchtigen oder beseitigen will (GG Art. 21 Abs. 2).

Wie die Medien, die Verbände oder Bürgerinitiativen sind die Parteien an der **Interessenartikulation** der Gesellschaft gegenüber den politischen Akteuren beteiligt. Zusammen sollen diese **intermediären Organisationen** gewährleisten, dass die Bürgerinteressen die politische Führung erreichen. Ziel ist eine **funktionierende Kommunikation und Verständigung** zwischen den Politikern auf der staatlichen Ebene und den Wählerinnen und Wählern. Legitimität und Stabilität des politischen Systems hängen davon ab. Werden wichtige Probleme nicht in den politischen Prozess eingespeist, können sich neue Parteien bilden. Beispiele dafür sind Die GRÜNEN, die sich 1980 im Zuge der Anti-Atomkraft-Bewegung gründeten und die AfD, deren Entstehung mit der Euro- und Migrationskrise verknüpft ist. *Interessenartikulation*

Die Bündelung oder **Aggregierung von Interessen** zu entscheidungsfähigen Alternativen spielt eine besonders wichtige Rolle. Sie zeigt sich in der Entwicklung von **Partei- und Wahlprogrammen**, dann aber vor allem durch die unmittelbare Beteiligung der Parteien und ihrer Parlamentsfraktionen am gesamten Gesetzgebungsprozess. Bei ihrem Streben, möglichst viele soziale Gruppen hinter sich zu vereinen, versuchen die „Parteien der Mitte" auf allen Politikfeldern Kompromisslösungen zu entwickeln. Z. B. entwerfen sie Maßnahmen gegen Wohnungsnot und steigende Mieten, die sie von konkurrierenden Parteien abgrenzen, aber gleichzeitig für Mieter wie Wohnungseigentümer wählbar machen, obwohl sich deren Interessen stark unterscheiden. *Interessenbündelung*

Wahlen in einem Flächenstaat sind ohne Parteien nicht vorstellbar. Bei der Auswahl und **Rekrutierung des politischen Führungspersonals** von Parlament und Regierung auf Bundes- und Länderebene verfügen die Parteien über eine eindeutige Monopolstellung. Sie stellen die Kandidaten bei Wahlen und besetzen über ihre Fraktionen die Regierungspositionen. *Rekrutierung*

Die gesetzlich eingeführte **Fünf-Prozent-Sperrklausel** gilt nur bei Bundes- und Landtagswahlen. Sie soll die Funktionsfähigkeit des Parlaments sichern, ist jedoch wegen des Grundsatzes der Chancengleichheit, die allen Parteien eigentlich zukommt, umstritten. *Fünf-Prozent-Sperrklausel*

Die **Mitfinanzierung** der Parteien durch Steuergelder untermauert ihre starke Position in Staat und Gesellschaft. Dabei erfolgt die Zuteilung von öffentlichen Mitteln aufgrund der Wählerstimmen und Mitgliedsbeiträge und spiegelt so ihre gesellschaftlichen Verankerung. *Parteienfinanzierung*

Münklers Aussage, CDU, SPD, FDP und GRÜNE verstünden sich als **Parteien der Mitte** (Z. 64 f.), beschreibt einen geschichtlich gewachsenen Zustand der Parteienlandschaft, der vier Parteien charakterisiert und die Parteien AfD und DIE LINKE davon ausnimmt. Der Ausdruck „Mitte" markiert einerseits das Zentrum eines programmatischen **Links-Rechts-Schemas**, das sich seit der Französischen Revolution zur Kennzeichnung der zwei Seiten „Wandel" und „Bewahrung der politischen Ordnung" eingebürgert hat. Er wird aber auch soziologisch als Mitte der Gesellschaft verstanden, an deren Interessen sich die genannten vier Parteien orientieren. War das Selbstverständnis von Parteien früher in einer festen sozialen Klassen- oder Konfessionsbasis verankert und an Weltanschauungen wie Sozialismus oder Konservativismus gebunden, ist in der Gegenwart die Maximierung der Stimmenzahl bei Wahlen wichtiger.

Parteien der Mitte

Dahinter steht ein umfassender **gesellschaftlicher Wandel**. Insbesondere eine nachindustrielle Dienstleistungsökonomie und die Vergrößerung der Mittelschichten haben die alte Klassengesellschaft verändert. Der moderne Wohlfahrtsstaat verlagerte Erziehung und Bildung und die Bewältigung von Lebensrisiken wie Krankheit, Alter oder Arbeitslosigkeit in staatliche Hände. Der Wandel der Arbeitswelt, die steigenden Konsum-Möglichkeiten sowie die Pluralität sozialer Normen und Werte führten außerdem dazu, dass sich die Lebensführung immer stärker individualisierte.

Sozialer Wandel

Um möglichst viele Wähler gewinnen zu können, müssen Parteien über ihre Stammwähler hinaus weitere soziale Schichten ansprechen. Gerne verstehen sie sich deshalb als **Volksparteien**, die sich von den Konkurrenten weniger durch ihr programmatisches Profil oder eine aktive Mitgliedschaft, sondern vielmehr durch ihr Führungspersonal oder eine besondere „Kompetenz" unterscheiden, z. B. in sozialer, ökologischer oder ökonomischer Hinsicht.

Volksparteien

So hat die Modernisierung der **CDU** zur Preisgabe konservativer Positionen in der Gesellschafts-, Bildungs- und Verteidigungspolitik geführt. Deutlich wurde dies in der Haltung zu Atomenergie, Wehrpflicht und Einwanderung. Die **GRÜNEN**, die als ökologische Nischenpartei begannen, überrundeten zuerst im Flächenstaat Baden-Württemberg die CDU, errangen bei der letzten Bundestagswahl fast 15 und kurz darauf in NRW fast 20 Prozent. Ihre Wähler kommen nicht mehr nur aus der städtischen Mittelschicht. In Umfragen liegen sie gleichauf mit der SPD, weshalb man inzwischen vom Aufkommen einer dritten Volkspartei spricht.

Die **SPD** hatte sich über mehrere Jahrzehnte von einer Arbeiterpartei zu einer Volkspartei entwickelt, um mehrheitsfähig zu werden. Das gewerkschaftlich gebundene Arbeitnehmermilieu bildet heute weiterhin die Basis ihrer Wählerschaft, es wurde aber durch mittelständische Wählergruppen ergänzt. Durch die Arbeitsmarktreformen unter Kanzler Schröder verlor die SPD zahlreiche Anhänger im gewerkschaftlichen Bereich. Programmatisch trat sie weiter für soziale Gerechtigkeit ein, z.b. für einen höheren Mindestlohn und die Rente mit 63, öffnete sich aber gleichzeitig für Koalitionen mit der CDU, auch für die Zusammenarbeit mit der FDP, der Partei des Marktliberalismus, und den GRÜNEN, die ihren „Markenkern" in der Umwelt- und Energiepolitik sehen. Seit 2021 regiert eine Koalition von SPD, GRÜNEN und FDP.

Thematische Vielfalt und Flexibilität sowie eine gewisse **programmatische Unbestimmtheit** kennzeichnen alle Volksparteien, weil man darin eine notwendige Voraussetzung für erfolgreiche **Stimmenmaximierung** sieht. Die Vergrößerung der Parteienlandschaft von einem Vier- zu einem Sechs-Parteien-System hat die Wähleranteile der Volksparteien CDU/CSU und SPD deutlich verringert. Die Zahl der **Wechselwähler** steigt, auch der Umfang der Wahlenthaltungen. Darüber hinaus sind die **Mitgliederzahlen** und das **Engagement innerhalb dieser Parteien** rückläufig, was ihre Verankerung im Volk gefährdet.

> Erosion der Volksparteien

3 | TIPP | *Anforderungsbereich I und II mit Schwerpunkt auf AFB II*

In dieser Aufgabe untersuchen Sie ausgehend von einem Textzitat, welche Folgen sich aus der Corona-Pandemie für die Globalisierung ergeben. Darüber hinaus sollen Sie grundsätzlich Chancen und Risiken der weltwirtschaftlichen Verflechtung für Deutschland betrachten. Beachten Sie, dass es um die sachliche Darstellung von Zusammenhängen geht, nicht um ein Urteil.

Münkler führt die „Verletzlichkeit globaler Lieferketten" (Z. 15 f.) an und benennt damit eine der wirtschaftlichen Folgen der Pandemie, die den Wirtschaftsstandort Deutschland beeinträchtigen. Er meint damit die Bedrohung der Handelswege vor dem Hintergrund einer **Abhängigkeit vom Weltmarkt und besonders von China**, in seinen Augen eine der „Basisverwundbarkeiten" (Z. 89). Weitere Auswirkungen des globalen Notstands waren Produktions- und Umsatzeinbrüche durch vermehrte Krankheitsfälle, die z. B. im Tourismus auch gesunde Unternehmen gefährdeten, Kurzarbeit für Millionen Arbeitskräfte, ein Investitionsrückgang, Lahmlegung des Flugverkehrs sowie Grenzschließungen und eine erhöhte Staatsverschuldung durch stützende Subventionen.

> Einleitung

Es ist jedoch sinnvoll, Chancen und Risiken der Globalisierung für die deutsche Volkswirtschaft insgesamt zu betrachten, um den pandemiebedingten Schock seit 2020 richtig einordnen zu können.

> Verallgemeinerung

Zuallererst bedeutet ökonomische Globalisierung die Chance, Spezialisierungsvorteile durch **internationale Arbeitsteilung** zu nutzen und so eine optimale Güterversorgung zu niedrigen Preisen zu erreichen. Alltagsgegenstände wie Smartphones wären ohne die globale Arbeitsteilung sehr viel teurer. Überhaupt ermöglicht Globalisierung ein vielfältiges Produktangebot. In den Industrienationen und Schwellenländern profitieren davon die meisten Menschen.

Chancen der Globalisierung

Integriert in **europäische und globale Wertschöpfungsketten** fließen im Standort Deutschland Bauteile, Rohstoffe oder auch Dienstleistungen aus anderen Ländern in die Produktion ein, machen sie kostengünstiger und zeiteffizienter. Im Vergleich zu einer ausschließlich im Inland organisierten Produktion bietet die internationale Beschaffung von Gütern und Dienstleistungen die Möglichkeit, **Risiken zu diversifizieren** und Lieferketten auf diese Weise robuster zu machen.

Deutschland ist durch die Nutzung komparativer Kostenvorteile einer der größten **Profiteure des Welthandels**. Etwa die Hälfte des deutschen Bruttoinlandsprodukts wird über den **Export** erwirtschaftet. Fast 9 Millionen Arbeitsplätze hängen vom Handel mit Ländern außerhalb der EU ab.

Der **internationale Wettbewerb** zwingt die Unternehmen zu permanentem Technologie-Wettlauf und vergrößert durch Innovationen den Wohlstand. Wachstum, das auf Nachhaltigkeit angelegt ist, kann deshalb sogar den Ressourcenverbrauch verringern. Konzerne aus den USA, Europa und China wollen jetzt insbesondere mit der **Künstlichen Intelligenz** den technischen Fortschritt beschleunigen und ihre Marktposition stärken.

Immerhin bringen **Digitalisierung** und eine Verbesserung der Kommunikationswege bereits weitreichende Veränderungen mit sich. **E-Commerce-Plattformen** senken die Handelskosten und erleichtern zum Beispiel auch kleineren Unternehmen den Zugang zu ausländischen Märkten. On-Time-Lieferung führt zur Einsparung von Lagerkosten.

Die Verflechtung der Volkswirtschaften kennt nicht nur Chancen und Gewinner. Von der Offenheit der Märkte, einem wesentlichen Merkmal der Globalisierung, sind zunächst diejenigen im Inland negativ betroffen, die ihren **Arbeitsplatz verlieren**, weil ausländische Anbieter, z. B. aufgrund von niedrigen Lohnkosten, das gleiche Produkt billiger anbieten. **Krisen** wie die globale Finanzkrise von 2008 legen eine weitere Schwachstelle globaler Vernetzung offen. Weltweit wurden damals Unternehmen mitgerissen, Staaten mussten Banken mit Steuergeldern retten.

Risiken der Globalisierung

Die Vorteile der Globalisierung sind **global ungleich** verteilt, da die Länder des Südens oft auf die Produktion billiger Massengüter und die Lieferung von Lebensmitteln oder Rohstoffen beschränkt sind, während die Industrieländer hochentwickelte Industriegüter und Dienstleistungen herstellen. Die **Migrationsströme** haben auch darin ihre Ursache.

Auf den globalen Märkten bilden sich transnationale Unternehmen, die aufgrund ihrer wirtschaftlichen und politischen Macht den Wettbewerb beschränken. Diese **Global Player** können außerdem ihre Gewinne dorthin verlagern, wo die Körperschaftssteuern am niedrigsten sind.

Die globale Aufspaltung von Produktionsprozessen hat auch zu einer Belastung der **Umwelt** geführt und den **Klimawandel** begünstigt, vor allem durch das Wirtschaftswachstum und den vermehrten Transport von Gütern mit LKW, Schiffen oder Flugzeugen.

Der weltweite Notstand bewirkte mit Grenzkontrollen, Exportverboten und Lockdowns eine **Störung der Wertschöpfungsketten**, die ein Produkt von der Entwicklung über die Produktion bis zum Vertrieb umfassen. Güter, für die es nur wenige Zulieferer gibt, waren davon besonders betroffen. Solche „Basisverwundbarkeiten" (Z. 89) zeigten sich zum Beispiel, als aus China stammende Medizinprodukte wie Atemschutzmasken und Schutzkleidung knapper wurden.

Deutsche Unternehmen und Arbeitsplätze geraten zunehmend dadurch in Gefahr, dass es aus **geopolitischen** Gründen zu Friktionen kommt. Der Handelskrieg zwischen den USA und China belegt dies ebenso wie der von Russland seit 2022 als Druckmittel eingesetzte Zugang zum Erdgas. Auch in Bezug auf die **Cybersicherheit** wachsen die Risiken. Vor diesem Hintergrund nehmen protektionistische Maßnahmen zu.

Zusammenfassend lässt sich feststellen, dass heute wachsende Risiken die weltweite Verflechtung bremsen. Das Zeitalter der krisenfreien Globalisierung mit immer mehr Freihandel, geringeren Zöllen und schwachen internationalen Regeln geht offenbar zu Ende.

Zusammenfassung

---

4 ▶ **TIPP** *Anforderungsbereich II und III mit Schwerpunkt auf AFB III*

Die letzte Aufgabe greift das Resümee des zur Corona-Pandemie interviewten Wissenschaftlers auf und soll Sie zum eigenen, argumentativ abgesicherten Urteil anregen. Klären Sie, welche Formen direkter Demokratie es in Deutschland gibt, und stellen Sie Argumente für und gegen die Einbeziehung plebiszitärer Elemente in das deutsche politische System strukturiert dar. Fassen Sie Ihr Urteil zu Münklers Forderung am Ende zusammen.

Münkler begründet seine Forderung, die Bürger stärker „am praktischen politischen Geschäft [zu] beteiligen" (Z. 109 f.), mit dem Argument, dass sich damit Ängste und Hysterie abwehren sowie langfristiges, abwägendes Denken und Kompromissbereitschaft fördern ließen. Im Folgenden diskutiere ich diese Frage grundsätzlich und am konkreten Anlass der Pandemie.

Einleitung

Direktdemokratische Elemente wie **Volksbegehren oder Volksentscheid**, in denen über eine Sachfrage entschieden wird, gelten in Flächenstaaten wie der Bundesrepublik als Ergänzung repräsentativer Demokratie und finden sich fast nur auf der Ebene der Länder und Gemeinden. Das Grundgesetz verankert nämlich auf Bundesebene in Art. 20 den **Grundsatz der repräsentativen Demokratie**. Dort heißt es, dass die Staatsgewalt vom Volk „in Wahlen und Abstimmungen und durch besondere Organe der Gesetzgebung, der vollziehenden Gewalt und der Rechtsprechung ausgeübt" wird (Art. 20 Abs. 2). Allein bei einer Neugliederung des Bundesgebietes (GG Art. 29 Abs. 2) oder einer neuen Verfassung (GG Art. 146) ist eine Volksabstimmung festgelegt.

GG-Normen

Für die Nutzung direkter Demokratie spricht zunächst, dass sie in zahlreichen **Bundesländern** bereits in begrenztem Umfang genutzt wird und dort die repräsentative Demokratie bereichert. In Hessen wurde z. B. die Direktwahl der Bürgermeister per Volksentscheid beschlossen, in Hamburg eine Schulreform abgelehnt. Das Parlament bleibt zwar der Ort politischer Auseinandersetzung und Entscheidung. Volksabstimmungen können jedoch das Parlament zwingen, sich mit Themen zu befassen, die die Gesellschaft bewegen. Volksabstimmungen erhöhen die **Legitimation** politischer Entscheidungen. Auch verbessert die öffentliche Diskussion über Sachfragen die **Kompetenz der Bürger*innen**. Ein Missbrauch lässt sich dadurch ausschließen, dass Plebiszite zu bestimmten Problemen – etwa Haushalt und Steuern – nicht zugelassen werden. Allein durch ihre Existenz vergrößern direktdemokratische Verfahren **schon im Vorfeld von Entscheidungen** die Aufmerksamkeit der Mandatsträger*innen für Anliegen der Bürger. Sie stärken die **Transparenz und Kontrolle** der Politik und geben auch der Opposition und nicht im Parlament vertretenen Gruppen die Chance, ihre Ziele durchzusetzen.

Pro-Argumente

Allerdings **benachteiligt** direkte Demokratie **bildungsferne Milieus**. Bereits bei der Einleitung eines direktdemokratischen Verfahrens sind Angehörige bildungsnaher und wohlhabender Schichten im Vorteil. **Mächtige Interessengruppen** können sich eher durchsetzen. Dies zeigte sich z. B. 2010 bei der Ablehnung von Schulreformen in Hamburg, wo sich die finanzstarken Bürger aus den besseren Stadtteilen durchsetzten.

Kontra-Argumente

Verantwortlichkeit und Gemeinwohlorientierung sind gefährdet. Erweisen sich plebiszitär zustande gekommene Entscheidungen als falsch, können die Initiatoren nicht zur Verantwortung gezogen werden. Außerdem könnten Politiker Plebiszite missbrauchen, indem sie unliebsame politische Entscheidungen an das Volk zurückverweisen und sich damit aus der Verantwortung stehlen. Komplizierte Sachverhalte sind nur schwer auf **Ja-/Nein-Abstimmungen** zu reduzieren. Ein Plebiszit kann sogar konfliktverschärfend wirken. Mit den direktdemokratischen Elementen geht eine **Polarisierung** einher. Als Beispiel wird dafür oft das britische Brexit-Referendum genannt.

Münkler betont die **Bedeutung abwägenden Denkens** und von Kompromissen im Blick auf den Klimawandel und die globale Gesundheitskrise. Auch dieses Argument spricht wegen der Gefahr vereinfachender Emotionalisierung gegen plebiszitäre Methoden. Möglicherweise eignen sich hier jedoch neue Formen direkter Demokratie, die unterhalb der Schwelle von Entscheidungen die Bürger einbeziehen.

In den letzten Jahren wurden auf Bundes-, Landes- und kommunaler Ebene **Bürgerforen oder Bürgerräte** gebildet, die aus zufällig ausgesuchten Bürgern bestehen. Zu einem Problem und für eine begrenzte Dauer eingerichtet macht ein solcher Bürgerrat frühzeitig kontroverse Sichtweisen, Meinungen, Stimmungen und Erwartungen sichtbar und organisiert das Gespräch darüber. Ihnen stehen Sachverständige zur Seite. Ähnlich wie reine Expertengremien können sie Empfehlungen an die Entscheidungsträger formulieren. *(Bürgerräte als neue Beteiligungsform)*

2020 wurde dieser Weg in Baden-Württemberg mit dem digitalen „Bürgerforum Corona" gewählt. Weitere Themen dieser Beteiligungsform reichen von „Deutschlands Rolle in der Welt" bis zur Flächennutzung in einer Gemeinde. Ein ähnliches Vorgehen verfolgt das Auswärtige Amt, das 2022 zur Entwicklung einer Nationalen Sicherheitsstrategie **Bürgerdialoge** in mehreren Städten organisiert. Ihre Ergebnisse fließen in die Beratung von Parlament und Regierung ein. *(Beispiele)*

Das politische System der Bundesrepublik bedarf angesichts globaler gesellschaftlicher Krisen und Veränderungen einer Anpassung. Ein **stärkerer Austausch der politischen Institutionen mit der Bevölkerung** und neue Formen dafür sind notwendig. Die neuen Bürgerräte sollten auf allen politischen Ebenen weiter erprobt werden. Politik und Verwaltung können durch sie mehr über reflektierte Einstellungen und Werte der Bürger erfahren, wodurch die Willlensbildung in Parteien und bei den Entscheidungsgremien verbessert wird. So steigern Bürgerräte die **Legitimation politischer Entscheidungen**. *(Fazit)*

MARKTWIRTSCHAFT UND GLOBALISIERUNG

Aufgabenstellung

1 Fassen Sie den vorliegenden Text zusammen. (Material) (25 BE)

2 Stellen Sie ausgehend vom Material die nachfrage- und angebotsorientierte Wirtschaftspolitik gegenüber. (20 BE)

3 „Heute sind es alte Industrienationen wie die Vereinigten Staaten, die mit Markteingriffen wie Zöllen versuchen, sich gegen hochindustrialisierte ehemalige Entwicklungsländer wie die Volksrepublik China zur Wehr zu setzen." (Material) Erläutern Sie aus deutscher Perspektive Potentiale und Grenzen protektionistischer Handelspolitik. (25 BE)

4 Setzen Sie sich mit der Forderung des Autors nach weniger Staat und mehr Marktwirtschaft auseinander. (Material) (30 BE)

M   Gerald Braunberger: Mehr Adam Smith wagen (2020)

Nach Corona werde die Welt eine andere sein als zuvor, heißt es häufig. Diese Feststellung ist ebenso richtig wie banal, denn noch nie ist die Menschheit in eine vergangene Welt zurückgekehrt. […]

5   Was wiederkehrt, sind ökonomische Herausforderungen und sich daraus ableitende wirtschaftspolitische Folgen. In der Debatte um die Rolle der Industrie in den alten Industrienationen und der Finanzierung des Wirtschaftswachstums in den Eurostaaten durch einen EU-Fonds feiern aus der Geschichte bekannte Denkfiguren eine Renaissance. […]

Smith […], der wie die meisten anderen Ökonomen seiner Epoche für Freiheit,
10   Marktwirtschaft, grenzüberschreitenden Freihandel und staatliche Zurückhaltung eingetreten war, [sah] den „Reichtum der Völker" vor allem durch die Angebotsbedingungen bestimmt. […] Durch Marktfreiheit […] wollte Smith die Unternehmer zwingen, sich dem Wettbewerb zu stellen. In jedem Falle war er aber ganz und gar dagegen, einzelne Wirtschaftszweige zu unterstützen.

15   Mit vertauschten Rollen wird in unserer Zeit die Debatte über die Industrie von Donald Trump wiederbelebt. Heute sind es alte Industrienationen wie die Vereinigten Staaten, die mit Markteingriffen wie Zöllen versuchen, sich gegen hochindustrialisierte ehemalige Entwicklungsländer wie die Volksrepublik China zur Wehr zu setzen. Trump, dessen Strategie sich mit dem Schlagwort „Buy American" zusammenfassen
20   lässt, steht nicht allein. Der sich aufbauende Systemkonflikt mit Peking und die in der

Corona-Krise sichtbare Verwundbarkeit des Gesundheitswesens dienen als Stichwortgeber für europäische Regierungen, die sich eine Verlagerung industrieller Kapazitäten in ihre Länder wünschen. Dahinter steht natürlich auch der Wunsch nach Arbeitsplätzen. Zu nationalen Projekten wie der von Bundeswirtschaftsminister Peter Altmaier entworfenen Industriestrategie treten europäische Visionen. Mit dem neuen EU-Fonds sollen nach der Vorstellung der Kommission Projekte finanziert werden, die einem „klimaneutraleren, digitaleren und widerstandsfähigeren Europa" dienen. Politiker, Bürokraten und Ökonomen maßen sich an, sinnvolle, weit in die Zukunft reichende Investitionsprojekte zu definieren, während in Smiths Welt der private Wettbewerb über die Verwendung von Mitteln für Investitionen in Unternehmen entschied.

Wieder aktuell sind auch Debatten über Potentiale und Grenzen staatlicher Nachfragepolitik. […] Wohin solche Überlegungen führen, zeigt die Diskussion der langjährigen Schwäche der Produktivitätsentwicklung in Italien. Der Mainstream unter den Ökonomen verortet die Ursachen der schwachen Produktivität vor allem in einer Kombination aus einem ineffizienten Staatswesen und einem verbreiteten Klientelsystem[1]. […] Es bedarf Reformen der Strukturen in Staat und Wirtschaft, die Chancen auf ein produktiveres Arbeiten und auf zusätzliches Wachstum eröffnen. Zudem sollte die Politik darauf verzichten, wie in der Vergangenheit vermeintlich zukunftsträchtige Wirtschaftszweige besonders zu fördern. Vielmehr werden innerhalb einzelner Wirtschaftszweige in ungenügendem Maße Personal und finanzielle Ressourcen von schwächeren zu stärkeren Unternehmen transferiert. Damit unterbleibt die Schaffung attraktiver Arbeitsplätze in profitablen Unternehmen.

Anhänger strategischer Nachfragepolitik […] sehen die Menschen dagegen aus konjunkturellen Gründen unbeschäftigt. Expansive Geld-, Finanz- und Lohnpolitik soll Nachfrage schaffen, die wiederum das Wirtschaftswachstum und damit auch die Beschäftigung und die Arbeitsproduktivität steigert. […]

Die in den vergangenen Jahren in Deutschland favorisierte Politik der „schwarzen Null" gilt […] als Verirrung; vielmehr hätte Deutschland auch nach zehn Jahren Aufschwung und weitgehend ausgelasteten Kapazitäten die niedrigen Kapitalmarktzinsen nutzen müssen, um mit langfristigen Schulden Investitionen in Infrastruktur und Bildung zu finanzieren. Auf bessere Strukturen in Staat und Wirtschaft abzielende Angebotspolitik wird als neoliberale Verschwörung gegen die Menschen deklariert. Anhänger dieser Auffassung werden daher auch vehement positive Wirkungen der deutschen Hartz-IV-Reformen[2] bestreiten. […]

Langfristige Nachfragepolitik wurde nach dem Zweiten Weltkrieg in den Industrienationen vor allem in Großbritannien und in Italien betrieben. In Großbritannien führte sie unter Labour-Regierungen zu Wachstumsschwäche, zu Inflation mit Raten bis 19 Prozent und anschließend zu einem Kontrastprogramm unter Margaret Thatcher[3]. In Italien produzierte diese Politik [ebenfalls] eine hohe Inflation mit Raten bis zu 25 Prozent, deren unausweichliche Bekämpfung die Staatsfinanzen erheblich verschlechterte. „Der italienische Schuldenberg sollte also nicht in erster Linie als Zeichen einer verfehlten Finanzpolitik seit Beginn der Währungsunion gesehen werden, sondern ist vor allem ein Vermächtnis der destabilisierenden Wirtschaftspolitik der sechziger bis achtziger Jahre", schrieb das Kieler Institut für Weltwirtschaft schon vor Jahren.

65 Die mangelnde Effizienz langfristiger Nachfragepolitik kann nicht erstaunen. Für den dauerhaften Einsatz expansiver Geld-, Finanz- und Lohnpolitik in großem Stil gilt die Erfahrung, dass im Zeitablauf oft die positiven Wirkungen nachlassen, die nachteiligen Wirkungen aber zunehmen. Der EU-Fonds ist zu klein, um finanziell angeschlagenen Ländern langfristig die Finanzierung ihrer Staatshaushalte zu garantieren,
70 aber er ist zu groß für die Finanzierung wirtschaftlich sinnvoller, in den kommenden Jahren plan- und umsetzbarer Investitionen in Infrastruktur, Bildung und Gesundheit.

Stattdessen steht die Verschwendung von Geld für eine Symbolpolitik zu befürchten, deren positive Wirkungen auf Wachstum und Arbeitsproduktivität überschaubar bleiben. Investitionsprojekte werden nicht dadurch rentabel, indem ihnen die Politik
75 das Etikett „ökologisch" aufklebt. Die Finanzierung der deutschen Energiewende liefert genügend abschreckende Beispiele, von denen nicht zuletzt jene profitiert haben, deren Spezialität das Einkassieren von Subventionen darstellt. [...]

Adam Smith wäre darüber nicht erstaunt, und auch die langjährige Wirtschaftspraxis stützt diesen Befund. Krisenzeiten sind gewöhnlich Zeiten, in denen das Vertrauen
80 der Menschen in den Staat zunimmt. Auch die Wirtschaft protestiert kaum gegen den sich immer aktiver gebärdenden Staat. Das macht diese Politik allerdings nicht besser; die Grenzen zwischen einer wohlerwogenen Bekämpfung einer akuten Krise und höchst problematischen langfristigen Staatseingriffen verschwimmen zunehmend. Die Wirtschaftspolitik sollte wieder mehr Adam Smith und mehr Marktwirtschaft wagen.

Gerald Braunberger: Mehr Adam Smith wagen, 21. 08. 2020,
URL: https://www.faz.net/aktuell/wirtschaft/konjunktur/in-der-krise-hilft-mehr-marktwirtschaft-nach-adam-smith-16913973.html?premium (abgerufen am 25. 11. 2020).

Anmerkungen
1 Klientelsystem – System personeller, ungleicher Abhängigkeitsbeziehungen in politischen Apparaten, zwischen einflussreichen Personen und ihren Klienten auf der Grundlage von Leistung und Gegenleistung
2 Hartz-IV – eine aufgrund des Abbaus von Sozialleistungen umstrittene Sozialreform, die als Teil der Agenda 2010 beschlossen wurde
3 Margaret Thatcher – ehemalige britische Premierministerin, die in den 1980er Jahren neoliberale Reformen durchsetzte

Unterrichtsinhalte:
Themenfeld: Konjunkturanalyse und Konjunkturpolitik – Herausforderungen prozessorientierter Wirtschaftspolitik (Q 2.1), insbesondere:
- Möglichkeiten und Varianten nachfrageorientierter Politik (insbesondere Fiskalpolitik und Geldpolitik)
- Nachhaltiges Wachstum und fairer Wettbewerb – Herausforderungen staatlicher Ordnungspolitik (Q 2.2), insbesondere Bedeutung und Bestimmungsfaktoren mittel- und langfristigen Wirtschaftswachstums
- Ziele und Prinzipien angebotsorientierter/nachfrageorientierter Wirtschaftspolitik

Kursübergreifende Bezüge:
- Strukturwandel der Weltwirtschaft als Herausforderung ökonomischer Globalisierung (Q 3.2)
- Chancen und Risiken der Entgrenzung und Verflechtung von Nationalökonomien

1   **TIPP**   *Anforderungsbereich: I*

Der Operator „zusammenfassen" in der Aufgabenstellung ist eindeutig. Sie sollen die wesentlichen Inhalte der Textquelle sachlich und informativ wiedergeben. Fassen Sie den Text ausgehend von einem Einleitungssatz, in dem Sie die Textart, den Titel, Autor*in, die Textquelle, und das Jahr der Veröffentlichung benennen, möglichst in eigenen Worten unter Verwendung passender fachsprachlicher Begriffe zusammen. Schlüsselbegriffe können Sie in Anführungszeichen verwenden, aber verzichten Sie auf lange wörtliche Übernahmen von Formulierungen aus dem Text. Berücksichtigen Sie die Struktur des Artikels und achten Sie darauf, Ihre Distanz zum Text deutlich zu machen, indem Sie den Konjunktiv oder entsprechende sprachliche Signale verwenden.

Der von Gerald Braunberger am 21. 08. 2020 auf der Webseite www.faz.net publizierte Kommentar mit dem Titel „Mehr Adam Smith wagen" thematisiert die Frage, ob eine nachfrageorientierte Konjunkturpolitik geeignet ist, um den sich bereits abzeichnenden **wirtschaftlichen Folgen der Coronapandemie** zu begegnen. Braunberger stellt die positiven Effekte einer langfristigen **Nachfragepolitik** infrage und fordert eine Rückkehr zu marktwirtschaftlichen Prinzipien.
In der sich abzeichnenden **Konjunkturpolitik** sieht Braunberger die Gefahr, dass die europäischen Staaten das **Wirtschaftswachstum** durch eine expansive Ausgabenpolitik langfristig finanzieren und somit einzelne Wirtschaftszweige zu sehr unterstützen würden. Dies widerspreche den Thesen von **Adam Smith**, auf den die angebots-

Randnotizen:
- Einleitungssatz
- Zentrales Thema
- Forderung des Autors
- Gefahr durch nachfrageorientierte Konjunkturpolitik

orientierte Konjunkturpolitik zurückgeht, die mit einer weitgehenden Zurückhaltung des Staates die Angebotsbedingungen verbessern und für Wachstum sorgen könne (vgl. Z. 9 ff.).

Die Eingriffe in den Markt zeigten sich, so Braunberger, zum Beispiel in der Einführung von Zöllen, mit denen man gegen unerwünschte Konkurrenz aus China vorgehen wolle. Die deutsche „Industriestrategie" (Z. 25) oder die EU-Fonds seien Belege dafür, dass der **Staat als Akteur über die Allokation der Produktionsmittel bestimme** und dies nicht, wie von der Theorie des **wirtschaftlichen Liberalismus** vorgesehen, dem freien Wettbewerb überlassen werde (vgl. Z. 27 ff.).

Eingriffe in den freien Markt über Handelsbeschränkungen

Staat als Wirtschaftsakteur

Am Beispiel Italiens werde deutlich, dass die **staatliche Nachfragepolitik die Produktivität nicht gesteigert** habe. Sie habe verhindert, dass sich Arbeitskräfte und Kapital weg von schwachen und hin zu starken Unternehmen bewegt hätten. Verfechter der staatlichen Nachfragepolitik sähen diese Zusammenhänge nicht. Sie glaubten, Arbeitslosigkeit könne durch expansive staatliche Konjunkturpolitik und eine künstliche Erhöhung der Nachfrage abgebaut werden. Deshalb würden sie auch die Politik der „schwarzen Null" (Z. 47 f.) kritisieren und **bedauerten, dass die Regierung nicht mehr Schulden aufgenommen habe**, um Investitionen zu tätigen. Die über viele Jahre betriebene Nachfragepolitik habe sich, so Braunberger, schon **nach dem Zweiten Weltkrieg als wenig effektiv** herausgestellt. In Großbritannien und Italien habe sie zu zweistelligen **Inflationsraten und Schuldenbergen** geführt (vgl. Z. 55 ff.).

Versagen der Nachfragepolitik in Italien

Lehren aus der Zeit nach dem Zweiten Weltkrieg: Inflation, Staatsverschuldung

Diese Gefahr bestehe jetzt mit den EU-Fonds wieder: Es sei zu befürchten, so Braunberger, dass das Geld für unrentable Investitionen unter dem Label „ökologisch" (Z. 75) verschwendet werde. Beispiele für **Subventionen**, die von cleveren Unternehmen abgegriffen worden seien, habe es im Zusammenhang mit der deutschen Energiewende ausreichend gegeben. Dass sich die Wirtschaft nicht gegen den „sich immer aktiver gebärdenden Staat" (Z. 81) wehre, sei angesichts der Corona-Krise nicht verwunderlich, stellt Braunberger abschließend fest. **Es sei jedoch angezeigt, sich auf die Kräfte einer freien Marktwirtschaft zurückzubesinnen** und auf die langfristigen staatlichen Eingriffe zu verzichten (vgl. Z. 79 ff.).

Fehlende Effizienz der EU-Fonds

Forderung: mehr Markt und weniger Staat

In dieser Aufgabe ist gefordert, dass Sie zentrale Aspekte der angebotsorientierten und der nachfrageorientierten Wirtschaftspolitik herausgreifen und deren Effekte vergleichend darstellen. Hier ist Ihr im Unterricht erworbenes Grundlagenwissen gefragt. Ergänzend sollten Sie ausgewählte Aussagen aus dem Text (Material 1) als Beispiele heranziehen. Im Folgenden werden die beiden Ansätze nacheinander erarbeitet. Möglich ist jedoch auch eine nach einzelnen Aspekten gegliederte Gegenüberstellung.

Tipp: Legen Sie vor dem Verfassen des Textes eine Tabelle an, in der Sie die wichtigsten Merkmale beider Theorien stichpunktartig auflisten.

Die **nachfrageorientierte Wirtschaftspolitik** basiert auf den Annahmen des Briten **John M. Keynes**, der unter dem Eindruck der Weltwirtschaftskrise Ende der 20er Jahre des letzten Jahrhunderts einen Weg suchte, um der Massenarbeitslosigkeit in der Depression zu begegnen. Während viele Ökonomen die Regierungen zum Sparen aufforderten, riet Keynes der britischen Regierung, Schulden aufzunehmen und über staatliche Aufträge die Industrie zu stärken. Diese auch *deficit spending* genannte Politik prägte die Wirtschaftspolitik in Europa nach dem Zweiten Weltkrieg (vgl. Z. 55 f.) und wurde als revolutionär angesehen. **Die Rückzahlung der Staatsschulden sollte in Zeiten des Booms erfolgen**, was nicht wirklich gelang (vgl. Z. 61 ff.).

(Randnotiz: Nachfrageorientierte Wirtschaftspolitik)

(Randnotiz: Deficit Spending als Rezept gegen die Rezession)

Dem Staat kommt in der nachfrageorientierten Wirtschaftspolitik in Krisenzeiten die Rolle zu, sich **aktiv in das Wirtschaftsgeschehen einzubringen und über eine Stärkung der Nachfrage für einen Aufschwung zu sorgen.** Es wird davon ausgegangen, dass staatliche Aktivitäten über einen **Multiplikatoreffekt** wirken: die staatliche Nachfrage bewirkt Investitionen, diese sorgen für Arbeitsplätze, aus denen wiederum Einkommen erzielt wird, das dann die Nachfrage stärkt. Im vorliegenden Text (M 1) werden als Beispiele **expansiver, staatlicher Ausgabenpolitik** der EU-Fonds, das Corona-Konjunkturprogramm mit dem Ziel, „einzelne Wirtschaftszweige zu unterstützen" (Z. 14), und die auf staatlichen Subventionen basierende Industriestrategie der damaligen Bundesregierung (vgl. Z. 25) genannt.

(Randnotiz: Aktive Rolle des Staates)

(Randnotiz: Multiplikatoreffekt)

(Randnotiz: Nachfrage durch staatliche Ausgaben)

Im Bereich der Steuerpolitik sehen keynesianische Ökonomen vorübergehende **Steuersenkungen vor, um die Kaufkraft der Konsumenten zu stärken.** Dieses Ziel kann auch durch eine Erhöhung der Einkommen über eine entsprechende **Lohnpolitik** (zum Beispiel mit dem Instrument des Mindestlohns) erreicht werden. Eine **expansive Geldpolitik** soll mit niedrigen Zinsen die Konsumentenseite zu

(Randnotiz: Steuersenkungen und Einkommenserhöhungen stärken die Kaufkraft)

mehr Nachfrage motivieren, indem Kredite günstiger werden und Sparen sich nicht mehr lohnt.

Die **angebotsorientierte Wirtschaftspolitik** geht auf den amerikanischen Ökonomen **Milton Friedman** zurück und basiert auf der bereits im 18. Jahrhundert vom Nationalökonomen **Adam Smith** entwickelten Theorie, dass ein freier Markt ohne Handelsbeschränkungen für Wohlstand und Frieden sorgt. Diese **liberale Wirtschaftstheorie** geht von einer **Selbstregulierung des Marktes aus** und wurde als Gegenentwurf zum keynesianischen, nachfrageorientierten Ansatz entwickelt. Die Aufgabe des Staates ist lediglich, **Rahmenbedingungen** zu schaffen, damit die Marktteilnehmer möglichst frei agieren können. Ansonsten soll der Staat sich zurückhalten und keinesfalls als Wirtschaftsakteur auftreten. Ausgeglichene Preise und eine gerechte **Verteilung von Einkommen und Vermögen** werden, so die Theorie, durch das **Zusammenspiel zwischen Angebot und Nachfrage** gewährleistet. Liegen gute Bedingungen für die Angebotsseite vor, erzielen die Unternehmen höhere Gewinne, tätigen damit Investitionen und schaffen Arbeitsplätze. Dies stärkt am Ende die Kaufkraft und sorgt für einen **Aufschwung**. Der Staat nimmt mehr Steuern ein, sodass Geld für staatliche Transferleistungen zur Verfügung steht und der Wohlstand der Gesellschaft erhalten bleibt.

In seinem Text „Mehr Adam Smith wagen" (Material 1), der im ersten Jahr der Corona-Pandemie erschienen ist, bekennt sich Gerald Braunberger schon im Titel zu Adam Smith, der den freien Wettbewerb favorisierte und eine massive Unterstützung einzelner Wirtschaftszweige – wie sie das erste, 130 Millionen Euro umfassende **Corona-Konjunkturpaket** vom Juni 2020 vorsah – kategorisch ablehnte. Braunberger warnt ausdrücklich vor einer langfristigen Nachfragepolitik. Er beruft sich in diesem Zusammenhang auf die Erfahrungen seit der Zeit nach dem Zweiten Weltkrieg: **Anstatt weniger Schulden zu machen und das Geld zu verknappen, hätten Großbritannien und Italien sich über lange Zeit stark verschuldet** (vgl. Z. 55–64). Die durch die staatlichen Ausgaben bewirkte Erhöhung der **Geldmenge** habe zu hoher Inflation in beiden Staaten geführt. In England sei erst die Regierung Thatcher mit einer angebotsorientierten Konjunkturpolitik erfolgreich dagegen vorgegangen.

Ein zentrales Instrument angebotsorientierter Wirtschaftspolitik ist die **Geldpolitik**, weshalb dieser Ansatz auch „**Monetarismus**" genannt wird. Liberale, angebotsorientierte Ökonomen sehen in der **Steuerung der Geldmenge** einen Mechanismus, mit dem man die Entwicklung der Konjunktur effektiv beeinflussen kann. Hält sich der Staat mit der Aufnahme von Schulden, wie man es in Zeiten der „schwarzen Null" in Deutschland praktiziert hat (vgl. Z. 47 f.), stark

Angebotsorientierte Wirtschaftspolitik

Selbstregulierung des Marktes

Staat sorgt für Ordnungsrahmen und hält sich zurück

Aufschwung durch Stärkung der Angebotsseite

Beispiele aus dem Text: Corona-Konjunkturpaket und Staatsverschuldung

Mögliche Instrumente: Geldpolitik

zurück, sinken die Zinsen auf dem Kapitalmarkt, was den Unternehmen Investitionen in neue Standorte oder neue Technologien ermöglicht und für mehr Arbeitsplätze und Wachstum sorgt. **Eine Stärkung der Angebotsseite** kann auch über Instrumente aus dem Bereich der **Steuerpolitik** erfolgen. Wird die **Steuer- und Abgabelast der Unternehmen verringert**, haben sie mehr Spielraum für Investitionen und können Arbeitsplätze erhalten. Im Bereich der **Beschäftigungspolitik** kann über Deregulierungen am Arbeitsmarkt, die eine höhere Flexibilität beim Einsatz von Arbeitskräften ermöglichen, die Angebotsseite gestärkt werden. Die Unternehmen sparen zum Beispiel viel Geld ein, wenn der Staat auf weitere Erhöhungen des Mindestlohns verzichtet würde oder wenn sie Arbeitnehmer flexibel entlassen und einstellen können.

Steuerpolitik

Beschäftigungs-
politik

Auch die **Außenwirtschaftspolitik** kann im Sinne einer angebotsorientierten Konjunkturpolitik eingesetzt werden: über Abkommen und politische Vereinbarungen kann, im Gegensatz zur derzeitigen Strategie der USA (vgl. Z. 15 ff.), ein möglichst freier Handel angestrebt werden, der internationale Arbeitsteilung erleichtert und den Wettbewerb als Grundlage für Wachstum fördert.

Außenwirtschafts-
politik

3 **TIPP** *Anforderungsbereich: II*

Der Arbeitsauftrag mit dem Operator „erläutern" fordert von Ihnen, ausgehend von einem Zitat das Spannungsverhältnis zwischen Freihandel und Protektionismus darzulegen. Dabei geht es im Wesentlichen um die Chancen und Risiken der jeweiligen Strategie für die deutsche Wirtschaft. Berücksichtigen Sie auf jeden Fall die Situation Deutschlands als Mitglied der Europäischen Union und die aktuellen Herausforderungen der Corona-Krise. Aus M 1 lassen sich kaum Informationen ableiten, da hier die Konjunkturpolitik im Mittelpunkt steht.

Paraphrasieren Sie zunächst das Zitat und grenzen Sie die Begriffe „Freihandel" und „Protektionismus" voneinander ab. Fokussieren Sie sich auf eine sachliche Darstellung, Ihre eigene Meinung ist an dieser Stelle nicht gefragt.

Tipp: Notieren Sie zunächst stichpunktartig die Vor- und Nachteile der beiden Strategien.

Das in der Aufgabenstellung genannte Zitat aus M 1 bezieht sich auf die unter Donald Trump vorgenommene und von Joe Biden übernommene **Neuausrichtung der amerikanischen Handelspolitik**. Mit Slogans wie „America First" oder „Buy American" wandte sich Trump ab vom Prinzip des Freihandels und setzte eine staatliche Regulierung der Außenhandelsbeziehungen durch. Sein **Protektionismus-Programm** sollte mit **tarifären und nicht-tarifären Handelsbeschränkungen** die amerikanische Industrie stärken, vor

Einleitung mit
Paraphrasierung
des Zitats

Konkurrenz aus dem Ausland schützen und **Einnahmen aus Zöllen generieren**. Für die deutsche Wirtschaft stellen diese Restriktionen der USA, die der wichtigste Handelspartner für den deutschen Exportmarkt sind, eine Bedrohung dar.

Sollten viele Länder dem amerikanischen Beispiel folgen, wie im Zitat angedeutet, wäre das für Deutschland fatal. Die **deutsche Wirtschaft profitiert** seit Jahrzehnten **vom globalen Freihandel. Jeder vierte Arbeitsplatz in Deutschland und jeder zweite in der Industrie ist vom Export abhängig.** Von Abkommen der EU zum Beispiel mit Japan und Kanada haben in den letzten Jahren viele deutsche Unternehmen profitiert.

Fragestellung und Problematisierung

Exportabhängig-keit der deutschen Wirtschaft

In der **Corona-Pandemie** wurde schmerzhaft deutlich, wie **stark die Abhängigkeit** der deutschen Wirtschaft **von globalen Handelsbeziehungen und Wertschöpfungsketten ist.** Der Exportmarkt brach drastisch ein und umgekehrt zeigt das Beispiel der Lieferprobleme bei Masken, Medikamenten, Halbleitern und vielen Vorprodukten aus Asien, dass die nur unter den Bedingungen des Freihandels mögliche, kosteneffiziente internationale Arbeitsteilung in Krisenzeiten schnell an ihre Grenzen gerät.

Grenzen des Freihandels in der Krise

Eine Neuausrichtung der Lieferstrukturen hin zu einer **stärkeren Verlagerung der Produktion ins Inland** oder zumindest nach Europa, wie es die EU mit dem „Chips Act" bei den Halbleitern beabsichtigt und wie sie sich in der europäischen Industriepolitik abzuzeichnen scheint, sichert zwar die Versorgung, was auch im Interesse Deutschlands ist, doch werden damit Produkte und Dienstleistungen deutlich teurer. Es ist auch fraglich, ob dies angesichts des **Fachkräftemangels** überhaupt möglich ist.

Grenzen des Protektionismus

Für Deutschland ist die Frage, wie man die Abhängigkeit von Medizinprodukten mit Blick auf **zukünftige Krisen** verringern kann. **Exportkontrollen** oder sogar **-verbote** für solche Waren könnten also durchaus sinnvoll sein.

Potentiale des Protektionismus

Die Corona-Krise zeigt, dass die **Liberalisierung des globalen Handels sehr widersprüchlich** verläuft. Die Industrieländer wollen die Vorteile des Freihandels nutzen, auf der anderen Seite ist es durch die Krise fast unvermeidlich, die eigenen Märkte oder Wirtschaftsräume einseitig mit **Subventionen, Zöllen** oder **Importbeschränkungen** zu schützen.

Widersprüchlich-keit des Liberalismus

4

Diese Aufgabe knüpft an die in Aufgabe 2 erarbeiteten Inhalte an. Sie sollen eine Argumentation entwickeln, aus der Sie eine klare Position mit einem begründeten Urteil ableiten. Für die Diskussion können Sie auf Ihre im Unterricht erworbenen Kenntnisse zur Konjunkturpolitik und auf aktuelle Bezüge zurückgreifen und auf die Vor- und Nachteile einer stärkeren Steuerung der Marktprozesse durch den Staat eingehen. Die hier präsentierte Lösung ist nur ein Vorschlag für die Bearbeitung dieser Aufgabe.

Mit der Forderung nach „weniger Staat und mehr Marktwirtschaft" wird die Gretchenfrage der Ökonomie berührt. Vor allem seit der Corona-Krise ist der Ruf nach „mehr Staat" lauter geworden und es stellt sich die **Frage, ob die deutsche Konjunkturpolitik langfristig eine Neuausrichtung** vornehmen sollte.

Das Eingreifen des Staates in das Marktgeschehen in Form von staatlichen **Konjunkturprogrammen** hat primär zum Ziel, Konjunkturschwankungen auszugleichen und für Wirtschaftswachstum zu sorgen. Vor allem die **Sicherung von Arbeitsplätzen** und des **Bestands wichtiger Branchen und Industriezweige** sollen gewährleistet werden. Ein weiteres Motiv für staatliche Eingriffe besteht darin, **unerwünschten, negativen Effekten zum Beispiel im Bereich des Umweltschutzes entgegenzuwirken.** Für die aktuelle Bundesregierung steht außerdem die Frage nach einem sozial-ökologischen Umbau der Wirtschaft auf der Agenda, den der Markt aus eigenem Antrieb vermutlich nicht leisten wird.

Der wirtschaftspolitische Kurs der Bundesregierung nach der **Finanzkrise** war geprägt von einer **Geldpolitik, die mit niedrigen Zinsen für einen Nachfrageschub sorgte** und die Wirtschaft so ankurbelte, dass Deutschland recht unbeschadet aus der Krise hervorging. Auch die aktuellen Corona-Konjunkturprogramme entsprechen der **keynesianischen Theorie**, nach der **der Staat in der Krise aktiv für Nachfrage sorgen und mit gezielter Konjunkturpolitik die Wirtschaft ankurbeln soll.** Die Idee, den Konsumenten und Unternehmen mit **Steuererleichterungen und Kurzarbeitergeld** unter die Arme zu greifen, ist mit der Fürsorgepflicht des Staates begründbar und aus ethisch-moralischen Gründen nachvollziehbar und legitim. Viele Millionen Arbeitsplätze wurden durch das Kurzarbeitergeld gerettet und viele Unternehmen konnten nur durch die staatliche Unterstützung bestehen. In M 1 wird sehr polemisch darauf angespielt, dass Krisenzeiten Zeiten seien, „in denen das Vertrauen der Menschen in den Staat zunimmt" (Z. 79 f.). Tatsächlich stand die Mehrheit der Bundesbürger während der Pandemie hinter

Problematisierung und Fragestellung

Neuausrichtung der Konjunkturpolitik

Ziele staatlicher Eingriffe: Arbeitsplätze sichern, Unternehmen retten, Marktversagen ausgleichen

Keynesianische Konjunkturpolitik seit der Finanzkrise

Legitime Stärkung der Nachfrageseite in der Corona-Pandemie

den Maßnahmen der Regierung und es ist unstrittig, dass ein Eingreifen des Staates notwendig war. Auch wenn das **Risiko** besteht, dass eine **Gewöhnung an staatliche Hilfestellung** eintreten kann und es zu **Crowding-Out-Effekten** kommt, wenn die staatliche Nachfrage die private verdrängt: Offenbar gibt es Situationen, in denen die „unsichtbare Hand" versagt und der Markt nicht alles von selbst regelt. Allerdings ist unklar, wie nachhaltig die Wirksamkeit dieser antizyklischen, über *deficit spending* finanzierten Maßnahmen ist und wie stark die **Multiplikatoreffekte** wirken. Auf jeden Fall führen sie zu einer deutlichen Erhöhung der Staatsverschuldung bei geringeren Steuereinnahmen, was den staatlichen Handlungsspielraum langfristig immer stärker einschränkt.

Risiko der Staatsverschuldung

Aus **neoliberaler Sicht** wird die Angst vor einem „sich **immer aktiver gebärdenden Staat"** (Z. 81) damit begründet, dass ein auf dem **Wettbewerbsprinzip basierender freier Markt für Innovationen sorgt** und ein vielfältiges Güterangebot schafft. Die Produktionsmittel würden immer dort eingesetzt, wo sich die Wirtschaftssubjekte den höchsten Gewinn versprechen, und das **Zusammenspiel von Angebot und Nachfrage** sorgt für **angemessene Preise**. Dieser Wirkungsmechanismus erscheint überzeugend, solange die Wirtschaft wächst und ausreichend Nachfrage vorhanden ist. Während der Corona-Pandemie brach diese in großem Umfang einfach weg und auch große Unternehmen wie die Lufthansa waren auf staatliche Hilfen angewiesen.

Vorteile des Wettbewerbs: Innovationen, Güterangebot, Gewinn, ausgeglichene Preise

Vor dem Hintergrund **global agierender Unternehmen** erscheint die **Forderung nach staatlicher Passivität** mit dem Argument des freien Wettbewerbs **als wenig überzeugend**. Vielmehr müsste man mit „mehr Staat", also unter Einsatz von Instrumenten der Ordnungspolitik, die multinationalen Konzerne viel stärker kontrollieren, besteuern und eventuell sogar zerschlagen, um den **Wettbewerb** sicherzustellen und der **Marktkonzentration** entgegenzuwirken.

Multinationale Konzerne unterlaufen den freien Wettbewerb

Risiko der Marktkonzentration

Auch im Bereich des Umweltschutzes oder der **Wohnungsbaupolitik**, die mit der Mietpreisbremse quasi die Notbremse gezogen hat, zeigt sich, dass „weniger Staat und mehr Markt" nicht zwangsläufig zu sinnvollen Ergebnissen führt und die **Koordinationsmechanismen des Marktes versagen.**

Markt versagt bei Umweltschutz und Wohnungsbau

Es ist **schwer**, die eingangs gestellte Gretchenfrage eindeutig und **pauschal zu beantworten.** Dass der Staat nicht permanent als Unternehmer auftreten sollte, weil dadurch der **Wettbewerb eingeschränkt** und Innovationen ausgebremst werden, ist offensichtlich. Hinsichtlich stärkerer **ordnungspolitischer Maßnahmen und akuter Krisenbewältigung** ist die Forderung nach „weniger Staat" jedoch klar abzulehnen.

Abschließendes Fazit

DEUTSCHLANDS ROLLE IN DER WELT

Aufgabenstellung

1 Fassen Sie den vorliegenden Redeauszug zusammen. (Material) (25 BE)

2 In Anlehnung an Habermas spricht Guterres von dem „permanenten Kommunikationsfluss zwischen Politik und Zivilgesellschaft". (Material)
Erläutern Sie die Kommunikation und Verbindung zwischen Politik und Gesellschaft als ein wesentliches Merkmal der Demokratie in der Bundesrepublik Deutschland. (20 BE)

3 Untersuchen Sie auch vor dem Hintergrund des Grundgesetzes, inwiefern Deutschland der Rolle als Friedensmacht und Partner in der weltweiten Friedenssicherung gerecht werden kann. (25 BE)

4 Überprüfen Sie die These von Guterres: „Die Welt braucht Deutschland – so wie Deutschland die Welt braucht." (Material) (30 BE)

| **M** | **Rede des UN-Generalsekretärs António Guterres vor dem Deutschen Bundestag am 18. 12. 2020** |

Das Denken, die Führungskraft und der Weitblick der Deutschen haben mein gesamtes politisches Leben mitgeprägt. Als ich als junger Aktivist in der Nelkenrevolution[1] und ihren Nachwirkungen in meinem Heimatland Portugal engagiert war, leistete Deutschland entscheidende Unterstützung beim Übergang zur Demokratie und dem Aufbau
5 beständiger Institutionen. Und auch während meiner Zeit als Abgeordneter und später Premierminister war Deutschland immer gegenwärtig – mit seinem Nein zu Nationalismus und seinem Ja zur europäischen Integration, mit seinem Nein zu Isolationismus und seinem Ja zur internationalen Zusammenarbeit und Solidarität.
Als Hoher Flüchtlingskommissar der Vereinten Nationen erfuhr ich, wie durch das
10 Mitgefühl und die moralische Führung der Deutschen einigen der schutzbedürftigsten Menschen der Erde zu einem besseren Leben verholfen wurde. Als Generalsekretär der Vereinten Nationen bemerke ich, wie Deutschland tagtäglich, mit tiefem Geschichtsbewusstsein und der damit verbundenen Verantwortung, eine führende Rolle in der Welt spielt. Deutschland stellt sich den großen Herausforderungen unserer Zeit.
15 Deutschland als Friedensmacht. Deutschland als eine Säule des Multilateralismus. Deutsche haben auch an der Entstehung meines Weltbildes mitgewirkt. So ist der Philosoph mit dem größten Einfluss auf mein politisches Denken ein Deutscher: Jürgen Habermas.

Er ist nun über 90 Jahre alt und bringt weiter bedeutende Werke hervor, darunter
20 zuletzt eine wegweisende Geschichte der Philosophie. Eine seiner grundlegenden
Ideen dreht sich um ein charakteristisches Merkmal der modernen Demokratie – den
permanenten Kommunikationsfluss zwischen Politik und Zivilgesellschaft. Dieser beständige, wechselseitige Austausch trägt sowohl zu einem tieferen Verständnis von
Sachverhalten als auch zu besseren Problemlösungen bei. Die Teilhabe an öffentlichen
25 Angelegenheiten umfasst, mit anderen Worten, weit mehr als den Gang zur Wahlurne.
Sie ist das tägliche Lebenselixier der Demokratie. Sie ist ein grundlegendes Menschen-
recht. Und sie ist ein Werkzeug für eine bessere Politik. Der Bundestag ist das leben-
dige Zentrum dieser Idee.

Ich danke Ihnen herzlich für diese Einladung im 75. Jahr des Bestehens der Verein-
30 ten Nationen, einem Jahr, in dem wir wie nie zuvor auf die Probe gestellt werden.
Verehrte Abgeordnete, die COVID-19-Pandemie hat unsere Welt auf den Kopf gestellt. Sie hat mehr als 1,5 Millionen Menschenleben gefordert. Die Wirtschaft taumelt.
Unternehmen müssen schließen. Arbeitsplätze gehen verloren. Und überall leiden die
Menschen. Wir sind weiter davon entfernt, die Ziele für nachhaltige Entwicklung zu
35 erreichen. Die Armut nimmt zu. Hungersnöte drohen. Der Fortschritt bei der Gleich-
stellung der Geschlechter wurde um Jahre zurückgeworfen. Wir stehen vor der größten
Wirtschaftskrise unserer Zeit. Die Pandemie hat tiefreichende Schwächen und Bruch-
linien offengelegt – bestehende Strukturen und Zustände unserer Gesellschaften, die
unsere gemeinsame Zukunft gefährden. Ungleichheiten. Ungerechtigkeit. Unzurei-
40 chende soziale Sicherheit. Überall haben die Schwächsten am meisten zu leiden. Es ist
offensichtlich, dass globale Herausforderungen auch globaler Lösungen bedürfen.

Und dennoch mangelt es an internationaler Zusammenarbeit. Es ist offensichtlich,
dass Weltoffenheit die Voraussetzung für eine erfolgreiche Zukunft ist. Und dennoch
sehen wir an zu vielen Orten die Tendenz zur Abschottung: Eine Abkehr von den Wer-
45 ten der Aufklärung, Europas größtem Beitrag zur Zivilisation auf globaler Ebene; ein
gefährliches Treiben in Richtung des trügerischen Hafens der Irrationalität; und eine
Zunahme von Hetze, Antisemitismus, islamfeindlichem Fanatismus und anderen Formen von Diskriminierung – die sich in manchen Teilen der Welt auch gegen christliche
Minderheiten und andere richten. Wir wissen aus der Geschichte, dass eine Politik, die
50 auf Wut, Verzerrungen und Schuldzuweisungen setzt, immer und ausnahmslos in die
Katastrophe führt. Verehrte Abgeordnete, dem Kalender nach wird dieses schwierige
Jahr bald zu Ende sein. Doch Chaos richtet sich nicht nach dem Kalender. Die Probe
ist noch nicht bestanden. Manche Beschwernisse könnten sich sogar noch verstärken.
Doch bei allem Schmerz sehe ich auch Hoffnung aufkeimen, und Deutschland die
55 Samen dafür säen. Wir haben die gemeinsame Pflicht, diese Hoffnung zu nähren. Die
Welt braucht Deutschland – so wie Deutschland die Welt braucht. [...]

Darüber hinaus war und ist Deutschland ein unverzichtbarer Partner in der Friedenssicherung, der Friedenskonsolidierung und bei der Bereitstellung lebensrettender
humanitärer Hilfe. Sie verfechten gemeinsam mit uns die Auffassung, dass Frieden nur
60 von Dauer ist, wenn Frauen uneingeschränkt an allen Phasen des Prozesses mitwirken
können. Ich bitte Sie dringend, auch künftig in all diesen Bereichen eine starke Führungsrolle einzunehmen. Auch haben Sie enorme Großzügigkeit bewiesen, indem Sie

Flüchtlinge aus Syrien und vielen anderen Ländern aufgenommen und zugleich lebenswichtige Hilfslieferungen für Millionen Menschen in Syrien und dessen Nachbarlän-
65 dern ermöglicht haben. Wir müssen insgesamt mehr tun, um die Integrität des internationalen Systems zum Schutz von Flüchtlingen wiederherzustellen und den Angriff auf die Menschenrechte an allen Fronten abzuwehren. Wir stehen immer wieder vor der Herausforderung, die Werte und Bestrebungen der Allgemeinen Erklärung der Menschenrechte so umzusetzen, dass sie reale Veränderungen vor Ort bewirken. Dabei
70 geht es nicht um dieses oder jenes Recht, sondern um alle Rechte: die bürgerlichen, kulturellen, wirtschaftlichen, politischen und sozialen. Und wir müssen diese Rechte auch im Angesicht neuer Herausforderungen geltend machen, wie denen des Klimawandels oder der Digitalisierung. Aus diesem Grund lancierte ich zu Beginn dieses Jahres meinen Aktionsaufruf für die Menschenrechte. [...]
75 Verehrte Abgeordnete, es gibt noch viele weitere Herausforderungen, die uns zum gemeinsamen Handeln auffordern: die Aushöhlung des nuklearen Abrüstungsregimes, die Rechtlosigkeit im Cyberraum. Die Liste ließe sich fortführen.

Es gibt einen gemeinsamen Nenner für die Bewältigung all dieser Herausforderungen: globale Zusammenarbeit. Deutschland ist sich dessen bewusst. Anlässlich des 75-
80 jährigen Bestehens der Vereinten Nationen haben wir die Menschen zusammen mit den Parlamenten, so auch dem Deutschen Bundestag, in einer groß angelegten Kampagne zu ihren Zukunftshoffnungen und -ängsten befragt und ihnen dabei gut zugehört. Besonders ein Ergebnis stach dabei hervor: 99 Prozent der in Deutschland Befragten betrachten die globale Zusammenarbeit als entscheidend für die Förderung unserer ge-
85 meinsamen Ziele. 99 Prozent! Wenn wir in die Zukunft blicken, brauchen wir einen Multilateralismus, der Ergebnisse liefert und eine Reform der globalen Ordnung, die auf den gegenwärtigen Realitäten basiert und zukunftsorientiert ist, und nicht in der Welt von vor 75 Jahren stecken bleibt. Sowohl der Sicherheitsrat der Vereinten Nationen als auch die Gremien der Bretton-Woods-Institutionen[2] sind beste Beispiele für
90 diese Notwendigkeit. Der Multilateralismus des 21. Jahrhunderts muss vernetzt sein und das System der Vereinten Nationen mit anderen Organisationen verknüpfen, von internationalen Finanzinstitutionen bis zu regionalen Organisationen und Handelsbündnissen. Zudem muss dieser Multilateralismus inklusiv sein. Er muss über Regierungen hinausgehen und die Rolle der Zivilgesellschaft, der Regionen und Städte, der
95 Wirtschaft und der akademischen Institutionen anerkennen. Darin liegt seine Zukunft. Ich bin überzeugt, dass wir mit der Unterstützung Deutschlands auf dem richtigen Weg sind. [...]

Lassen Sie uns auf diesem Weg gemeinsam die Saat der Hoffnung nähren und eine nachhaltigere, gerechtere und freudigere Welt ins Leben rufen. Ich danke Ihnen!

Rede des UN-Generalsekretärs António Guterres vor dem Deutschen Bundestag am 18. 12. 2020, in: URL: https://www.un.org/Depts/german/gs/PDF.GERMAN.Bundestag.Final.official.pdf (abgerufen am 11. 03. 2022).

Hinweis
António Guterres ist ein 1949 geborener portugiesischer Politiker und seit dem 01. 01. 2017 Generalsekretär der Vereinten Nationen. Von 1995 bis 2002 war er Premierminister Portugals und von 2005 bis 2015 Hoher Flüchtlingskommissar der Vereinten Nationen. Am 18. 12. 2020 hielt er anlässlich

des 75-jährigen Bestehens der Vereinten Nationen eine in deutscher Sprache vorgetragene Rede im Deutschen Bundestag.

Anmerkungen

1 Nelkenrevolution – Ein linksgerichteter Militärputsch in Portugal am 25. 04. 1974 gegen die autoritäre Diktatur, der von großen Teilen der Bevölkerung unterstützt wurde und weitgehend widerstandslos verlief. Die Revolution verdankt ihren Namen den roten Nelken, die sich aufständische Soldaten in die Gewehrläufe gesteckt hatten, und ermöglichte freie und demokratische Wahlen und 1976 schließlich die friedliche Übergabe der Staatsgewalt an den neu gewählten Präsidenten und damit zur Dritten Portugiesischen Republik.

2 Bretton-Woods-Institutionen – Am 22. 07. 1944 unterzeichneten die Finanzminister und Notenbankpräsidenten von 44 Staaten zum Abschluss der Konferenz von Bretton Woods ein Abkommen zur Schaffung einer neuen internationalen Währungsordnung. Zur Kontrolle und Durchsetzung des Abkommens wurden die sogenannten Bretton-Woods-Institutionen Weltbank und Internationaler Währungsfonds (IWF) geschaffen.

Unterrichtsinhalte:

Themenfeld: Verfassung und Verfassungswirklichkeit: Rechtsstaatlichkeit und Verfassungskonflikte (Q 1.1), insbesondere:
- Grundrechte und Rechtsstaatlichkeit in der Verfassung (insbesondere Art. 1, 20, 79 GG)

Themenfeld: Herausforderungen der Parteiendemokratie (Q 1.2), insbesondere:
- politische Parteien als klassische Möglichkeiten der Partizipation (insbesondere Aufgaben und Funktionen von Parteien),
- Veränderungen von Parteiensystem und Parteientypen
- alternative Formen politischer Beteiligung und Entscheidungsformen (insbesondere Volksentscheid)

Themenfeld: Öffentlichkeit im Wandel – Zivilgesellschaft und Medien im politischen Prozess (Q 1.4), insbesondere:
- Pluralisierung, Internationalisierung und Fragmentierung politischer Öffentlichkeit

Kursübergreifende Bezüge
- Internationale Konflikte und Konfliktbearbeitung in einer differenzierten Staatenwelt (Q 3.1), insbesondere:
- Ziele, Strategien und möglicher Beitrag deutscher Außen- und Sicherheitspolitik zur Konfliktbearbeitung und -prävention

1 **TIPP** *Anforderungsbereich: I*

Stellen Sie zunächst die Quelle vor, indem Sie den Redner, Anlass und Datum sowie das Thema und die Kernaussage benennen. Legen Sie anschließend in eigenen Worten und ohne Wertungen die wichtigsten Aussagen in strukturierter Form dar. Durch Konjunktiv und analytische Wendungen („Der Redner untersucht ..., warnt ..., plädiert abschließend ...") wird die erforderliche Distanz zum Text deutlich. Textbelege mit direkten Zitaten sollten Sie auf Schlüsselbegriffe beschränken.

UN-Generalsekretär Guterres behandelt in seiner am 18. 12. 2020 vor dem Deutschen Bundestag gehaltenen Rede **Deutschlands besondere Bedeutung in der internationalen Politik.** Der Redner plädiert für die Stärkung des **Multilateralismus** und eine Politik des **Friedens** sowie für eine Reform der globalen Institutionen. *[Quelle]*

Der Generalsekretär beginnt die aus Anlass des 75. Jubiläums der UNO gehaltene Rede, indem er sein positives **Verhältnis zu Deutschland** betont. Er stützt dies auf seine Erfahrung als portugie- *[Deutschlands Bedeutung]*

sischer Politiker, UN-Flüchtlingskommissar und jetziger Generalsekretär. Gründe seien das deutsche Geschichtsbewusstsein, das Engagement für die Demokratie und für Schutzbedürftige, die Ablehnung des Nationalismus sowie die Bereitschaft zur internationalen
Kooperation (vgl. Z. 9 ff.). Er sieht daher für Deutschland „eine führende Rolle in der Welt" (Z. 13 f.) als „Friedensmacht" und „Säule
des Multilateralismus" (Z. 15).

Guterres hebt den Einfluss des Philosophen **Habermas** auf sein
Denken hervor. Dieser habe den „permanenten Kommunikationsfluss zwischen Politik und Zivilgesellschaft" (Z. 22) als wesentlich
für die Demokratie herausgestellt.

Im Blick auf weltpolitische Krisen geht der Redner vor allem auf die
Covid-19-Pandemie ein, deren gravierende ökonomische, ökologische und soziale Folgen er benennt. Entgegen der Notwendigkeit
globaler Lösungen mangele es an internationaler Zusammenarbeit.
Stattdessen sieht er die „Tendenz zur Abschottung" (Z. 44), sogar
wachsende „Irrationalität" (Z. 46), Diskriminierung von Minderheiten (vgl. Z. 47 f.) und Schuldzuweisungen (vgl. Z. 50). Guterres
warnt, dass eine daran orientierte Politik „in die Katastrophe führt"
(Z. 50 f.). Deshalb bittet er dringend um eine „starke Führungsrolle"
(Z. 61 f.) Deutschlands.

(Randnotiz: Pandemie-Krise)

Dieses Engagement sei vor allem in der **Friedenspolitik** und bei der
humanitären Hilfe wichtig. Insbesondere lobt er die deutsche Aufnahme von Flüchtlingen. Weltweit sei der Schutz von Flüchtlingen
und der „bürgerlichen, kulturellen, wirtschaftlichen, politischen und
sozialen" **Menschenrechte** (Z. 70 f.) so zu verbessern, dass „reale
Veränderungen vor Ort" (Z. 69) eintreten. Auch der Klimawandel
und die Digitalisierung erforderten das.

(Randnotiz: Friedenspolitik)

Darüber hinaus führt Guterres die Gefährdung der nuklearen Abrüs-
tung und „Rechtlosigkeit im Cyberraum" (Z. 77) als Beispiele an,
um die Notwendigkeit internationaler Zusammenarbeit zu untermauern. Er lobt den **starken Rückhalt dafür in der deutschen Bevölkerung.**

(Randnotiz: Weitere Probleme)

Abschließend lenkt der Redner seinen Blick auf die **künftige
Weiterentwicklung des Multilateralismus und der Vereinten
Nationen.** Multilaterale Zusammenarbeit solle nicht nur von den
Regierungen und der UNO, sondern auch von anderen internationalen Organisationen bis hin zu Handelsbündnissen sowie von der
Zivilgesellschaft getragen werden. Auch die UN-Organisation, vor
allem der Sicherheitsrat und die Bretton-Woods-Institutionen, würden nur zukunftstüchtig, wenn man sie an die „gegenwärtigen Realitäten" (Z. 87) anpasse.

(Randnotiz: Reform der UNO)

Ausgehend von einem Textzitat sollen Sie die Verbindung zwischen Politik und Gesellschaft erläutern, d. h. durch zusätzliche Informationen und Beispiele verdeutlichen. Überlegen Sie zunächst, welche Aspekte für diesen Kernbereich des demokratischen Prozesses in Deutschland wichtig sind, und erstellen Sie eine kleine Gliederung, um die Übersichtlichkeit ihrer Darlegung zu sichern. Durch Begriffsklärungen sowie das eine oder andere aktuelle Beispiel weisen Sie gründliche Kenntnisse nach.

Der Grundsatz der **Volkssouveränität** bildet in einer Demokratie die Grundlage für das Verhältnis von Politik und Gesellschaft. Er besagt, dass sich die freien Bürger als souveräne Träger der Staatsgewalt direkt oder über gewählte Repräsentanten selbst regieren. Wichtige Akteure des „permanenten Kommunikationsfluss[es] zwischen Politik und Zivilgesellschaft" (Z. 22) sind die politischen Parteien, die Interessenverbände, die Bürgerinitiativen und die Massenmedien. Es geht diesen **intermediären Organisationen** um die Interessenvermittlung zwischen Bürgern und politischer Führung. `Einleitung`

Die rechtliche Basis dafür, dass sich intermediäre Gruppen organisieren, artikulieren und einbringen können, bilden außer der Volkssouveränität (Art. 20 Abs. 2 GG) vor allem **Grundrechte** wie die Meinungs-, Informations- und Pressefreiheit (Art. 5 GG) sowie die Versammlungs- und Vereinigungsfreiheit (Art. 8 und 9 GG). `Verfassungsnormen`

Politische Parteien stehen zwischen Staat und Gesellschaft und wirken auf vielfältige Weise an der politischen Willensbildung mit (GG Art. 21), von der **Interessenartikulation** über deren **Bündelung zu entscheidungsfähigen Alternativen** bis zur **Auswahl des politischen Personals** in Parlamenten und Regierungen. Aufgrund der Freiheit, eine Partei zu gründen, hat sich inzwischen ein **Sechs-Parteien-System** entwickelt, das ein breites Feld gesellschaftlicher Interessen aufnimmt. Die Parteien orientieren sich vorrangig am Wahlerfolg und sind auf Koalitionsbildungen angewiesen, um ihr Programm verwirklichen zu können. `Parteien`

Zusammenschlüsse engagierter Bürger*innen außerhalb der Parteien, zum Beispiel in Vereinen, Verbänden und Bürgerinitiativen und sozialen Bewegungen, bezeichnet man als „**Zivilgesellschaft**". Verbraucherschützer*innen, Kirchen, Umwelt- und Menschenrechtsgruppen können sich frei entfalten und sind grundsätzlich gleichberechtigt. Hinzu kommen die **wirtschaftlichen Interessengruppen**. Durch Konkurrenz untereinander, z. B. zwischen Umweltschützern und Umweltschützerinnen und der Chemielobby, zwischen Gewerkschaften und Arbeitgebern und Arbeitgeberinnen, `Zivilgesellschaft` kommt es zur kontroversen Debatte. Wer über viele Ressourcen verfügt, kann dabei die öffentliche Arena mit seinen Botschaften massiv beeinflussen. Auch mächtige NGOs wie Greenpeace arbeiten daher mit großen multimedialen PR-Redaktionen. Für Transparenz soll eine parlamentarische Lobbyliste sorgen.

In manchen Politikbereichen kommt es zur freiwilligen **Kooperation von Staat und Verbänden**, bei der die Verbände an der Ausarbeitung und Ausführung der Politik institutionell beteiligt sind (Korporatismus). Im Bereich des **Sozialstaats** bringen **Wohlfahrtsverbände** wie die Caritas die Forderungen sozial schwacher Gruppen zur Sprache und übernehmen gleichzeitig Aufgaben des Staates, indem sie **soziale Hilfen** leisten. Auch die „Konzertierte Aktion" von Gewerkschaften und Arbeitgeberverbänden, zu der die Bundesregierung 2022 eingeladen hat, um gemeinsam gegen die Inflation anzugehen, gehört dazu. Korporatismus

Tages- und Wochenzeitungen oder die großen TV-Kanäle, also die **klassischen Medien**, spielen ebenfalls eine wichtige intermediäre Rolle. Ohne sie ist die Kommunikation zwischen Bürgern und Politik schwer vorstellbar. Sie fungieren als **Frühwarnsysteme**, indem sie über aufkommende gesellschaftliche Probleme kontrovers berichten. Sie tragen zur Meinungsbildung bei, indem sie Informationen prüfen und auswählen (**Gatekeeper-Funktion**), Fakten interpretieren und bewerten (**Framing-Funktion**). Ihre Rolle ist nicht nur passiv. Es kommt zu einem **Agenda Setting**, wenn beispielsweise aufgrund von Berichten der Massenmedien über den Klimawandel die Menschen dieses Thema für besonders relevant halten. **Wechselt der mediale Fokus** auf die Pandemie oder eine militärische Bedrohung, erscheint diese den Menschen am bedeutsamsten, und zwar auch dann, wenn sich an der objektiven Bedrohung durch den Klimawandel nichts ändert. Klassische Medien

Durch das **Internet** und **soziale Medien** erhalten die Bürger*innen selbst, aber auch Politiker*innen, größere Kommunikationsmöglichkeiten. Es entstehen **neue Räume der Partizipation**, zum Beispiel im Rahmen von Bürgerhaushalten. Statt Informationen nur passiv zu rezipieren, können engagierte Bürger*innen nun z. B. durch das Schreiben von Kommentaren und das Weiterleiten von Beiträgen, auch durch Online-Abstimmungen, ebenfalls **Fakten bewerten** und **Agenda Setting** betreiben. Nachteile sind die **Zersplitterung der Öffentlichkeit** und die Beschränkung auf die Kommunikation mit Gleichgesinnten, was häufig zu einer **Radikalisierung der Meinungen** und zur **Polarisierung der Gesellschaft** führt. Intransparente Algorithmen von mächtigen Suchmaschinen wie Google übernehmen kaum zu kontrollierende Gatekeeper-Funktionen. Internet und soziale Medien

3

Diese Aufgabe verlangt, die deutsche Außenpolitik unter dem Aspekt der Friedenssicherung zu überprüfen. Dabei sollen Sie die Vorgaben des Grundgesetzes einbeziehen. Nennen Sie unterstützende Argumente und kritische Einwände. Am Text der Rede anzuknüpfen, ist sinnvoll, eine weitere Auseinandersetzung mit ihm aber nicht gefordert. Achten Sie auf eine strukturierte Gedankenführung, sachlichen Stil und fachsprachliche Präzision, zu der es gehört, zentrale Begriffe zu klären.

Der UN-Generalsekretär hebt Deutschlands Rolle als „Friedensmacht" und „Säule des Multilateralismus" (Z. 15) hervor. Er sieht es als „unverzichtbare[n] Partner in der Friedenssicherung" (Z. 57 f.). Worauf kann sich diese Charakterisierung der Aufgaben deutscher Außenpolitik stützen? Und wie wird Deutschland ihr gerecht? | *Einleitung*

Frieden beginnt mit der Abwesenheit organisierter physischer Gewaltanwendung. Ein positiver Friedensbegriff zielt auf die Nachhaltigkeit dieses Zustands. Sie ist am ehesten erreichbar, wenn politische und soziale Teilhabe, Rechtsstaatlichkeit sowie die Gewährleistung der Menschenrechte hinzukommen. Staatliche Friedenspolitik muss also ein doppeltes Ziel verfolgen. | *Begriffsklärung „Friede"*

Das Grundgesetz bzw. Vorgaben des Bundesverfassungsgerichts definieren Eckpfeiler für Deutschlands Rolle als Friedensmacht. Bereits die **Präambel des GG** formuliert ein grundsätzliches Friedensgebot („dem Frieden in der Welt zu dienen"), ebenso wie **Artikel 26 Abs. 1 GG**, der es verbietet, die Führung eines Angriffskrieges vorzubereiten. Der Bundeswehr schreibt **Art. 87a GG** als Hauptaufgabe die Landesverteidigung vor und begrenzt in Abs. 2 darüber hinausgehende Ziele auf Vorgaben des GG. Dazu gehört die Achtung und Verwirklichung der **Menschenrechte**, da nach **Art. 1 Abs. 3 GG** die Grundrechte auch die vollziehende Gewalt binden. Die GG-Artikel 24 und 25 gelten als Weichenstellung zum „**offenen Staat**", im Gegensatz zum nationalistischen Machtstaat der Vergangenheit. **Artikel 25** verpflichtet die Außen- und Sicherheitspolitik auf die **Friedensordnung des Völkerrechts**, vor allem die **UN-Charta**. Er gibt den völkerrechtlichen Regeln Vorfahrt vor den nationalen Gesetzen. **Art. 24 GG** regelt die Übertragung von Hoheitsrechten auf transnationale Arrangements. Für den Bündnisfall im Rahmen des **NATO-Vertrags** oder für humanitäre Interventionen der UN liefert Art. 24 Abs. 2 GG die rechtliche Grundlage, in Verbindung mit Art. 80a Abs. III GG. Danach kann sich Deutschland in ein „System gegenseitiger kollektiver Sicherheit" einordnen, um eine „friedliche und dauerhafte Ordnung in Europa und zwischen | *Rechtliche Vorgaben* den Völkern der Welt" zu sichern. Beide Artikel berechtigen Deutschland zu „Beschränkungen seiner Hoheitsrechte".

Das **Bundesverfassungsgericht** hat klargestellt, dass damit die Mitarbeit in den Vereinten Nationen oder der NATO gemeint ist, wobei die militärischen Einsätze zur Abwehr von Angriffen nicht auf das Bündnisgebiet beschränkt bleiben müssten. Zwingend erforderlich für bewaffnete Einsätze ist ein Mandat des Bundestags, auf das bei „Gefahr im Verzug" verzichtet werden kann; der Bundestag muss aber nachträglich gefragt werden. Kein **Parlamentsvorbehalt** gilt, wenn die Soldaten für unbewaffnete Hilfe im Ausland eingesetzt werden.

Die Vorgaben des GG untermauern zunächst eine Außenpolitik als **Zivilmacht**. Sie setzt auf militärische Zurückhaltung, friedliche Konfliktregelung und internationale Zusammenarbeit. Die Zusammenarbeit mehrerer Staaten durch Verträge oder internationale Organisationen zum gegenseitigen Vorteil, also der **Multilateralismus**, ist ein weiteres Grundprinzip der deutschen Außenpolitik. | Zivilmacht

Multilateralismus

Aus der **Vielfalt multilateraler Institutionen** stechen drei Handlungsfelder heraus. Deutschland beteiligt sich in der **UNO** an der Lösung globaler Zukunftsfragen und an Friedensmissionen, zeitweise sogar als nichtständiges Mitglied im Sicherheitsrat. Die internationale Abstimmung der **Klimapolitik** auf Konferenzen der UNO steht im Vordergrund, auch weil der Klimawandel weltweit Konflikte aufgrund von Hunger und Migration auslöst. Als Erfolg deutscher Diplomatie gilt das 2015 geschlossene Abkommen zu den nuklearen Aktivitäten **Irans:** Deutschland war an der Seite der fünf ständigen Mitglieder des UN-Sicherheitsrates und der Europäischen Union direkt beteiligt.

Deutschland in der UNO

Die Mitgliedschaft in der **NATO** dient der gemeinsamen Verteidigung des Bündnisgebiets und darüber hinaus weltweiter politischer Sicherheit und Stabilität. Aufgrund seines Verzichts auf eine eigene atomare Bewaffnung steht Deutschland unter dem Schirm der Nuklearmacht USA. Durch den Zwei-plus-vier-Vertrag von 1990 sind die deutschen Streitkräfte auf maximal 370 000 Soldaten festgelegt. Die Bereitschaft, an internationalen Militäreinsätzen von UNO oder NATO zur Friedenssicherung bzw. -schaffung mitzuwirken, konnte dem Image der deutschen Außenpolitik als Trittbrettfahrer entgegenwirken, geriet jedoch 2021 mit dem überstürzten Abzug aus **Afghanistan** in die Krise.

Deutschland in der NATO

Die **EU** sichert unter ihren 27 Mitgliedsländern den Frieden, kommt aber aufgrund des Zwangs zu Konsensentscheidungen kaum voran, eigene militärische Kapazitäten gegen äußere Bedrohungen aufzubauen. In der **Ukraine-Krise** engagierte Deutschland sich vergeblich mit Frankreich und Polen, um eine Eskalation zu verhindern. Beginnend mit der Annektierung der Krim durch Russland 2014 und

Deutschland in der EU

vor allem nach dem Angriff 2022 wurden zunächst weitreichende Wirtschaftssanktionen gegen den Aggressor verhängt und die Ukraine rüstungstechnisch unterstützt.

Als exportorientierter **Handelsstaat** profitiert Deutschland vom europäischen Binnenmarkt und von einer liberalen Ordnung der Weltwirtschaft. Dazu engagiert es sich in internationalen Organisationen wie der Welthandelsorganisation **WTO**, die sich mit der Entwicklung und Überwachung der Regeln für den internationalen Handel befasst. Der Internationale Währungsfonds **IWF**, auf den Guterres hinweist (vgl. Z. 89), hilft bei Zahlungsbilanzproblemen, stabilisiert Wechselkurse und erleichtert so den freien Handel. Dahinter steht die Erwartung, dass freier Handel nicht bloß die wirtschaftliche Situation der beteiligten Volkswirtschaften verbessert, sondern auch **das friedliche Zusammenleben zwischen den beteiligten Staaten fördert**. Sie sind nämlich aus eigenem Interesse am Wohlergehen ihrer Handelspartner interessiert. Deutschland folgt in seiner Handels- wie in der gesamten Außenpolitik der Erkenntnis, dass nationale Interessen eher durch Zusammenarbeit als in einem nationalstaatlichen Gegeneinander durchzusetzen sind.

Deutschland als Handelsstaat

4 **TIPP** *Anforderungsbereich II und III mit Schwerpunkt auf AFB III*

In dieser Aufgabe ist die These von Guterres zu überprüfen, nach der Deutschland und die Welt aufeinander angewiesen sind. Sie sollen sie aufgrund von Fakten kritisch hinterfragen. Ihre Ausführungen können Sie in Analogie zur These so anlegen, dass Sie zunächst auf die Abhängigkeit der Welt von Deutschland eingehen, dann auf die Deutschlands von der Welt. Unterstützen Sie Ihre Argumente mit einleuchtenden Beispielen. An einigen Stellen bieten sich Bezüge zur Rede an. Am Ende des Abwägens sollten Sie eine begründete eigene Position erreichen.

Die allgemeine These, dass Deutschland und die Welt aufeinander angewiesen sind, werde ich in zwei Schritten erörtern. Zunächst betrachte ich Argumente, die dafür oder dagegen sprechen, dass die Welt Deutschland „braucht".

Klärung des Vorgehens

Der UN-Generalsekretär bezeichnet Deutschlands aus geschichtlicher Verantwortung begründetes **Engagement in den Vereinten Nationen** und anderen internationalen Organisationen als unverzichtbaren Beitrag für die Friedenssicherung (vgl. Z. 57 ff.). Er spricht von der „Friedensmacht" Deutschland, seinem „Nein zu Nationalismus" (Z. 6 f.) und seinem „Multilateralismus" (Z. 15), sogar von seiner „starke[n] Führungsrolle" (Z. 61 f.). Einzelheiten dazu habe ich in Aufgabe 3 dargestellt. Andererseits beklagt Guterres die ausstehende „Reform der globalen Ordnung" (Z. 86), wozu auch

Braucht die Welt Deutschland?

Guterres' Einschätzung

eine veränderte Zusammensetzung des Sicherheitsrats gehört. Dieser spiegele immer noch die politische Situation von 1945, vermutlich eine Anspielung darauf, dass weder Entwicklungs- und Schwellenländer noch Deutschland in ihm vertreten sind.

Das Selbstverständnis Deutschlands als **Zivilmacht** mit Interesse an einer liberalen Weltwirtschaftsordnung, das über viele Jahrzehnte sein Image als sicherheitspolitischer Trittbrettfahrer begünstigt hatte, scheint sich besonders seit dem russischen Angriff auf die Ukraine zu verändern. Deutschland zeigt sich bereit, auch **militärische Verantwortung** zu übernehmen, z. B. durch früher abgelehnte Waffenlieferungen in Spannungsgebiete. Aufgrund der Einbindung in die NATO und der pazifistischen Grundstimmung der Bevölkerung ist jedoch die Übernahme einer Rolle als Militärmacht unwahrscheinlich.

Deutschlands Rolle als Zivil- und Militärmacht

Deutschland als bevölkerungsmäßig größter und wirtschaftsstärkster Mitgliedsstaat gilt vor allem seit der Euro- bzw. Schuldenkrise ab 2010 als selbstbewusste **Gestaltungsmacht der EU**. Damit verbunden sind gestiegene Erwartungen, aber auch Bedenken. Einige Mitgliedsstaaten der EU üben Kritik an einer **hegemonialen Rolle** Deutschlands. Deutschland setze etwa seine Wirtschaftsmacht dazu ein, anderen Staaten eine Sparpolitik aufzuzwingen. Der institutionelle Aufbau lässt aber eine solche Rolle eigentlich nicht zu, was insbesondere in der starken Betonung des Konsenses in der Arbeitsweise des Europäischen Rates zum Ausdruck kommt.

Deutschlands Rolle in der EU

Besonders hebt Guterres die **Aufnahme von Flüchtlingen** und großzügige Hilfslieferungen Deutschlands hervor. Im Hinblick auf die **Migrationspolitik** sind allerdings Abstriche an diesem Lob notwendig. Nach 2015 ging die Aufnahmebereitschaft rasch zurück und die Eindämmung der Migration wurde zu einem Ziel der deutschen und europäischen Afrikapolitik. Die Verlagerung der europäischen Außengrenzen nach Nordafrika oder die Türkei und die Unfähigkeit der EU, die Verteilung der Flüchtlinge zu organisieren, haben in Griechenland und Italien zu menschenunwürdigen Zuständen geführt.

Migrationspolitik

Blickt man auf die **Ökonomie**, so spricht die beachtliche Exportkraft der fünftgrößten Volkswirtschaft für einen positiven Beitrag Deutschlands. Der **Handelsbilanzüberschuss** von Deutschland zeigt, dass einige Industriezweige (z. B. Autoindustrie, Maschinenbau, Umwelttechnologien) auf dem Weltmarkt besonders konkurrenzfähig sind. Besonders in Entwicklungs- und Schwellenländern ist die Nachfrage nach Investitionsgütern hoch und wird dort langfristig zu mehr Wohlstand führen. Hohe Exportüberschüsse sind jedoch zugleich Defizite der anderen Volkswirtschaften, die sich immer stärker bei uns verschulden.

Weltwirtschaft

Aber zeigt nicht die staatliche **Entwicklungszusammenarbeit** mit dem Ziel, die Kluft zwischen dem „reichen Norden" und dem „armen Süden" zu verringern, dass Deutschland seine Wirtschaftskraft verantwortlich nutzt? 0,7 Prozent des Nationaleinkommens fließen inzwischen in die Infrastruktur oder Gesundheitssysteme der armen Länder, wodurch Deutschland zur Spitze der Geberländer gehört. An der nachhaltigen Wirksamkeit auch von Projekten mit spürbarem Nutzen für die Menschen muss dennoch weitergearbeitet werden. Entwicklungs-zusammenarbeit

Neben diesen Überlegungen gibt es wichtige Argumente, die umgekehrt **Deutschlands Angewiesen-Sein auf die Welt** begründen. Braucht Deutschland die Welt?

Unter wirtschaftlichen Gesichtspunkten ist vorrangig die **Rohstoffabhängigkeit** zu nennen. Viele Industrieprodukte sind ohne den Einsatz von z. B. Aluminium, Gold, Kobalt und Lithium nicht denkbar. Steigende Rohstoffpreise und die Zunahme protektionistischer Maßnahmen, z. B. in Form von Exportbeschränkungen für Seltene Erden seitens Chinas, stellen die deutsche Volkswirtschaft vor große Herausforderungen. Russland knüpft Erdgaslieferungen an politische Bedingungen. Rohstoffe

Ein erheblicher **Fachkräftemangel** auf dem deutschen Arbeitsmarkt entsteht durch die Überalterung der Bevölkerung. Um diese demografische Lücke zu begrenzen, wurde die Einwanderung aus den europäischen Nachbarländern und aus Drittstaaten gesetzlich erleichtert. Demografischer Wandel und Einwanderung

Deutschlands ökonomische Abhängigkeit von der Welt legte auch die **Corona-Pandemie** offen. Grenzschließungen, Transportengpässe und Produktionsstopps stören die **Lieferketten** wichtiger Industriebranchen, z. B. in der Pharmaindustrie, die in großem Umfang Importe aus den USA, Indien und China benötigt. Insgesamt profitiert die Produktion hochentwickelter Industrieerzeugnisse wie die Automobilproduktion erheblich von der internationalen Arbeitsteilung. Lieferketten

Der globale **Klimawandel**, eine Folge der Nutzung fossiler Energien seit Beginn der Industrialisierung, bedroht die Lebensgrundlagen kommender Generationen in Deutschland und bewirkt hohe Folgekosten durch Naturkatastrophen und Extremwetterereignisse. Ohne intensive internationale Zusammenarbeit und gemeinsame Klimapolitik ist diese Entwicklung nicht aufzuhalten. Klimapolitik

Insgesamt erweist sich die **Richtigkeit der These** des UN-Generalsekretärs: Deutschland und die Welt sind unwiderruflich verflochten und aufeinander angewiesen. Eine nationalistische Politik, die das eigene Land über andere stellt, würde sowohl Deutschland wie den anderen schaden. Dies lässt sich auch durch das theoretische **Konzept globaler öffentlicher Güter** stützen, das in der UNO entwickelt wurde. Das Klima oder eine saubere Umwelt gehören ebenso wie **Gesundheit** und **weltweiter Friede** zu diesen Gütern. Solche Fazit und eigenes Urteil

Güter sind dadurch definiert, dass ihr **Nutzen und ihre Kosten über einzelne Staaten und ihre Bevölkerung hinausreichen** und sich damit prinzipiell auf alle Staaten und alle Menschen erstrecken. Wenn ein globales öffentliches Gut im Interesse aller ist, dann müssen auch alle Staaten je nach individueller Möglichkeit für seine Sicherung sorgen.

BUNDESPRÄSIDENTENWAHL

Aufgabenstellung

1   Fassen Sie die zentralen Aussagen des Textes zusammen. (Material 1) (25 BE)

2   Erläutern Sie die Bedeutung und Funktionen von Wahlen im politischen System der Bundesrepublik Deutschland. (25 BE)

3   Bundespräsident Frank-Walter Steinmeier appelliert in seiner Rede an den russischen Präsidenten Putin, einen Weg zu finden, den Frieden in Europa zu bewahren. (Material 1)
Analysieren Sie ausgehend von der Aussage der Karikatur (Material 2) Möglichkeiten und Grenzen der UNO, kriegerische Auseinandersetzungen zu befrieden. (25 BE)

4   Diskutieren Sie, ob der Bundespräsident in der Bundesrepublik Deutschland direkt vom Volk gewählt werden sollte. (25 BE)

| **M 1** | **Rede von Frank-Walter Steinmeier nach der Wiederwahl zum Bundespräsidenten durch die 17. Bundesversammlung (2022)** |

Das Amt des Bundespräsidenten ist ein überparteiliches [...]. Meine Verantwortung gilt allen Menschen, die in unserem Land leben. Überparteilich werde ich sein, ja – aber ich bin nicht neutral, wenn es um die Sache der Demokratie geht. Wer für die Demokratie streitet, der hat mich auf seiner Seite. Wer sie angreift, wird mich als Geg-
5 ner haben.
Dass Sie mir dieses Amt für weitere fünf Jahre anvertrauen, bewegt mich sehr. Es ist mir eine Ehre, eine Freude. Meine Freude aber wäre größer, wenn die Bundesversammlung unter anderen Bedingungen stattfinden könnte, ohne die Beschränkungen der Pandemie. Aber wichtiger noch: Meine Freude wäre größer, wenn unsere Bundes-
10 versammlung nicht in eine Zeit der Sorge fiele, Sorge um den Frieden in Europa.
Die Abwesenheit von Krieg auf unserem Kontinent war uns zur Gewohnheit geworden – geschützt von Freunden, in Frieden mit den Nachbarn, seit über dreißig Jahren wiedervereint. Welch ein Glück für unser Land! Doch in diesen Tagen lernen wir neu, was wir hätten wissen können: Frieden ist nicht selbstverständlich. Er muss immer
15 wieder erarbeitet werden, im Dialog, aber wo nötig auch mit Klarheit, mit Abschreckung, mit Entschlossenheit. All das braucht es jetzt.
Zur Klarheit gehört eines: Man mag viel diskutieren über die Gründe der wachsenden Entfremdung zwischen Russland und dem Westen. Nicht diskutieren kann man

dies: Wir sind inmitten der Gefahr eines militärischen Konflikts, eines Krieges in Ost-
20 europa. Und dafür trägt Russland die Verantwortung.

Russlands Truppenaufmarsch kann man nicht missverstehen. Er ist eine Bedrohung
der Ukraine und soll es ja auch sein. Aber die Menschen dort haben ein Recht auf ein
Leben ohne Angst und Bedrohung, auf Selbstbestimmung und Souveränität. Kein
Land der Welt hat das Recht, das zu zerstören – und wer es versucht, dem werden wir
25 entschlossen antworten.[1]

Nicht nur in der Ukraine, in vielen Ländern Osteuropas wächst die Angst. Deshalb
stehen wir an der Seite der Esten, der Letten, der Litauer; wir stehen gemeinsam mit
Polen, Slowaken und Rumänen und allen Bündnispartnern. Sie können sich auf uns
verlassen. Deutschland ist Teil der NATO und der Europäischen Union. Ohne sie wür-
30 den wir Deutsche nicht in Einheit und Freiheit leben. Das vergessen wir nicht. Ohne
jede Zweideutigkeit bekennen wir uns zu den Verpflichtungen in diesem Bündnis.

Unsere Gemeinschaft ist die Gemeinschaft liberaler Demokratien, die die Stärke
des Rechts über das Recht des Stärkeren stellen. Ich weiß wohl: In den Augen von
autoritären Herrschern gelten demokratische Institutionen als schwach. Dort, wo alle
35 Macht in einer Hand konzentriert ist, verachtet man eine Versammlung wie diese als
belangloses Ritual. Dort gelten demokratische Entscheidungsprozesse als Schwäche,
das Recht als Bremsklotz, das Bemühen um Freiheit und Glück der Bürgerinnen und
Bürger als naiv. Aber ich kann Präsident Putin nur warnen: Unterschätzen Sie nicht
die Stärke der Demokratie!
40 Warum bin ich da so sicher? Unsere Demokratie ist stark, weil sie getragen wird
von ihren Bürgerinnen und Bürgern. Weil sie ihre Kraft nicht mit Unterdrückung, nicht
mit Drohung nach außen und Angst im Inneren erkauft. Weil sie den Menschen mehr
zu bieten hat als Ideen von nationaler Größe und Herrschaft über andere.

Demokratien sind nicht alle gleich, nein. Aber sie sind einander im Inneren ver-
45 wandt. Und auch dies verbindet uns: Wir suchen nicht die Konfrontation nach außen.
Das ist die gleichlautende Botschaft aus Washington, Paris und Berlin in diesen Tagen:
Wir wollen friedliche Nachbarschaft in gegenseitigem Respekt. Bald jährt sich zum
fünfzigsten Mal die Unterzeichnung der Schlussakte von Helsinki[2]. Möge dieser Jah-
restag nicht der Anlass sein, an dem wir uns in Ost und West das Scheitern der Bemü-
50 hungen um dauerhaften Frieden in Europa eingestehen müssen. Arbeiten wir im Gegenteil für die Erneuerung dieses kostbaren Erbes. Ich appelliere an Präsident Putin:
Lösen Sie die Schlinge um den Hals der Ukraine! Suchen Sie mit uns einen Weg, der
Frieden in Europa bewahrt!

Unsere Demokratie ist stark – und auch die heutige Versammlung ist ein selbstbe-
55 wusster Ausdruck dieser Stärke. Schauen Sie sich um in dieser großen Runde; dass Sie
alle heute hier sind, aus allen Teilen unseres Landes, allen Widrigkeiten der Pandemie
zum Trotz, das zeigt: Wir achten unsere demokratischen Institutionen. Wir wissen,
dass diese Demokratie von der Vielfalt lebt, die Sie alle heute repräsentieren.

Und diese Versammlung zeigt noch etwas: Es gibt in diesem Land, jenseits der
60 Logik von Regierung und Opposition, eine ganz breite Mehrheit für die Stärkung unserer Demokratie. So verstehe ich Ihren Auftrag. Und dafür will ich mein Bestes
geben! […]

Ein Bundespräsident kann alte Gewissheiten nicht zurückholen. Natürlich nicht. Aber er kann helfen, Zukunftsangst zu nehmen und Zuversicht zu geben. Er kann daran
65 erinnern, wie viele Krisen wir in siebzig Jahren erfolgreich überwunden haben, wie die Ostdeutschen eine Diktatur zu Fall brachten, wie wir an einem vereinten Europa mitgebaut haben. Er kann Menschen Mut machen, Verantwortung zu übernehmen, ihnen den Rücken stärken, wo immer sie sich engagieren und Lösungen suchen für die Probleme unserer Zeit.

Rede von Frank-Walter Steinmeier nach der Wiederwahl zum Bundespräsidenten durch die 17. Bundesversammlung, 13.02.2022, URL:https://www.bundespraesident.de/SharedDocs/Reden/DE/ Frank-Walter-Steinmeier/Reden/2022/02/220213-Bundesversammlung.html (abgerufen am 01.05.2022).

Anmerkungen
1 Kurze Zeit nach der Rede Steinmeiers begann am 24.02.2022 die Invasion russischer Truppen in die Ukraine.
2 Schlussakte von Helsinki – Als Schlussakte wird das Abschlussdokument der Konferenz über Sicherheit und Zusammenarbeit in Europa bezeichnet, das am 01.08.1975 unterzeichnet wurde. Die Konferenz fand zwischen 1973 und 1975 zwischen den Blöcken des Ost-West-Konfliktes statt.

| **M 2** | **Der Wachhund und sein neues Herrchen (2017)** |

Heiko Sakurai

Hinweis
Neues Herrchen – Als neues Herrchen wird António Guterres bezeichnet, der seit dem 01.01.2017 Generalsekretär der Vereinten Nationen (UNO) ist.

Unterrichtsinhalte:
Themenfeld: Herausforderungen der Parteiendemokratie (Q 1.2), insbesondere:
- Nationale Wahlen und Wahl des Europaparlaments im Zusammenhang mit entsprechenden Parteiensystemen, Bildung der jeweiligen Exekutive

Kursübergreifende Bezüge:
Themenfeld: Internationale Konflikte und Konfliktbearbeitung in einer differenzierten Staatenwelt (Q 3.1), insbesondere:
- Möglichkeiten, Verfahren und Akteure kollektiver Konfliktbearbeitung und Friedenssicherung im Rahmen internationaler Institutionen und Bündnisse (insbesondere Vereinte Nationen inkl. UN-Charta, NATO)

---

1 **TIPP** *Anforderungsbereich: I*

Geben Sie ausgehend von einem vollständigen Einleitungssatz (Autor, Titel, Textsorte, Erscheinungsort und -datum sowie Thema) die zentralen Aussagen der Rede strukturiert und verständlich wieder. Verwenden Sie innerhalb Ihrer Zusammenfassung den Konjunktiv oder kennzeichnen Sie wörtliche Rede. Achten Sie darauf, nicht zu nahe am Text und dennoch präzise zu formulieren.

In der vorliegenden Rede von Frank-Walter Steinmeier vor der 17. Bundesversammlung anlässlich seiner Wiederwahl zum Bundespräsidenten am 13.02.2022, abrufbar auf www.bundespraesident.de, betont er, vor welchen Herausforderungen die Demokratie aktuell stehe. Der **Frieden in Europa sei gefährdet.** Die liberalen Demokratien würden aber über die Stärke und den Willen verfügen, den Frieden zu wahren.   `Quelle` `Thema`

In seinem Amt als Bundespräsident sieht sich Steinmeier in **überparteilicher Verantwortung** für alle Menschen, die in diesem Land leben. Er werde sich entschieden für die Demokratie einsetzen (vgl. M 1, Z. 1 ff.). Nach Jahrzehnten friedvollen Zusammenlebens in Europa zeige sich, dass dieser Friede **keineswegs selbstverständlich** sei, sondern kontinuierlich durch Dialog erarbeitet werde müsse, wenn nötig auch durch Abschreckung, Klarheit und Entschlossenheit (vgl. Z. 11 ff.). Für die aktuelle Bedrohung und Gefahr eines militärischen Konflikts trage Russland die Verantwortung (vgl. Z. 20). **Der russische Truppenaufmarsch bedrohe unmissverständlich die Ukraine in ihrer Souveränität und Selbstbestimmung** und versetze auch andere Länder Osteuropas in Angst.   `überparteiliche Verantwortung` `Bedrohung des Friedens`

Steinmeiner betont, dass Deutschland an der Seite dieser europäischen Länder stehe sowie zu den **Bündnispartnern EU und NATO und den damit einhergehenden Verpflichtungen**. Ein russischer Angriff würde zu einer entschlossenen Antwort führen (vgl. Z. 21 ff.).

Bekenntnis zu Bündnispartnern und Verpflichtungen

Steinmeier warnt Putin davor, die Stärke der Demokratie zu unterschätzen. Die Gemeinschaft liberaler Demokratien stelle das Recht und demokratische Institutionen in den Vordergrund (vgl. Z. 32 ff.). Er betont sein **Vertrauen in die Stärke der Demokratie**, weil sie von den Bürgerinnen und Bürgern getragen werde. Demokratien würden nicht die Konfrontation mit anderen suchen und entsprechend fordert Steinmeier Putin dazu auf, miteinander einen Weg zu finden, den Frieden in Europa zu bewahren (vgl. Z. 51 ff.).

Stärke der Demokratie

In der Bundesversammlung sieht Steinmeier einen Ausdruck der Stärke der Demokratie. Sie repräsentiere die Vielfalt des Landes und die **Achtung der demokratischen Institutionen**. Die in dieser Versammlung zum Ausdruck kommende Mehrheit für die **Stärkung der Demokratie** wolle er in seiner erneuten Amtszeit als Auftrag für seine Arbeit begreifen. Zwar könne er alte Gewissheiten nicht zurückholen, aber er wolle gerade in dieser Situation Ängste nehmen, Mut machen und **Lösungen finden** (vgl. Z. 54 ff.).

Auftrag der Amtszeit

2 **TIPP** *Anforderungsbereich: I und II mit Schwerpunkt auf AFB II*

Wahlen als Ausdruck der Volkssouveränität sind unmittelbar mit der Demokratie verbunden. Gehen Sie in Ihrer Einleitung darauf ein und erläutern Sie im nächsten Schritt deren konkrete Bedeutung und Funktionen im politischen System der Bundesrepublik. Nutzen Sie Fachtermini und achten Sie darauf, nicht nur einzelne Aspekte aufzuzählen, sondern Zusammenhänge aufzuzeigen.

Wahlen haben im politischen System eine zentrale Bedeutung, da sie für die Demokratie elementare Funktionen erfüllen. Durch Wahlen wird der **Wille des Volkes artikuliert und die Volkssouveränität**, wie sie in Art. 20 Abs. 2 GG verankert ist, zum Ausdruck gebracht. Damit Wahlen ihren wichtigen Funktionen gerecht werden können, finden sie **periodisch** und auf Grundlage der im Grundgesetz in Art. 38 festgeschriebenen Wahlgrundsätze - **allgemeine, freie, gleiche, geheime und unmittelbare Wahl** - statt.

Einleitung Volkssouveränität und Wahlgrundsätze

Wahlen ermöglichen den Bürgerinnen und Bügern **Teilhabe am politischen System**. Durch die Abgabe einer Stimme für Kandidaten und Parteien, welche die Interessen und Anliegen der Bürger*nnen auf politischer Ebene vertreten, werden die Präferenzen der Wähler*innen mit politischen Institutionen verbunden und in den **politischen Entscheidungsprozess einbezogen**.

Partizipation

Durch Wahlen werden **politische Mehrheiten gebildet** und damit einhergehend wird die **politische Elite rekrutiert,** die den politischen Willen der Wähler*innen umsetzt. Wahlen sind damit die **Grundlage für die politische Entscheidungsfindung und Regierungsbildung,** sie bestimmen Exekutive und Legislative. Die gewählten Volksvertreter und die gebildete Regierung sind dazu **legitimiert,** im Auftrag der Bürger*innen politische Entscheidung zu treffen und umzusetzen.

politische Mehrheitsbildung und Legitimierung

Zugleich dienen Wahlen auch der **Kontrolle der Regierung,** da durch die Wahlentscheidung einerseits die **Opposition** mit der Regierungskontrolle beauftragt wird und andererseits bei Unzufriedenheit die Regierung nach Ablauf der Legislaturperiode wieder **abgewählt** werden kann. Die **politische Macht wird jeweils nur auf Zeit** verliehen.

Kontrolle der Regierung

In einer **Parteiendemokratie** wie in der Bundesrepublik wird der Wählerwille über Parteien gebündelt. Da diese bei den in regelmäßigen Abständen stattfindenden Wahlen um die Gunst der Wähler*innen konkurrieren, fördern sie **Pluralismus und Meinungsvielfalt.**

Pluralität und Integration

Wahlen dienen dazu, die Bürger*innen in Entscheidungsprozesse miteinzubinden, sie für politische Ziele, Programme und Werte zu **sensibilisieren und zu mobilisieren.** Unterschiedliche Wahlprogramme und Personen konkurrieren um politische Macht. Politische Probleme werden thematisiert und Alternativen angeboten. Durch Wahlen werden schließlich **politische Konflikte kanalisiert** und zugleich Verfahren zur Beilegung von Konflikten festgelegt. Das Wahlergebnis entscheidet über **politische Ansätze oder Strategien.** Es zeigt sich, welche **Themen und Ideen** sich durchsetzen.

Richtungsentscheidungen

Wahlen bilden die Grundlage liberaler Demokratien, da durch Wahlen Volksvertretern und Parteien **die Entscheidungsgewalt vom Volk übertragen** wird. Durch regelmäßig stattfindende Wahlen wird die demokratische Struktur und **politische Stabilität der Bundesrepublik Deutschland gewährleistet.**

politische Stabilität

Ausgangspunkt dieser Aufgabe ist die Karikatur. Benennen Sie zunächst deren Hauptaussage. Bleiben Sie bei der darauf aufbauenden Analyse der Möglichkeiten und Grenzen der UNO, kriegerische Auseinandersetzungen zu befrieden, nicht zu allgemein und konkretisieren Sie Aspekte (z. B. Befugnisse des Sicherheitsrates). Strukturieren Sie Ihre Ausführungen nach Möglichkeiten und Grenzen bei der Friedenssicherung. Es bietet sich an, auch auf den aktuellen Ukrainekrieg einzugehen, da auch hier die begrenzten Handlungsmöglichkeiten der Vereinten Nationen deutlich werden.

Die Karikatur von Heiko Sakurai mit dem Titel „Der Wachhund und sein neues Herrchen" thematisiert den Amtsantritt des neuen UNO-Generalsekretärs am 01.01.2017. Die Karikatur zeigt António Guterres vor einer überdimensionalen Hundehütte, welche die eigentliche Macht der UNO repräsentiert, mit einem im Verhältnis zur Hütte sehr kleinen und schüchtern wirkenden Hund. Der Generalsekretär ruf dem Hund zu: „Huhu! Bereit, mit mir zusammen den Weltfrieden zu hüten?"

Einleitung Karikaturinterpretation

Die Karikatur drückt mit dem viel zu kleinen Wachhund aus, dass sein „Herrchen" Guterres bzw. die UNO **nicht die notwendigen Mittel an der Hand haben, den Weltfrieden zu bewachen.** Dabei hat diese Weltorganisation grundsätzlich einige Möglichkeiten, kriegerische Auseinandersetzungen einzuhegen, allerdings sind ihr dabei auch immer wieder Grenzen gesetzt.

Machtlosigkeit der UNO

Als Ziele der UNO sind in der Charta „**Weltfrieden und internationale Sicherheit**" in Artikel 1 festgeschrieben. Der **Sicherheitsrat** hat dabei die „Hauptverantwortung für die Wahrung des Weltfriedens" (Art. 24), er ist also das **zentrale Organ zur Konfliktlösung und Friedenssicherung.** Er besteht aus den **fünf ständigen Veto-Mächten** USA, Russland, China, Großbritannien und Frankreich, sowie zehn nichtständigen Mächten ohne Vetorecht. Der Sicherheitsrat fasst **bindende Beschlüsse** für alle UNO-Mitglieder und verfügt über Maßnahmen zur Befriedung von Konflikten, die von Wirtschaftssanktionen bis hin zu militärischen Einsätzen reichen. Er kann Friedenstruppen (sog. Blauhelme) entsenden. Seine Entscheidungen sind wirkungsvoll: Alle UNO-Mitglieder sind verpflichtet, die Resolutionen des Sicherheitsrates umzusetzen. Zugleich müssen die **Mitgliedsländer auch militärische und finanzielle Mittel zur Verfügung stellen**, um die UNO-Missionen umzusetzen.

Sicherheitsrat als zentrales Gremium

Die Macht des Sicherheitsrat ist aber insofern begrenzt, als dass jede **Vetomacht Entscheidungen blockieren** kann. So ist der Sicherheitsrat beim Krieg in der Ukraine durch Russlands Veto nicht in der Lage, Maßnahmen zu verhängen.

Einfluss der Veto-Mächte

Wenn der Sicherheitsrat wie in diesem Konflikt blockiert ist, bleibt das **Gremium der UNO-Vollversammlung**, um kriegerische Auseinandersetzungen zu befrieden. Diese verfügt über einen deutlich kleineren Instrumentenkasten und kann vor allem keine Zwangsmaßnahmen verhängen. Sie kann aber **Resolutionen ohne bindende Wirkung verabschieden.** Die Aufgabe der Vollversammlung ist es dann auch, die Staaten zu kontrollieren, ob sie die (freiwillig) eingegangenen Verpflichtungen einhalten, und ggf. die Einhaltung anzumahnen. Die UNO konnte im Ukrainekrieg **in der Vollversammlung „Etappenerfolge" von politischer Bedeutung** erzielen, da Resolutionen verabschiedet wurden, die den **Angriff Russlands** auf die Ukraine **verurteilen**, die Annexion ukrainischer Gebiete als **ungültig erklären** sowie den **Ausschluss Russlands aus dem UN-Menschenrechtsrat** erwirken. Aufgrund der nicht bindenden Wirkung ist der Adressat der Resolutionen vor allem die **Staatengemeinschaft** und nur indirekt die kriegsführende Macht, der gegenüber **Geschlossenheit** demonstriert wird.

Bedeutung der Vollversammlung

Der **UN-Generalsekretär selbst kann bei Konflikten als Vermittler auftreten**, António Guterres hat z. B. das Getreideabkommen zwischen Russland und der Ukraine vermittelt. Als Generalsekretär ist es nach Art. 99 der Charta seine Aufgabe, die Aufmerksamkeit des Sicherheitsrates auf Angelegenheiten zu lenken, die den Weltfrieden gefährden. Wie die vorliegende Karikatur veranschaulicht, ist seine Macht aber begrenzt. Die **UNO und ihre Unterorganisationen** (z. B. UNICEF, Internationale Atomenergie-Organisation) können jedoch einen Konflikt begleiten, z. B. bei humanitären Katastrophen.

Generalsekretär

Maßgebliche Handlungen zur Befriedung kriegerischer Auseinandersetzungen hängen entscheidend vom Sicherheitsrat ab, den anderen Gremien der UNO stehen dabei nur weniger wirkungsmächtige Mittel zur Verfügung. Die **Institution des Sicherheitsrates ist für den Weltfrieden unersetzlich** und doch oft **selbst die größte Hürde**. Obwohl eigentlich die **souveräne Gleichheit aller Mitglieder** in Artikel 2 der UNO-Charta festgeschrieben ist, hängt die friedliche Beilegung von Konflikten besonders von dem Engagement der Veto-Mächte ab. Eine **Reform dieses Systems** aus dem Jahr 1945 ist nicht in Sicht und bleibt somit auch auf unabsehbare Zeit eine der deutlichsten Grenzen der UNO, kriegerische Konflikte zu befrieden. Bei anderen UN-Missionen, bei denen der Sicherheitsrat sich über Maßnahmen verständigen konnte, ist die **Bilanz gespalten**, erfolgreichen Missionen stehen gescheiterte UN-Missionen gegenüber.

Fazit und Ausblick Sicherheitsrat als zentrales Gremium und große Hürde

4

Es empfiehlt sich, hier im ersten Schritt das gegenwärtige Wahlprozedere und die damit verbundene Kritik darzustellen. Nehmen Sie das als Ausgangspunkt und führen Sie im nächsten Schritt Argumente für und gegen die Direktwahl des Bundespräsidenten auf. Formulieren Sie ein schlüssiges und aus den vorherigen Argumenten hervorgehendes Urteil mit erkennbaren und nicht nur einseitigen Urteilskriterien.

Wie die vorliegende Rede verdeutlicht, wird der Bundespräsident durch die Bundesversammlung gewählt. Zur **Ausweitung der unmittelbaren Teilhabe der Bürger*innen** gibt es die Forderung, dass der Bundespräsident stattdessen direkt vom ganzen Volk gewählt werden soll.

Einleitung

Anders als bei der Wahl des Bundeskanzlers wird der Bundespräsident nicht nur durch den Bundestag gewählt. Die Bundesversammlung besteht zusätzlich zu den Mitgliedern des Bundestags **zur gleichen Zahl aus Delegierten**, die von den **16 Bundesländern** bestimmt werden. Es ist ein Gremium, das ausschließlich zur Wahl des Bundespräsidenten alle fünf Jahre zusammentritt. Die Mehrheitsverhältnisse unter den Wahlleuten sind vorhersehbar, **Mehrheiten werden bereits im Vorfeld organisiert**. Kritiker stören sich an der **Intransparenz dieses Prozesses** sowie der Berechenbarkeit dieser Wahl und wünschen sich deshalb mehr direkten Einfluss des Volkes auf dieses Amt.

Kritik am Wahlprozedere

Die Bürger*innen könnten bei einer Direktwahl statt Parteien eine Person direkt in ein Amt wählen und sich somit mit dem gewählten Bundespräsidenten **stärker identifizieren**. Auf lokaler Ebene hat sich diese direkte Besetzung eines Amts bei Bürgermeisterwahlen bewährt. Das politische System der Bundesrepublik hat sich in den letzten Jahrzehnten als stabil und robust erwiesen. Die Bürger*innen besitzen genug **Demokratieerfahrung** für Elemente direkter Demokratie auch auf Bundesebene. Der überparteiliche Bundespräsident wäre dann ein **Gegengewicht zur Bundesregierung**. Durch eine direkte Wahl durch das Volk **hätte sein Wort mehr Gewicht** und er wäre **unabhängiger von den Parteien,** was die bereits bisher angestrebte Überparteilichkeit des Amtes noch verstärken könnte.

Vorteile einer Direktwahl

Der Bundespräsident ist zwar das Staatsoberhaupt der Bundesrepublik, allerdings hat er **eingeschränkte Machtbefugnisse** und übernimmt vor allem **repräsentative Aufgaben**. Er soll **überparteilich, moderierend und integrierend** wirken. Gegen die Direktwahl spricht, dass diese Erwartungen an das Amt und seinen Wirkungsgrad wecken würde, die nicht zu der überparteilichen und repräsen-

Nachteile: Bedeutung für das politische Gefüge

tativen Rolle passen. Ein Bundespräsident mit einem direkten Mandat vom Volk wäre eine eigenständige politische Kraft. Er wäre damit **direkter legitimiert als der Bundeskanzler und hätte gleichzeitig weniger Kompetenzen**. Es entstünde eine **Konkurrenzsituation** und das **politische Gefüge** würde aus Verdruss darüber, dass jemand, der direkt gewählt wird, nicht über mehr Kompetenzen verfügt, **ggf. destabilisiert**.

Ein Wahlkampf würde diese Situation verschärfen. Bei einer Direktwahl wäre ein monatelanger und **polarisierender Wahlkampf nötig**. Eine direkte Wahl auf Bundesebene bedeutet einen nicht unerheblichen **organisatorischen und finanziellen Aufwand**, mehrere Wahlgänge könnten nötig sein. Auch dies würde die Erwartungshaltung an das Amt verändern.

Auswirkungen eines Wahlkampfs

Den Bundespräsidenten zeichnet aus, dass seine Kompetenzen sich vor allem dann zeigen, wenn das **demokratische System in „kritischem" Zustand** ist, also wenn über vorgezogene Neuwahlen oder eine Minderheitenregierung zu entscheiden ist. Diese wichtige Eigenschaft des Amtes sowie das repräsentative System auf Bundesebene und das bisherige Gefüge aus Bundesregierung, Parlament und Bundespräsident haben sich bewährt. Auch wenn eine direkte Wahl des Bundespräsidenten die Identifikation verstärken würde, könnte dies letztlich statt zu mehr Interesse vor allem zu Verdruss führen, da die **eigentlichen Machtbefugnisse** des Bundespräsidenten nur selten zum Tragen kommen und die **Erwartungshaltung an sein Amt durch eine direkte Wahl verändert würde**.

Fazit

DER BUNDESWEHREINSATZ IN MALI

Aufgabenstellung

1 Fassen Sie den Text zusammen. (Material) (25 BE)

2 Erläutern Sie die Rolle von Bundestag und Bundesregierung bei der Entscheidung über Auslandseinsätze der Bundeswehr. (25 BE)

3 „Dschihadistische Gruppen und kriminelle Banden sind im Grenzgebiet zwischen Burkina Faso, Mali und dem Niger weiter aktiv." (Material)
Stellen Sie Merkmale und Ziele des internationalen Terrorismus dar. (20 BE)

4 Diskutieren Sie, ob sich Deutschland militärisch in *failed states* wie beispielsweise Mali engagieren soll. (30 BE)

M Peter Hille: Ende für Mali-Einsatz der Bundeswehr (2022)

„Unser Einsatz ist kein Selbstzweck". Bedeuten diese Worte von Außenministerin Annalena Baerbock im Gespräch mit der Süddeutschen Zeitung den Anfang vom Ende des Mali-Engagements der Bundeswehr? Angesichts der jüngsten Schritte der malischen Regierung müsse man sich ehrlich fragen, ob die Voraussetzungen für den Er-
5 folg des Engagements weiter gegeben seien, so die Grünen-Politikerin weiter. So klar hatte bisher kein deutscher Regierungsvertreter die Zukunft der derzeit größten deutschen Auslandsmission infrage gestellt.
    In Berlin herrscht Ärger über die Regierung von Assimi Goita, der sich im Mai 2021 an die Macht putschte und zum Übergangspräsidenten ernannte. Er will doch
10 nicht wie bisher geplant im Februar Wahlen abhalten, sondern erst in fünf Jahren.
    „Die Rückkehr zur verfassungsmäßigen Ordnung ist eine wichtige Voraussetzung für das Engagement der internationalen Gemeinschaft in Mali", sagt Agnieszka Brugger, Verteidigungsexpertin der Grünen im Bundestag: „Große Irritation und Verärgerung haben natürlich auch die jüngsten Entscheidungen des Übergangsregimes
15 ausgelöst, durch die die internationalen Truppen, auch die Bundeswehr, in ihrer Bewegungsfreiheit im Rahmen der Mission behindert worden sind, etwa durch verweigerte Überflugrechte."
    Erstmals hatte Mali Mitte Januar einer deutschen Militärmaschine den Überflug verweigert. Das Transportflugzeug mit 75 Soldaten an Bord musste daraufhin umkeh-
20 ren. Anfang vergangener Woche forderte die Regierung dann dänische Soldaten der europäischen „Takuba"-Mission[1] auf, das Land unverzüglich zu verlassen. Und zu Be-

ginn dieser Woche schließlich verwies die Übergangsregierung den französischen Botschafter des Landes. Bamako[2] scheint schwer bemüht, sich von den europäischen Partnern und insbesondere der ehemaligen Kolonialmacht Frankreich weiter zu distan-
25 zieren.

„All das gibt Anlass zu sehr großer Sorge und deshalb kann es kein Weiter-so und keinen Blankoscheck für die Verlängerung der Mandate geben", sagt Brugger [...]. Klar für ein Ende der Bundeswehr-Mandate sprechen sich im Bundestag bislang nur die Partei Die Linke und die rechtspopulistische AfD aus. „Die Bundeswehr raus aus
30 Mali – sofort", fordert etwa der AfD-Abgeordnete René Springer.

Ende Mai laufen die Mandate für die beiden Bundeswehr-Einsätze im Rahmen der EU-Ausbildungsmission EUTM[3] und der UN-Friedensmission MINUSMA[4] aus. Dann muss der Bundestag entscheiden, ob die Mission verlängert wird.[5]

Deutsche Soldaten sind seit fast neun Jahren in Mali im Einsatz. Im Januar 2013
35 hatte die malische Regierung Frankreich und die Vereinten Nationen um Hilfe ersucht. Die Armee des Landes stand kurz vor dem Kollaps. Ein Einmarsch islamistischer Kämpfer in der Hauptstadt Bamako schien nur noch eine Frage von Wochen. Die Franzosen entsandten Soldaten, es folgten Truppen aus dem Tschad und vielen weiteren Ländern, darunter auch Deutschland. Mit Hilfe dieser internationalen Militärpräsenz
40 gelang es zunächst, Islamisten und andere Rebellen in den Norden des Landes zurückzudrängen.

Doch neun Jahre später fällt die Bilanz der Einsätze ernüchternd aus. Dschihadistische Gruppen und kriminelle Banden sind im Grenzgebiet zwischen Burkina Faso, Mali und dem Niger weiter aktiv. In den vergangenen fünf Jahren nahm die Zahl der
45 Terroranschläge wieder deutlich zu. Und das trotz Drohnen und Hubschraubern, trotz der Ausbildung der malischen Armee, trotz Milliarden an Euro, die europäische Länder ausgegeben haben.

Wird Mali also zu einem zweiten Afghanistan? Philipp Münch, Experte für Sicherheitspolitik und Streitkräfte am Zentrum für Militärgeschichte und Sozialwissenschaf-
50 ten der Bundeswehr in Potsdam, sieht durchaus Parallelen. In beiden Ländern hätten westliche Länder mit viel Aufwand versucht, das Militär zu stärken.

„Die Fähigkeiten und Ressourcen in Mali reichen aber anscheinend nicht wirklich aus, um ein westliches Streitkräfte-Modell zu unterhalten und die erforderlichen Kenntnisse wirklich dauerhaft zu vermitteln", sagt Münch der DW: „Das ist im Grunde
55 ein sehr ähnliches Problem, wie wir es in Afghanistan gesehen haben. Aus meiner Sicht ist es nicht hilfreich, hier ein westliches Streitkräfte-Modell zu übertragen."

Doch die Probleme Malis gehen weit über eine zu schwache, von Korruption geplagte Armee hinaus. Dürre, Armut, Cliquenwirtschaft und die andauernde Rivalität verschiedenster Gruppen im politischen System lähmen das Land.
60 „Deswegen würde ich argumentieren, dass Fragen, die sich auf die technischen und operativ-taktischen Maßnahmen der Einsätze konzentrieren, eigentlich zweitrangig sind", sagt Münch. „Ich muss zuerst die Grundlage eines stabilen politischen Zentrums schaffen und dann erst können die anderen Maßnahmen erfolgreich sein."

Natürlich habe man ein Interesse daran, dass sich Mali zu einem demokratischen
65 Rechtsstaat entwickelt, sagt der verteidigungspolitische Sprecher der CDU/CSU-Fraktion im Bundestag, Florian Hahn. „Bedauerlicherweise müssen wir aber auch

feststellen, dass frühere demokratisch gewählte Regierungen oftmals weniger Akzeptanz bei der Bevölkerung hatten als beispielsweise die jetzige Putschisten-Regierung", analysiert Hahn [...].

70 Wichtig sei, dass das Land wieder stabilisiert werde und dass es den Menschen dort gut gehe. „Wenn wir nur noch Länder unterstützen, die einwandfreie Demokratien sind, handeln wir nicht im eigenen sicherheitspolitischen Interesse. Unsere vorrangigen Ziele vor Ort müssen die Terrorismusbekämpfung und die Verhinderung von ungesteuerter Massenmigration nach Europa sein."

Peter Hille: Ende für Mali-Einsatz der Bundeswehr, Deutsche Welle vom 02.02.2022,
https://www.dw.com/de/ende-für-mali-einsatz-der-bundeswehr/a-60571609

Anmerkungen

1 Takuba-Mission – Die Task Force Takuba ist ein am 27.03.2020 beschlossener militärischer Einsatzverband europäischer Staaten zur Unterstützung der durch Frankreich geführten Operation Barkhane im Einsatz gegen terroristische Gruppen in der Sahelzone auf Ersuchen der Regierungen Nigers und Malis.
2 Bamako – Hauptstadt Malis
3 EUTM – European Union Training Mission. Bei der Europäischen Trainingsmission unterstützt die Europäische Union (EU) die malische Regierung dabei, die Sicherheit und Stabilität im Land wiederherzustellen.
4 MINUSMA – United Nations Multidimensional Integrated Stabilization Mission in Mali. Die Stabilisierungsmission der Vereinten Nationen soll der Sicherung des Friedens dienen.
5 Der Bundestag hat zugestimmt, dass der Bundeswehreinsatz in Mali bis Mai 2023 verlängert wird. Die Bundesregierung plant, diesen Einsatz vom Bundestag letztmalig bis Mai 2024 verlängern zu lassen.
6 DW – Die Deutsche Welle ist der Auslandsrundfunk der Bundesrepublik Deutschland.

Unterrichtsinhalte:
Themenfeld:
Internationale Konflikte und Konfliktbearbeitung in einer differenzierten Staatenwelt
(Q 3.1), insbesondere:

- Analyse eines aktuellen, exemplarischen Konflikts vor dem Hintergrund unterschiedlicher Konfliktarten (innerstaatliche/internationalisierte Bürgerkriege, zwischenstaatliche Konflikte, Terrorismus) und einer differenzierten Staatenwelt (klassische Nationalstaaten, failed states, transnational eingebundene Staaten)
- Ziele, Strategien und möglicher Beitrag deutscher Außen- und Sicherheitspolitik zur Konfliktbearbeitung und -prävention

Kursübergreifende Bezüge:
Themenfeld: Verfassung und Verfassungswirklichkeit: Rechtsstaatlichkeit und Verfassungskonflikte (Q 1.1), insbesondere:

- Parlament, Länderkammer, Bundesregierung und Europäische Institutionen im Gesetzgebungsprozess (insbesondere Spannungsfeld Exekutive – Legislative)

1

> **TIPP** *Anforderungsbereich: I*
>
> In der Einleitung zu Ihrem Text sollen Autor, Titel, Textsorte, Erscheinungsjahr und das Thema genannt werden. Achten Sie bei Ihren Ausführungen darauf, dass Sie Distanz zu den Aussagen des Textes wahren, indem Sie die indirekte Rede verwenden.

In dem Kommentar von Peter Hille „Ende für Mali-Einsatz der Bundeswehr", der auf dw.com am 02.02.2022 erschienen ist, stellt der Autor den **Erfolg des Bundeswehreinsatzes in Mali** infrage. Nachdem Außenministerin Baerbock angesichts des Verhaltens der malischen Regierung betont habe, dass der Einsatz der Bundeswehr **kein Selbstzweck** sei, sei unklar, ob das dortige Engagement der Bundeswehr fortgeführt werde (M 1, Z. 1 ff.).

Für Irritationen sorge insbesondere das **unkooperative Verhalten der malischen Putsch-Regierung,** die der Bundeswehr in einem konkreten Fall Überflugrechte verweigert und somit die Bewegungsfreiheit der Bundeswehr in Mali eingeschränkt habe. Ebenso hätten dänische Soldaten und der französische Botschafter das Land verlassen müssen. Sowohl die Außenministerin als auch die Verteidigungsexpertin im Bundestag betonten daraufhin, das Mandat für die Bundeswehr werde **nicht automatisch verlängert.** Die Verlängerung des Mandats werde regelmäßig mit **Mehrheitsbeschluss des Bundestags** entschieden. Einen Abzug der Bundeswehr aus Mali

Einleitung:
Inhaltskern

Voraussetzung
für Einsatz
weiterhin
gegeben?

Verhalten des
Übergangs-
regimes

fordern bisher jedoch nur die Linkspartei und die AfD (vgl. Z. 26 ff.).

Tatsächlich sei nach Ansicht des Sicherheitsexperten Philipp Münch die Bilanz des neunjährigen Einsatzes ernüchternd. Zwar sei ein möglicher **Zusammenbruch des malischen Staates** vor neun Jahren **verhindert** worden, doch seit Längerem nehme die **Terrorgefahr** vor allem im Süden des Landes wieder zu. Die Ausbildung der malischen Armee habe – wie bereits in Afghanistan – trotz hohen Aufwands nicht zu einem Erfolg geführt, weil das **westliche Streitkräftemodell** nicht auf das Land **übertragbar** gewesen sei (vgl. Z. 48 ff.). **Vorrangig** müssten nach Ansicht des verteidigungspolitischen Sprechers der CDU/CSU-Fraktion im Bundestag Hahn die **Probleme wie Korruption und Armut** gelöst werden und ein – wie auch Münch feststellt – „**stabile[s] politische[s] Zentrum[…]**" (Z. 63) geschaffen werden, bevor man im nächsten Schritt die anderen Probleme des Landes angehen könne. Dabei sei auch die **Demokratisierung des Landes kein primäres Ziel**, sondern **stabile Verhältnisse**. Dadurch werde die Terrorbekämpfung vor Ort ermöglicht und eine Massenmigration nach Europa verhindert (vgl. Z. 73 ff.).

ernüchternde Bilanz des Einsatzes

Parallele zu Afghanistan

---

2 **TIPP** *Anforderungsbereich: I und II mit deutlichem Schwerpunkt auf AFB II*

Bei dieser Aufgabe geht es einerseits um die verfassungsrechtlichen Vorgaben, die für den Einsatz der Bundeswehr gelten, andererseits aber auch um die Besonderheiten im Verhältnis von Regierung und Parlament in einer parlamentarischen Demokratie wie der Bundesrepublik Deutschland.

Die Rolle von Bundestag und Bundesregierung bei der Entscheidung über Auslandseinsätze der Bundeswehr ist im **Grundgesetz** der Bundesrepublik Deutschland festgelegt.

Art. 24 GG regelt die generelle **Zuständigkeit des Bundes** für die **Verteidigung** und den **Schutz der Freiheit** des deutschen Volkes sowie die Mitwirkung der Bundesrepublik an einem **gemeinsamen Verteidigungssystem. Bundestag und Bundesregierung** sind dafür verantwortlich, die Sicherheit Deutschlands und seiner Bündnispartner zu gewährleisten. Wenn es um Auslandseinsätze der Bundeswehr geht, müssen beide Organe sicherstellen, dass diese Einsätze im **Einklang mit den Grundsätzen des Grundgesetzes** und des **Völkerrechts** stehen. Nach Art. 26 GG ist etwa das Vorbereiten oder gar Führen eines **Angriffskrieges verfassungswidrig**.

verfassungsrechtliche Vorgaben

Verantwortung von Bundestag und Bundesregierung

Die Bundesregierung ist für die **Durchführung von Auslandsein-** Auslandseinsätze
sätzen der Bundeswehr verantwortlich. Das **Bundesverteidigungs-**
ministerium plant und koordiniert den Einsatz und stellt sicher, dass
die Soldaten angemessen ausgerüstet und geschult sind.

Allein der Bundestag entscheidet über Auslandseinsätze der Bun- Parlamentsarmee
deswehr **(Parlamentsvorbehalt)**, dies wurde 1994 im sogenannten
out-of-area-Urteil des Bundesverfassungsgerichts bestätigt und
2005 im **Parlamentsbeteiligungsgesetz** (ParlBG) konkretisiert. Die
Regierung muss demnach einen Einsatz der Bundeswehr mit Angaben über die geplante Zahl der Soldaten, die voraussichtliche Dauer
und die Kosten des Einsatzes **beim Bundestag,** der über die Budget-
hoheit verfügt, **beantragen.** Vor der Abstimmung müssen die Ab- umfassende
Information des
Bundestags
geordneten also umfassend über den geplanten Einsatz **informiert**
werden. Dazu gehört auch eine ausführliche Debatte, in der die Vor-
und Nachteile des Einsatzes diskutiert werden. Der Bundestag kann
dem Einsatz der Bundeswehr im Ausland per **Mehrheitsbeschluss**
zustimmen. Grundsätzlich ist davon auszugehen, dass die Bun- Regierungs-
mehrheit im
Bundestag
desregierung im Bundestag über eine **eigene Mehrheit** verfügt und
diese dem Antrag der Bundesregierung folgt.

Dies ist jedoch kein Automatismus, da das Grundgesetz ebenfalls Gewissens-
entscheidung,
freies Mandat
das **freie Mandat** der Abgeordneten (Art. 38 GG) garantiert. Nicht
immer ordnen sich daher alle Abgeordneten der **Fraktionsdisziplin**
unter. Insbesondere in der Partei Bündnis 90/Grüne gibt es interne
Differenzen im Hinblick auf Militäreinsätze.

In einer Dreier-Koalition aus SPD, Grünen und FDP könnte eine
Konsensfindung grundsätzlich **erschwert** sein, wobei die demokratischen Parteien der Mitte gerade in der Außenpolitik recht ähnliche
Vorstellungen haben (wie etwa bei den Diskussionen um die Unterstützung der Ukraine erkennbar war).

3   **TIPP** *Anforderungsbereich II*

Bei dieser Aufgabe sollen Sie Merkmale und Ziele des internationalen Terrorismus darstellen. Sinnvollerweise beginnen Sie mit den Merkmalen und stellen
anschließend die Ziele dar. Es empfiehlt sich in jedem Fall, vorab eine Gliederung
zu erstellen, damit Sie nicht am Ende der Bearbeitung noch Ziele oder Merkmale
nachtragen müssen.

Der internationale Terrorismus ist eine **Bedrohung für die globale** Bedrohung der
globalen
Sicherheit
Sicherheit und hat in den letzten Jahrzehnten stark zugenommen. Er
ist durch verschiedene Merkmale gekennzeichnet, die ihn von anderen Formen der Gewalt unterscheiden.

Eines der zentralen Merkmale des internationalen Terrorismus ist der **Einsatz von Gewalt** als Mittel. Der internationale Terrorismus basiert auf der Annahme, dass **politische, ideologische oder religiöse Ziele** durch Gewalt und Terror erreicht werden können. Dabei sind Terroristen aber für eine direkte Konfrontation i.d.R. zu schwach, sodass oft „weiche Ziele", also i.d.R. **zivile Ziele** angegriffen werden. Dies führt zu hohen Opferzahlen, die den Gegner einschüchtern („terrorisieren") sollen. Des Weiteren garantieren zahlreiche Opfer und ein besonders brutales Vorgehen eine **hohe Medienpräsenz.** Terrorismus ist demnach auch eine Art **Kommunikationsstrategie,** bei der Terroristen ihre Themen und Ziele über das Begehen terroristischer Akte in die Öffentlichkeit bringen und gleichzeitig neue Mitglieder rekrutieren. Regierungen der (oft demokratischen) Staaten, die Opfer terroristischer Anschläge werden, geraten so zunehmend unter Druck, sich den Forderungen der Terroristen zu beugen.

Gewalt als Mittel und Kommunikationsstrategie

Ein weiteres Merkmal des internationalen Terrorismus ist seine **Globalität und Transnationalität.** Terroristen operieren in verschiedenen Ländern und nutzen moderne Kommunikations- und Transportmittel, um ihre Ziele zu erreichen. Sie sind oft Teil von **globalen Netzwerken und Organisationen,** die es ihnen ermöglichen, ihre Aktivitäten über Grenzen hinweg zu koordinieren. Internationaler Terrorismus entwickelt sich häufig in **zerfallenen Staaten.** Diese bilden Rückzugsräume für Ausbildungslager und Verstecke und bieten Terroristen die Infrastruktur und die Ressourcen zur Finanzierung ihrer Aktivitäten.

globale und transnationale Strukturen

Terroristen können in den seltensten Fällen „besiegt" werden (wie etwa eine feindliche Armee), denn internationaler Terrorismus ist weitgehend „**anonym".** Terroristen verstecken sich hinter verschiedenen Organisationen und Gruppen, um ihre Identität zu verschleiern. Sie nutzen auch moderne Technologien, um ihre Kommunikation zu verschlüsseln und ihre Aktivitäten zu verbergen

Anonymität

Die komplexen und stabilen **Finanzierungsstrukturen** des internationalen Terrorismus sind ein weiteres Merkmal, die ihn von anderen Formen der Gewalt unterscheiden. Terroristen werden durch **verschiedene Quellen** finanziert, wie zum Beispiel durch Drogenhandel, Waffenschmuggel oder Spenden von Sympathisanten. Die Finanzierung des Terrorismus ist oft schwer zu verfolgen und zu unterbinden.

kriminelle und verworrene Finanzierungsquellen

Die **Ziele** des internationalen Terrorismus sind vielfältig und insbesondere **politischer, religiöser oder ideologischer Natur.** Einige terroristische Organisationen haben politische Ziele und wollen **politische Veränderungen** erzwingen, wie etwa die Unabhängigkeit eines Landes oder die Abschaffung einer Regierung. Andere haben

unterschiedliche Motivation: politische, religiöse, ideologische Ziele

religiöse Ziele und wollen ihre religiösen Überzeugungen durchsetzen und bekämpfen abweichende Glaubensrichtungen. Manchen terroristischen Gruppierungen geht es darum, **ihre Ideologie zu verbreiten** und andere davon (gewaltsam) zu überzeugen. Die Eindämmung des internationalen Terrorismus ist eine der größten Herausforderungen für die globale Sicherheit. Es gibt verschiedene Maßnahmen, die ergriffen werden können, um den Terrorismus zu bekämpfen. Eine **internationale Zusammenarbeit** ist für den Erfolg entscheidend.

Notwendigkeit internationaler Zusammenarbeit

---

4 🔲 **TIPP** *Anforderungsbereich: II und III mit Schwerpunkt auf AFB III*

Bei einer Diskussion müssen Sie streng genommen nur eine Seite ausführlich darstellen. Denkbar ist aber, dass Sie – wie bei einer Erörterung – Pro- und Kontra-Argumente einander gegenüberstellen. Durch das Einbeziehen der Gegenposition wird Ihre Argumentation umfassender. Am Ende der Diskussion sollten Sie dann aber eine eigene Position beziehen.

Die Frage, ob sich Deutschland militärisch in *failed states* – also in Staaten, die wegen **nicht funktionierender staatlicher Institutionen** ihren **staatlichen Aufgaben nicht mehr nachkommen können** – wie etwa Mali engagieren soll, ist eine kontroverse und komplexe Frage, die viele politische, ethische und strategische Überlegungen erfordert. Es gibt Argumente sowohl für als auch gegen ein militärisches Engagement in solchen Ländern.

umstrittenes Engagement

Ein Argument gegen ein militärisches Engagement ist, dass militärische Interventionen oft **unerwünschte Konsequenzen** haben können, wie zum Beispiel eine **Verschlechterung der Sicherheitslage** oder eine **Destabilisierung der Region**. Ein militärisches Engagement kann auch dazu führen, dass Deutschland in einen **langwierigen und kostspieligen Konflikt** verwickelt wird, der schwer zu gewinnen ist.

Kontra-Argumente Destabilisierung

Konfliktdauer, Kosten

Im Falle von Staaten wie Afghanistan kommt hinzu, dass es ethisch fragwürdig sein kann, in **innere Angelegenheiten** von Ländern einzugreifen, wenn dies nicht auf breiter Basis erwünscht ist. Ein militärisches Engagement kann dann dazu führen, dass Deutschland als interessengeleitete **imperialistische Macht** wahrgenommen wird, die versucht, nationale Interessen auf Kosten anderer Länder durchzusetzen.

Erwünschtheit, Absichten

In vielen Konflikten hat sich herausgestellt, dass ein militärischer Einsatz **keine dauerhafte Lösungsperspektive** bietet. Die Probleme existieren nach Ende des Einsatzes weiter, wie auch der Text

keine langfristige Lösungsperspektive; Beispiel Mali und Afghanistan über den Einsatz in Mali darlegt (vgl. Z. 42 ff.). Auch nach dem Abzug der Bundeswehr und ihrer Alliierten aus Afghanistan ist die Frage berechtigt, was der Einsatz bewirkt hat und ob das Engagement in Afghanistan nicht eher als Scheitern zu bewerten ist.

Kritisiert wird auch häufig, dass ein rein militärischer Ansatz **unzureichend** ist. Sinnvoller wäre ein **vernetzter Ansatz**, der einem **erweiterten Sicherheitsbegriff** Rechnung trägt und daher auch **Diplomatie und Entwicklungszusammenarbeit** einschließen sollte. Wie der verteidigungspolitische Sprecher der CDU/CSU-Fraktion im Bundestag Hahn und der Sicherheitsexperte Münch betonen, können militärische Mittel allein nicht zum Erfolg führen, solange Korruption und Armut als Probleme bestehen und kein „stabile[s] politische[s] Zentrum[…]" (Z. 62) existiert. Notwendigkeit eines vernetzten Ansatzes

Als letztes Argument kann man anführen, dass das ursprüngliche **Selbstverständnis der Bundeswehr** als reine **Verteidigungsarmee** mit Auslandseinsätzen nicht vereinbar ist, auch wenn in den letzten Jahren die **Transformation zu einer Interventionsarmee** immer weiter vorangetrieben wurde. Eine solche Interventionsarmee muss dann aber in ihrer **Ausstattung** verbessert werden. Nicht zuletzt muss – realistisch betrachtet – auch damit gerechnet werden, dass Auslandseinsätze der Bundeswehr mit Todesfällen unter den Soldaten und Soldatinnen verbunden sein werden. Bundeswehr als Verteidigungsarmee

Ein Argument für ein militärisches Engagement in *failed states* wie Mali ist, dass ein solcher Einsatz notwendig sein kann, um die **Sicherheit Deutschlands und seiner Bündnispartner** zu gewährleisten. Instabile Staaten sind oft **Brutstätten für Terrorismus,** organisierte Kriminalität und andere **Bedrohungen internationaler Sicherheit**. Ein militärisches Engagement kann dazu beitragen, diese Bedrohungen zu bekämpfen und die Stabilität in der Region wiederherzustellen. In Bezug auf Mali gibt es spezifische Faktoren, die berücksichtigt werden müssen. Mali ist seit Jahren von politischer Instabilität, Gewalt und Terrorismus geprägt. Die Regierung des Landes hat Schwierigkeiten, die Kontrolle über große Teile des Landes zu behalten, und es gibt eine starke Präsenz bewaffneter Gruppen, darunter islamistische Extremisten. Die Situation in Mali, die von **Instabilität und Unsicherheit** geprägt ist, hat auch **Auswirkungen auf die gesamte Sahel-Region**. Diese Situation kann dazu beitragen, dass sich terroristische Gruppen wie Al-Qaida und der sogenannte Islamische Staat in der Region etablieren und von dort aus Angriffe auf Europa planen. Ein militärisches Engagement kann dazu beitragen, diese **Bedrohungen zu bekämpfen** und die Stabilität in der Region wiederherzustellen. **Pro-Argumente** sicherheitspolitische Interessen

Rückzugsorte für Terrorismus

Beispiel Mali

Destabilisierung ganzer Regionen

In der öffentlichen Diskussion eher im Hintergrund stehen **geopolitische und wirtschaftliche Interessen**, die durch ein militärisches Engagement gewahrt werden können. So können etwa die Sicherung geopolitische und wirtschaftliche Interessen von **Handelswegen** (wie durch die Bundesmarine am Horn von Afrika) oder der **Zugang zu Rohstoffen** Gründe für ein Engagement sein.

Als Argument für einen militärischen Einsatz kann aber auch eine **moralische Verpflichtung** angeführt werden, den Menschen in diesen Ländern zu helfen. *Failed states* sind oft von Armut, Hunger und Gewalt geprägt. Ein militärisches Engagement kann dazu beitragen, **humanitäre Hilfe** zu leisten und die Lebensbedingungen der Menschen zu verbessern. Die **Werteordnung des Grundgesetzes** und der Auftrag, dass von deutschem Boden **Frieden ausgehen** soll, unterstreichen den Stellenwert humanitärer Hilfe.

moralische Verpflichtung: humanitäre Hilfe

Nach Abwägung dieser Argumente bin ich der Meinung, dass sich Deutschlands Rolle als **politische und auch militärische Führungsmacht in Europa** nicht mit einer passiv-zurückhaltenden Politik vereinbaren lässt, wenn **Menschenrechte eklatant verletzt** werden. Hinzu kommen – für mich aber nur an zweiter Stelle – politische Motive (z. B. Flucht und Vertreibung verhindern) und wirtschaftliche Motive (z. B. Handelswege sichern).

Fazit

WIRTSCHAFTSPOLITIK UND DIE EU

Aufgabenstellung

1 Geben Sie die zentralen Aussagen des Textes wieder. (Material 1) (20 BE)

2 Ordnen Sie die Position Kafsacks einer wirtschaftspolitischen Grundkonzeption zu und erläutern Sie diese. (Material 1) (25 BE)

3 Kafsack nimmt in Material 1 Bezug zu Entscheidungen der Europäischen Union. Erläutern Sie die Rolle der EU-Institutionen im Gesetzgebungsprozess. (25 BE)

4 Setzen Sie sich vor dem Hintergrund der Aussage der Karikatur und der Position Kafsacks mit Eingriffen des Staates in marktwirtschaftliche Prozesse auseinander. (Material 1–2) (30 BE)

> **M 1** **Hendrik Kafsack: Die fragwürdige industriepolitische Zeitenwende der EU (2022)**

Der französische Präsident Emmanuel Macron kann sich über mangelnde Unterstützung der EU im Wahlkampf um eine zweite Amtszeit nicht beklagen. Noch nie hat eine Regierung die halbjährige EU-Ratspräsidentschaft so an den Interessen ihres „Chefs" ausgerichtet wie die französische. Die anderen spielen aus Angst vor einem
5 Sieg von Marine Le Pen bei der Wahl im April mit, ob jüngst beim Prunk-Gipfel in Versailles oder in der Tagespolitik. Dabei ist die EU-Politik seit dem Ausbruch von Corona und dem Ukrainekrieg ohnehin so französisch geprägt wie nie zuvor.
    Allerorten ist von einer „Zeitenwende" die Rede. Das schlägt sich auch in den Schlussfolgerungen für den EU-Gipfel nieder. Der Fokus liegt nicht mehr auf offenen
10 Märkten und freiem Wettbewerb, sondern der Verringerung strategischer Abhängigkeiten, auf Autonomie und auf einer aktiven Rolle des Staates. Im Angesicht der Krisen scheint keine Investition in die heimische Produktion zu teuer. Schließlich ist das immer noch besser, als wenn die Lieferketten reißen, die Produktion stillsteht und die Preise steigen oder die Lebensmittelversorgung gefährdet ist.
15   Konsequent zu Ende gedacht, müsste die EU in vielen Feldern die Autarkie als Ziel ausrufen, die Globalisierung in vielen Feldern zurückdrehen. So weit geht niemand. Aber die Forderungen nach der „strategischen Autonomie" riechen danach.
    Sinnbildlich für diese Neuausrichtung steht der „Chips Act" der Europäischen Kommission. Sie öffnet damit das Subventions-Füllhorn, um hochmoderne Chipfabri-
20 ken in Europa anzusiedeln. Den ersten „Erfolg" haben die Beteiligten eben verkündet. Intel baut in Magdeburg zwei Halbleiterwerke für 17 Milliarden Euro. Für Sachsen-

Anhalt ist das eine tolle Nachricht. Deshalb will man sich das schöne Bild nicht von dem hohen Preis zerstören lassen, den das hat. Noch liegen die Zahlen zu den Staatshilfen nicht vor. Aber ein Drittel der Investitionssumme dürfte der Steuerzahler schul-
25 tern – obwohl Deutschland mit dem Geld nicht einmal einen Weltmarktführer anlockt, sondern nur einen Konzern, der das gerne wieder würde.

Das weckt Gelüste. Schon melden sich andere Branchen, die für einen eigenen, großzügig bestückten „Act" werben. Dabei ist der Chips Act ein gutes Beispiel dafür, wie gefährlich die „neue" europäische Industriepolitik nach alten französischen Mus-
30 tern ist. Wenn es gut läuft, holt die EU die Produktion hochmoderner Halbleiter zurück nach Europa. Um die Fabriken siedeln sich weitere Unternehmen an. Es werden Tausende von Arbeitsplätzen geschaffen. Das ist die Rechnung, die Binnenmarktkommissar Thierry Breton aufmacht.

Ob sie aufgeht, ist offen. Niemand weiß, ob die Chips, die Intel in vier, fünf Jahren
35 baut, Abnehmer in Europa finden. Die Industrie reagiert bisher zurückhaltend. Auch die Autobranche ruft nach anderen, größeren Chips als jenen, die Intel bauen will. Dann hätte die EU Milliardensubventionen in den Sand gesetzt.

Die Grundsatzfrage jeder Industriepolitik bleibt bestehen: Weiß der Staat besser als die Unternehmen, welche Chips, Batterien oder Pharmaprodukte in fünf, zehn oder
40 zwanzig Jahren gebraucht werden? Die Erfahrung spricht dagegen. Das gilt auch, wenn der zuständige Binnenmarktkommissar eine lange Karriere in der Industrie hinter sich hat. Wird doch gerade Breton ein großer Teil der Mitschuld an den Problemen des französischen Atos-Konzerns[1] gegeben, weil er als Chef den Trend zum Cloud-Computing verschlafen hat.

45 Die EU darf deshalb nicht das Kind mit dem Bade ausschütten. Deutschland ist gerade verglichen mit Frankreich Jahrzehnte gut damit gefahren, sich nicht zu stark in den Markt einzumischen. Die internationale Arbeitsteilung hat auch die EU reicher gemacht. Natürlich darf sie sich dabei nicht zu stark von einer Quelle abhängig machen, ob diese nun Taiwan, China oder Russland heißt. Das aber sollte die Industrie
50 inzwischen ohnehin begriffen haben. So oder so ist es kein Argument dafür, Vorprodukte wieder zu hohen Kosten selbst herzustellen.

Das heißt nicht, dass die EU im Wettbewerb mit China und den USA die Hände in den Schoß legen kann. Es fällt schwer stillzuhalten, wenn andere Milliarden investieren. Aber muss die EU in einen Subventionswettlauf einsteigen? Sie muss vielmehr
55 die Rahmenbedingungen setzen, damit sich wettbewerbsfähige Unternehmen entwickeln können, und dafür funktionierende Märkte sicherstellen.

Auch die Förderung von Forschung und Bildung gehört dazu. Der teure Weg in die Selbstversorgung aber bleibt auch unter den neuen Rahmenbedingungen falsch.

„Die fragwürdige Zeitenwende der EU" (FAZ.NET vom 24.03.2022 von Hendrik Kafsack)

Anmerkung
1 Atos-Konzern – ein IT-Dienstleistungsunternehmen

© *Gerhard Mester*

Unterrichtsinhalte:
Themenfeld: Nachhaltiges Wachstum und fairer Wettbewerb Herausforderungen staatlicher Ordnungspolitik (Q 2.2), insbesondere:
- Ziele und Prinzipien angebotsorientierter Wirtschaftspolitik

Kursübergreifende Bezüge:
Themenfeld: Verfassung und Verfassungswirklichkeit: Rechtsstaatlichkeit und Verfassungskonflikte (Q 1.1), insbesondere:
- Parlament, Länderkammer, Bundesregierung und Europäische Institutionen im Gesetzgebungsprozess (insbesondere Spannungsfeld Exekutive – Legislative)

1   **TIPP**   *Anforderungsbereich: I*

Bevor Sie loslegen, werfen Sie einen Blick auf den Operator: Sie sollen hier zentrale Aussagen des Textes „zusammenfassen", also die Inhalte in eigenen Worten unter Verwendung fachsprachlicher Begriffe wiedergeben. Verzichten Sie darauf, Formulierungen aus dem Text wörtlich zu übernehmen und zu sehr ins Detail zu gehen. Ziel ist es, potenzielle Leser*innen Ihres Textes knapp und treffend zu informieren. Beginnen Sie mit einer kurzen Einleitung, in der Sie die Textart, den Titel, den Autor, die Textquelle und das Jahr der Veröffentlichung benennen. Schlüsselbegriffe können Sie in Anführungszeichen zitieren, aber verzichten Sie auf längere wörtliche Zitate. Verdeutlichen Sie, dass die Inhalte nicht Ihr geistiges Eigentum sind, indem Sie den Konjunktiv oder entsprechende sprachliche Signale verwenden.

Der Kommentar von Hendrik Kafsack mit dem Titel „Die fragwürdige industriepolitische Zeitenwende der EU" wurde am 24.03.2022 auf der Webseite der F.A.Z. (www.faz.net) veröffentlicht und kritisiert die Pläne der EU, eine „industriepolitische Zeitenwende" einzuläuten. *(Einleitungssatz)*

Mit Blick auf den Wahlkampf des französischen Präsidenten Macron sei erkennbar, dass sich die **EU-Politik so stark wie nie an Frankreich orientiere** (vgl. M 1, Z. 1 ff.). Die vielzitierte „Zeitenwende" spiegele sich auch in der wirtschaftspolitischen Ausrichtung der EU wider. *(zentrales Thema: Neuausrichtung der europäischen Wirtschaftspolitik)* Durch die **Verschiebung der Prioritäten** hin zu **mehr Autonomie**, zur **Reduzierung von Abhängigkeiten** innerhalb globaler Lieferketten und zur **Verstärkung der staatlichen Eingriffe** in die Wirtschaft würden **Freihandel** und **Wettbewerb** immer mehr in den Hintergrund geraten (Z. 8 ff.). *(zunehmende Abwendung von Freihandel und Wettbewerb)*

Zwar verwende niemand den Begriff der Autarkie, doch die Forderungen nach einer „„strategischen Autonomie'" (Z. 17) seien im

Grunde dasselbe (vgl. Z. 15 ff.). Lieber gäben die Staaten beliebig Geld für die **Unterstützung der Unternehmen** aus, als mögliche Versorgungsengpässe in Kauf zu nehmen (vgl. Z. 11 ff.). Der mittels **hoher Subventionen** – also Steuergelder – umgesetzte Bau einer Halbleiterchipfabrik von Intel in Magdeburg sei ein Beispiel für diese riskante „Neuausrichtung" (Z. 18). Es sei nicht erwiesen, dass dort viele Arbeitsplätze entstehen würden. Möglich sei durchaus, dass man die Chips – teure Vorprodukte – am Ende gar nicht in Europa verkaufen könne. Die Erfahrung habe gezeigt, dass der **Staat als Unternehmer nie sonderlich erfolgreich** ist (vgl. Z. 34 ff., Z. 40).

hohe Subventionen zur Stärkung der Unternehmen

Staat als Unternehmer

Der deutsche Ansatz – im Gegensatz zum französischen Ansatz –, eine **starke Einmischung des Staates in die Wirtschaft** abzulehnen, sei richtig. Europa habe immer von der internationalen Arbeitsteilung profitiert, dies sollte man bei aller Angst vor der Abhängigkeit im Auge behalten. Auf jeden Fall müsse ein „Subventionswettlauf" (Z. 54) verhindert werden. Viel sinnvoller als eine kostenintensive Umstrukturierung in die Richtung der Selbstversorgung sei es, die **Rahmenbedingungen zu verbessern** und der Industrie, auch durch die Förderung von Forschung und Bildung, **Standortvorteile** zu verschaffen (vgl. Z. 45 ff.).

Verbesserung der Rahmenbedingungen für Unternehmen anstatt Subventionswettlauf

2 | **TIPP** | *Anforderungsbereich: II*

Bei dieser Aufgabe mit dem Operator „Zuordnen" ist überwiegend erlerntes Fachwissen gefragt. Sie sollen die Position des Autors von M 1 einer wirtschaftlichen Grundkonzeption – der Nachfragetheorie oder der Angebotstheorie – zuordnen und Ihre Entscheidung erläutern.
Der Autor sieht Subventionen kritisch und spricht sich eindeutig gegen die Einmischung des Staates aus. Man kann Kafsacks Position demnach den Grundsätzen der Angebotstheorie zuordnen. Zeigen Sie unbedingt, dass Sie die zentralen Annahmen der angebotsorientierten Wirtschaftspolitik kennen. Ein Werturteil von Ihrer Seite ist hier nicht gefragt.

Die **angebotsorientierte Wirtschaftspolitik**, die auf Milton Friedman zurückzuführen ist, weist dem Markt eine **Selbstregulierung** zu. **Wachstum** und **Wohlstand** werden demnach am besten über einen freien Markt und freien Wettbewerb erreicht. Der Staat soll günstige **Rahmenbedingungen für die Marktteilnehmer** bereitstellen und nur eingreifen, wenn es zu unerwünschten Marktergebnissen oder zu **Marktversagen** kommt. So sollen z. B. **Kartellbildung oder Monopole** durch entsprechende Staatseingriffe verhin-

Grundlagen der angebotsorientierten Wirtschaftspolitik

Verhinderung von Marktversagen

dert werden. Unter guten Rahmenbedingungen schaffen die Unternehmen Arbeitsplätze und sorgen für ausreichend **Nachfrage**, was neben **wirtschaftlichem Aufschwung auch höhere staatliche Steuereinnahmen** bedeutet.

In **Krisenzeiten** soll der Staat deshalb die **Angebotsseite stärken** und die **Rahmenbedingungen optimieren**. Er soll **nicht selbst als Unternehmer tätig werden** oder die Nachfrage durch **Erhöhung von Transferzahlungen und zusätzliche staatliche Nachfrage stützen**, da dies zu hoher **Staatsverschuldung** mit unerwünschten Folgen wie Zinsanstieg und der Verdrängung unternehmerischer Kreditaufnahme führt.

Stärkung der Angebotsseite durch Rahmenbedingungen

Hendrik Kafsack kritisiert in seinem Kommentar (M 1), dass der Fokus der europäischen Wirtschaftspolitik „nicht mehr auf offenen Märkten und freiem Wettbewerb" (Z. 9 f.) liege. Diese Position ist eindeutig der Angebotstheorie und dem **wirtschaftlichen Liberalismus** zuzuordnen. Auch der Vorwurf, die EU steuere auf eine „aktiv[e] Rolle des Staates" (Z. 11) zu, lässt vermuten, dass der Autor eine angebotsorientierte Politik bevorzugt, die keine Staatseingriffe in den **freien Markt** vorsieht.

offene Märkte und freier Wettbewerb als Grundlage des Liberalismus

Mit dem ironischen Begriff des „Subventions-Füllhorn[s]" (Z. 19) kritisiert der Autor außerdem, dass Unternehmensansiedlungen vom Staat mit Steuermitteln teuer bezahlt werden, anstatt Unternehmensinvestitionen durch **attraktive Rahmenbedingungen** zu fördern. Er weist zudem darauf hin, dass die **Chips möglicherweise gar nicht auf die entsprechende Nachfrage** treffen. Ein Beispiel für eine **Fehlallokation**, die auf einem freien Markt möglicherweise gar nicht erst entsteht. Auch hier wird die Nähe zur Angebotstheorie deutlich.

Kritik an Subventionen

Risiko der Fehlallokation

Die Motive der „industriepolitischen Zeitenwende" lassen sich laut Kafsack auf den seiner Meinung nach falschen **Trend der Abkehr von der Globalisierung** (vgl. Z. 15 f.) und vom internationalen **Freihandel** zurückführen. Adam Smith, der Urvater des wirtschaftlichen Liberalismus, hätte Kafsacks Kritik sicher unterstützt.

Einordnung der Forderungen in die Angebotstheorie

3 **TIPP** *In dieser Aufgabe überwiegt Anforderungsbereich II*

Im Kommentar von Hendrik Kafsack wird der europäische „Chips Act" angesprochen. Diese Verordnung, die er der Europäischen Kommission zuschreibt, ist ein **Rechtsakt** der Europäischen Union, die im Zusammenspiel aus Kommission, Parlament und Ministerrat Verordnungen und Richtlinien beschließen kann. **Verordnungen** gelten unmittelbar für alle EU-Mitgliedstaaten, **Richtlinien** müssen von den einzelnen Staaten erst in nationale Gesetze umgewandelt werden.
„Chips Act" als Rechtsakt der EU

In der EU hat nur die **Europäische Kommission**, in der jedes EU-Land durch ein Mitglied vertreten ist, das **Initiativrecht**. Sie kann jedoch vom **Europäischen Parlament**, vom **Ministerrat** oder vom **Europäischen Rat** dazu aufgefordert werden, einen Gesetzesvorschlag zu entwickeln. Finden sich über eine **Europäische Bürgerinitiative** eine Million Wähler*innen aus sieben EU-Staaten, können auch die EU-Bürger*innen die Kommission auffordern, gesetzgeberisch tätig zu werden.
Initiativrecht bei der Europäischen Kommission

Gesetzesentwürfe werden zunächst im **Europäischen Parlament** beraten. Dieses stimmt darüber schon in der ersten Lesung ab und übermittelt dem **Ministerrat**, der jeweils mit den entsprechenden nationalen Fachministern besetzt ist, seine Entscheidung sowie mögliche Änderungsvorschläge. Der Ministerrat kann dann dem Gesetz zustimmen oder es mit **Änderungsvorschlägen** zur zweiten Lesung wieder an das Europäische Parlament zurückverweisen. Kommt es zu **keiner Einigung**, wird ein **Vermittlungsausschuss** einberufen, der einen Kompromissvorschlag ausarbeitet. Dieser wird in einer dritten Lesung im Europäischen Parlament und im Ministerrat behandelt und abgestimmt. Die **Zustimmung beider Organe ist notwendig.**
Beratung, Lesung und Abstimmung im Parlament
Einbindung des Ministerrats
Vermittlungsausschuss
Zustimmung von EU-Parlament und Ministerrat notwendig

EU Rechtsakte werden vom **Präsidenten des Europäischen Parlaments** und vom **Präsidenten des Ministerrats** unterschrieben, anschließend erfolgt eine **Veröffentlichung im Amtsblatt** der Europäischen Union, mit der die Verordnung oder die Richtlinie in Kraft tritt.

Sie sollen sich hier mit Staatseingriffen in marktwirtschaftliche Prozesse vor dem Hintergrund der genannten Materialinhalte auseinandersetzen. Setzen Sie dazu zunächst die Aussage der Karikatur (M 2) in Bezug zu der wirtschaftspolitischen Position des Autors von M 1. Betrachten Sie die Haltung des Autors im nächsten Schritt kontrovers, nehmen Sie also sowohl Argumente dafür als auch dagegen in Ihre Erörterung auf. Einige Argumente lassen sich aus M 1 ableiten, jedoch müssen Sie für eine gute Leistung auch zusätzliches Wissen einbringen. Beenden Sie Ihre Ausführungen mit einem kurzen Fazit. Es sollte aus den vorgebrachten Argumenten ableitbar und plausibel sein.

Im folgenden Lösungsvorschlag wird die These vertreten, dass die Coronakrise eine Ausnahmesituation darstellt, die ohne staatliche Interventionen nicht zu bewältigen war. Natürlich können Sie auch eine andere Meinung vertreten. Fertigen Sie zur Strukturierung Ihres Textes auf dem Konzeptpapier eine Tabelle an, in der Sie mögliche Argumente erfassen.

Gerhard Mesters Karikatur mit dem Titel „Wirtschaft und Staat" aus dem Jahr 2020 bezieht sich auf die veränderten Ansprüche seitens der Unternehmer an die staatliche Wirtschaftspolitik vor und nach der Coronakrise. Schon im ersten Jahr der Coronapandemie wurde das Dilemma deutlich, in dem die Staaten angesichts der sich abzeichnenden **Wirtschaftskrise** steckten.
Einleitung: Was ist das Problem?

Wie auf der linken Seite der Karikatur ersichtlich, lehnt die Wirtschaft in Zeiten des Wachstums jegliche „staatliche Einmischung" ab. Bewegt sich hingegen die Konjunkturkurve in Richtung einer Rezession, wie es sich für die Zeit nach der Coronapandemie abzeichnete, wird – wie auf der rechten Hälfte der Karikatur dargestellt – umso energischer nach „staatliche[r] Hilfe" gerufen.
Aussage der Karikatur

Die Frage, die auch Kafsack in seinem Kommentar (M 1) thematisiert, ist, **ob und wie stark** der Staat sich einmischen soll, um auf die Konjunkturentwicklung Einfluss zu nehmen. Mit Blick auf die Zeit während und nach der Coronapandemie lassen sich Argumente für und gegen eine staatliche Einmischung gegenüberstellen.
Staatseingriffe in Krisenzeiten?

Das Hauptargument der **Verfechter einer angebotsorientierten Wirtschaftspolitik** ist die durch staatliche Nachfragepolitik entstehende **Staatsverschuldung**. Diese belaste nachfolgende Generationen und führe zu **Steuererhöhungen**. Dieses Argument ist nicht von der Hand zu weisen, allerdings steht Deutschland im Vergleich mit den meisten Staaten der EU recht gut da, was die Schuldenquote betrifft. Die deutsche Wirtschaft hat sich von der Krise 2008/2009 gut erholt, die Steuereinnahmen erreichten Rekordniveau. Außerdem verringerten die Null- bzw. Negativzinspolitik und die niedrige Inflationsrate den Schuldenberg erheblich.
Argument Staatsverschuldung

Die **Coronapandemie** war eine wirtschaftliche und gesellschaftliche **Ausnahmesituation**, deren Auswirkungen zumindest im ersten Jahr für niemand absehbar waren. Wann, wenn nicht in einer solchen Situation, soll der Staat eingreifen, um seine Bürger*innen vor sozialen und wirtschaftlichen Folgen der Krise zu „retten"?

Argument Sozialstaatsgebot

Viele **Arbeitnehmer waren vom Verlust ihrer Arbeitsplätze** bedroht, viele Unternehmen standen aufgrund unmittelbarer Stilllegungen plötzlich vor dem Aus. Es ist unwahrscheinlich, dass die „**unsichtbare Hand des Marktes**" in dieser Situation geholfen hätte.

Argument Arbeitsplätze

Maßnahmen wie das **Kurzarbeitergeld** oder **Ausgleichs- und Entlastungszahlungen** im Rahmen des **Corona-Konjunkturprogramms** haben viele Menschen vor unzumutbaren sozialen Härten geschützt: Genau das ist laut Grundgesetz Aufgabe des Staates.

Beispiele für staatliche Maßnahmen

Ein weiteres **Argument der Gegner staatlicher Einmischung** ist, dass von **staatlichen Krisenmaßnahmen** auch Unternehmen **profitieren, die eigentlich keine Hilfe bräuchten** oder ohnehin **nicht profitabel** seien. Das mag zum Teil zutreffen, zu Recht wurde die staatliche Unterstützung von Unternehmen wie Lufthansa oder TUI in diesem Zusammenhang kritisiert. Die Alternative wäre aber, das „Kind mit dem Bade aus[zu]schütten" (M 1, Z. 45) und allen gleichermaßen aus Prinzip die Unterstützung zu versagen. Die Folge wäre ein Unternehmenssterben in vielen Branchen gewesen.

Argument „Gießkannenprinzip"

In M 1 wird kritisiert, dass die **EU hohe staatliche Subventionen über den „Chips-Act" für die Halbleiterindustrie** ermöglicht. Ziel ist es, sogenannte europäische „Champions" zu schaffen, die die Abhängigkeit des Wirtschaftsraums der EU von internationalen Lieferketten reduzieren. Der Glaube an den „freien Markt" und die positiven Effekte internationaler Arbeitsteilung in einer globalisierten Welt schwächelt im Kontext der Coronakrise. Europäische Autohersteller griffen für ihre Armaturen wieder auf die Tachonadel zurück, da Halbleiterchips lange nicht verfügbar waren. Insofern erscheint es nicht abwegig, sich – notfalls durch staatliche „Einmischung" – etwas weniger abhängig zu machen.

Argument Krisenresilienz in der Zukunft; Materialbezug

Den Kritikern der „staatlichen Einmischung" kann man außerdem entgegenhalten, dass die **Konjunkturprogramme gar nicht so einseitig waren, wie vielfach unterstellt.** Es gab zahlreiche Maßnahmen, die an der Angebotsseite angesetzt haben, so z. B. im Bereich der Steuerpolitik über verbesserte Abschreibungsmöglichkeiten oder in Form des **Ausbaus der digitalen Infrastruktur.**

Argument Vielseitigkeit der Maßnahmen

Auch wenn ein großer Teil unseres Wohlstands auf der Basis von freien Märkten und freiem Wettbewerb entstanden ist, hat die Coronakrise eindeutig gezeigt, dass **besondere Situationen** besonderes Handeln erforderlich machen können. Insofern erscheint die „staatliche Einmischung" als **effektiv und moralisch** geboten.

Fazit: staatliches Handeln in der Krise war richtig

BUNDESVERFASSUNGSGERICHT UND WEHRHAFTE DEMOKRATIE

Aufgabenstellung

1 Geben Sie Mangolds Aussagen zum Grundgesetz und den Entscheidungen des Bundesverfassungsgerichts wieder. (Material I) (20 BE)

2 Mangold verweist in Material I auf die wehrhafte Demokratie in der Bundesrepublik Deutschland.
Stellen Sie mithilfe des Grundgesetzes das Prinzip der wehrhaften Demokratie dar. (25 BE)

3 Das Bundesverfassungsgericht entschied 1994 in dem sogenannten Out-of-area-Urteil, dass Auslandseinsätze der Bundeswehr unter bestimmten Bedingungen möglich sind.
Erläutern Sie die verfassungsrechtlichen Voraussetzungen für Einsätze der Bundeswehr im Ausland und andere mögliche Beiträge der deutschen Außen- und Sicherheitspolitik zur Konfliktbearbeitung und -prävention. (25 BE)

4 Diskutieren Sie vor dem Hintergrund der Materialien 2 und 3, ob Verbotsverfahren vor dem Bundesverfassungsgericht das richtige Mittel gegen extremistische Parteien sind. (30 BE)

| M 1 | Interview von Wolfgang Janisch für die Süddeutsche Zeitung (SZ) mit Anna Katharina Mangold: Manchmal werden wirklich gänzlich neue Grundrechte erfunden (2021) |

SZ: Frau Mangold, welches Urteil aus der Geschichte des Gerichts würden Sie als kompletten Missgriff bezeichnen?

MANGOLD: Als Erstes fällt mir die Entscheidung zur Strafbarkeit von Homosexualität aus dem Jahr 1957 ein. Und zwar deshalb, weil das Gericht damals etwas tat, was
5 es danach nie wieder getan hat: Es erklärte eine Strafrechtsnorm für zulässig, indem es sich auf das „allgemeine Sittengesetz" berief. Also auf das Gefühl der Mehrheit, das in diesem Fall ein Ressentiment[1] war. Das reicht in einer Demokratie nicht aus, um Handlungen einzuschränken, bei denen niemand zu Schaden kommt. […]

SZ: Welche Urteile des Gerichts fanden Sie denn besonders gelungen?

10 MANGOLD: Da gibt es sehr viele. Aus der Frühzeit ist das vor allem die Entscheidung, in der das Gericht sagt: Der Satz im Grundgesetz, wonach Männer und Frauen gleichberechtigt sind, ist wirklich ernst gemeint. Das war in den konservativen 50er-Jahren nicht so selbstverständlich, wie es aus heutiger Sicht klingen mag. Da

wollte der Gesetzgeber das patriarchal geprägte Familienrecht gern fortgelten las-
15 sen, Grundgesetz hin oder her. Da hat das Gericht sehr früh eine klare und progressive Position bezogen und den Ton geprägt.
SZ: Auffallend ist, dass das Gericht das Grundgesetz gerade beim Thema Familie stetig
erneuert hat. Es überrascht, wie unterschiedlich sich der gleiche Text im Wandel
der Jahrzehnte liest.
20 MANGOLD: Um einmal mit Napoleon Bonaparte zu sprechen: Eine Verfassung muss
kurz und dunkel sein. Das gilt auch für das Grundgesetz. Man kann nicht alles
daraus ableiten, und das ist auch gut so. Die Verfassung ist eine Rahmenordnung.
Sie gibt äußerste Grenzen vor, lässt aber einen großen Spielraum. Das Grundgesetz
gewährleistet den Schutz von Ehe und Familie, beantwortet aber nicht im Detail,
25 was unter Ehe und Familie zu verstehen ist. Wenn also beispielsweise lesbischen
Paaren das gemeinsame Elternrecht vorenthalten wird, das Heteropaaren automatisch zugestanden wird, dann kann das heute ein Eingriff in den Schutz von Ehe
und Familie sein – auch wenn man das früher anders gesehen hat. […]
SZ: Mitunter schafft das Verfassungsgericht auch echte Innovationen. Zuletzt beim
30 Klimaschutz, wo es mit einem furiosen Beschluss die Generationengerechtigkeit
einklagbar gemacht hat.
MANGOLD: Manchmal werden wirklich gänzlich neue Grundrechte erfunden. So war
es etwa beim Computergrundrecht, das die Privat- und Intimsphäre auch auf der
Festplatte schützt. Das Verfassungsgericht hat das aus dem allgemeinen Persön-
35 lichkeitsrecht abgeleitet. Aber im Wortlaut der Verfassung findet sich das nicht.
Und jüngst hat das Gericht die intergenerationelle Gerechtigkeit beim Klimaschutz
entdeckt: Das ist eine Vorwirkung der Grundrechte von jetzt schon lebenden Menschen, ein Schutz für die Zukunft.[2]
SZ: Besteht da nicht die Gefahr, dass politische Fragen tendenziell ins Verfassungs-
40 recht verlagert werden?
MANGOLD: Beim Klimaschutzbeschluss sehe ich die Gefahr nicht. Da geht es vielmehr
um eine wichtige demokratische Funktion des Grundrechtsschutzes: Wie stellt man
sicher, dass die Mehrheit nicht über die Rechte und Interessen der Minderheit hinweggehen kann? Nehmen Sie die „Fridays for Future"-Bewegung: Die Demons-
45 trierenden sind oft jünger als 18 Jahre und damit noch nicht wahlberechtigt. Sie
haben also keinen Einfluss auf politische Entscheidungen, die maßgeblich dafür
sein werden, wie viel Freiheit für ihr Leben übrig bleibt. Soll das Verfassungsgericht sagen: Wartet ab? Vertraut auf eure Eltern? Wenn man alle Lasten auf künftige Generationen verschiebt, ist das ein evidentes Gerechtigkeitsproblem.
50 SZ: Das Gericht antwortet auf gesellschaftliche Entwicklungen. Ein neues Phänomen
sind Hass und Hetze im Netz. Bisher hat es die Meinungsfreiheit verteidigt, oft bis
an die Schmerzgrenze. Aber die Radikalisierung im Netz kann den demokratischen
Diskurs gefährden. Muss Karlsruhe reagieren?
MANGOLD: Ich denke schon. Wir beobachten hier ein allgemeines Problem der Ver-
55 fassungsrechtsprechung. Sie betrachtet Fragen aus der Perspektive der Freiheit und
weniger aus der Warte der Gleichheit. Es ist ja kein Zufall, wer im Netz in beson-
derer Weise angegriffen wird: Frauen, Angehörige sexueller Minderheiten, Men-

schen mit Migrationshintergrund. Durch diese Anfeindungen wird ihnen mitge-
teilt: Du gehörst nicht zum demokratischen Diskurs, mit dir reden wir nicht. Das
60 aber rührt ans Herz der Demokratie, an die gleiche Teilhabe aller an der demokratischen Deliberation. Diese Dimension ist in der Rechtsprechung des Gerichts noch
zu wenig reflektiert. [...]
SZ: In zehn Jahren wird das Bundesverfassungsgericht 80 Jahre alt. Welche Probleme
sollten bis dahin gelöst sein?
65 MANGOLD: Ich würde sehr gern ein Urteil lesen, das sich um Rassismus dreht, etwa
zum Thema Racial Profiling[3]. Schon deshalb, um einmal deutlich zu machen, dass
dies tatsächlich ein verfassungsrechtliches Thema ist. Und schließlich: Der Umgang mit der AfD wird ein Riesenproblem werden. Eine offen rechtsradikale, ver-
fassungsfeindliche Partei im Deutschen Bundestag. Das ist eine epochale Aufgabe
70 für die wehrhafte Demokratie.

Manchmal werden wirklich gänzlich neue Grundrechte erfunden, Wolfgang Janisch, SZ.de vom
07.09.2021

Hinweis
Anna Katharina Mangold ist Professorin für Europa- und Völkerrecht an der Universität Flensburg.

Anmerkungen
1 Ressentiment – gefühlsmäßige starke Abneigung
2 Das Bundesverfassungsgericht hat in einem Urteil vom 29.04.2021 das damalige Klimaschutz-
 gesetz z. T. für verfassungswidrig erklärt, weil es die Interessen junger und nachkommender Generationen nicht ausreichend berücksichtigt.
3 Racial Profiling – Ein auf Kriterien wie ethnischer Zugehörigkeit, Religion oder nationaler Her-
 kunft basierendes Agieren z. B. von Polizeibeamten, nach dem eine Person anhand solcher Merkmale als verdächtig eingeschätzt wird und nicht aufgrund von konkreten Verdachtsmomenten
 gegen die Person.

| **M 2**   **Parteiverbotsverfahren (2022)**

Zweimal hat das Bundesverfassungsgericht bislang ein Parteiverbot ausgesprochen:
1952 wurde die Sozialistische Reichspartei (SRP) verboten und 1956 die Kommunis-
tische Partei Deutschlands (KPD). Ein 2001 gegen die Nationaldemokratische Partei
Deutschlands (NPD) eingeleitetes Verbotsverfahren wurde 2003 aus verfahrensrecht-
5 lichen Gründen eingestellt.[4] Am 17. Januar 2017 entschied das Bundesverfassungsgericht erneut über ein Verbot der NPD. Dabei stellte der Zweite Senat zwar fest, dass
die NPD ein auf Beseitigung der bestehenden freiheitlichen demokratischen Grundordnung gerichtetes politisches Konzept vertritt. Wegen fehlender Anhaltspunkte für
eine erfolgreiche Durchsetzung ihrer politischen Ziele wurde die Partei jedoch nicht
10 verboten.

Bundesverfassungsgericht: Parteiverbotsverfahren,
URL: https://www.bundesverfassungsgericht.de/DE/Verfahren/Wichtige-
Verfahrensarten/Parteiverbotsverfahren/parteiverbotsverfahren_node.html

M 3 Kostas Koufogiorgos: NPD-Verbot (2015)

Kostas Koufogiorgos/toonpool.com

Lösungsvorschlag

Unterrichtsinhalte:
Themenfeld: Verfassung und Verfassungswirklichkeit: Rechtsstaatlichkeit und Verfassungskonflikte (Q 1.1), insbesondere:
- Rolle des Bundesverfassungsgerichts (insb. Spannungsfeld Legislative – Judikative)
- Grundrechte und Rechtsstaatlichkeit in der Verfassung (insb. Art.1, 20, 79 GG)

Kursübergreifende Bezüge
Themenfeld: Internationale Konflikte und Konfliktbearbeitung in einer differenzierten Staatenwelt (Q 3.1), insbesondere:
- Ziele, Strategien und möglicher Beitrag deutscher Außen- und Sicherheitspolitik zur Konfliktbearbeitung und -prävention

1 **TIPP** *Anforderungsbereich: I*

Stellen Sie in einem Einleitungssatz den Zeitungsartikel vor, indem Sie Textart, Erscheinungsort und -datum sowie das Thema des Interviews mit der Wissenschaftlerin benennen. Legen Sie anschließend in eigenen Worten und ohne Wertung die wichtigsten Aussagen in strukturierter Form dar. Nur Schlüsselbegriffe sollten Sie wörtlich zitieren. Durch Konjunktiv und analytische Wendungen (z. B. „Mangold kritisiert/führt als Beispiel an/benennt abschließend ...") wird die erforderliche Distanz zum Text deutlich.

Die **Grundrechte im Grundgesetz** und deren Auslegung durch das Bundesverfassungsgericht stehen im Zentrum eines Interviews von Wolfgang Janisch mit der Jura-Professorin Anna Katharina Mangold, das am 07.09.2021 in der Süddeutschen Zeitung mit der Überschrift „Manchmal werden wirklich gänzlich neue Grundrechte erfunden" erschienen ist. Quelle

Anhand **unterschiedlicher Entscheidungen** des obersten Gerichts aus den 1950er-Jahren belegt Mangold zunächst den „großen **Spielraum**" (Z. 23), den das Grundgesetz erlaube. Sie nennt ein Fehlurteil des Bundesverfassungsgerichts zur Strafbarkeit der Homosexualität und eine gelungene und progressive Entscheidung zugunsten der Gleichberechtigung von Männern und Frauen (vgl. Z. 10 ff.). Als weiteres Beispiel für die Entwicklung der Interpretation der Grundrechte führt sie an, dass der Schutz von Ehe und Familie heute weiter gefasst werde (vgl. Z. 23 ff.). Die Verfassung gebe also lediglich einen allgemeinen Rahmen vor (vgl. Z. 22 f.). GG als Rahmenordnung

Das Bundesverfassungsgericht habe aber auch „neue Grundrechte erfunden" (Z. 32). Mangold verweist auf das „**Computergrundrecht**" zum Schutz der Privatsphäre, das aus dem allgemeinen Persönlichkeitsrecht abgeleitet werde (Z. 32 ff.). Ebenfalls eine kreative Interpretation des GG sieht die Juristin in der Entdeckung der „**intergenerationelle(n) Gerechtigkeit**" (Z. 36) zugunsten des Klimaschutzes. So würden die demokratischen Rechte der oft noch nicht wahlberechtigten „Fridays for Future"-Demonstrierenden gesichert.

Entwicklung neuer Grundrechte durch das BVerfG

Als problematisch beurteilt Mangold dagegen, wie das Verfassungsgericht mit „**Hass und Hetze im Netz**" (Z. 51) umgeht. Wenn auf diese Weise insbesondere Frauen und Minderheiten attackiert würden, sei die „gleiche Teilhabe" (Z. 60) in der Demokratie bedroht, also nicht nur das Grundrecht der Meinungsfreiheit, dem das Bundesverfassungsgericht in seiner Rechtsprechung den Vorrang einräume (vgl. Z. 55). Abschließend benennt die Wissenschaftlerin zwei Probleme, die das oberste Gericht aufgreifen sollte: den **Rassismus** (Z. 65) und den Umgang mit der rechtsradikalen **AfD** im Sinne einer „wehrhafte(n) Demokratie" (Z. 70).

Kritik und Wünsche

2 **TIPP** *Anforderungsbereich: I und II mit Schwerpunkt auf AFB II*

Hier sollen Sie unter Beweis stellen, dass Sie zu einer problembezogenen Auswahl und Darlegung von GG-Bestimmungen in der Lage sind. Einschlägige Kernaussagen sollten Sie entweder präzise zusammenfassen oder wörtlich wiedergeben und die Belegstellen nennen. Ein Bezug zu M 1 wird nicht erwartet.

Erfahrungen aus dem **Scheitern der Weimarer Republik** und der anschließenden nationalsozialistischen Diktatur führten dazu, das Konzept einer **wehrhaften bzw. streitbaren Demokratie** im Grundgesetz zu verankern. Demokratiefeinde sollen durch entsprechende Verfassungsbestimmungen abgewehrt und eine Beschädigung oder **Zerstörung des Verfassungskerns verhindert** werden. Gemeinsam mit den **Art. 1 und 20 GG** ist in diesem Zusammenhang vor allem die sog. **Ewigkeitsklausel** in **Art. 79 Abs. 3 GG** zu nennen: „Eine Änderung dieses Grundgesetzes, durch welche die Gliederung des Bundes in Länder, die grundsätzliche Mitwirkung der Länder bei der Gesetzgebung oder die in den Artikeln 1 und 20 niedergelegten Grundsätze berührt werden, ist unzulässig." Demnach **können folgende Verfassungsprinzipien nicht geändert** werden: die Menschenwürde und alle darauf bezogenen Grundrechte, die Volkssouveränität, die föderative Ordnung sowie das Republik-, Demokratie-, Rechtsstaats- und das Sozialstaatsprinzip.

geschichtlicher Hintergrund

Art. 1 und 20 GG sowie Art. 79 Abs. 3 GG

Weiterhin können **verfassungswidrige Parteien** nach Art. 21 Abs. 2 bis 4 GG **verboten** oder von der staatlichen **Finanzierung** ausgeschlossen werden. Die Entscheidung trifft das Bundesverfassungsgericht. Auch über eine individuelle **Aberkennung von Grundrechten** kann das oberste Gericht entscheiden, wenn sie zum Kampf gegen die freiheitliche und demokratische Grundordnung missbraucht werden (Art. 18 GG). Hochschullehrer, die durch Art. 5 GG in ihrer Freiheit für Lehre und Forschung geschützt sind, müssen wie auch alle übrigen Beamten die „**Treue zur Verfassung**" beachten (Art. 5 Abs. 3 GG, Art. 33 Abs. 5 GG).

Parteienverbot

Aberkennung von Grundrechten

Pflicht zur Verfassungstreue

Darüber hinaus gilt das Grundrecht der **Vereinigungsfreiheit** nicht für Gegner der „verfassungsmäßigen Ordnung" oder der „Völkerverständigung" (Art. 9 Abs. 2 GG). So können etwa Organisationen und Vereinigungen aufgrund rassistischen oder gewaltverherrlichenden Gedankenguts von Behörden wie dem Innenministerium verboten und aufgelöst werden.

Verbot verfassungsfeindlicher Organisationen

Schließlich ermächtigt das **Widerstandsrecht** nach Art. 20 Abs. 4 GG alle Bürger*innen zum Widerstand, „wenn andere Abhilfe nicht möglich ist". Dieses Recht greift dann, wenn z. B. durch einen Staatsstreich Demokratie, Rechtsstaat und Menschenwürde insgesamt bedroht sind. Zugleich muss ein völliges Versagen der Institutionen vorliegen, die die freiheitliche demokratische Grundordnung schützen.

Widerstandsrecht

---

3 | **TIPP** *Anforderungsbereich: I und II mit Schwerpunkt auf AFB II*

Gehen Sie diese Aufgabe in zwei Schritten an: Erläutern Sie zunächst die rechtliche Basis für Auslandseinsätze der Bundeswehr. Wichtige Bausteine sind: GG-Bestimmungen, Urteil des BVerfG, Gesetze und Verträge. Führen Sie möglichst auch Beispiele an. Im zweiten Schritt stellen Sie zusammen, welche weiteren Instrumente die deutsche Außen- und Sicherheitspolitik nutzt.

Die wichtigsten **rechtlichen Grundlagen für Auslandseinsätze** der Bundeswehr liegen in den Normen des Grundgesetzes, in ihrer Interpretation durch das Bundesverfassungsgericht und im Parlamentsbeteiligungsgesetz begründet. Darüber hinaus spielen rechtliche Verpflichtungen, die sich aus der **Mitgliedschaft in supranationalen Organisationen** wie EU, UN und NATO ergeben, eine große Rolle. Das **Grundgesetz** sieht „Streitkräfte zur Verteidigung" vor (Art. 87 a Abs. 1 GG) und verbietet Angriffskriege (Art. 26 Abs. 1 GG). In Artikel 87 a Abs. 2 GG heißt es: „Außer zur Verteidigung dürfen die Streitkräfte nur eingesetzt werden, soweit dieses Grundgesetz es ausdrücklich zulässt." Eine explizite Zulassung des Bundeswehreinsatzes regelt die Verfassung an zwei Stellen, jedoch nur für den Einsatz

Einleitung

GG-Normen

im Innern (Art. 35 und 87a GG). Internationale Einsätze müssen grundsätzlich dem **Völkerrecht entsprechen**, wie es vor allem in der UN-Charta verankert ist (Art. 25 GG).

Nach dem Ende des Ost-West-Konflikts begann die damalige Bundesregierung, die Bundeswehr außerhalb des NATO-Bündnisgebiets einzusetzen. Es war hier nicht von Vornherein klar, dass es dabei um die Verteidigung Deutschlands ging. Das **Bundesverfassungsgericht** entschied im sog. **Out-of-area-Urteil 1994**, dass solche Einsätze im Sinne des Artikels 24 Abs. 2 GG zulässig sind, wenn sie im Rahmen eines „Systems gegenseitiger kollektiver Sicherheit" stattfinden. Solche Auslandseinsätze müssen von UN, NATO oder EU beauftragt sein und bedürfen laut Parlamentsbeteiligungsgesetz der Zustimmung des Bundestages (sog. konstitutiver **Parlamentsvorbehalt**). Die Bundeswehr wird daher auch als „Parlamentsarmee" bezeichnet. Im NATO-Vertrag verpflichtet Art. 5 zum Beistand im Falle eines Angriffs gegen ein Mitgliedsland des Bündnisses. Für die EU gilt die Beistandspflicht aufgrund von Art. 42 Abs. 7 des EU-Vertrags.

BVerfG-Entscheidung

UN, EU, NATO

Bei der Verhinderung oder der Lösung von Konflikten kommt es jedoch nicht nur auf den Beitrag der Bundeswehr an.

Deutschlands Außen- und Sicherheitspolitik bemüht sich, insbesondere auch dem Selbstverständnis als **Zivilmacht** gerecht zu werden, d. h. auf internationale Kooperation, Multilateralismus und friedliche Konfliktlösung zu setzen. Zum Beispiel beteiligt sich Deutschland an internationalen Klimakonferenzen oder an Verhandlungen über das iranische Atomprogramm.

Zivilmacht

Deutschland engagiert sich in zahlreichen **inter- und supranationalen Organisationen**. In supranationalen Organisationen wie der EU gibt es freiwillig einen Teil seiner Souveränität auf. Es trägt zur Finanzierung der UN bei und wirkt an ihren Aktivitäten mit, z. B. an UN-Friedensmissionen im Libanon oder in Mali. Entwicklungszusammenarbeit, Klimapolitik und zahlreiche Maßnahmen des globalen Umweltschutzes dienen der Konfliktprävention.

inter- und supranationale Organisationen

Als exportstarker **Handelsstaat** setzt Deutschland sich für eine liberale und möglichst gerechte Ordnung der Weltwirtschaft ein. Wirtschaftlicher Austausch auf der Grundlage **internationaler Arbeitsteilung** fördere, so die Erwartung, ein friedliches Miteinander und das Vorankommen der unterentwickelten Länder. Die Außenwirtschaftspolitik muss Handelsströme sichern und Abhängigkeiten vermeiden helfen.

Handelsstaat

Zu einer liberalen Weltordnung gehört auch der Schutz der **Menschenrechte**, z. B. der Frauenrechte im Iran oder der Minderheitenrechte in China. Damit folgt die Außen- und Sicherheitspolitik einem **umfassenden Sicherheitsbegriff**, der politische, ökonomische und

Menschenrechte

ökologische Risiken als mindestens ebenso wichtig betrachtet wie militärische Bedrohungen.

Seit 2022 unterstützt Deutschland die **Ukraine** diplomatisch, finanziell, mit Waffen und durch Sanktionen gegen den Aggressor Russland. Dieser Krieg an der östlichen Außengrenze von EU und NATO wird als **Zäsur** für eine überwiegend an Diplomatie, an Verträgen und Verhandlungen orientierte Außenpolitik betrachtet. Auch der russische Vertragsbruch bei den Gaslieferungen an Deutschland rückte **geopolitische Fragen** in den Vordergrund. **Militärische Macht** gewinnt seitdem an Bedeutung, ein direktes militärisches Engagement in der Ukraine soll aber vermieden werden.

wachsende Bedeutung militärischer Macht

---

4 **TIPP** *Anforderungsbereich: III*

Diese Aufgabe knüpft an Aufgabe 2 an und erwartet, dass Sie den Sinn von Verbotsverfahren gegen extremistische Parteien überprüfen. Dabei sind zwei Materialien einzubeziehen, ein informativer Text des Bundesverfassungsgerichts zu bisherigen Parteiverbotsverfahren und eine Karikatur.

Gehen Sie schrittweise vor: Klären Sie einleitend die grundgesetzliche Basis für ein Parteiverbot. In Ihrer Erörterung stellen Sie dann am besten die wichtigsten Pro- und Kontra-Argumente nacheinander gegenüber und gelangen schließlich zu einem eigenen, möglichst schlüssig begründeten Urteil.

Das **Grundgesetz** sieht die Möglichkeit vor, dass das Bundesverfassungsgericht eine Partei für verfassungswidrig erklärt, wenn sie „nach ihren Zielen oder nach dem Verhalten ihrer Anhänger" die „freiheitliche demokratische Grundordnung [...] oder den Bestand der Bundesrepublik Deutschland" bekämpft (Art. 21 Abs. 2 GG). Den Antrag dazu können Bundestag, Bundesrat und Bundesregierung stellen.

Parteiverbot im GG

In den Anfangsjahren der Bundesrepublik wurde auf dieser Grundlage sowohl eine rechts- wie eine linksextreme Partei verboten. 2003 und 2017 scheiterte zweimal ein **Verbotsverfahren** gegen die rechtsradikale NPD, obwohl sie vom Bundesverfassungsgericht als Gefahr für die demokratische Grundordnung betrachtet wurde. Aktuell gibt es Stimmen für ein Verbot der rechtspopulistischen AfD.

bisherige Verbotsverfahren (M 2)

Ob ein Verbot extremistischer Parteien sinnvoll ist, wird bis heute immer wieder kontrovers diskutiert, vor allem im Zusammenhang mit neonazistischen oder rechtspopulistischen Parteien.

Überleitung zur Erörterung

Ein Verbot wird als notwendig betrachtet, wenn eine Partei eine **aggressive Haltung** gegenüber der bestehenden demokratischen Ordnung einnimmt, um sie schließlich zu beseitigen. Aus der Erfahrung der Weimarer Republik sei zu lernen, dass Demokratiefeinden nicht

Argumente für Verbote

erlaubt sein dürfe, sich der **legalen Wege zur „Machtergreifung"**, z. B. der Wahlen und der Grundrechte, zu bedienen.

Ein weiteres Hauptargument für das Verbot extremistischer Parteien liegt in der Chance, deren **organisatorische und finanzielle Infrastruktur** zu schwächen. Geldquellen, parteieigene Gebäude und Medien sind notwendige Hilfsmittel, die den betroffenen Gruppierungen dann nicht mehr zur Verfügung stehen. Dadurch wird die extremistische Szene nachhaltig geschwächt.

Auch wenn es sich um kleinere extremistische Parteien handelt, die als nicht mehrheitsfähig erscheinen, kann bereits ein Verbotsverfahren sinnvoll sein, weil es potenzielle **Sympathisanten abschreckt**. Zugleich werden mit der Autorität des obersten Gerichts Hass gegen Minderheiten und **Demokratiefeindschaft delegitimiert**.

Mindestens ebenso deutlich werden jedoch gewichtige Bedenken gegen Verbotsverfahren geäußert.

Die **Hürden für ein Parteiverbot** liegen in Deutschland hoch, da die **Meinungsfreiheit** zu den elementaren Grundrechten zählt und die Parteien aufgrund ihrer Bedeutung für den Prozess der politischen Willensbildung im Grundgesetz einen hohen Rang genießen. Nur das Bundesverfassungsgericht darf nach einem komplexen Verfahren und genauer Prüfung ein Verbot aussprechen. Dass dies auch scheitern kann, beweist die Geschichte jüngerer Parteiverbotsverfahren (M 2). Argumente gegen Verbote

Als weiteres Argument wird genannt, dass mit einem Verbot einer extremistischen Partei noch keiner ihrer Anhänger oder gar das von ihnen vertretene Gedankengut verschwunden ist. Die Mitglieder würden nach einem Verbot in den **Untergrund** gehen oder **andere Organisationsformen** finden und sich möglicherweise **weiter radikalisieren**.

Auf diese Gefahr spielt die **Karikatur zum NPD-Verbot** aus dem Jahr 2015 an (M 3). Sie zeigt das Trojanische Pferd mit der Aufschrift „NPD". Aus seinem Inneren kommen Sprechblasen, die für den Verbotsfall den Umstieg in ein „anderes Pferd" ankündigen. In der griechischen Mythologie konnten griechische Soldaten auf diese Weise in die Stadt Troja gelangen, um von innen dem eigenen Heer die Stadttore zu öffnen. Auswertung von M 3

Kritiker von Parteiverboten argumentieren, eine streitbare Demokratie müsse auch eine extremistische Partei aushalten können. Die Erlaubnis, legal zu agieren, ermöglicht es der Gesellschaft, ihre Ideen **offen zu konfrontieren**, sie im öffentlichen Diskurs infrage zu stellen und ihre Schwächen aufzudecken. Ein Verbot würde diese Parteien zum „Märtyrer" machen.

Eine weitere Sorge betrifft mögliche Auswirkungen auf die politische Meinungsfreiheit und das **politische Klima** des Landes. Ein

Verbot könnte einen Präzedenzfall schaffen, der künftig zur Unterdrückung legitimer politischer Opposition führen würde. Stattdessen ist es vernünftiger, Erfolge extremistischer Parteien als **Indikator für Problemlagen** zu verstehen, die von den „Etablierten" vernachlässigt werden. So können etwa Wahlerfolge der rechtspopulistischen AfD eher durch eine bessere Migrations- und Sozialpolitik als durch Verbotsdrohungen verhindert werden.

Beide Seiten der Kontroverse können für sich in Anspruch nehmen, im Sinne einer streitbaren Demokratie zu argumentieren. Es ist daher schwierig, eine eindeutige Entscheidung zu fällen. Da ich das **Leitbild einer offenen und pluralistischen Gesellschaft** für äußerst wichtig und die deutsche Demokratie für gefestigt halte, neige ich jedoch dazu, Verbotsverfahren gegen extremistische Parteien **abzulehnen**.

eigenes Urteil

DER MINDESTLOHN IN DEUTSCHLAND UND IN DER EU

Aufgabenstellung

1 Fassen Sie den vorliegenden Text zusammen. (Material 1) (20 BE)

2 Erklären Sie die Bedeutung von Löhnen für die konjunkturelle Entwicklung eines Landes anhand der angebots- und der nachfrageorientierten Wirtschaftspolitik. (25 BE)

3 Vergleichen Sie das Gesetzgebungsverfahren in Deutschland mit dem in der Europäischen Union. (25 BE)

4 Diskutieren Sie die Vor- und Nachteile des Vorschlags der Europäischen Kommission zur Einführung eines Mindestlohns in der EU unter Berücksichtigung der Materialien 1–3. (30 BE)

M 1   Alexander Hagelüken: Warum zwölf Euro Mindestlohn sinnvoll sind (2021)

Mindestlohn, das mag für manche Menschen wie ein Randthema des Wahlkampfs wirken. Sie denken: Wen betrifft das schon? Ein paar Beschäftigte, die eine schlechte Ausbildung haben oder einfach Pech. Doch vielleicht überlegen diese Bürgerinnen und Bürger noch mal, wenn sie die Daten des Statistischen Bundesamts lesen. Demnach
5 verdienen etwa zehn Millionen Deutsche unter zwölf Euro die Stunde. Zehn Millionen – und ihre Familien – profitieren grundsätzlich, wenn der gesetzliche Mindestlohn deutlich steigt.
Deshalb ist richtig, dass die Politik dies für die Wahl zum Großthema macht […]. Die Bürger stehen vor einer Richtungsentscheidung. Union und FDP wollen den Min-
10 destlohn wie bisher rein einer Kommission überlassen. Die hat die Grenze, was ein Arbeitgeber mindestens zahlen muss, seit der Einführung vor sechs Jahren gerade mal von 8,50 auf 9,60 Euro erhöht. SPD und Grüne wollen den Mindestlohn auf zwölf Euro steigern. Das würde für viele Menschen einen großen Unterschied ausmachen.
Wer heute als Verkäuferin, Kellner oder im Bürojob Mindestlohn bekommt, ver-
15 dient in Vollzeit 1.600 Euro monatlich – vor Abzügen. Bei zwölf Euro wären es 2.000 Euro. Jeder, der Kinder versorgt oder in Ballungsräumen Miete bezahlt, würde das deutlich spüren. Es könnte auch die Wirtschaft beleben. Wer mehr verdient, gibt mehr aus. Und gerade Mindestlohn-Bezieher geben einen höheren Teil ihres Einkommens aus als etwa Top-Verdiener, auf deren steuerliche Entlastung sich manche Par-
20 teien konzentrieren.

Die entscheidende Frage ist, ob bei zwölf Euro massenhaft Jobs verloren gehen würden. Dann hätte keiner etwas davon. Marktliberale Ökonomen warnten schon vor 2015 davor, überhaupt einen gesetzlichen Mindestlohn in der damals festgelegten Höhe einzuführen. Der damalige Wirtschaftsweise Lars Feld etwa sagte voraus: „Bei
25 einem gesetzlichen Mindestlohn von 8,50 Euro würde die Arbeitslosigkeit deutlich anschwellen."

Die Realität war anders. Die Arbeitslosigkeit in Deutschland nahm weiter ab. Die Lohnuntergrenze kostete unterm Strich keine Stellen. Es passierte etwas anderes, so der Forscher Christian Dustmann und Kollegen: Unproduktivere schlecht bezahlte
30 Jobs verschwanden, dafür entstanden produktivere Arbeitsplätze. Der Mindestlohn hilft also nicht nur Geringverdienern, er wirkt sich positiv auf das Wachstum einer Volkswirtschaft aus.

Trotz dieses großen Erfolgs sollte jetzt genau überlegt werden, welche Erhöhung des Mindestlohns für das Land die beste ist. Ab einem Mindestlohn über 13 Euro (die
35 Linke fordert genau 13) beginne der Arbeitsmarkt zu kippen und es drohten erhebliche Jobverluste, warnt der Ökonom Tom Krebs in einer neuen Studie – in der er zwölf Euro grundsätzlich gutheißt.

Zumindest kurzfristig spielt es außerdem eine Rolle, wie genau die gesetzliche Lohngrenze verändert wird. Am besten geschieht dies in mehreren Schritten. Auch der
40 Zeitpunkt ist wichtig. Als der Mindestlohn 2015 eingeführt wurde, wuchs die deutsche Wirtschaft seit ein paar Jahren – und sie wuchs die nächsten Jahre weiter. Das half, Jobverluste zu vermeiden. Nun wächst die deutsche Wirtschaft dieses und nächstes Jahr wahrscheinlich auch deutlich. Aber das Land kommt eben aus der Corona-Krise. Die Arbeitslosigkeit schrumpft zwar bereits seit mehr als einem Jahr, doch nur nach
45 und nach. Das spricht dafür, den Mindestlohn schrittweise bis Ende 2022 auf zwölf Euro zu erhöhen[1]. Deshalb ist es richtig, wenn etwa SPD-Kanzlerkandidat Olaf Scholz davon spricht, die Erhöhung im ersten Jahr einer neuen Regierung zu machen. Das lässt Zeit.

Unions-Kandidat Armin Laschet argumentiert teils pauschal gegen mehr Mindest-
50 lohn, teils möchte er ihn komplett der Regierungskommission überlassen. Dazu ist zu sagen, dass die Kommission selbst eine Erhöhung auf 10,45 Euro bis Mitte 2022 vorschlägt. Zum zweiten kann man die Kommission schätzen, aber man muss sie nicht heroisieren. Dort bringen Arbeitgeber und Gewerkschaften ihre Interessen ein. Und einer der beiden Wissenschaftler dort ist Lars Feld, der die Einführung des Mindest-
55 lohns 2015 so einstufte: „Uns geht es viel zu gut, deshalb fangen wir an, Unsinn zu machen."

Über diesen Marktradikalismus ist die Zeit hinweggegangen. Mindestlöhne helfen, die Macht vieler Unternehmen einzugrenzen, die weit seltener auskömmliche Tariflöhne zahlen als früher. Von zwölf Euro, mit Augenmaß eingeführt, profitieren zudem
60 viele Menschen, die früher zur Mittelschicht gehörten. Sie verdienen mehr, als sie heute bekommen.

Warum zwölf Euro Mindestlohn sinnvoll sind, Alexander Hagelüken, SZ.de vom 20.09.2021

Anmerkung
1 Der gesetzliche Mindestlohn wurde ab 01.10.2022 auf 12 Euro erhöht.

Christoph Schröder: Ein europäischer Mindestlohn? (2021)

Als „Rechtsinstrument, mit dem sichergestellt werden soll, dass jeder Arbeitnehmer in der EU einen gerechten Mindestlohn erhält", stellte Ursula von der Leyen im Wahlkampf um das Amt des EU-Kommissionspräsidenten das Konzept einer europäischen Lohnuntergrenze vor. Mit diesem Aushängeschild wurde sie 2019 gewählt. Ein Jahr
5 später legte die EU-Kommission unter von der Leyen den Richtlinienentwurf vor, der bis dato auf Zustimmung von Rat und Parlament wartet. Aber warum möchte die EU-Kommission die Mindestlöhne überhaupt einheitlich regeln?

Schaut man sich die Mindestlöhne der einzelnen EU-Länder an, fallen die großen Unterschiede auf.
10 Auf den ersten Blick wirkt das starke Gefälle der internationalen Mindestlöhne fast schon ungerecht. Die Differenzen sind allerdings weniger dramatisch, als sie scheinen: Denn diese absoluten Werte lassen das Preisniveau und die Lohnhöhe des jeweiligen Landes außer Acht. Zum Beispiel liegen die Mieten und Lebensmittelpreise in Bulgarien weit unter jenen in Luxemburg.
15 Trotzdem: In einigen EU-Ländern ist es schwerer als in anderen, vom gesetzlichen Mindestlohn zu leben. Hier setzt die Idee eines europäischen Standards an. Ein EU-weiter Mindestlohn soll in allen 27 Mitgliedsstaaten auskömmliche Lebensbedingungen ermöglichen.

Aber heißt das jetzt, dass jemand, der in Bulgarien eben noch 2 Euro die Stunde
20 verdient hat, auf einmal mit 12 Euro stündlich vergütet werden soll? Nein. Denn hinter dem europäischen Mindestlohn steckt kein festgeschriebener Euro- oder Centbetrag – er soll vielmehr 60 Prozent des nationalen Bruttomedianlohns pro Stunde betragen. Der Median[2] beschreibt dabei genau jenen Stundenlohn, bei dem die eine Hälfte der Arbeitnehmer eines Landes weniger und die andere Hälfte mehr verdient.

Christoph Schröder: Ein europäischer Mindestlohn?, IWD vom 14.12.2021,
https://www.iwd.de/artikel/ein-europaeischer-mindestlohn-530160/

Anmerkung
2 Median – derjenige Messwert, der genau „in der Mitte" steht, wenn man die Messwerte der Größe nach sortiert

Bundesvereinigung der Deutschen Arbeitgeberverbände:
Europäischer Mindestlohn (2020)

Der in der Begründung zur Richtlinie ins Spiel gebrachte Maßstab zur Angemessenheit eines Mindestlohns bei 60 Prozent des Medianlohns des jeweiligen Landes ist nicht sachgerecht. Die Beurteilung der Mindestlohnhöhe anhand des Medianlohns hat nur beschränkte Aussagekraft: Der europäische Spitzenmindestlohn in Luxemburg mit
5 12,38 Euro liegt bei knapp 54 Prozent des Medianlohns, während Portugal mit einem Mindeststundenlohn von 3,83 Euro die 60-Prozent-Linie zum Medianlohn überschreitet […]. Einen solchen vereinheitlichten angemessenen Mindestlohn im jetzigen wirtschaftlichen Umfeld umzusetzen, könnte auch die angespannte Lage für viele Unter-

nehmen und damit an den nationalen Arbeitsmärkten verschärfen. In zahlreichen Län-
10 dern, deren Mindestlöhne derzeit unter 50 Prozent des Medianlohns liegen, war die
Arbeitslosigkeit schon vor der Covid-19-Pandemie überdurchschnittlich hoch.

*Bundesvereinigung der Deutschen Arbeitgeberverbände e.V. (21.11.2020): Europäischer
Mindestlohn, https://arbeitgeber.de/themen/europa-und-europaeische-union/europaeischer-
mindestlohn/*

Hinweis
Die Bundesvereinigung der Deutschen Arbeitgeberverbände ist der Spitzenverband der deutschen
Arbeitgeberverbände.

Unterrichtsinhalte:
Themenfeld: Konjunkturanalyse und Konjunkturpolitik – Herausforderungen prozessorientierter Wirtschaftspolitik (Q 2.1), insbesondere:
- Grundlagen der keynesianischen stabilisierungspolitischen Konzeption (Krisenanalyse, Bedeutung der effektiven Gesamtnachfrage, Rolle des Staates, Multiplikatoreffekt)

Nachhaltiges Wachstum und fairer Wettbewerb Herausforderungen staatlicher Ordnungspolitik (Q 2.2), insbesondere:
- Grundlagen der neoklassischen Konzeption (Einflussfaktoren auf das Wirtschaftswachstum)
- wirtschaftspolitische Gestaltung von Angebotsbedingungen

Kursübergreifende Bezüge:
Themenfeld: Verfassung und Verfassungswirklichkeit: Rechtsstaatlichkeit und Verfassungskonflikte (Q 1.1), insbesondere:
- Parlament, Länderkammer, Bundesregierung und Europäische Institutionen im Gesetzgebungsprozess (Spannungsfeld Exekutive – Legislative)

1

> **TIPP** *Anforderungsbereich: I*
>
> Der Operator „zusammenfassen" verlangt von Ihnen eine überwiegend reproduktive Auseinandersetzung mit der Textquelle. Fassen Sie zentrale Aussagen des Textes ausgehend von einer Einleitung, in der Sie die Textart, den Titel, Autor*in, die Textquelle und das Jahr der Veröffentlichung benennen, möglichst in eigenen Worten unter Verwendung passender fachsprachlicher Begriffe zusammen. Setzen Sie Schlüsselbegriffe in Anführungszeichen, aber verzichten Sie auf längere Zitate. Achten Sie darauf, Ihre Distanz zum Text deutlich zu machen, indem Sie den Konjunktiv oder entsprechende sprachliche Signale verwenden.

Unter dem Titel „Warum zwölf Euro Mindestlohn sinnvoll sind" spricht sich Alexander Hagelüken in einem am 20.09.2021 auf der Webseite www.sueddeutsche.de veröffentlichten Kommentar **für die Erhöhung des Mindestlohns auf 12 Euro** aus. Anlass für den Kommentar ist die Thematisierung der Mindestlohnerhöhung durch die Parteien im **Bundestagswahlkampf**.
Die Wahl könne mit Blick auf den Mindestlohn als „Richtungsentscheidung" (Z. 9) gesehen werden. Union und FDP hätten an einer deutlichen Erhöhung kein Interesse und wollten die Entscheidung lieber der zuständigen Kommission überlassen, die den Mindestlohn in der Vergangenheit immer nur in kleinen Schritten angehoben habe. Die **Kommission als Entscheidungsinstanz** einzusetzen, sieht Hagelüken kritisch. In der Kommission würden Einzelinteressen

Einleitungssatz

zentrales Thema: Erhöhung des Mindestlohns

Positionen der Parteien zum Mindestlohn

von Arbeitgebern und Gewerkschaften verfolgt (vgl. Z. 9 ff., Z. 49 ff.).

Die von SPD und Grünen geforderte deutliche Erhöhung auf 12 Euro sei nach Ansicht des Autors hingegen richtig. **Etwa zehn Millionen Arbeitnehmer** und deren Familien würden davon **profitieren** (vgl. Z. 5 ff.)
Unterstützung zahlreicher Arbeitnehmer

Da Mindestlohnbezieher einen Großteil ihres Einkommens ausgeben, wäre eine Steigerung der Nachfrage zu erwarten (vgl. Z. 17 ff.).
Nachfrage-steigerung

Das Argument, ein **höherer Mindestlohn würde zu mehr Arbeitslosigkeit** führen, weist Hagelüken zurück. Dies sei schon bei der Einführung des Mindestlohns vorhergesagt worden, habe sich aber nicht bestätigt. Vielmehr habe der Mindestlohn für **produktivere Arbeitsplätze** gesorgt (vgl. Z. 27 ff.).
positive Auswirkung auf die Beschäftigung

Laut Hagelüken sorge eine Erhöhung auch dafür, **Unternehmen zu disziplinieren**, die ihren Arbeitern zu niedrige Löhne bezahlen. Diejenigen Menschen, die vom Mindestlohn abhängig seien, würden eine Erhöhung schlichtweg verdienen.
Disziplinierung der Unternehmen

Mit Blick auf die wirtschaftliche Entwicklung und die gerade überstandene Corona-Krise spricht sich Hagelüken für eine **schrittweise, an die Konjunkturentwicklung angepasste Erhöhung** auf 12 Euro aus, so wie Olaf Scholz dies für den Fall seiner Kanzlerschaft angekündigt habe (vgl. Z. 39 ff.). Hierbei müsse man die Warnungen von Ökonomen unbedingt beachten, dass der Kipppunkt, ab dem es zu Arbeitslosigkeit käme, bei 13 Euro liege (vgl. Z. 34 ff.).
schrittweise Erhöhung

mehr Arbeitslosigkeit ab 13 Euro

2 **TIPP** *Anforderungsbereich: II*

Bei dieser Aufgabe mit dem Operator „erklären" ist überwiegend erlerntes Fachwissen gefragt. Für ausgewählte Aspekte können Sie z. B. in M 1 genannte Fakten heranziehen. Denken Sie an eine kurze Einleitung, in der Sie auf die in der Aufgabenstellung bereits angedeutete kontrovers wahrgenommene Bedeutung von Löhnen bzw. Lohnerhöhungen hinweisen. Zeigen Sie unbedingt, dass Sie die zentralen Annahmen beider Wirtschaftstheorien kennen. Eine Beurteilung oder Bewertung von Ihrer Seite ist hier nicht gefragt. Bleiben Sie sachlich!

Löhne stellen für die Haushalte **Einnahmen** dar, für die Unternehmen dagegen **Kosten**. Angebots- und Nachfragetheorie bewerten den Einfluss von Lohnerhöhungen auf die konjunkturelle Entwicklung unterschiedlich.
Löhne als Einnahme- und Kostenquelle

Die von Milton Friedman entwickelte **angebotsorientierte Wirtschaftspolitik** geht davon aus, dass dem Markt eine **Selbstregulierung** zugrunde liegt. **Wachstum** und **Wohlstand** werden demnach am besten erreicht, wenn der Staat passende Rahmenbedingungen für die Marktteilnehmer, insbesondere die Unternehmen, setzt. Sind
Grundlagen der Angebotstheorie

die Bedingungen gut, schaffen Unternehmen **Arbeitsplätze** und sorgen dadurch für **Kaufkraft** und **Nachfrage** (Saysches Theorem), was neben einem **wirtschaftlichen Aufschwung** auch für höhere Steuereinnahmen des Staates sorgt. In einer Krise soll der Staat daher in erster Linie die **Angebotsseite stärken.**

Alexander Hagelüken fordert in seinem Kommentar (M 1) von der künftigen Bundesregierung **eine deutliche Erhöhung des Mindestlohns** (vgl. Z. 45 f.). Aus Sicht der **Angebotstheorie** greift der Staat damit erheblich in den **freien Markt** ein, auf dem die Lohnhöhe abhängig von Angebot und Nachfrage auf dem Arbeitsmarkt ist. Laut Friedmann führt ein Lohn oberhalb des Gleichgewichtslohns zu Arbeitslosigkeit. Hohe Löhne können nach diesem Ansatz nur dann gezahlt werden, wenn ausreichend Gewinn erzielt wird – die Lohnhöhe sich also an **der Produktivität** orientiert. Höhere, staatlich verordnete Löhne, wie in M 1 vorgeschlagen (vgl. Z. 47), schwächen die Angebotsseite, sodass ein **Rückgang von Investitionen** sowie **Entlassungen** zu erwarten sind.

Mindestlohn als staatliche Einmischung

Risiko der Arbeitslosigkeit

Die Angebotstheorie betont auch das Risiko einer **Lohn-Preis-Spirale. Lohnerhöhungen führen aufgrund der größeren Geldmenge zu Inflation**, die wiederum – wie man an den derzeitigen [2023] Tarifverhandlungen und Streiks sehen kann – als Begründung für erneute Lohnforderungen angeführt wird. Die Reallöhne und damit die Kaufkraft steigen kaum.

Lohn-Preis-Spirale

Im Gegensatz zur Angebotspolitik betrachten Vertreter der **nachfrageorientierten Wirtschaftspolitik** im Sinne von John M. Keynes zu niedrige Löhne als eine der **Hauptursachen für Rezessionen.** Wenn die **Nachfrage fehlt**, so die Annahme, muss die **Produktion zurückgefahren** werden, die Gewinne der Unternehmen sinken und es kommt zu **Entlassungen.** Der Weg in die Rezession sei so vorprogrammiert. Nach Keynes soll der Staat die Nachfrage durch **expansive Geldpolitik** unterstützen, z. B. in Form von höheren **Transferleistungen** oder Entlastungsbeträgen, wie etwa während der Corona-Pandemie. Auch durch **staatlichen Konsum** kann Nachfrage erzeugt werden.

Grundlagen der Nachfragetheorie

In Hagelükens Text (M 1) wird als Argument für einen **höheren Mindestlohn die Steigerung der Nachfrage** angeführt, die „die Wirtschaft beleben" (Z. 17) könnte. Das hier angedeutete Konsumpotenzial (vgl. Z. 18 f.) würde in der Logik der Nachfragetheorie zu einem Aufschwung führen und die **Konjunktur stabilisieren.**

Mindestlohn zur Stärkung der Nachfrage

3

Diese Aufgabe fokussiert sich auf einen Vergleich: Das Gesetzgebungsverfahren in Deutschland soll dem Gesetzgebungsprozess in der EU gegenübergestellt werden. Hier müssen Sie auf Gelerntes zurückgreifen. Es liegt nahe, vom deutschen Gesetzgebungsprozess auszugehen und anschließend zu ausgewählten Aspekten Parallelen und Unterschiede des EU-Verfahrens herauszuarbeiten. Wenn Sie sich bezüglich des deutschen Gesetzgebungsverfahrens unsicher sind, ziehen Sie das GG heran; hier finden sich in Art. 70 ff. die entsprechenden verfassungsrechtlichen Vorgaben.

Der Gesetzgebungsprozess in Deutschland beginnt mit einem **Gesetzesvorschlag**. Die **Gesetzesinitiative** kann von der Bundesregierung, dem Bundesrat oder dem Bundestag ausgehen. Im Bundestag sind für die Einbringung mindestens 5 % der Abgeordneten oder eine Fraktion nötig. *(Gesetzesinitiative)*

Bevor der Bundestag endgültig über das Gesetz abstimmt, gibt es **drei Lesungen** im Bundestag. Nach der ersten Lesung, die auch als **Grundsatzdebatte** bezeichnet wird, wird der Gesetzesentwurf an einen **Ausschuss** übergeben, der Einzelheiten bespricht und Sachverständige zur Beratung hinzuziehen kann. In der zweiten Lesung werden die Abgeordneten über die Ergebnisse der Ausschussarbeit informiert und können **Änderungsvorschläge** einbringen. Die dritte Lesung ermöglicht eine letzte Aussprache, weitere Änderungsvorschläge sind möglich. Die Verabschiedung des Gesetzes wird mit einem **Mehrheitsbeschluss** vorgenommen. Gesetze, die eine Grundgesetzänderung vorsehen, benötigen nach Art. 79 Abs. 2 GG die absolute Zweidrittelmehrheit des Bundestages. *(Lesungen im Bundestag / Ausschussarbeit / Änderungsvorschläge / Mehrheitsbeschluss im Bundestag)*

Betreffen Gesetze die Angelegenheiten der Länder, so handelt es sich um sogenannte **Zustimmungsgesetze**. Dies trifft auf die Mehrzahl der Gesetze zu. Hier muss der **Bundesrat** dem Gesetz zustimmen. Kommt es zu keiner Einigung, kann ein **Vermittlungsausschuss** einberufen werden, der einen Kompromiss ausarbeitet. Wird keine Einigung erzielt, ist das Gesetz gescheitert. *(Zustimmungsgesetze / Vermittlungsausschuss)*

Bei anderen Gesetzen hat der Bundesrat nur ein **Einspruchsrecht**: Er kann diese Gesetze ablehnen, aber nicht verhindern. Der Bundestag kann in diesen Fällen den Bundesrat in einer weiteren Abstimmung überstimmen. *(Einspruchsrecht des Bundesrats)*

Nach der Verabschiedung eines Gesetzes wird dieses vom Bundeskanzler, vom zuständigen Fachminister und vom **Bundespräsidenten** unterzeichnet. Das Staatsoberhaupt prüft als **letzte Instanz**, ob das Gesetz mit dem **Grundgesetz vereinbar** ist. Die Veröffentlichung von Gesetzen erfolgt im Bundesgesetzblatt. *(Prüfung durch den Bundespräsidenten)*

Das **Gesetzgebungsverfahren der EU** unterscheidet sich deutlich von dem Verfahren in Deutschland. In der EU gibt es verschiedene **Rechtsakte**, z. B. **Verordnungen**, die unmittelbar für alle Mitgliedsstaaten gelten, und **Richtlinien**, die erst in den Staaten in nationale Gesetze umgewandelt werden müssen.

Gesetzgebung in der EU

Während in Deutschland die Legislative und die Exekutive Gesetzesvorschläge einbringen können, ist das **Initiativrecht in der EU** auf die **Europäische Kommission** beschränkt, die jedoch vom Europäischen Parlament, vom Ministerrat oder vom Europäischen Rat dazu aufgefordert werden kann. Finden sich im Rahmen einer Europäischen Bürgerinitiative eine Million Wähler*innen aus sieben EU-Staaten als Befürworter, können auch diese die Kommission auffordern, gesetzgeberisch tätig zu werden.

Initiativrecht der Europäischen Kommission

Auch in der EU gibt es den Vorgang der **Lesung** und Beratung, allerdings stimmt das **Europäische Parlament** schon in der ersten Lesung ab und übermittelt dem Ministerrat seine Entscheidung sowie mögliche Änderungsvorschläge. Der **Ministerrat entscheidet** dann über das Gesetz. Gibt es vom Ministerrat weitere Änderungsvorschläge, wird eine zweite Lesung im Europäischen Parlament durchgeführt. Kommt es zu keiner Einigung, wird – ähnlich wie in Deutschland – ein **Vermittlungsausschuss** einberufen, der einen Kompromissvorschlag ausarbeitet. Dieser wird in einer dritten Lesung im Europäischen Parlament und im Ministerrat behandelt und abgestimmt. Die **Zustimmung beider Organe** ist also notwendig. EU-Rechtsakte werden vom Präsidenten des Europäischen Parlaments und vom Präsidenten des Ministerrats unterschrieben. Auch hier erfolgt eine Veröffentlichung im Amtsblatt.

Abstimmung bereits in erster Lesung

Vermittlungsausschuss

Zustimmung von EU-Parlament und Ministerrat erforderlich

Der Aufgabentext weist darauf hin, dass Sie Vor- und Nachteile des Vorschlags der EU-Kommission zum europäischen Mindestlohn diskutieren sollen. Sichten Sie hier zunächst sorgfältig das Material: In M 1 haben Sie sich bereits mit der Bedeutung des Mindestlohns für die deutsche Wirtschaft befasst. M 2 informiert über den Vorschlag der EU-Kommission und M 3 enthält eine Stellungnahme der deutschen Arbeitgeberverbände. Sie können für Ihre Diskussion einige Argumente aus den Materialien ableiten oder übernehmen. Legen Sie zur Strukturierung Ihres Textes vorab eine Tabelle an, in der Sie Argumente aus den Materialien mit Zeilenangabe auflisten und eigene Aspekte ergänzen. Greifen Sie einleitend die Fragestellung auf und fassen Sie die wichtigsten Informationen über den Mindestlohn zusammen. Stellen Sie anschließend die Argumente entweder wechselseitig gegenüber oder teilen Sie Ihren Text in einen Pro- und einen Kontra-Abschnitt auf, wie in diesem Lösungsvorschlag. Beenden Sie Ihre Ausführungen mit einem kurzen Fazit. Das Fazit ist kein Gewissenstest, es sollte aber aus der Abwägung der Argumente ableitbar und nachvollziehbar sein.

Wichtige Ziele der EU sind, für das Wohlergehen der EU-Bürger*innen zu sorgen und die wirtschaftlichen Bedingungen in den Mitgliedsländern vergleichbar zu machen. Der 2020 von der EU-Kommission vorgelegte Richtlinienentwurf, der eine **gemeinsame Lohnuntergrenze für alle EU-Länder** vorsieht, soll nach Aussage der Kommissionspräsidentin Ursula von der Leyen zu mehr **Gerechtigkeit** führen (vgl. M 2, Z. 2). Der Entwurf sieht keine pauschale Angleichung vor, sondern soll gewährleisten, dass der Mindestlohn künftig **60 Prozent des nationalen Bruttomedianlohns** pro Stunde beträgt (vgl. M 2, Z. 22). Es stellt sich die Frage, welche **Chancen und Risiken** für die wirtschaftliche Entwicklung mit einer Durchsetzung dieser Richtlinie verbunden sind. Dass Rat und Parlament dem Entwurf bisher nicht zugestimmt haben (vgl. M 2, Z. 6), deutet darauf hin, dass diese Entscheidung sehr kontrovers diskutiert wird.

Einleitung mit Darstellung des Problems: Vereinheitlichung der Mindestlöhne in der EU?

Die vorhandenen starken Unterschiede bei den Mindestlöhnen innerhalb der EU sprechen auf den ersten Blick eindeutig für den Kommissionsvorschlag. Es erscheint ungerecht, dass Arbeiter in Bulgarien für eine Arbeitsstunde 2 Euro und in Deutschland 12 Euro erhalten. Betrachtet man jedoch die **Lebenshaltungskosten** (vgl. M 2, Z. 11 ff.), relativiert sich dieser Eindruck. Aber auch nach der angestrebten Median-Regelung würde der Betrag in Bulgarien deutlich unter den 12 Euro liegen, die Mindestlohnhöhe würde die nationale Produktivität und den Lebensstandard also berücksichtigen. Will die EU irgendwann eine **Angleichung der Lebensverhältnisse** in ihren Mitgliedsstaaten erreichen, führt ein Weg sicher über die **Verringerung der Lohnunterschiede** in den Mitgliedsstaaten.

Chancen / Vorteile einer Angleichung

Urteilskategorie: Gerechtigkeit

Dadurch würde auch verhindert, dass **Arbeitskräfte ihre Heimatländer verlassen**, um in anderen EU-Staaten mit höheren Stundenlöhnen zu arbeiten.

Insgesamt würden **höhere Löhne zu einer Belebung der Nachfrage** führen, wie Alexander Hagelüken es in seinem Kommentar andeutet (vgl. M 1, Z. 17 f.). Dies würde die Konjunktur in der EU, die durch die Corona-Pandemie überall stagniert oder sich in einem Abschwung befindet, unterstützen.

Belebung der Nachfrage durch höhere Löhne

Den positiven Aspekten stehen jedoch auch Risiken gegenüber. Zunächst ist staatliches Eingreifen in die **Tarifautonomie** immer problematisch. Ob eine **EU-weite Regelung von allen Ländern akzeptiert** würde, ist fraglich, wie schon in M 2 angedeutet wird (vgl. M 2, Z. 4 ff.).

Risiken/Nachteile einer Angleichung

Tarifautonomie gefährdet, Akzeptanz fraglich

Die **Verlagerung der Produktion in Niedriglohnländer** außerhalb der EU wäre bei höheren Mindestlöhnen für Unternehmen noch attraktiver und würde eine noch größere **Abhängigkeit** von den fragilen Lieferketten bedeuten. Der **Standort EU ist aufgrund der hohen Lohnkosten ohnehin schon im Nachteil**, dies würde sich noch verstärken. Eine mögliche Folge wäre eine noch höhere **Arbeitslosigkeit** in den osteuropäischen Ländern – dies gibt auch die Bundesvereinigung der **Arbeitgeberverbände** zu bedenken (vgl. M 3, Z. 7 ff.). Die Annäherung der Lebensverhältnisse würde damit weiter erschwert. Die Arbeitgeber sehen auch die von der EU vorgeschlagene Median-Lösung sehr kritisch: Diese würde dazu führen, dass der Luxemburger Spitzen-Mindestlohn von 12,38 Euro noch erhöht und der Stundenlohn in Portugal, der aktuell bei 3,83 Euro liegt, gesenkt werden müsse. **Was auf den ersten Blick gerecht erscheint, könnte sich bei genauerem Hinsehen als wenig effektiv erweisen.**

Effizienz

Verlagerung von Standorten führt zu Arbeitslosigkeit

Position der Arbeitgeber

Verstärkung der Unterschiede

Eine eindeutige Bewertung in dieser Frage ist schwierig, auch der Rat und das EU-Parlament haben offenbar bisher noch keine Lösung entwickelt. Klar sollte jedoch sein, dass im Sinne der von der EU formulierten Ziele in absehbarer Zukunft ein Schritt in **Richtung Angleichung der Lebens- und Arbeitsbedingungen** gemacht werden muss. Der in M 1 angedeutete Vorschlag, die Erhöhung des Mindestlohns „in mehreren Schritten" (M 1, Z 39) anzugehen, erscheint vor dem Hintergrund der hier entwickelten Argumentation grundsätzlich sinnvoll. Folgende Fragen müssen aber noch beantwortet werden: Wann ist der richtige Zeitpunkt? Wie kann man den damit verbundenen Risiken begegnen?

schlüssiges Fazit

DIE AUSSEN- UND SICHERHEITSPOLITIK DEUTSCHLANDS

Aufgabenstellung

1 Fassen Sie den Text zusammen. (Material 1) (20 BE)

2 Stellen Sie die verfassungsrechtlichen Grundlagen der deutschen Außen- und Sicherheitspolitik dar. (20 BE)

3 Analysieren Sie unter Bezugnahme auf die Materialien 2 und 3 das Verhältnis von Bundesregierung und Bundestag. (30 BE)

4 „In einer Zeit, die vom scharfen Wiederaufleben globaler Machtkämpfe gekennzeichnet ist, zogen deutsche Politiker als Wanderprediger für ‚Wertebasiertheit' oder Multilateralismus durch die Welt, während andere Geopolitik betrieben und aufrüsteten." (Material 1)

Überprüfen Sie, ob „Wertebasiertheit" und Multilateralismus als Leitlinien der deutschen Außenpolitik gescheitert sind. (30 BE)

M 1　**Nikolas Busse: Nötig ist eine Zeitenwende im Kopf (2022)**

Man kann der deutschen Politik nicht vorwerfen, dass sie Putins Schuss nicht gehört habe. In der Verteidigungs- und Energiepolitik werden gerade Kurswechsel vorgenommen, die unerlässlich sind angesichts der neuen und ernsten Bedrohung durch Russland. Eine Ironie besteht darin, dass es ein SPD-Kanzler ist, der den Gashandel mit
5　Moskau beenden muss, und eine grüne Außenministerin, die sich um Waffenlieferungen in die Ukraine zu kümmern hat. Aber im Grundsatz stimmt die Richtung. Der Krieg ist hier wieder der Vater aller Dinge, das gilt auch für die deutsche Außenpolitik.

　Trotzdem geht das Land mit einer schweren Hypothek in die Zeitenwende, die Scholz ausgerufen hat: Deutschland betritt das neue Zeitalter mit einer politischen
10　Klasse, die sich in einer Schicksalsfrage grundlegend geirrt hat. Vom Bundespräsidenten über die Parteien im Bundestag bis zu den Landesregierungen haben fast alle mitgemacht bei der jahrelangen Beschwichtigung Putins. An der eingeübten Außenpolitik hielt man in Nibelungentreue[1] fest, bis es wirklich gar nicht mehr anders ging. Nord Stream 2, Waffenlieferungen, SWIFT[2] – in all diesen entscheidenden Fragen än-
15　derte Deutschland seine Haltung erst, als Putin die Lage eskalieren ließ und die Bundesregierung unter den westlichen Partnern praktisch isoliert war. Von einer Vorreiterrolle, wie Scholz das jetzt darstellte, war nicht viel zu sehen.

Die deutsche Politik wusste in auswärtigen Fragen immer ganz genau, was gut und richtig ist, vor allem für andere Völker. Seit dem 24. Februar ist sie da deutlich einsilbiger geworden; jenseits der Aktualität wirkt sie ratlos. Das hat einen guten Grund. Das Scheitern der Russlandpolitik ist nicht zu vergleichen mit anderen Misserfolgen des Landes, wie zuletzt in Afghanistan. Sie ist der größte anzunehmende Unfall der deutschen Außenpolitik, denn hier geht es um überlebensnotwendige Fragen: Wie kann es sein, dass sich ein Land bei Öl und Gas, zwei zentralen Energieträgern, willentlich von einem einzigen Anbieter abhängig macht, noch dazu von einem, der seit vielen Jahren offen gegen den Westen vorgeht? Und wie ist es möglich, dass sich Europas stärkste Volkswirtschaft gegen diesen Aggressor nicht einmal selbst verteidigen könnte, wenigstens konventionell[3]?

Die ernüchternde Antwort lautet, dass solche Fragen in Deutschland systematisch kleingeredet und ausgeklammert wurden. Eine ganze Generation hat das außenpolitische Einmaleins durch einen pseudomoralischen Haltungsdiskurs ersetzt. Das entsprach den kommunikativen Bedürfnissen einer Post-68-Gesellschaft, aber nicht den weltpolitischen Umständen des 21. Jahrhunderts. In einer Zeit, die vom scharfen Wiederaufleben globaler Machtkämpfe gekennzeichnet ist, zogen deutsche Politiker als Wanderprediger für „Wertebasiertheit" oder Multilateralismus durch die Welt, während andere Geopolitik betrieben und aufrüsteten. Es wurde sogar jahrelang darüber debattiert, wie Deutschlands Rolle in der Welt aussehen solle, so als könne man sich das aussuchen wie in einem Film.

Das hinderte die „Berliner Republik" allerdings nicht daran, einen Führungsanspruch zu erheben und diesen robust durchzusetzen, vor allem in der EU. Im Rückblick fällt auf, dass die letztlich naive „Einbindung" Moskaus, die jede Bundesregierung seit Kohl betrieb, immer wieder mit Phasen einherging, in denen sich Deutschland von seinen westlichen Verbündeten entfremdete, vor allem von Amerika. Das lag nicht nur an Berlin.

Gerade in Osteuropa erkannte man aber früh, dass in den Auseinandersetzungen über Gasleitungen oder das Zwei-Prozent-Ziel der NATO stets die Grundsatzfrage mitschwang, wo das wiedervereinte Deutschland außenpolitisch steht. Zu oft auf der falschen Seite, muss man heute leider sagen. Deutsche Weichenstellungen trugen einiges zur Ausgangslage bei, die Putin mit dem Krieg ausnutzen wollte: Russland wurde gestärkt, der Westen geschwächt.

Damit diese Politik wirklich der Vergangenheit angehört, reicht es nicht, die Bundeswehr schlagkräftig zu machen, so wichtig das ist. Deutschland muss vor allem die Entwöhnung vom strategischen Denken überwinden, die von der Politik bis zu den Universitäten um sich gegriffen hat. Außenpolitik ist in erster Linie Außenpolitik, nicht Klimapolitik, Menschenrechtspolitik oder Frauenpolitik, noch nicht einmal Wirtschaftspolitik.

Es geht um nationale Interessen, die Pflege von Bündnissen, die internationale Machtbalance. Und Sicherheit stellt man in erster Linie mithilfe militärischer Abschreckung her, nicht mit zivilem Krisenmanagement oder mit Entwicklungshilfe. Erst wenn die politische Klasse diese Selbstverständlichkeiten wieder verinnerlicht hat, wird man von einer Zeitenwende reden können.

Anmerkungen

1 Nibelungentreue – bedingungslose, emotionale und potenziell verhängnisvolle Treue
2 SWIFT – Anbieter von weltweiten Kommunikationsdienstleistungen zum Austausch von Informationen zu Finanztransaktionen
3 konventionell – Als „konventionelle Waffen" werden alle Waffen bezeichnet, die mit konventionellen Sprengstoffen bestückt sind, also nicht atomare, biologische oder chemische Kampfmittel verwenden.

| **M 2** | **Tagesschau: Der Kanzler soll sich äußern (2022)** |

Zu kaum einem anderen Thema muss Bundeskanzler Olaf Scholz derzeit häufiger Stellung beziehen wie zu Waffenlieferungen an die Ukraine – oder eben den Waffen, die Deutschland aus Sicht der Bundesregierung nicht liefern wird. Nun soll sich Scholz dazu auch vor dem Verteidigungsausschuss des Bundestages äußern. Die persönliche
5 Einladung dazu kam von der Vorsitzenden des Gremiums, Marie-Agnes Strack-Zimmermann, persönlich. „Die Dramatik des Krieges in der Ukraine steigert sich von Tag zu Tag", heißt es in dem Brief, den die FDP-Politikerin an den Kanzler schickte. „Die Lage in der Stadt Mariupol und das unendliche Leid der dort eingeschlossenen Zivilisten führen uns die Brutalität der Kriegsführung durch den russischen Präsidenten
10 Wladimir Putin eindrücklich vor Augen." Darum sei „die Frage danach, welchen Beitrag Deutschland und insbesondere die Bundeswehr in Bezug auf Waffenlieferungen tatsächlich leisten kann, für die Menschen in der Ukraine existenziell". […]

Persönlich hatte sich Strack-Zimmermann bereits mehrfach für die Lieferung schwerer Waffen an die Ukraine ausgesprochen. […] Die Ukraine brauche „großes
15 Kampfgerät, und zwar sofort". Damit stellt sich die Ausschuss-Chefin klar gegen den Kurs der Ampel-Koalition – doch sie ist damit nicht die einzige. Aus der SPD zum Beispiel spricht sich unter anderem der Außenausschuss-Vorsitzende Michael Roth ebenfalls für die Lieferung schwerer Waffen aus. Auch die Grünen drängen auf „schnellstmögliche" Waffenlieferungen, mahnte Anton Hofreiter, ebenfalls zum wie-
20 derholten Mal […]. Dies sei umso wichtiger, „da das vorhandene sowjetische und alte russische Material in weiten Teilen bereits zerschossen ist".

Und die Union ist überzeugt, dass es „eine klare parlamentarische Mehrheit für die Lieferung schwerer Waffen" an die Ukraine gibt. Das betonte Unionsfraktionsvize Johann Wadephul […]. Grüne und FDP seien offensichtlich mehrheitlich, wenn nicht
25 sogar vollständig dafür, auch in der SPD gebe es dafür gewichtige Stimmen. Und darum werde die Union in der kommenden Woche einen Antrag auf die Lieferung schwerer Waffen[4] in den Bundestag einbringen. […] Für Wadephul ist klar: Deutschland könne liefern und Deutschland müsse liefern.

Tagesschau (22.04.2022), https://www.tagesschau.de/inland/ukraine-waffen-scholz-101.html

Anmerkung

4 Antrag auf die Lieferung schwerer Waffen – Am 28.04.2022 wurde der Antrag mit den Stimmen der Fraktionen von CDU/CSU, FDP, Bündnis 90/Die Grünen und SPD vom Bundestag angenommen.

M 3   **Tagesschau: Scholz-Kurs weiter in der Kritik (2022)**

Deutschland helfe „mit vielerlei Material" und sei in Gesprächen mit dem ukrainischen Verteidigungsministerium, um weitere Lieferungen zu organisieren, so der Regierungssprecher. „Dass es da zu einer Verzögerung kommt, kann ich nicht feststellen."

5 Deutschland werde jedoch keine schweren Waffen mehr aus Beständen der Bundeswehr abgeben, sagte [Regierungssprecher] Hebestreit. „Die Bundeswehr hat alles geliefert, was sie entbehren kann." Man sehe keine Möglichkeiten mehr, aus den Beständen der Bundeswehr Waffen an die Ukraine zu liefern.

Tagesschau (20.04.2022), https://www.tagesschau.de/inland/diskussion-waffenlieferungen-ukraine-101.html

Unterrichtsinhalte:
Themenfeld: Internationale Konflikte und Konfliktbearbeitung in einer differenzierten Staatenwelt (Q 3.1), insbesondere:

- Ziele, Strategien und möglicher Beitrag deutscher Außen- und Sicherheitspolitik zur Konfliktbearbeitung und -prävention

Kursübergreifende Bezüge
Themenfeld: Verfassung und Verfassungswirklichkeit: Rechtsstaatlichkeit und Verfassungskonflikte (Q 1.1), insbesondere:

- Parlament, Länderkammer, Bundesregierung und Europäische Institutionen im Gesetzgebungsprozess (insbesondere Spannungsfeld Exekutive – Legislative)

1 **TIPP** *Anforderungsbereich: I*

Die Aufgabe verlangt von Ihnen, einen Zeitungskommentar mit eigenen Worten und strukturiert zusammenzufassen. Stellen Sie zunächst den Text und sein Thema vor. Benennen Sie dabei die Hauptthese des Textes. Bei der unkommentierten Wiedergabe seiner Kernaussagen in möglichst eigenen Worten können Sie wichtige Begriffe und Wendungen wörtlich zitieren, um sie herauszuheben.

Der Kommentar von Nikolas Busse unter der Überschrift „Nötig ist eine Zeitenwende im Kopf" erschien am 30.03.2022 in der Frankfurter Allgemeinen Zeitung und thematisiert die deutsche Außenpolitik vor dem Hintergrund des Ukraine-Kriegs. Der Autor begründet in seinem Text, warum Deutschland eine **grundlegende Veränderung in seinem außenpolitischen Denken** benötigt, um mit der aggressiven Politik Russlands umzugehen. — *Quelle / These*

Einleitend unterstützt der Autor den **„Kurswechsel" (Z. 2) der Bundesregierung** in der Verteidigungs-, Energie- und Außenpolitik, der nach Kriegsbeginn begonnen wurde. Erkennbar sei die Einsicht, dass der Krieg „wieder der Vater aller Dinge" sei (Z. 7). — *Zustimmung zu Kurswechsel*

Äußerst kritisch bewertet Busse dagegen die **Fehler der deutschen Außenpolitik** in der Vergangenheit. Er weist darauf hin, dass Deutschland jahrelang an einer Politik der „Beschwichtigung" (Z. 12) gegenüber Russland festgehalten hat und erst reagierte, als Putin die Lage eskalierte und Deutschland international isoliert war. Die Politik Deutschlands habe in „überlebensnotwendige(n) Fragen" (Z. 23) versagt, indem es sich freiwillig vom antiwestlichen Russland als einzigem Energielieferanten **abhängig gemacht** habe. Zudem habe man die eigene militärische Verteidigung vernachlässigt. Für westliche und osteuropäische Verbündete habe Deutschland oft — *Kritik an Russlandpolitik*

„auf der falschen Seite" gestanden (Z. 47 f.). Diese Politik habe Putin gestärkt und **den Westen geschwächt** (vgl. Z. 49 f.).
Der Autor kritisiert grundsätzlich, dass deutsche Politiker oft „,**Wertebasiertheit‘ oder Multilateralismus**" (Z. 35) propagieren, anstatt Geopolitik und Aufrüstung zu betreiben. Er fordert die Abkehr von einer gegenüber anderen Ländern überheblichen, „**pseudomoralischen**" (Z. 31) **Haltung** hin zu einer **realistischen Außenpolitik**, die sich auf nationale Interessen, Bündnisse und die internationale Machtbalance konzentriert. Sicherheit sei vor allem durch militärische Abschreckung zu erreichen. Erst durch ein strategisches Denken in der Außenpolitik, die auch wirklich als eigenständiger Politikbereich begriffen wird, könne man von einer Zeitenwende sprechen (vgl. Z. 52 ff.).

Kritik an Werteorientierung und Multilateralismus

Forderung nach realistischer Außenpolitik

2 **TIPP** *Anforderungsbereich: I und II mit Schwerpunkt auf AFB II*

In dieser Aufgabe geht es darum, die Vorgaben im Grundgesetz für die deutsche Außen- und Sicherheitspolitik vorzustellen. Sinnvollerweise unterscheiden Sie dabei inhaltlich definierte Ziele der deutschen Außen- und Sicherheitspolitik und die Kompetenzverteilung zwischen Bundesregierung und Bundestag. Belegen Sie diese durch präzise Quellenangaben.
Sie sollten die wichtigsten Grundgesetzbestimmungen in eigenen Worten zusammenfassen, verdeutlichende Beispiele einfügen und nur zentrale Begriffe und Wendungen wörtlich zitieren. Ein Textbezug ist nicht gefordert.

Das Grundgesetz legt die **Normen und Werte** sowie die staatliche **Aufgabenverteilung** für die deutsche Außen- und Sicherheitspolitik fest. An oberster Stelle der Werte steht das **Friedensgebot**, das in der Präambel, in Art. 1 Abs. 2 GG und in Art. 26 GG festgehalten ist. Dazu gehört das ausdrückliche **Verbot eines Angriffskriegs** und aller Handlungen, die das „friedliche Zusammenleben der Völker […] stören" können (Art. 26 Abs. 1). Art. 9 Abs. 2 betont die „Völkerverständigung".
Neben dem Friedensgebot steht die Vorgabe, dass sich Außenpolitik an den „unverletzlichen und unveräußerlichen **Menschenrechten** als Grundlage jeder menschlichen Gesellschaft" und dem Ziel der „**Gerechtigkeit** in der Welt" orientiert (Art. 1 Abs. 2).
Zu einem weiteren Pfeiler deutscher Außenpolitik wird im Grundgesetz das Ziel der **europäischen Einigung** in der Präambel und die Mitwirkung bei der Europäischen Union in Art. 23 GG erklärt.

Einleitung

Friedensgebot

Menschenrechte

europäische Integration

Art. 24 Abs. 1 ermächtigt dazu, **Hoheitsrechte auf zwischenstaatliche Einrichtungen zu übertragen**. Das Grundgesetz bekennt sich über Europa hinaus zu einer **internationalen Zusammenarbeit**, bei der supranationale Organisationen Hoheitsgewalt ausüben und damit die nationale Souveränität begrenzen. Hervorgehoben wird die Einfügung in „Systeme gegenseitiger kollektiver Sicherheit" (Art. 24 Abs. 2 GG), also z. B. UNO und NATO. Wegen dieser Öffnung des Staates für fremde Hoheitsgewalt kann man von dem Grundsatz „**offener Staatlichkeit**" des Grundgesetzes sprechen. Dieser zeigt sich auch daran, dass die „**allgemeinen Regeln des Völkerrechts**" den deutschen Gesetzen vorgehen (Art. 25 GG). „offene Staatlichkeit" Völkerrecht

Für die Bundeswehr und ihren Einsatz, charakterisiert als „**Streitkräfte zur Verteidigung**" (Art. 87a Abs. 1 GG), gelten enge Grenzen. Das Grundgesetz schränkt hier die Kompetenzen der Regierung im Bereich der Außenpolitik deutlich ein. Der **Bundestag** muss völkerrechtlichen Verträgen zustimmen (Art. 59 Abs. 2 GG) und er entscheidet über den Verteidigungsfall wie den Friedensschluss (Art. 115a Abs. 1 und 115 l Abs. 3 GG). **Auslandseinsätze der Bundeswehr** wie z. B. in Afghanistan sind auf der Grundlage von Art. 24 Abs. 1 GG, also im Rahmen eines „Systems gegenseitiger kollektiver Sicherheit", und **nur mit Zustimmung des Bundestags** möglich. Deshalb wird die Bundeswehr auch als „**Parlamentsheer**" bezeichnet. Bundeswehr

3   **TIPP**   *Anforderungsbereich: I und II mit Schwerpunkt auf AFB II*

Vom Demokratiekurs kennen Sie die Grundlagen parlamentarischer Demokratie, die Sie in dieser Aufgabe systematisch und fachsprachlich korrekt anhand des Verhältnisses zwischen Bundesregierung und Bundestag darstellen und am Beispiel der Ukraine-Kontroverse erläutern sollen. Dabei geht es um den nicht alltäglichen Fall, dass die Regierung auch aus den eigenen Reihen offen kritisiert wird. Zwei Berichte aus der „Tagesschau"-Redaktion (M 2 und 3) helfen Ihnen.

Das Verhältnis von Bundesregierung und Bundestag lässt sich anhand der Verteilung der Macht zwischen beiden Akteuren beschreiben. Im **parlamentarischen Regierungssystem** Deutschlands wird die Regierung **durch das Parlament bestimmt** und kann von ihm **abberufen** werden. Oberstes Staatsorgan ist deshalb der **Bundestag**. Er verfügt als einziges Organ über eine direkte Legitimation durch Wahlen, ist das Zentrum der Gesetzgebung (Art. 77 Abs. 1 GG), besitzt die Hoheit über den Bundeshaushalt, hat das Budgetrecht (Art. 110 GG), wählt den Bundeskanzler (Art. 63 GG) und kontrolliert die Bundesregierung. Mittels der Ausschüsse nimmt der Bundestag auf die Regierungsarbeit Einfluss. parlamentarisches Regierungssystem Bundestag im Zentrum

Der parlamentarischen **Opposition** stehen etliche **Instrumente** zur Verfügung, mit denen sie ihre Alternativen zur Regierungspolitik vorbringt: große und kleine Anfragen, aktuelle Stunden, parlamentarische Untersuchungsausschüsse (Art. 44 GG) oder auch die Herbeirufung von Regierungsmitgliedern (Art. 43 GG). Als schärfstes Mittel gilt das **konstruktive Misstrauensvotum** gegenüber dem Bundeskanzler (Art. 67 GG). Opposition im Bundestag

Die **Regierung** muss sich daher ständig der Unterstützung durch „ihre" **Parlamentsmehrheit** vergewissern und sollte sich höchstens gelegentlich über deren Willen hinwegsetzen, will sie nicht ihren eigenen Fortbestand gefährden. Rolle der Regierung

Die Regierung steht nicht nur an der **Spitze der Exekutive**, sondern besitzt auch das **Recht zur Gesetzesinitiative** (Art. 76 GG) und kann ein Veto gegen Ausgabegesetze einlegen (Art. 113 GG). Die **Außenpolitik** wird vorrangig von der Bundesregierung gestaltet.

Da dem Bundestag, genauer: der Parlamentsmehrheit, einerseits die Funktion zukommt, die Regierung zu bilden, und er andererseits großen Einfluss auf ihren Fortbestand hat, **verschmelzen die Mehrheit in der Legislative und die Exekutive** miteinander – aufgrund eines gemeinsamen Interesses am Machtgewinn bzw. an der Machterhaltung. In der Verfassungsrealität kommt es zu einem Mit- und Gegeneinander dreier Hauptakteure: Regierung, Regierungsmehrheit im Parlament und Oppositionsfraktionen. Verbindung von Parlamentsmehrheit und Regierung

Die **Tagesschau-Berichte vom 20. und 22.04.2023** (M 2 und M 3) behandeln die Kontroverse um die Lieferung schwerer Waffen an die Ukraine zwischen Abgeordneten aus Regierungs- und Oppositionsfraktionen sowie der Bundesregierung. Während Abgeordnete aus FDP und SPD, darunter die Vorsitzenden des Verteidigungs- und des Außenausschusses, sowie Abgeordnete der GRÜNEN diese Waffenlieferung gemeinsam mit der oppositionellen CDU-Fraktion erheben, lehnt es die Regierung ab, über bisherige Lieferungen hinauszugehen – und unterliegt (vgl. M 2 Fußnote 4). Konflikt im Ukraine-Krieg

Der Konflikt zeigt den seltenen Fall „**parlamentarischer Mitregierung**": Abgeordnete der Regierungskoalition konnten sich gemeinsam mit der CDU/CSU-Opposition öffentlich gegen die Regierung durchsetzen, ohne die Handlungsfähigkeit oder gar den Bestand der Regierung dadurch zu gefährden. Diese Abgeordneten können sich auf **Art. 38 des Grundgesetzes** stützen, wonach sie als „Vertreter des ganzen Volkes" „an Aufträge und Weisungen nicht gebunden und nur ihrem Gewissen unterworfen" sind (**freies Mandat**). parlamentarische Mitregierung

Meist wird der Abgeordnete allerdings in erheblichem Maße durch seine Fraktion und Partei gesteuert. Ziel ist ein geschlossenes Handeln durch **Fraktionsdisziplin**, d. h. die mehr oder weniger freiwillige Unterordnung des einzelnen Abgeordneten unter Beschlüsse seiner Fraktion. freies Mandat

Fraktionsdisziplin

In einem deutlichen **Spannungsverhältnis** zu Art. 38 GG steht nämlich **Art. 21 GG**, der den **Parteien** ausdrücklich die Aufgabe und das Recht zur **Mitwirkung an der politischen Willensbildung** innerhalb und außerhalb des Parlaments gibt. Interne Kritik an der Regierung wird vor diesem Hintergrund Mitgliedern der Mehrheitsfraktionen durchaus eingeräumt, öffentliche Auseinandersetzungen sind jedoch unerwünscht. Notfalls kann ein Bundeskanzler „seine" Parlamentsmehrheit durch Einsatz der **Vertrauensfrage** nach Art. 68 GG „disziplinieren". Anders als Bundeskanzler Scholz im vorliegenden Konflikt hatte Bundeskanzler Schröder diese Möglichkeit bei der Entscheidung über den Bundeswehr-Einsatz in Afghanistan erfolgreich genutzt. Ein Scheitern der Regierung kann zur vorzeitigen Auflösung des Parlaments führen.

Spannungsverhältnis zwischen Art. 38 und 21 GG

4 **TIPP** *Anforderungsbereich: III*

Abschließend sollen Sie eine Kernthese des Kommentars überprüfen. Stellen Sie dazu nach einer kurzen Einleitung, in der Sie wichtige Begriffe klären, Ihre Pro- und Kontra-Argumente einander gegenüber. Dabei können Sie auch auf den Text zurückgreifen. Am Ende Ihrer Ausführungen leiten Sie daraus Ihr eigenes Urteil ab. Dieses kann in drei Richtungen gehen: Zustimmung, Ablehnung oder eine mittlere, abwägende Position. Denken Sie daran, treffende Belege zu verwenden und zentrale Begriffe Ihrer Argumentation zu erläutern.

Beweist der **Angriffskrieg Russlands** seit Februar 2022 das Versagen der deutschen Außenpolitik, weil sie sich an einem **multilateralen Vorgehen** und an **Werten** orientiert? Tatsächlich beschreiben Multilateralismus und wertebasierte Außenpolitik wichtige Elemente der deutschen Außenpolitik seit dem Zweiten Weltkrieg. **Multilateralismus** nennt man die friedliche Zusammenarbeit mehrerer Staaten bei der Lösung von gemeinsamen politischen und wirtschaftlichen Problemen, z. B. in internationalen Organisationen wie der EU oder der UNO. Bei der Orientierung der Außenpolitik an **Werten** geht es um politische Grundsätze wie insbesondere Frieden, Demokratie, Rechtsstaatlichkeit und Menschenrechte, zunehmend auch um ökologische Werte wie Nachhaltigkeit.
Für die These, dass Werteorientierung und Multilateralismus als Leitlinien der deutschen Außenpolitik gescheitert sind, sprechen mehrere Argumente. Im Kommentar wird kritisiert, dass Deutschland in der NATO, also multilateral, vereinbarte **Rüstungsleistungen** nicht erbrachte und Russland durch die geschaffene **Abhängigkeit von russischem Gas und Öl** das aggressiv-kriegerische Vorgehen zudem erleichtert habe (Z. 23 ff., Z. 26 ff., Z. 45 f.)

Einleitung

Begriffsklärung

Argumente für die These

Darüber hinaus wird deutlich, dass die zunehmende **geopolitische Konkurrenz der Nationalstaaten** die multilaterale Kooperation erschwert. Exemplarisch dafür steht das aktuelle Versagen der Friedenspolitik der Vereinten Nationen, die ursprünglich zur Ächtung des Krieges gegründet wurden. Im Sicherheitsrat kann das **Vetorecht** der ständigen Mitglieder **Russland und China** alle Initiativen blockieren, obwohl die Generalversammlung den russischen Angriffskrieg als Verstoß gegen die UN-Charta verurteilt hat. Wichtige **Schwellenländer** wie Brasilien, Indien oder Südafrika agieren im Ukraine-Konflikt zurückhaltend, da sie **nationale Interessen**, etwa ihre wirtschaftlichen Beziehungen zu Russland und China, höher bewerten. Auch hatte die zeitweilige **US-amerikanische Abkehr vom Multilateralismus** (Rückzug vom Pariser Klima-Abkommen 2017 und vom Atom-Abkommen mit dem Iran 2018) auf sie eine negative Signalwirkung.

Ein weiteres Anzeichen für das Scheitern einer wertebasierten Außenpolitik ist, dass moralische Grundsätze oder die Förderung von Menschenrechten und Demokratie aufgrund **eigener wirtschaftlicher Interessen vernachlässigt** werden. Chinas Unterdrückung der Minderheit der Uiguren in Xinjiang wurde von den UN festgestellt, große deutsche Unternehmen sind dennoch genau dort weiter tätig.

Gegen Busses These, dass Werteorientierung und Multilateralismus als Leitlinien der deutschen Außenpolitik gescheitert sind, sprechen aber ebenfalls gewichtige Argumente.

Argumente gegen die These

Der Autor stellt die deutsche Außenpolitik sehr vereinfacht dar, wenn er ihr eine Stärkung Russlands vorwirft (vgl. Z. 49 f.). Er berücksichtigt dabei nicht die **komplexe Interessenlage** aufgrund der deutsch-russischen Geschichte im 2. Weltkrieg und der Wiedervereinigung 1989. Das **Streben nach guten Beziehungen zu Russland** hatte nachvollziehbare Gründe. Wirtschaftliche Kooperation mit Russland wurde nach dem Zerfall der Sowjetunion darüber hinaus auch von anderen europäischen Staaten betrieben. Ebenso waren an den Sanktionen nach der Annexion der Krim 2014 sowie am Minsker Abkommen von 2015 **zahlreiche Staaten**, die EU und OECD beteiligt, sodass es nicht richtig wäre, der deutschen Außenpolitik pauschal den Versuch einer „naive(n) ‚Einbindung' Moskaus" (Z. 41) zu unterstellen.

Auch bemüht sich die Staatengemeinschaft trotz zunehmender Machtkonkurrenz um eine Lösung **globaler Probleme** durch Zusammenarbeit. Dies belegen multilaterale Anstrengungen in der Corona-Pandemie, bei der Flüchtlingskrise, insbesondere aber im Hinblick auf das existenziell gefährliche **Klimaproblem**. Diesen Krisen liegen oft ökonomische Ursachen zugrunde. Also ist Krieg nicht der „Vater aller Dinge" (Z. 7) und Sicherheit nicht nur militärisch erreichbar. Wirtschaftlich schwache Länder des globalen Südens, die kaum zur Klimakrise beigetragen haben, benötigen die Unterstützung der Industrieländer, um Konflikte über Ressourcen und Migrationswellen abzuwenden. Multilaterale Konferenzen wie G7- oder G20-Treffen und Verträge wie das Pariser Klima-Abkommen bieten neben den UN Möglichkeiten zur Kooperation und Lösungsfindung, unabhängig von rein nationalen geopolitischen Interessen.

Ein weiteres, an **Menschenrechten** orientiertes Argument, das das Gewicht wertebasierter Außenpolitik unterstreicht, ergibt sich aus aktuellen Konflikten. In Afghanistan, im Iran oder in China werden **ethnische Minderheiten** oder die **Rechte von Frauen** unterdrückt und Regimegegner mit **Todesstrafen** belegt. Daraus folgen öffentliche Proteste und die Forderung, zumindest Sanktionen gegen die Regierungen dieser Länder zu verhängen.

Zusammenfassend sehe ich **weder einen eindeutigen Erfolg von „Wertebasiertheit" und Multilateralismus noch ein völliges Scheitern** einer daran orientierten Außenpolitik. Obwohl der Autor zu Recht Schwächen der deutschen Außenpolitik anspricht, bleibt sein Vorschlag einer einfachen Rückkehr zur Machtpolitik und der Betonung nationaler Interessen unbefriedigend. In der Außenpolitik sind nämlich **Interessen und Werte nicht zwangsläufig Gegensätze**. Gemeinsam mit Partnern für Werte einzutreten kann kluge Interessenpolitik sein, denn Gewalt, Entrechtung und Ungerechtigkeiten können Kriege und Konflikte auslösen. Sie können zu wirtschaftlicher Not und Umweltkatastrophen führen – mit der Folge, dass z. B. Migration Deutschlands Sicherheit und Wohlstand gefährdet. Moralische Ziele zur Grundlage von Außenpolitik zu machen, ist daher nicht falsch, sie müssen aber in realistischer Weise verfolgt werden.

eigenes Urteil

Um Ihnen die Prüfung 2024 schnellstmöglich zur Verfügung stellen zu können, bringen wir sie in digitaler Form heraus.

Sobald die Original-Prüfungsaufgaben 2024 freigegeben sind, können sie als PDF auf der Plattform **MySTARK** heruntergeladen werden (Zugangscode vgl. Umschlaginnenseite).

Aktuelle Prüfung

www.stark-verlag.de/mystark